오픽 요정
벨라쌤의

OPIc
초단기 · 완성

IH-AL
중상급

DARAKWON

지은이 벨라(신진)
펴낸이 정규도
펴낸곳 (주)다락원

초판 1쇄 발행 2025년 1월 17일

편집 김민주, 허윤영
디자인 윤지영, 이현해
영문 감수 Michael. A. Putlack

다락원 경기도 파주시 문발로 211
내용문의 (02)736-2031 내선 524
구입문의 (02)736-2031 내선 250~252
Fax (02)732-2037
출판등록 1977년 9월 16일 제406-2008-000007호

ISBN 978-89-277-0185-9 13740

http://www.darakwon.co.kr
• 다락원 홈페이지를 방문하시면 상세한 출판정보와 함께 동영상 강좌, MP3자료 등 다양한 어학 정보를 얻으실 수 있습니다.

오픽 요정
벨라쌤의

OPIc 초단기 · 완성

IH - AL
중상급

들어가는 글

오픽, 어떻게 준비해야 할까?

많은 기업에서 실무에 사용 가능한 영어 말하기 실력을 요구하면서 취업과 이직, 승진을 위해 오픽 점수가 필수인 시대가 되었습니다. 처음 오픽을 접하는 분들은 대부분 "내가 이렇게 말이 안 나오다니!" 하며 충격을 받으십니다. 그러나 오픽은 스피킹 시험이라 문법과 독해에만 익숙한 한국인에게는 당연히 낯설고 어려울 수밖에 없습니다. 게다가 질문을 듣고 바로 답변하는 시험이다 보니, 준비 없이 시험을 보면 당황해서 시간과 돈만 날리기 너무 쉽습니다. 그래서 스피킹과 임기응변, 둘 다 잡을 수 있는 **오픽 시험 전략**이 필수적입니다.

<OPIc 초단기 완성>은 이런 점이 다르다!

〈OPIc 초단기 완성〉은 오픽 채점 기준에 최적화된 등급 향상 전략과 아래와 같은 차별화된 특징을 제공합니다.

1 핵심 주제만 선정

85개가 넘는 설문 조사 항목을 모두 다루지 않고 최소로 준비해야 할 설문 주제만 다루며, 최근 빈출 돌발 주제와 롤플레이 주제만 골라 뽑았습니다. 요즘 자주 나오는 중요한 주제만 집중적으로 다뤄, 시간 낭비 없이 효율적으로 시험을 준비할 수 있습니다.

2 논리적인 답변 가이드

답변 시 IMF(INTRO-MAIN-FINISH) 구조만 잘 지켜도 IM2 이상의 등급 달성이 가능합니다. 질문 유형별로 답변 시작부터 끝까지 가이드를 제공해 낯선 주제가 나와도 스스로 답변을 구성할 수 있는 힘을 길러 줍니다. 어떻게 답변해야 할지 막막한 분들도 자연스럽게 발화량이 늘어나는 마법 같은 구조입니다.

3 고득점 전략 & 해설

'질문 되묻기 전략', '육하원칙 전략', '초딩 조카 전략' 등 20개 이상의 체계적인 등급 달성 전략을 제공하며, 일대일 과외처럼 친절하고 상세한 해설을 담았습니다. 전략과 해설에 따라 문제 의도를 파악하고 공략하면 답변 퀄리티가 급상승합니다.

4 암기 의심 피하는 진솔한 답변

오픽은 어디서 본 듯한 개성 없는 내용으로 답변을 구성하거나 암기한 것을 그대로 말하는 티가 나면 낮은 등급을 받기 쉬운 시험입니다. 따라서 딱딱하고 틀에 박힌 답변이 아닌, 친한 친구와 대화하듯 진솔하고 자연스러운 예시 답변을 제시합니다. 예시 답변의 솔직한 감정과 생각 표현 방식을 익히면 금세 고득점의 벽을 넘을 수 있습니다.

5 최신 빈출 질문 수록

최근 시험 데이터를 분석해 자주 출제되는 질문과 세트를 수록했습니다. 핵심 질문을 집중적으로 공략해 시간을 절약하고 목표 등급을 단번에 달성할 수 있습니다.

6 즉석 대응 임기응변 팁

오픽은 화면에 질문이 표시되지 않고 질문을 따로 적을 수도 없는 즉석 발화 시험입니다. 생각할 시간이 부족해 당황할 수 있으므로, 긴장을 풀고 자연스럽게 답변할 수 있는 임기응변 팁을 제공해 심리적 부담을 덜고 실수를 줄일 수 있습니다.

오픽, 초단기로 목표 등급 달성하자!

수많은 수강생들의 등급 급상승을 이루어 낸 벨라쌤의 전략을 믿고 따라오신다면 단기간에 목표 등급 달성이 가능합니다. 〈IL-IM〉 레벨은 영어 말하기에 자신이 없는 초급자가 기초를 탄탄하게 쌓을 수 있게 구성했고, 〈IH-AL〉 레벨은 중상급자 대상으로 다양한 표현과 어휘를 사용해 더 구체적이고 연결된 내용을 말할 수 있게 구성했습니다.

꼭 필요한 것만, 가장 빠르게! 여러분의 등급을 마법처럼 올려 드립니다!

여러분의 오픽 요정
벨라쌤 드림

목 차

PART 1 설문 주제

PART 2 돌발 주제

PART 3 롤플레이

이 책의 구성

OVERVIEW (PART 1~3 공통)

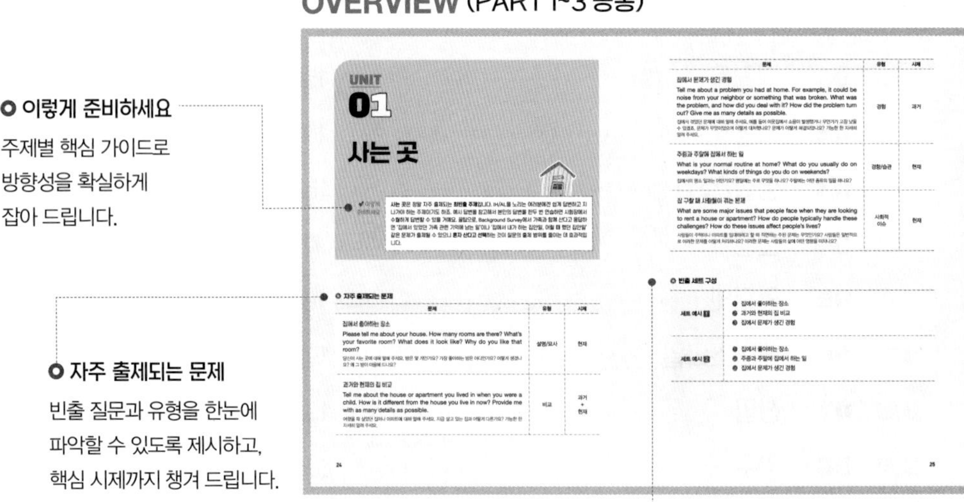

이렇게 준비하세요
주제별 핵심 가이드로 방향성을 확실하게 잡아 드립니다.

자주 출제되는 문제
빈출 질문과 유형을 한눈에 파악할 수 있도록 제시하고, 핵심 시제까지 챙겨 드립니다.

빈출 세트 구성
세트 예시를 통해 시험에서 어떤 순서와 조합으로 질문이 출제되는지 감을 잡습니다.

PART 1 설문 주제

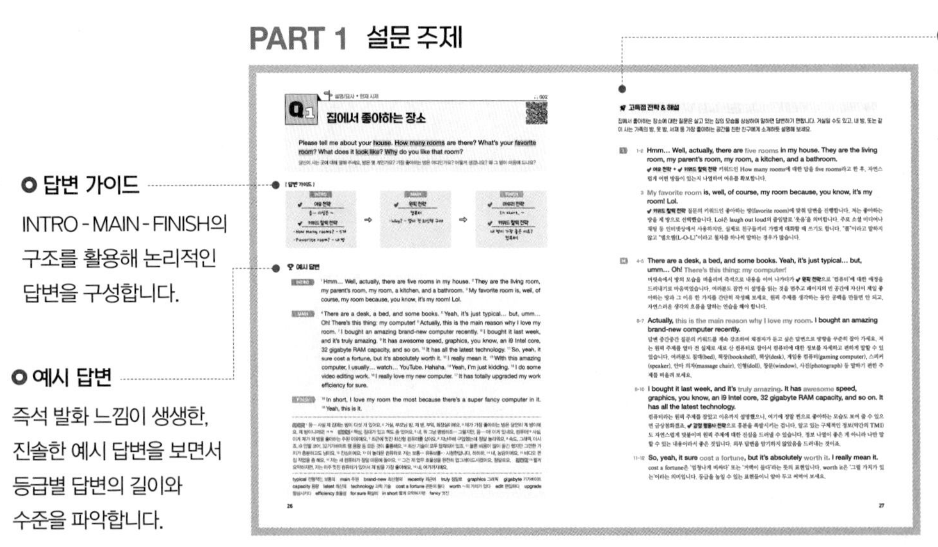

고득점 전략&해설
예시 답변을 한 줄 한 줄 분해해 친절히 해설을 달았습니다. 해설에 들어간 꿀팁과 전략, 표현을 흡수하고 응용하세요.

답변 가이드
INTRO - MAIN - FINISH의 구조를 활용해 논리적인 답변을 구성합니다.

예시 답변
즉석 발화 느낌이 생생한, 진솔한 예시 답변을 보면서 등급별 답변의 길이와 수준을 파악합니다.

PART 2 돌발 주제

○ 답변 가이드

○ 예시 답변

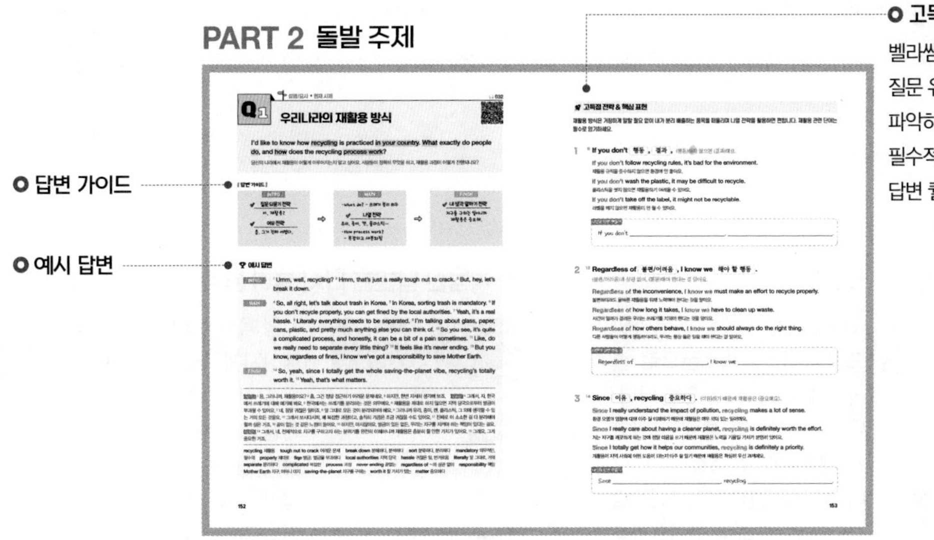

○ 고득점 전략&핵심 표현

벨라쌤이 강조하는 질문 유형별 핵심 요소를 파악하고, 등급 상승에 필수적인 표현을 익혀 답변 퀄리티를 높이세요.

PART 3 롤플레이

○ 답변 가이드

○ 예시 답변

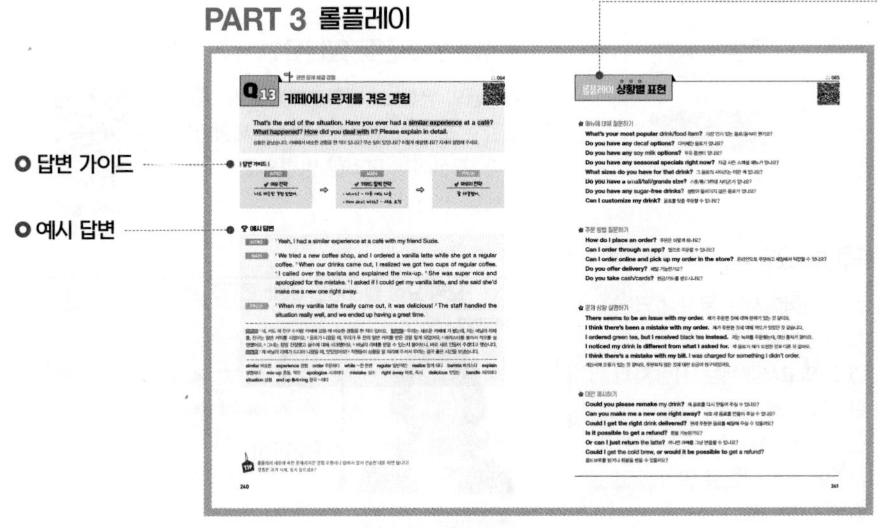

○ 롤플레이 상황별 표현

상황극에 어울리는 추가 아이디어와 표현을 넉넉히 넣었으니, 다양하게 활용해 보세요.

OPIc 온라인 모의고사 활용법

실제 오픽 시험 방식을 체험하고 직접 답변을 녹음해 볼 수 있는 온라인 모의고사를 무료로 제공합니다. 온라인 모의고사를 활용해 오픽 시험에 더 철저히, 효과적으로 대비하세요!

★ 원활하게 녹음 기능을 이용하기 위해서는 기본 브라우저 앱(안드로이드 폰은 삼성 인터넷 앱, 아이폰은 사파리 앱)을 사용하세요.

온라인 모의고사 바로가기

어떻게 이용할 수 있나요?

〈OPIc 초단기 완성〉 온라인 모의고사는 스마트폰으로 편리하게 이용할 수 있습니다. 위의 QR코드를 통해 모의고사 페이지에 접속할 수 있으며, 다락원 홈페이지 회원 로그인을 하면 바로 모의고사를 이용할 수 있습니다.

총 몇 회가 제공되나요?

IL-IM 2회, IH-AL 2회로 총 4회가 제공됩니다. IL-IM은 난이도 3~4 선택 시의 문제 구성으로, IH-AL은 난이도 5~6 선택 시의 문제 구성으로 이루어져 있습니다.

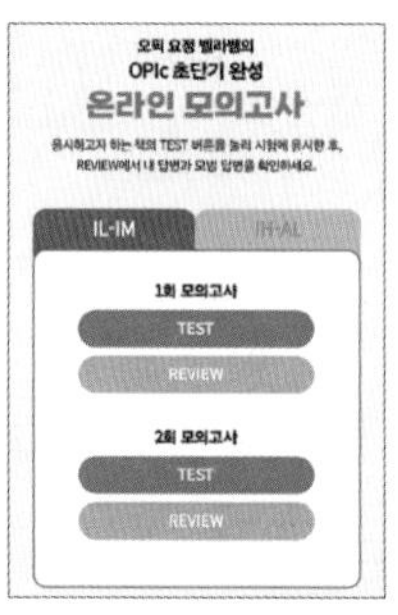

실제 시험과 완전히 똑같나요?

실제 시험에서는 문항당 답변 시간이 표시되지 않지만 온라인 모의고사에서는 사용자의 편의를 위해 문항당 2분의 제한 시간이 표시됩니다. 제한 시간에 맞춰 답변을 말하는 연습을 해 보세요.

녹음한 답변을 다시 들어 볼 수 있나요?

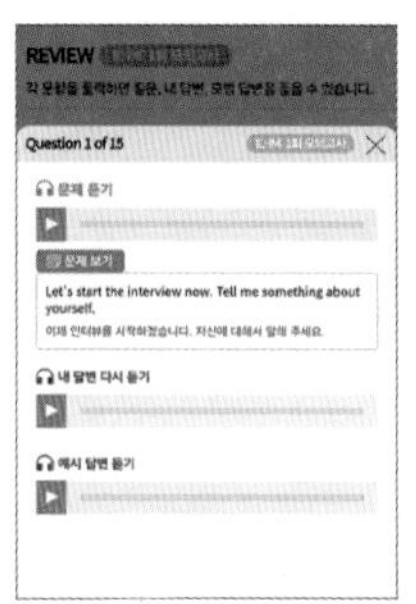

시험 응시가 끝난 후, REVIEW 페이지에 가면 문항별로 질문과 자신의 녹음된 답변, 원어민 음성으로 녹음된 예시 답변을 들어 볼 수 있습니다. 녹음된 답변은 응시일로부터 30일 동안 보관됩니다.

시험에 여러 번 응시할 수 있나요?

응시 횟수에는 제한이 없지만, 새롭게 응시하면 이전에 녹음된 답변은 삭제됩니다.

유튜브 버전도 있나요?

벨라쌤의 유튜브 〈벨라영어〉에서도 동일한 온라인 모의고사 영상을 제공합니다. 자신에게 편리한 방법으로 이용하세요.

모의고사 영상 바로가기

1주/2주 학습 플랜

1주 벼락치기 학습 플랜

1일	2일	3일	4일
□ 오픽 시험 개요, 유형, 전략 학습 □ PART 1 설문 주제 UNIT 01-02	□ PART 1 설문 주제 UNIT 03-06	□ PART 1 설문 주제 UNIT 07-10	□ PART 2 돌발 주제 UNIT 01-05
5일	**6일**	**7일**	
□ PART 2 돌발 주제 UNIT 06-10	□ PART 3 롤플레이 UNIT 01-10	□ 전체 복습하기 □ 온라인 모의고사 응시하기	

2주 집중 학습 플랜

	1일	2일	3일	4일
1주차	□ 오픽 시험 개요, 유형, 전략 학습 □ PART 1 설문 주제 UNIT 01	□ PART 1 설문 주제 UNIT 02-04	□ PART 1 설문 주제 UNIT 05-07	□ PART 1 설문 주제 UNIT 08-10
	5일	**6일**	**7일**	
	□ PART 1 설문 주제 총복습하기	□ PART 2 돌발 주제 UNIT 01-03	휴식일 벨라쌤 유튜브 보기	
	8일	**9일**	**10일**	**11일**
2주차	□ PART 2 돌발 주제 UNIT 04-06	□ PART 2 돌발 주제 UNIT 07-09	□ PART 2 돌발 주제 UNIT 10 □ PART 2 돌발 주제 총복습하기	□ PART 3 롤플레이 UNIT 01-05
	12일	**13일**	**14일**	
	□ PART 3 롤플레이 UNIT 06-10	□ PART 3 롤플레이 총복습하기	□ 전체 복습하기 □ 온라인 모의고사 응시하기	

OPIc 시험 소개

OPIc(오픽)은 컴퓨터로 진행되는 개인 맞춤형 영어 말하기 평가입니다. 단순히 문법이나 어휘 실력을 평가하는 것이 아니라, 실생활에서 사용하는 말하기 능력을 측정하는 시험입니다. 총 1시간 동안 시험이 진행되며, 오리엔테이션에서 답변한 내용을 바탕으로 개인 맞춤형 문제가 출제됩니다.

오리엔테이션 (20분)

본 시험을 준비하는 시간입니다. 총 4단계로 이루어져 있으며, 컴퓨터 화면에 뜨는 안내에 따라 차례대로 진행하면 됩니다.

1 Background Survey		2 Self Assessment		3 Pre-Test Setup		4 Sample Question
사는 곳, 직업 유무, 취미, 관심사 등을 선택합니다. 내가 답한 내용에 따라 맞춤형 문제가 출제됩니다. 14페이지의 안내에 따라 설문 주제를 선택하세요.	⇨	1~6단계의 난이도 중 하나를 선택합니다. IL/IM은 난이도 3~4, IH/AL은 난이도 5~6을 권장합니다. 난이도는 본 시험 7번 문항이 끝난 후에 한 번 더 선택할 수 있습니다.	⇨	헤드셋을 끼고 질문을 들으며 볼륨을 조절하고 녹음이 되는지 확인합니다. 시험이 시작되면 주변 응시자 말소리가 잘 들리므로 볼륨을 미리 크게 올려 놓으세요.	⇨	예시 질문을 듣고 답변해 봅니다. 본 시험이 어떤 방식으로 진행되는지 확인할 수 있습니다. 채점되는 항목은 아니므로 가볍게 입을 풀고 넘어가세요.

본 시험 (40분)

난이도 3 이상 선택 시 15문항으로 구성됩니다. 7번 문항이 끝나면 2차 난이도(쉬운 질문/비슷한 질문/어려운 질문)를 선택하게 되는데, '비슷한 질문'을 선택하는 것이 좋습니다.
시험 시간은 총 40분이지만 문항별로 답변 시간 제한이 없으므로 효율적인 시간 배분이 필요합니다.

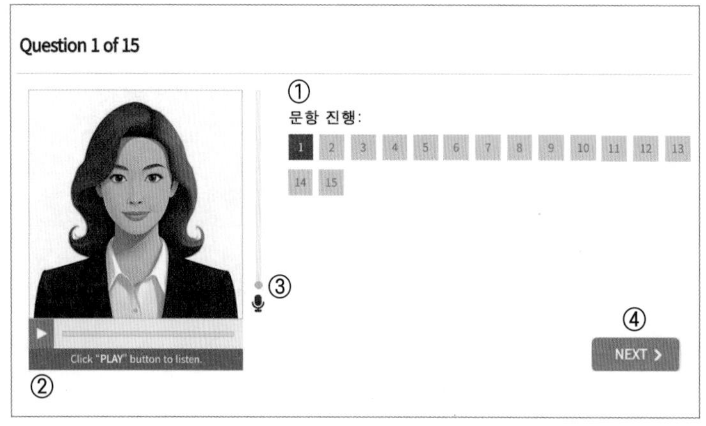

① 시험이 진행 중인 문항 번호가 표시됩니다.

② 재생 버튼을 누르면 질문이 재생됩니다.

★ 질문이 끝나고 5초 이내에 리플레이 버튼을 누르면 질문을 한 번 더 들을 수 있습니다.

③ 내 녹음이 잘 진행되고 있는지 확인 가능합니다.

④ Next를 누르면 다음 문항으로 넘어갑니다. 질문 재생이 끝나고 10초 후에 버튼이 활성화됩니다.

등급 및 채점 기준 가이드

등급

오픽에는 총 9개의 등급이 있습니다. 아래 표에 없는 등급은 상대적으로 낮은 등급으로, 기업이나 학교에서 선호도가 낮아 크게 중요하지 않습니다. IM 등급은 IM1, IM2, IM3로 등급이 세분화되어 있습니다.

IL Intermediate Low	**일상적인 소재**에서는 **문장**으로 말할 수 있다. 대화에 참여하고 선호하는 소재에서는 자신감을 가지고 말할 수 있다.
IM Intermediate Mid	일상적인 소재뿐 아니라 **개인적으로 익숙한 상황**에서는 **문장을 나열**하며 자연스럽게 말할 수 있다. **다양한 문장 형식**이나 **어휘를 실험적으로 사용**하려고 하며, 상대방이 조금만 배려해 주면 오랜 시간 대화가 가능하다.
IH Intermediate High	개인에게 익숙하지 않거나 예측하지 못한 **복잡한 상황**을 만날 때, 대부분의 상황에서 사건을 설명하고 **문제를 효과적으로 해결**하곤 한다. **발화량**이 많고, **다양한 어휘**를 사용한다.
AL Advanced Low	사건을 서술할 때 일관적으로 **동사 시제**를 관리하고, 사람과 사물을 묘사할 때 다양한 **형용사**를 사용한다. 적절한 위치에서 **접속사**를 사용하기 때문에 문장 간의 결속력도 높고 **문단의 구조**를 능숙하게 구성할 수 있다. 익숙하지 않은 복잡한 상황에서도 **문제를 설명하고 해결**할 수 있는 수준의 능숙도다.

벨라쌤이 알려 주는 채점 기준 가이드

항목	답변 전략
완전한 문장	IM 등급 이상을 받으려면 완전한 문장으로 말해야 합니다. 동사만 말하지 마세요.
문단 구조	INTRO-MAIN-FINISH 구조를 항상 챙기세요. 발화량과 점수가 마법처럼 오릅니다.
주제 적합성, 명확성	듣는 채점자에게 전하고자 하는 의도가 명확하게 전달되어야 합니다. 내가 하고 싶은 말 대신 채점자가 원하는 말, 즉 질문에 찰떡인 답변을 하세요.
문제 해결	IH-AL 등급을 노린다면 무조건 대비해야 합니다. 질문에서 주는 상황을 구체적으로 설명하고 대안을 바로 떠올릴 수 있도록 연습하세요.
시제	시제가 100% 완벽하지 않아도 높은 등급을 받을 수 있습니다. 하지만 계속 반복해서 틀리면 점수가 깎이므로 신경 써서 연습하세요.
감정 형용사 사용, 내 생각 말하기	사실만 나열하지 말고 생각과 감정을 틈틈이 넣으세요. 본인의 생각과 감정을 자유롭게 드러낼 수 있어야 높은 등급을 받을 수 있습니다.

설문 조사와 난이도 설정

설문 조사(Background Survey) 응답하기

내가 선택한 문항에 따라 개인 맞춤형 문제가 출제됩니다. 4~7번 질문에서 총 12개 항목을 골라야 하는데, 아래에 빨간색으로 표시된 항목을 추천합니다. 표시된 13개 항목 중 본인이 답변하기 쉬운 12개 항목을 선택하세요. 영어로 말하기 쉬운 일상적인 항목과 서로 유사한 항목을 선택하면 답변을 준비하기 수월합니다.

★ 설문 조사 응답과 실제 답변 내용이 일치하지 않아도 됩니다. 예를 들어, 설문 조사에서 학생이 아니라고 응답하고 실제 답변에서 학생이라고 해도 전혀 점수에 영향이 없습니다.

---

1. 현재 귀하는 어느 분야에서 종사하고 계십니까?

○ 사업/회사
○ 재택 근무/재택 사업
○ 교사/교육자
○ 군복무
○ 일 경험 없음

---

2. 현재 귀하는 학생이십니까?

○ 네
○ 아니오

2.2 최근 어떤 강의를 수강했습니까?

○ 학위 과정 수업
○ 전문 기술 향상을 위한 평생 학습
○ 어학 수업
○ 수강 후 5년 이상 지남

---

3. 현재 귀하는 어디에 살고 계십니까?

○ 개인주택이나 아파트에 홀로 거주
○ 친구나 룸메이트와 함께 주택이나 아파트에 거주
○ 가족(배우자/자녀/기타 가족 일원)과 함께 주택이나 아파트에 거주
○ 학교 기숙사
○ 군대 막사

---

4. 귀하는 여가 활동으로 주로 무엇을 하십니까? (두 개 이상 선택)

○ 영화 보기
○ 클럽/나이트클럽 가기
○ 박물관 가기
○ 스포츠 관람
○ SNS에 글 올리기
○ 구직 활동하기
○ 요리 관련 프로그램 시청하기
○ 스파/마사지샵 가기
○ 공원 가기
○ 주거 개선
○ 공연 보기
○ 캠핑하기
○ 술집/바에 가기
○ 당구치기
○ 친구들과 문자 대화하기
○ 리얼리티쇼 시청하기
○ TV 시청하기
○ 해변 가기
○ 체스하기
○ 뉴스를 보거나 듣기
○ 자원봉사하기
○ 쇼핑하기
○ 콘서트 보기
○ 카페/커피전문점 가기
○ 시험 대비 과정 수강하기
○ 차로 드라이브하기
○ 게임하기(비디오, 카드, 보드, 휴대폰 등)

---

5. 귀하의 취미나 관심사는 무엇입니까? (한 개 이상 선택)

- ○ 아이에게 책 읽어주기
- ○ 글쓰기(편지, 단문, 시 등)
- ○ 애완동물 기르기
- ○ 주식 투자하기
- ○ 사진 촬영하기
- **○ 음악 감상하기**
- ○ 그림 그리기
- ○ 독서
- ○ 신문 읽기
- ○ 혼자 노래 부르거나 합창하기
- ○ 악기 연주하기
- ○ 요리하기
- ○ 춤추기
- ○ 여행 관련 잡지나 블로그 읽기

6. 귀하는 주로 어떤 운동을 즐기십니까? (한 개 이상 선택)

- ○ 농구
- ○ 야구/소프트볼
- ○ 축구
- ○ 미식축구
- ○ 하키
- ○ 테니스
- ○ 탁구
- ○ 크로켓
- ○ 배구
- ○ 배드민턴
- **○ 자전거**
- ○ 하이킹/트레킹
- ○ 헬스
- ○ 수영
- ○ 아이스 스케이트
- ○ 스키/스노우보드
- ○ 조깅
- ○ 걷기
- ○ 요가
- ○ 낚시
- ○ 태권도
- ○ 운동 수업 수강하기
- **○ 운동을 전혀 하지 않음**

7. 귀하는 어떤 휴가나 출장을 다녀온 적이 있습니까? (한 개 이상 선택)

- ○ 국내출장
- **○ 국내여행**
- **○ 집에서 보내는 휴가**
- **○ 해외여행**
- ○ 해외출장

난이도 설정하기

자신이 목표로 하는 등급에 맞춰 6단계의 난이도 중 하나를 선택합니다. IL/IM을 목표로 할 때에는 난이도 3 이상, IH/AL을 목표로 할 때에는 난이도 5 이상을 추천합니다. 난이도 3~4보다 5~6이 조금 더 구체적인 질문이 나옵니다. 하지만 마지막 15번 질문을 제외하면 큰 차이는 없고, 경험과 비교 질문이 조금 더 나오는 경향이 있습니다.

난이도 1	나는 10단어 이하의 단어로 말할 수 있습니다.
난이도 2	나는 기본적인 물건, 색깔, 요일, 음식, 의류, 숫자 등을 말할 수 있습니다.
난이도 3	나는 자신, 직장, 친한 사람과 장소, 일상에 대한 기본적인 정보를 간단하게 문장으로 전달할 수 있습니다.
난이도 4	나는 일상, 일/학교와 취미에 대해 간단한 대화를 할 수 있습니다. 또한 내가 원하는 질문도 할 수 있습니다.
난이도 5	나는 친근한 주제와 가정, 일, 학교, 개인과 관심사에 대해 자신 있게 대화할 수 있습니다. 어떤 상황이 발생하더라도 잘 대처 가능합니다.
난이도 6	개인적, 사회적인 또는 전문적인 주제에 대해서 내 의견을 제시할 수 있고 토론도 가능합니다. 구체적인 설명도 가능합니다.

한눈에 보는 OPIc 문제 유형

난이도 선택에 따라 12문항(난이도 1~2) 또는 15문항(난이도 3~6)이 출제됩니다. 1번 문제(자기소개)를 제외하고는 2~3문제가 세트를 이루어 한 주제에 대해 연속된 질문을 합니다. 난이도 3~6 선택 시, 설문 주제 3세트, 돌발 주제 2세트, 이렇게 총 5세트가 출제됩니다.

롤플레이는 설문 주제나 돌발 주제 어느 쪽으로도 나올 수 있습니다. 난이도 3~4에서는 롤플레이 문제가 11번부터 15번까지 출제되고, 난이도 5~6에서는 11번부터 13번까지 출제됩니다.

설문 주제	Background Survey에서 내가 선택한 항목(사는 곳, 여가 활동 등)에 대한 문제가 출제됩니다. IH/AL이 목표라면 설문 주제는 기본이니 충실히 유형을 파악하세요.
돌발 주제	Background Survey 항목에 없는 주제입니다. 재활용, 지형, 은행 등 예상하지 못한 항목에서 출제됩니다. IH/AL이 목표라면 돌발 주제에 대응할 수 있도록 철저히 준비해야 합니다.
롤플레이	주어진 특정 상황에 대해 연기하는 유형입니다. 주어진 상황에 필요한 질문 하기, 문제 해결하기 같은 유형이 출제됩니다. IH/AL이 목표라면 12번 문제 해결 대안을 꼭 준비하세요.

OPIc 시험 난이도 5~6 출제 예시

문항	주제		예시
Q1	자기소개		나에 대해 말하기
Q2	세트 1 돌발 주제: 지형	설명/묘사, 경향/습관 중 1문제	우리나라의 지형
Q3		설명/묘사, 경향/습관, 비교, 경험 중 1문제	우리나라 사람들이 많이 하는 야외 활동
Q4		(기억에 남는, 문제 생긴, 첫, 최근) 경험	특별한 장소에서 기억에 남는 경험
Q5	세트 2 설문 주제: 사는 곳	설명/묘사, 경향/습관 중 1문제	집에서 좋아하는 장소
Q6		설명/묘사, 경향/습관, 비교, 경험 중 1문제	과거와 현재의 집 비교
Q7		(기억에 남는, 문제 생긴, 첫, 최근) 경험	집에서 문제가 생긴 경험
Q8	세트 3 돌발 주제: 재활용	설명/묘사, 경향/습관 중 1문제	재활용 품목의 종류
Q9		설명/묘사, 경향/습관, 비교, 경험 중 1문제	어릴 때와 지금의 재활용 방식 차이
Q10		(기억에 남는, 문제 생긴, 첫, 최근) 경험	재활용 관련 문제 해결 경험
Q11	세트 4 롤플레이 설문 주제: 카페	주어진 상황에 필요한 질문 하기	새로 생긴 카페에 정보 질문
Q12		문제 상황 설명 및 대안 제시하기	음료가 잘못 배달된 상황 설명하고 대안 제시
Q13		관련 문제 해결 경험 / 기억에 남는 경험	카페에서 비슷한 문제를 겪은 경험
Q14	세트 5 설문 주제: 쇼핑	비교	쇼핑 트렌드 변화
Q15		(사람들이 대화 나누는) 이슈, 트렌드	요즘 사람들이 많이 언급하는 인기 상품/서비스

자기소개 예시

🎧 001

자기소개는 항상 1번으로 나오는 문제이지만 채점에는 반영되지 않습니다. 답하지 않고 스킵해도 되지만 마음 편히 입 푸는 연습을 하세요. 길이는 짧아도 괜찮습니다.

Q Let's start the interview now. Tell me something about yourself.
이제 인터뷰를 시작하겠습니다. 자신에 대해서 말해 주세요.

취업 준비 중인 학생 ver.

Hi. I'm Jiho. Umm, I'm a university student, and my major is mechanical engineering. I really love it. And now, I'm planning to get a job. So this test is quite important. I'll do my best. Wish me luck! Haha.

안녕하세요, 제 이름은 지호예요. 음, 저는 대학생이고 제 전공은 기계공학이에요. 저는 제 전공을 정말 좋아해요. 그리고 지금은 취업을 하려고 계획하고 있어요. 그래서 이번 시험은 꽤 중요하답니다. 최선을 다할게요. 행운을 빌어 주세요! 하하.

승진 준비 중인 직장인 ver.

Hi. My name is Minji Park, and I recently got married. So I went to the Maldives on my honeymoon, and I'd love to go back someday because it was just amazing. I'm here now because I'm preparing for a promotion, so I really need a great score. You know what I mean? Haha. Yeah, I'm gonna get it! Wish me luck. Thanks!

안녕하세요, 제 이름은 박민지이고 최근에 결혼했어요. 그래서 신혼여행으로 몰디브에 갔는데 정말 멋져서 언젠가 다시 가고 싶어요. 저는 승진 준비를 하고 있어서 지금 여기 왔어요. 그래서 정말 좋은 점수가 필요해요. 무슨 말인지 아시죠? 하하. 네, 제가 좋은 점수를 받을 거예요! 행운을 빌어 주세요. 고마워요!

가족을 사랑하는 직장인 ver.

Oh, hi. I'm Jungsu Kim, and I love playing tennis, so I go every morning and evening—twice a day, yeah. I'm the editor-in-chief at a magazine publisher, and I've been working here for, like, 19 years. Yeah, so I love reading and playing sports—and also my family! Yeah, they're my everything. Haha. I think that's it. Thanks for listening.

아, 안녕하세요. 저는 김정수이고, 테니스 치는 것을 정말 좋아해서 매일 아침, 저녁으로 하루에 두 번씩 가요, 네. 저는 잡지사의 편집장이고 여기서 19년 동안 일하고 있어요. 네, 그래서 저는 독서와 스포츠 하는 것을 좋아해요. 그리고 제 가족도 사랑하고요! 네, 그들은 제 전부예요. 하하. 그게 다인 것 같아요. 들어 주셔서 감사합니다.

OPIc 자주 묻는 질문

사람들이 오픽에 대해 자주 묻는 질문을 벨라쌤이 명쾌하게 답해 드립니다.
더 자세한 내용은 QR코드를 통해 영상으로 확인하세요.

1 자기소개 안 해도 감점 없나요?

영상으로 보기

자기소개는 등급에 영향을 미치지 않아요. 본격적으로 시험을 시작하기 전에 입을 풀거나, 채점자에게 본인 소개로 좋은 인상을 남기는 용도로 사용하세요. 편하게 스킵해도 괜찮습니다.

2 난이도 선택이 중요한가요?

난이도 자체는 점수와 직결되지 않아요. 채점자는 답변을 듣고 채점합니다.

난이도에 따라 등급이 제한되는 것은 아니지만, 1~2단계는 문제 수가 12개로 적어 IM 등급 이상의 발화량을 충족시키기 어려워요.

3~6단계부터는 본인이 듣기 편한 난이도를 고르면 됩니다. 참고로 벨라쌤은 난이도 3에서도 AL을 받았어요. 하지만 5~6단계의 비교나 이슈 유형보다 간단한 설명/묘사, 경향/습관, 경험 유형은 디테일하게 답변하기 어려워요. IH 이상 받고 싶으신 분들은 리스닝에 큰 문제가 없는 한 5~6단계를 추천해요. 2차 난이도를 선택할 때도 '비슷한 질문'을 선택해 난이도 3-3, 5-5처럼 난이도를 똑같이 맞추세요.

- **IH/AL 목표 ➡ 5-5, 6-6 추천**
- **IL/IM 목표 ➡ 3-3, 4-4 추천**

3 문항당 제한 시간이 있나요?

OPIc은 문항당 제한 시간이 없습니다. 하지만 총 답변 시간이 40분으로 제한되어 있기 때문에 한 문제당 최대 2분으로 답변하는 것을 연습하세요. 2분을 넘겨도 감점되진 않습니다.

4 스크립트 외우면 망하나요?

영상으로 보기

문장을 즉석에서 만들기 힘들다면 기본적인 문장은 외워야 하겠죠. 매직 패턴의 문장 정도는 힘들이지 않고 말할 수 있으면 좋겠어요. 딱딱하게 외운 티가 나지 않도록 자연스럽게 사용하세요.

매직 패턴 IL / IM 1편

영상으로 보기

매직 패턴 IL / IM 2편

영상으로 보기

매직 패턴 IH / AL

영상으로 보기

5 스크립트를 외웠는지 채점자가 어떻게 알아요?

다음과 같은 경우에 스크립트를 외운 것으로 간주합니다.

- 질문에 대한 답변이 계속 비슷하고, 반복되는(repetitive) 대답 패턴, 단어, 표현, 문장을 사용할 때 (반복되는 소재나 표현은 경험을 묻는 질문에서 엄격하게 체크하기 때문에 시중의 뻔한 답변이나 책에 나온 예시 답변을 똑같이 암기하면 안 됩니다.)
- 대답의 편차가 너무 클 때 (외운 스크립트는 랩처럼 속사포로 내뱉고, 즉석 발화는 제대로 말하지 못할 때)

결국 답변 키워드와 자주 사용하는 표현을 미리 준비하고 현장에서 꺼내 조립하는 식으로 응용할 줄 알아야 합니다.

6 질문 다시 듣기(Replay) 버튼은 꼭 눌러야 하나요?

질문이 끝난 후에는 **5초 이내**에만 리플레이 버튼을 누를 수 있기 때문에 놓치지 않도록 주의하세요. 이 5초와 질문을 다시 듣는 약 30초의 시간 동안 어떻게 대답할지 키워드를 생각하는 겁니다. 그러니 질문을 한 번에 알아 들었어도 다시 듣기 버튼을 **무조건 누르세요!** 다시 들어도 감점은 없습니다.

벨라쌤의 OPIc 고득점 전략

실제 시험에 효율적으로 적용할 수 있는 고득점 전략을 한눈에 살펴봅시다.
PART 1 '고득점 전략 & 해설'에서 각 전략에 대해 자세하게 설명해 두었으니 참고하세요.

IMF 전략	INTRO-MAIN-FINISH(서론-본론-결론)의 문단 구조를 항상 지키세요. IL/IM 기준으로 1-3-1문장, IH/AL 기준으로 2-6-2문장을 추천합니다.
리액션 전략	Oh, Ah, Wow 같은 감탄사를 사용해 질문이 끝나고 바로 답변을 시작하세요. 아이디어가 즉시 떠오르지 않아도 답변을 쉽게 시작할 수 있습니다.
질문 되묻기 전략	들은 질문의 키워드를 활용해 곧장 질문을 되물으세요. 공백을 피하고 아이디어를 떠올리는 시간을 벌 수 있습니다. 질문을 잘 이해했다는 것도 채점자에게 드러낼 수 있습니다.
여유 전략	"시간 좀 주세요", "생각해 볼게요", "생각나는 게 너무 많아요"처럼 여유를 부리며 아이디어를 떠올릴 시간을 벌 수 있습니다.
당연한 말 전략	경험 유형에서 활용하기 좋은 전략입니다. "물론, 저도 비슷한 경험이 있어요"처럼 당연한 말을 하며 아이디어를 떠올릴 여유를 벌 수 있습니다.
차이 많다 전략	비교 유형에서 차이점, 공통점을 물어보면 "그동안 당연히 차이 많았죠"하며 차이에 집중하세요. 비교가 명확하게 드러나는 게 핵심입니다.
연결 전략	앞서 답변한 내용과 현재 답변을 연결 짓는 전략입니다. 나만의 색깔을 드러내고 즉석 발화 효과를 줍니다.
아마도 그때 전략	경험 유형에서 과거 시기나 사건이 정확하게 생각이 안 날 때 고민하지 말고 "아마도 그때, 이랬을 거야"라고 말하세요. 사실대로 말하는 게 중요한 게 아니니 빠르게 둘러대세요.
두괄식 전략	핵심 아이디어를 두괄식으로 내세우면 횡설수설을 피할 수 있습니다. 앞으로 내가 이야기할 내용을 통합하는 역할을 합니다.
원픽 전략	핵심 아이디어를 하나 정해 구체적으로 말하는 전략입니다. 이것저것 사실(fact)만 나열하면 결국 아이디어가 고갈되고 깊이가 없어지니, 하나에 집중해 이야기하세요.
육하원칙 전략	'언제, 어디서, 무엇을, 누구와, 어떻게, 왜'를 포함해 답변을 구성하면 내용이 깊어집니다. 질문 키워드를 까먹었을 때도 발화량을 채우기에 유용합니다.
나열 전략	문장 나열은 구체적인 예시를 들어 채점자의 이해를 돕는 수준으로 사용하면 좋습니다.

초딩 조카 전략	채점자가 초등학교 1~2학년 조카라고 생각하세요. 답변하기 쉬운 아이디어를 골라 친절하게 설명을 덧붙이면 내용이 명확하게 전달됩니다. 순간 떠오르지 않는 어려운 단어도 쉽게 풀어서 설명하세요.
생생 묘사 전략	장소 설명에 유용한 전략입니다. 듣는 사람의 머릿속에 장면이 그려질 정도로 디테일하게 특징을 나열하면 됩니다.
다 가져다 붙이기 전략	'기억에 남는', '인상 깊은', '특별한'이라는 질문 키워드에 유용한 전략입니다. 여기저기서 본 특징들을 합치세요. 부족한 기억력을 보완하기 좋습니다.
1:1 비교 전략	핵심 아이디어를 하나 정하고, 예전과 지금의 차이를 명확하게 드러내세요.
다르게 말하기 전략	한 가지 표현만 반복해 쓰지 말고 패러프레이징(paraphrasing)으로 다양한 표현을 사용해 단어량과 발화량을 늘리세요. 패러프레이징을 잘할수록 IH/AL 등급에 가까워집니다.
유창성 전략	말이 끊기지 않고 유창한 흐름을 만드는 고등급 전략입니다. 같은 의미의 말, 연관된 생각을 덧붙이면 이야기가 시냇물처럼 부드럽게 흘러갈 수 있습니다.
임기응변 전략	경험 유형에 적용하기 좋은 전략입니다. 다친 경험, 연인과의 다툼이나 특별했던 경험, 반려동물 등의 이야기를 미리 만들어 놓고 아이디어가 필요할 때 활용하세요.
내 생각 말하기 전략	사실(fact) 나열에서 끝내지 말고 내 생각과 느낀 점을 담아야 답변 퀄리티가 높아집니다. 높은 등급을 노릴수록 필수로 사용해야 할 전략입니다.
감정 형용사 전략	질문에서 '좋아하는', '인상 깊은', '기억에 남는'이라는 키워드가 나오면 MAIN의 끝부분과 FINISH 초입에 감정 형용사를 적극적으로 사용하세요. 높은 등급을 받으려면 답변하는 틈틈이 감정 형용사를 활용하는 것이 필수입니다.
키워드 찰떡 전략	질문의 핵심 키워드를 활용해 채점자가 듣고 싶은 답변을 찰떡같이 하고 있다고 강조하세요. 답변 끝까지 키워드를 확실히 기억해 두었다가 사용해야 합니다.
마무리 전략	더 이상 할 말이 없으면 답변을 흐지부지 끝내지 말고 확실하게 마무리 지으세요. 마무리까지 확실하게 해서 논리 구조를 완성하세요.
너도 해 봐 전략	"너도 해 봐", "너도 가 봐"처럼 채점자에게 행동을 권유하며 마무리할 수 있습니다. FINISH에서 친근하고 자연스럽게 마무리하는 전략 중 하나입니다.
말 걸기 전략	"너도 궁금하면 나에게 물어봐"처럼 친근하게 채점자에게 말을 걸며 마무리할 수 있습니다.

PART 소개
동영상 강의

PART 1

설문 주제

UNIT

01

사는 곳

✔ 이렇게 준비하세요

사는 곳은 정말 자주 출제되는 **최빈출 주제**입니다. IH/AL을 노리는 여러분에겐 쉽게 답변하고 지나가야 하는 주제이기도 하죠. 예시 답변을 참고해서 본인의 답변을 한두 번 연습하면 시험장에서 수월하게 답변할 수 있을 거예요. 꿀팁으로, Background Survey에서 가족과 함께 산다고 응답하면 '집에서 있었던 가족 관련 기억에 남는 일'이나 '집에서 내가 하는 집안일, 어릴 때 했던 집안일' 같은 문제가 출제될 수 있으니 **혼자 산다고 선택**하는 것이 질문의 출제 범위를 줄이는 데 효과적입니다.

자주 출제되는 문제

문제	유형	시제
집에서 좋아하는 장소 Please tell me about your house. How many rooms are there? What's your favorite room? What does it look like? Why do you like that room? 당신이 사는 곳에 대해 말해 주세요. 방은 몇 개인가요? 가장 좋아하는 방은 어디인가요? 어떻게 생겼나요? 왜 그 방이 마음에 드나요?	설명/묘사	현재
과거와 현재의 집 비교 Tell me about the house or apartment you lived in when you were a child. How is it different from the house you live in now? Provide me with as many details as possible. 어렸을 때 살았던 집이나 아파트에 대해 말해 주세요. 지금 살고 있는 집과 어떻게 다른가요? 가능한 한 자세히 알려 주세요.	비교	과거 + 현재

문제	유형	시제
집에서 문제가 생긴 경험 Tell me about a problem you had at home. For example, it could be noise from your neighbor or something that was broken. What was the problem, and how did you deal with it? How did the problem turn out? Give me as many details as possible. 집에서 겪었던 문제에 대해 말해 주세요. 예를 들어 이웃집에서 소음이 발생했거나 무언가가 고장 났을 수 있겠죠. 문제가 무엇이었으며 어떻게 대처했나요? 문제가 어떻게 해결되었나요? 가능한 한 자세히 알려 주세요.	경험	과거
주중과 주말에 집에서 하는 일 What is your normal routine at home? What do you usually do on weekdays? What kinds of things do you do on weekends? 집에서의 평소 일과는 어떤가요? 평일에는 주로 무엇을 하나요? 주말에는 어떤 종류의 일을 하나요?	경향/습관	현재
집 구할 때 사람들이 겪는 문제 What are some major issues that people face when they are looking to rent a house or apartment? How do people typically handle these challenges? How do these issues affect people's lives? 사람들이 주택이나 아파트를 임대하려고 할 때 직면하는 주된 문제는 무엇인가요? 사람들은 일반적으로 이러한 문제를 어떻게 처리하나요? 이러한 문제는 사람들의 삶에 어떤 영향을 미치나요?	사회적 이슈	현재

✪ 빈출 세트 구성

세트 예시 1	❶ 집에서 좋아하는 장소 ❷ 과거와 현재의 집 비교 ❸ 집에서 문제가 생긴 경험
세트 예시 2	❶ 집에서 좋아하는 장소 ❷ 주중과 주말에 집에서 하는 일 ❸ 집에서 문제가 생긴 경험

집에서 좋아하는 장소

Please tell me about your house. How many rooms are there? What's your favorite room? What does it look like? Why do you like that room?

당신이 사는 곳에 대해 말해 주세요. 방은 몇 개인가요? 가장 좋아하는 방은 어디인가요? 어떻게 생겼나요? 왜 그 방이 마음에 드나요?

| 답변 가이드 |

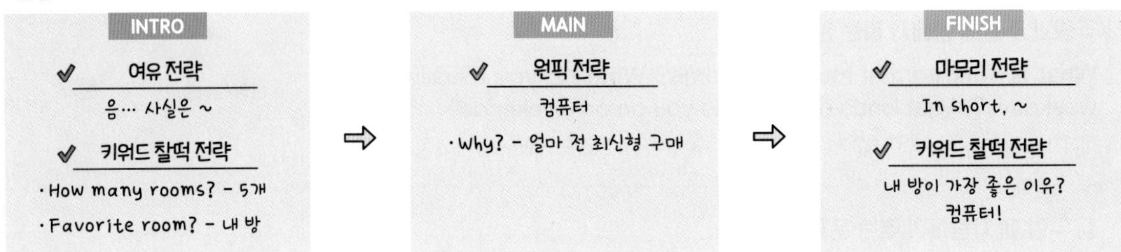

INTRO
여유 전략
음… 사실은 ~
키워드 찰떡 전략
· How many rooms? - 5개
· Favorite room? - 내 방
MAIN
원픽 전략
컴퓨터
· Why? - 얼마 전 최신형 구매
FINISH
마무리 전략
In short, ~
키워드 찰떡 전략
내 방이 가장 좋은 이유?
컴퓨터!

예시 답변

INTRO [1] Hmm... Well, actually, there are five rooms in my house. [2] They are the living room, my parent's room, my room, a kitchen, and a bathroom. [3] My favorite room is, well, of course, my room because, you know, it's my room! Lol.

MAIN [4] There are a desk, a bed, and some books. [5] Yeah, it's just typical... but, umm... Oh! There's this thing: my computer! [6] Actually, this is the main reason why I love my room. [7] I bought an amazing brand-new computer recently. [8] I bought it last week, and it's truly amazing. [9] It has awesome speed, graphics, you know, an i9 Intel core, 32 gigabyte RAM capacity, and so on. [10] It has all the latest technology. [11] So, yeah, it sure cost a fortune, but it's absolutely worth it. [12] I really mean it. [13] With this amazing computer, I usually... watch... YouTube. Hahaha. [14] Yeah, I'm just kidding. [15] I do some video editing work. [16] I really love my new computer. [17] It has totally upgraded my work efficiency for sure.

FINISH [18] In short, I love my room the most because there's a super fancy computer in it. [19] Yeah, this is it.

INTRO [1] 음… 사실 제 집에는 방이 다섯 개 있어요. [2] 거실, 부모님 방, 제 방, 부엌, 화장실이에요. [3] 제가 가장 좋아하는 방은 당연히 제 방이에요. 제 방이니까요! ㅋㅋ **MAIN** [4] 책상, 침대가 있고 책도 좀 있어요. [5] 네, 뭐 그냥 평범하죠… 그렇지만, 음… 아! 이게 있네요, 컴퓨터! [6] 사실, 이게 제가 제 방을 좋아하는 주된 이유예요. [7] 최근에 멋진 최신형 컴퓨터를 샀어요. [8] 지난주에 구입했는데 정말 놀라워요. [9] 속도, 그래픽, 아시죠, i9 인텔 코어, 32기가바이트 램 용량 등 모든 것이 훌륭해요. [10] 최신 기술이 모두 탑재되어 있죠. [11] 물론 비용이 많이 들긴 했지만 그만한 가치가 충분하고도 남아요. [12] 진심이에요. [13] 이 놀라운 컴퓨터로 저는 보통… 유튜브를… 시청한답니다. 하하하. [14] 네, 농담이에요. [15] 비디오 편집 작업을 좀 해요. [16] 저는 새 컴퓨터가 정말 마음에 들어요. [17] 그건 제 업무 효율성을 완전히 업그레이드시켰어요, 정말로요. **FINISH** [18] 짧게 요약하자면, 저는 아주 멋진 컴퓨터가 있어서 제 방을 가장 좋아해요. [19] 네, 여기까지예요.

---

typical 전형적인, 보통의 main 주된 brand-new 최신형의 recently 최근에 truly 정말로 graphics 그래픽 gigabyte 기가바이트 capacity 용량 latest 최신의 technology 과학 기술 cost a fortune 큰돈이 들다 worth ~의 가치가 있다 edit 편집하다 upgrade 향상시키다 efficiency 효율성 for sure 확실히 in short 짧게 요약하자면 fancy 멋진

고득점 전략 & 해설

집에서 좋아하는 장소에 대한 질문은 살고 있는 집의 모습을 상상하며 말하면 답변하기 편합니다. 거실일 수도 있고, 내 방, 또는 같이 사는 가족의 방, 옷 방, 서재 등 가장 좋아하는 공간을 친한 친구에게 소개하듯 설명해 보세요.

I 1-2 **Hmm... Well, actually, there are five rooms in my house. They are the living room, my parent's room, my room, a kitchen, and a bathroom.**

✔ **여유 전략** + ✔ **키워드 찰떡 전략** 키워드인 How many rooms에 대한 답을 five rooms라고 한 후, 자연스럽게 어떤 방들이 있는지 나열하며 여유를 확보합니다.

3 **My favorite room is, well, of course, my room because, you know, it's my room! Lol.**

✔ **키워드 찰떡 전략** 질문의 키워드인 좋아하는 방(favorite room)에 맞춰 답변을 진행합니다. 저는 좋아하는 방을 제 방으로 선택했습니다. Lol은 laugh out loud의 줄임말로 '웃음'을 의미합니다. 주로 소셜 미디어나 채팅 등 인터넷상에서 사용하지만, 실제로 친구들끼리 가볍게 대화할 때 쓰기도 합니다. "롤"이라고 말하지 않고 "엘오엘(L-O-L)"이라고 철자를 하나씩 말하는 경우가 많습니다.

M 4-5 **There are a desk, a bed, and some books. Yeah, it's just typical... but, umm... Oh! There's this thing: my computer!**

머릿속에서 방의 모습을 떠올리며 즉석으로 내용을 이어 나가다가 ✔ **원픽 전략**으로 '컴퓨터'에 대한 애정을 드러내기로 마음먹었습니다. 여러분도 잠깐 이 설명을 읽는 것을 멈추고 페이지의 빈 공간에 자신이 제일 좋아하는 방과 그 이유 한 가지를 간단히 작성해 보세요. 원픽 주제를 생각하는 동안 공백을 만들면 안 되고, 자연스러운 생각의 흐름을 말하는 연습을 해야 합니다.

6-7 **Actually, this is the main reason why I love my room. I bought an amazing brand-new computer recently.**

답변 중간중간 질문의 키워드를 계속 강조하며 채점자가 듣고 싶은 답변으로 방향을 꾸준히 잡아 가세요. 저는 원픽 주제를 얼마 전 실제로 새로 산 컴퓨터로 잡아서 컴퓨터에 대한 정보를 자세하고 편하게 말할 수 있었습니다. 여러분도 침대(bed), 책장(bookshelf), 책상(desk), 게임용 컴퓨터(gaming computer), 스피커(speaker), 안마 의자(massage chair), 인형(doll), 창문(window), 사진(photograph) 등 말하기 편한 주제를 떠올려 보세요.

8-10 **I bought it last week, and it's truly amazing. It has awesome speed, graphics, you know, an i9 Intel core, 32 gigabyte RAM capacity, and so on. It has all the latest technology.**

컴퓨터라는 원픽 주제를 잡았고 이유까지 설명했으니, 여기에 정말 찐으로 좋아하는 모습도 보여 줄 수 있으면 금상첨화겠죠. ✔ **감정 형용사 전략**으로 흥분을 폭발시키는 겁니다. 알고 있는 구체적인 정보(약간의 TMI)도 자연스럽게 덧붙이며 원픽 주제에 대한 진심을 드러낼 수 있습니다. 정보 나열이 좋은 게 아니라 나만 말할 수 있는 내용이라서 좋은 것입니다. 외부 답변을 암기하지 않았음을 드러내는 것이죠.

11-12 **So, yeah, it sure cost a fortune, but it's absolutely worth it. I really mean it.**

cost a fortune은 '엄청나게 비싸다' 또는 '거액이 들다'라는 뜻의 표현입니다. worth it은 '그럴 가치가 있는'이라는 의미입니다. 등급을 높일 수 있는 표현들이니 알아 두고 써먹어 보세요.

Level Up! 표현 - cost a fortune / worth it

물건이 '비쌌다, 돈이 꽤 들었다'라는 말을 It was expensive.라고만 썼다면 It cost a fortune.도 써 보세요.

- The renovations on the house **cost a fortune**, but the results were worth it.
  그 집의 리모델링 비용이 엄청나게 많이 들었지만, 결과는 그럴 만한 가치가 있었어.
- Buying a ticket to the concert **cost a fortune**, but I wanted to see my favorite band live.
  콘서트 티켓을 사는 데 엄청난 돈이 들었지만, 내가 가장 좋아하는 밴드를 직관하고 싶었어.

'만족스러운'이라는 뜻으로 satisfactory처럼 일상에서 쓰기엔 딱딱한 표현만 떠오른다면 worth it을 사용해 보세요. 미국인이 만족감을 표현할 때 자주 쓰는 유용한 일상 표현입니다.

- I studied all night for the exam, and when I saw my grade, I knew it was **worth it**.
  시험을 위해 밤새 공부했는데, 성적을 확인했을 때 그럴 만한 가치가 있었다는 것을 알았어.
- The hike was challenging, but the view from the top was definitely **worth it**.
  등산이 힘들었지만, 정상에서 보는 경치는 확실히 그럴 만한 가치가 있었어.

13-17 **With this amazing computer, I usually… watch… YouTube. Hahaha. Yeah, I'm just kidding. I do some video editing work. I really love my new computer. It has totally upgraded my work efficiency for sure.**

명사인 computer 앞에 형용사 amazing을 사용해 컴퓨터에 대한 나의 개인적 감상을 가볍게 드러냈습니다. 그냥 With this computer라고 말하는 것보다 자연스럽고 풍부하죠? IH/AL이 목표라면 이렇게 형용사를 틈틈이 넣어 줄수록 좋습니다.

이 굉장한 컴퓨터로 뭔가 거창한 일을 할 것 같지만 '유튜브를 본다'고 농담을 하면서 유쾌한 대답을 만들어 냈습니다. 오픽에서는 모범적인 대답을 할 필요도 없고 너무 진지할 필요도 없습니다. 친구와 일상에서 나누는 대화처럼 친근하게 농담도 던져 보세요.

미국인이 자주 쓰는 일상 표현 – 농담이다

- I'm just kidding.
- I'm just playing.
- I'm only kidding.
- I'm only messing around.
- I'm just joking.
- I'm just teasing.
- I'm only joking.

F 18-19 **In short, I love my room the most because there's a super fancy computer in it. Yeah, this is it.**

다시 한번 ✔ **키워드 찰떡 전략**을 써서 키워드인 '좋아하는 방'과 '이유'에 대해 요약하며 채점자가 원하는 답변에 충실함을 강조합니다.

비교 • 과거 + 현재 시제

003

과거와 현재의 집 비교

Tell me about the house or apartment you lived in when you were a child. How is it different from the house you live in now? Provide me with as many details as possible.

어렸을 때 살았던 집이나 아파트에 대해 말해 주세요. 지금 살고 있는 집과 어떻게 다른가요? 가능한 한 자세히 알려 주세요.

| 답변 가이드 |

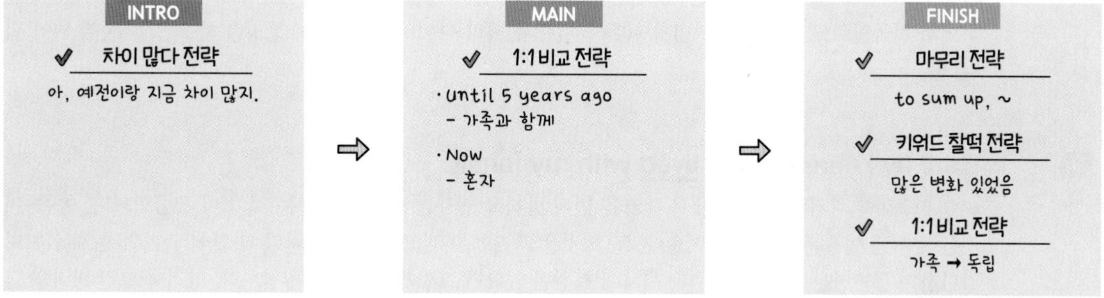

INTRO
차이 많다 전략
아, 예전이랑 지금 차이 많지.
MAIN
1:1 비교 전략
· Until 5 years ago
- 가족과 함께
· Now
- 혼자
FINISH
마무리 전략
to sum up, ~
키워드 찰떡 전략
많은 변화 있었음
1:1 비교 전략
가족 → 독립

예시 답변

INTRO [1] Oh, there are many differences between my past home and now.

MAIN [2] Until five years ago, I lived with my family. [3] I kept fighting with my older brother for no reason. [4] We fought over, like, you know, who would do the dishes or who would use the computer first. [5] Or... What else...? Oh! He ate my favorite ice cream. [6] Things like that. [7] Even though it was lovely living with my family, there was too much stress. [8] But come to think of it, it's kind of weird that I miss those days now. [9] Hmm... however, I won't go back. Haha. [10] You know, living alone gives you so much freedom. [11] I'm very pleased with my current single life!

[12] Now? I have my own computer and no longer worry about my favorite ice cream disappearing. [13] Of course, it's quite lonely sometimes because of my family's absence, especially my brother... [14] But everyone has a time to move along, right?

FINISH [15] So to sum up, there have been many changes. [16] I went from living together to living alone.

INTRO [1] 아, 예전에 살던 집과 지금의 집은 많은 차이가 있지요. MAIN [2] 5년 전까지 저는 가족과 함께 살았어요. [3] 형과 계속 싸웠어요. 아무것도 아닌 일로요. [4] 이를 테면 설거지를 누가 할 것인지, 누가 컴퓨터를 먼저 쓸 것인지 같은 걸로 싸웠어요. [5] 아니면… 또 뭐가 있을까요…? 아! 형이 제가 제일 좋아하는 아이스크림을 먹었어요. [6] 뭐 그런 거죠. [7] 가족과 함께 사는 건 좋았지만 스트레스가 너무 많았어요. [8] 그런데 지금 생각해 보니 그 시절이 그리워지는 게 좀 이상하네요. [9] 흠… 하지만 다시 돌아가지는 않을 거예요, 하하. [10] 혼자 살면 정말 자유롭잖아요. [11] 저는 지금의 싱글 생활에 매우 만족하고 있어요! [12] 지금은 어떻냐고요? 제 컴퓨터도 있고, 제가 좋아하는 아이스크림이 사라질 걱정도 없죠. [13] 물론, 가끔은 가족, 특히 형이 없어서 꽤 외롭긴 해요… [14] 하지만 누구에게나 나아가야 할 때가 있는 법이잖아요? FINISH [15] 그래서, 정리하자면, 많은 변화가 있었어요. [16] 함께 사는 것에서 혼자 사는 것으로 바뀌었죠.

weird 이상한 freedom 자유 pleased 만족한 current 현재의 no longer 더 이상 ~ 않다 disappear 사라지다 absence 부재

고득점 전략 & 해설

과거와 현재를 비교하는 문제 유형은 무조건 시제가 핵심입니다. 내용은 1:1 비교 전략으로 명확하게 비교하되 즉시 떠오르는 일상적인 원픽 주제를 선정하세요. 오픽은 논술 시험이 아닙니다. 내용보다 시제가 중요하니 꼭 여러 번 말해 보고 녹음해서 들어 보며 시제가 맞게 쓰였는지 확인하세요. AL을 받으려면 반복되는 시제 실수를 반드시 잡아야 합니다.

I

1 **Oh, there are many differences between my past home and now.**

✔ **차이 많다 전략** 이왕이면 차이가 많아야 발화량이 늘어나고 과거와 현재의 비교가 명확해지니 '차이가 많다'는 쪽으로 풀어 나가세요. 차이가 별로 없다고 말하면 감점이 생기는 것은 아니지만 '비교' 유형에서 채점자가 확인하고 싶던 요소들이 드러나지 않기 때문에 추천하고 싶은 답변 방향은 아닙니다. 그리고 만약 차이가 없다고 해도 머리가 얼어붙은 게 아닌 이상 즉석에서 지어내야죠. 시험이잖아요? 긴장을 많이 하거나 즉석에서 한국말로도 답변을 지어내기 힘든 분일수록 미리 아이디어 브레인스토밍을 하고 입을 풀어 놔야 합니다.

M

2 **Until five years ago, I lived with my family.**

✔ **1:1 비교 전략** 과거와 현재 중에서 과거를 먼저 말하고 현재를 나중에 말하는 것이 더 깔끔합니다. 종종 '이것은 과거엔 이랬는데 현재는 이렇다. 또 이것은 과거엔 이랬고 현재는 이렇다'와 같이 과거와 현재를 왔다 갔다하며 답변하는 분들도 있는데, 시제에 자신이 있다면 그렇게 하셔도 무방합니다. 그러나 그런 방식의 답변은 살짝 깊은 감정까지 보여 주기보다 정보 나열식의 답변이 되기 쉬워 약간 아쉽죠.
과거 이야기를 시작할 때 과거 시점 표현을 무조건 사용하세요. 위 문장의 Until five years ago 같은 표현입니다. '이제부터 과거 이야기 시작한다! 부릉부릉!'하고 채점자에게 신호를 주는 동시에 일관된 과거 시제를 쓸 수 있어 시제를 헷갈리는 실수가 덜 나옵니다.

3 **I kept fighting with my older brother for no reason.**

✔ **원픽 전략** 원픽 주제로 형과 싸웠던 이야기를 골랐습니다. 과거와 달라진 점이 한두 개가 아니겠지만 그걸 다 말할 수는 없으니, 하나만 골라 디테일하게 이야기하는 것이 좋습니다.
계속해서 과거 시제 사용에 주의하세요. 밑줄 친 과거형 동사들을 눈여겨보고 바로 과거형을 쓸 수 있도록 연습하세요.

4-6 **We fought over, like, you know, who would do the dishes or who would use the computer first. Or... What else...? Oh! He ate my favorite ice cream. Things like that.**

형과 자주 싸웠다는 말을 친절하게 부연 설명하며 출제자의 머릿속에 상황이 그려지게 만듭니다. 이어지는 Or... What else...? Oh! 이 부분이 아주 중요합니다. 다음에 할 말을 고를 때 여유를 얻는 표현이에요. 정말 떠올리는 것처럼 연기하는 게 킥입니다!

7 **Even though it was lovely living with my family, there was too much stress.**

✔ **내 생각 말하기 전략** 감상도 덧붙여 줍니다. 접속사 Even though도 자연스럽게 활용했어요. IH/AL을 받기 위해서는 문장의 윤활유인 접속사를 자주, 다양하게 사용해 주세요.

8-11 **But come to think of it, it's kind of weird that I miss those days now. Hmm... however, I won't go back. Haha. You know, living alone gives you so much freedom. I'm very pleased with my current single life!**

이제부터 현재 시제입니다. 과거에 대한 이야기를 하더라도 현재 느끼는 감상을 말하는 것이므로 현재 시제로 말해야 합니다. 밑줄 친 현재형 동사들을 잘 보시고, 특히 주어가 3인칭 단수일 때는 gives처럼 -s를 붙이는 것에 주의하세요.
come to think of it(이제 와서 생각해 보니) 하고 답변 도중에 생각난 말을 즉석에서 덧붙이는 느낌이죠? 채점자에게 내가 답변을 외운 것이 아니라 순간적으로 대응하고 있다고 티 낼 수 있는 표현입니다.

- I've been so busy lately. **Come to think of it**, I haven't seen my friends in weeks.
  나 요즘 정말 많이 바빴어. 생각해 보니, 몇 주 동안 친구들을 만나지 않았네.
- We were planning to replace the carpet in the living room, but **come to think of it**, hardwood floors might be a better option.
  우리는 거실 카펫을 바꿀 생각이었는데, 생각해 보니 목재 바닥이 더 좋을 것 같아.

12 **Now? I have my own computer and no longer worry about my favorite ice cream disappearing.**

✔ **1:1 비교 전략**으로 과거에서 완전히 빠져나왔습니다. 키워드를 활용한 ✔ **키워드 찰떡 전략**이기도 합니다. Now?라는 한 단어짜리 문장의 힘은 굉장합니다. 마치 대화를 듣던 상대가 "지금은 어떤데?"라고 질문한 것을 되묻듯이 말하는 방식으로, 단숨에 현재 시점으로 발화의 흐름을 변경할 수 있습니다.
✔ **초딩 조카 전략**으로 앞에서 말한 컴퓨터와 아이스크림에 대해 명확하고 친절하게 차이를 밝히고 있습니다. 사실 성인들은 이렇게 직접적으로 언급하지 않아도 다 알죠. 혼자 사니까 기존의 문제가 발생하지 않는다는 것을요. 그러나 그걸 정말 친절하게 채점자에게 강조해 주세요. 마치 초등학교 1~2학년 조카에게 풀어서 설명하는 것처럼요. 이보다 더할 나위 없는 비교를 보여 주는 겁니다. 늘어난 발화량은 덤이고요.

13-14 **Of course, it's quite lonely sometimes because of my family's absence, especially my brother.... But everyone has a time to move along, right?**

✔ **내 생각 말하기 전략** MAIN을 마무리하며 과거와 현재의 차이에 대한 감상을 자연스럽게 드러내도 좋습니다. 특히 everyone has a time to move along이란 표현은 깨달음을 나타내는 표현입니다. IH/AL을 받기 위해서는 단순 사실에서 벗어나 본인의 생각과 감정을 많이 드러낼 줄 알아야 합니다. 좋은 경구, 속담이나 명언을 암기해 두고 인용하는 것도 실력을 드러낼 수 있는 좋은 방법입니다.

미국인이 자주 쓰는 일상 표현 – 시간 관련 경구

- Time flies. 시간이 정말 빠르다.
- Time is money. 시간이 돈이다.
- Time waits for no one. 시간은 아무도 기다려주지 않는다.
- Better late than never. 늦더라도 안 하는 것보다는 낫다.
- It feels like just yesterday. 마치 어제 일처럼 느껴진다.
- Make hay while the sun shines. 해가 날 때 건초를 말려라.
- Lost time is never found again. 잃어버린 시간은 다시 찾을 수 없다.
- Time heals all wounds. 시간은 모든 상처를 치유한다.
- Carpe diem. (= Seize the day.) 현재를 즐겨라.

F 15-16 **So to sum up, there have been many changes. I went from living together to living alone.**

✔ **마무리 전략**으로 to sum up을 쓰고, ✔ **키워드 찰떡 전략**으로 질문의 키워드인 different를 changes로 바꾸어 다시 한번 강조하며 완벽하게 마무리합니다. 또한 ✔ **1:1 비교 전략**으로 living together와 living alone으로 비교를 확실히 정리했습니다.

시제도 눈여겨보세요. 현재완료형인 have been을 사용했습니다. 과거부터 현재까지 있었던 일을 이야기할 때 현재완료 시제를 사용합니다.

문법, 이것만! - 현재완료

현재완료는 과거에 발생한 일이 현재와 연결될 때 사용합니다.

- **완료/결과**: just, already, yet와 함께

  I**'ve just finished** my homework. 방금 숙제를 끝냈어요.

  They**'ve already left** the party. 그들은 이미 파티를 떠났어요.

  He **hasn't called** me **yet**. 그는 아직 저에게 전화하지 않았어요.

- **경험**: ever, never, before, once, twice...와 함께

  Have you **ever tried** *bibimbap*? 비빔밥 먹어 본 적 있어요?

  I**'ve never tried** this before. 저는 이것을 전에 해 본 적이 없어요.

  I**'ve been** to the States **once**. 저는 미국을 한 번 방문한 적이 있어요.

- **계속**: for, since와 함께

  I**'ve lived** in Seoul **for** five years. 저는 서울에서 5년째 살고 있어요.

  I**'ve known** her **for** a long time. 저는 그녀를 오랫동안 알고 지냈어요.

  I**'ve worked** here **since** 2020. 저는 2020년부터 여기서 일해 왔어요.

집에서 문제가 생긴 경험

Tell me about a problem you had at home. For example, it could be noise from your neighbor or something that was broken. What was the problem, and how did you deal with it? How did the problem turn out? Give me as many details as possible.

집에서 겪었던 문제에 대해 말해 주세요. 예를 들어 이웃집에서 소음이 발생했거나 무언가가 고장 났을 수 있겠죠. 문제가 무엇이었으며 어떻게 대처했나요? 문제가 어떻게 해결되었나요? 가능한 한 자세히 알려 주세요.

답변 가이드

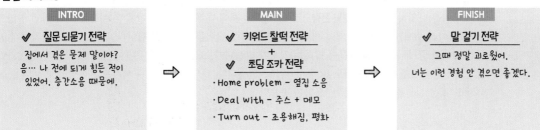

INTRO		MAIN		FINISH
✔ 질문 되묻기 전략 집에서 겪은 문제 말이야? 음… 나 전에 되게 힘든 적이 있었어. 층간소음 때문에.	⇨	✔ 키워드 찰떡 전략 + ✔ 초딩 조카 전략 · Home problem – 옆집 소음 · Deal with – 주스 + 메모 · Turn out – 조용해짐, 평화	⇨	✔ 말 걸기 전략 그때 정말 괴로웠어. 너는 이런 경험 안 겪으면 좋겠다.

예시 답변

INTRO [1] Well... You mean the problem I had at home? [2] Hmm... Okay! I remember having a tough time last summer because of some noise.

MAIN [3] You know, I lived in an apartment on the 7th floor, and my neighbor who was living next door played music every night. [4] The music was sooooo loud that I could hear it even when I was using earplugs. [5] I couldn't bear it! [6] I had to find a way to solve this problem. [7] So I googled it. [8] And someone said giving the person a present and leaving a message might be a good idea. [9] I went for it. [10] I left a message with juice in front of that place.

[11] Eventually, the suggestion turned out to be right! [12] It worked! [13] My neighbor became careful about the noise problem, and I found peace.

FINISH [14] Haha. So that's how I dealt with the neighbor's noise issue. [15] It was a really tough moment. [16] I hope you never go through this kind of experience.

INTRO [1] 글쎄요… 집에서 겪은 문제 말하는 거죠? [2] 음… 알았어요! 지난여름에 소음 때문에 정말 힘들게 지냈던 기억이 떠올라요. MAIN [3] 있죠, 저는 아파트 7층에 살고 있었는데, 옆집 이웃이 밤마다 음악을 틀었어요. [4] 음악 소리가 너무 커서 귀마개를 사용할 때도 들렸어요. [5] 전 도저히 참을 수 없었어요! [6] 어떻게든 해결책을 찾아야 했죠. [7] 그래서 인터넷에 검색했어요. [8] 누군가가 그 사람에게 선물을 주면서 메시지를 남기는 게 좋을 거라고 했어요. [9] 저는 그렇게 했지요. [10] 메시지와 주스를 그 집 앞에 두었어요. [11] 결과적으로 그 추천이 맞았어요! [12] 효과가 있었어요! [13] 이웃이 소음에 대해 조금 더 신경 쓰게 되었고, 저는 평화를 찾았어요. FINISH [14] 하하. 그게 제가 이웃 소음 문제를 해결한 방법이에요. [15] 그때 정말로 힘들었어요. [16] 당신은 절대 이런 종류의 경험을 하지 않길 바라요.

---

tough 힘든, 어려운 noise 소음 neighbor 이웃 next door 옆집에 loud 시끄러운 earplug 귀마개 bear 견디다 google 구글에서 검색하다 eventually 결국 suggestion 제안 turn out ~한 것으로 밝혀지다 work 효과가 있다 careful 조심하는 peace 평화 deal with ~을 다루다, 해결하다 go through ~을 겪다 experience 경험

고득점 전략 & 해설

문제 해결은 IH/AL 목표 달성에 있어서 매우 중요한 유형입니다. 자연스럽게 말할 수 있도록 정말 많이 연습해야 합니다. 특히 키워드 위주의 답변을 해 보세요. 영어를 잘하고 해외 거주 경험도 있는 많은 분들이 한 번에 AL이 안 나오는 이유가 바로 딴소리 때문입니다. 시험인 만큼 채점자가 듣고 싶어하는 답변을 해 주세요.
주제 자체도 정말 말하기 쉬운 주제를 선정하세요. 초등학교 저학년 조카가 들어도 이해가 될 만큼 쉽고 바로 떠오르는 주제로 스스로 난이도를 낮추는 겁니다.

I 1-2 **Well… You mean the problem I had at home? Hmm... Okay! I remember having a tough time last summer because of some noise.**

✔ **질문 되묻기 전략**으로 질문의 키워드를 활용해 바로 답변을 시작합니다. 어떤 주제를 정할지 바로 생각이 안 날 경우, 도입 문장을 두어 개 늘어놓으면서 여유를 갖고 원픽 주제를 생각합니다.
여러 주제를 나열하기보다 ✔ **원픽 전략**으로 한 가지 주제에 대해 말하는 것이 좋은 이유를 다시 한번 설명드릴게요. 여러 주제를 나열하면 계속 새로운 상황, 새로운 단어를 생각해야 합니다. 그리고 애써 생각해서 한 문장 말하면 끝나서 결국엔 말문이 막히는 경우가 많습니다. 또한 한 가지 주제에 대해 깊이 있게 들어가야 감정과 생각을 표현하는 형용사도 많이 사용할 수 있습니다. 나열은 사건을 구체적으로 설명할 때 이해를 돕는 용도 혹은 시간을 버는 용도로 사용하면 좋습니다.

M 3 **You know, I lived in an apartment on the 7th floor, and my neighbor who was living next door played music every night.**

✔ **유창성 전략** IH/AL을 받으려면 문장을 길게 말하는 흐름이 연속해서 이어질 수 있어야 합니다. 접속사, 관계대명사, that절을 많이 사용해 구체성과 유창성을 늘리세요.

문법, 이것만! – 관계대명사

관계대명사를 사용하는 것은 디테일을 넣기에 정말 좋은 방법입니다. 디테일하게 말하는 것을 많이 연습해서 점수 잘 받으세요!

- My neighbor played music every night. 이웃이 매일 밤 음악을 틀었다.
- My neighbor **who was living next door** played music every night.
  옆집에 사는 이웃이 매일 밤 음악을 틀었다.

4-6 **The music was sooooo loud that I could hear it even when I was using earplugs. I couldn't bear it! I had to find a way to solve this problem.**

위의 세 문장은 거의 같은 의미입니다. 같은 의미의 문장을 연속해서 이어 말하는 발화법은 쉽게 따라 할 수 있는 전략입니다. 이른바 ✔ **유창성 전략**이죠. 이 전략을 쓰면 발화량을 늘리는 효과와 함께 동일한 의미를 다양하게 표현할 수 있는 영어 고수의 아우라도 비치게 됩니다.
so를 sooooo로 길게 늘려 말하는 것은 일종의 강조 표현입니다. 말할 때 강하게 적극적으로 감정을 나타내세요.

7-8 **So I googled it. And someone said giving the person a present and leaving a message might be a good idea.**

정보를 찾을 때 직접적인 표현인 search it이나 look it up도 좋지만, 미국인이 일상적으로 자주 사용하는 친근한 표현 google it도 활용해 보세요.

- The faucet in the kitchen is leaking. I'll **google it** to see if I can fix it myself.
  주방 싱크대 수도꼭지에 누수가 있어. 내가 직접 고칠 수 있는지 구글에서 찾아볼게.
- We're having trouble with the Wi-Fi connection. Let's **google it** to find a solution.
  와이파이 연결에 문제가 있어. 해결책을 찾기 위해 구글에서 검색해 보자.

9-10 **I went for it. I left a message with juice in front of that place.**

go for it은 '도전해 보다', '해 보다'의 의미로, 특정한 행동이나 결정을 할 때 사용합니다.

- You're thinking about applying for that job? **Go for it**! I think you'd be great.
  그 일을 하고 싶다고 생각하고 있어? 도전해 봐! 난 네가 잘할 거라고 생각해.

11-12 **Eventually, the suggestion turned out to be right! It worked!**

✔ **키워드 찰떡 전략** 질문의 키워드인 turn out에 대해 명백한 답을 밝혀 주었습니다. 너무 횡설수설 이것저것 말하면 듣는 채점자 입장에서는 판단하기 혼란스럽고 좋은 의사소통이라고 생각하기 힘들겠죠. 영어 말하기 자체를 잘하는 것과 시험에서 고득점을 받는 것은 다르다는 것을 꼭 기억하시고, 질문의 키워드로 답변이 찰떡임을 강조해 주세요.

13 **My neighbor became careful about the noise problem, and I found peace.**

✔ **다 가져다 붙이기 전략** 문제 해결 과정과 결과를 꼭 실제 일어난 대로 말할 필요는 없습니다. 저는 옆집과의 문제가 없었지만 뉴스나 주변에서 들은 이야기를 제가 겪은 이야기처럼 가져다 붙였습니다. 현실에서 소음 문제는 예시 답변에서처럼 단번에 해결되지 않을 수 있죠. 그러나 그냥 쉽게 happy ending으로 끝맺으세요. 굳이 시시콜콜하게 모든 것을 말할 필요도, 사실일 필요도 없습니다. 내용의 완성도에 집착하지 마시고 말하기 쉽게 유연하게 우회하세요.

F 14-16 **Haha. So that's how I dealt with the neighbor's noise issue. It was a really tough moment. I hope you never go through this kind of experience.**

마무리에서 요약하며 키워드를 강조하고, '너는 나와 비슷한 경험을 하지 않으면 좋겠다'고 ✔ **말 걸기 전략**을 써서 자연스럽게 마무리했습니다.

UNIT 02

카페/커피 전문점에 가기

✔ 이렇게 준비하세요

카페/커피 전문점에 가기 주제는 주로 설명/묘사, 경향/습관, 경험 유형으로 출제되며, 롤플레이에서도 출제 빈도가 높습니다. 난이도는 비교적 쉬운 편입니다. **술집/바에 가기** 주제와 문제 유형이 매우 흡사해 **한 번에 대비**하면 좋습니다. 두 주제는 같은 여가 활동 카테고리에 있기 때문에 동시에 출제되지 않습니다. 답변 아이디어를 브레인스토밍하고 주제에 적합한 단어로 응용하면 됩니다.

자주 출제되는 문제

문제	유형	시제
좋아하는 카페/커피 전문점 You indicated in the survey that you go to coffee shops. Tell me about your favorite coffee shop. Where is it located? What does it look like? And why do you like to visit that coffee shop? Please describe it in detail. 설문 조사에서 카페에 간다고 응답하셨습니다. 가장 좋아하는 카페에 대해 말해 주세요. 어디에 위치해 있나요? 어떤 모습인가요? 그리고 그 카페를 즐겨 찾는 이유는 무엇인가요? 자세히 설명해 주세요.	설명/묘사	현재
카페/커피 전문점에서 하는 활동 I would like to know what you usually do when you go to coffee shops. When do you usually go to coffee shops? Who do you usually go with? What do you do there? Do you read? Do you eat something, or do you have a gathering? Please describe your actions in detail. 카페에 가면 주로 무엇을 하는지 알고 싶어요. 주로 언제 카페에 가나요? 주로 누구와 함께 가나요? 거기서 주로 무엇을 하나요? 책을 읽나요? 무언가를 먹거나 모임을 갖나요? 당신이 하는 일을 자세히 설명해 주세요.	경향/습관	현재

문제	유형	시제
카페/커피 전문점에서 겪은 인상적인 경험 Please tell me about the most memorable experience you have had at a coffee shop. When was it? What made it so special? Did something unusual or strange happen? Please describe it in detail. 카페에서 겪은 가장 기억에 남는 경험에 대해 말해 주세요. 언제였나요? 그 일이 그렇게 특별했던 이유는 무엇인가요? 특이하거나 이상한 일이 있었나요? 자세히 설명해 주세요.	경험	과거
카페/커피 전문점에 처음 갔던 경험 Tell me about the first time you went to a coffee shop. When was it? Who did you go with? What happened when you were there? Tell me about that experience in detail from beginning to end. 카페에 처음 가 본 경험에 대해 말해 주세요. 언제였나요? 누구와 함께 갔나요? 그곳에 있을 때 무슨 일이 있었나요? 그 경험에 대해 처음부터 끝까지 자세히 이야기해 주세요.	경험	과거

빈출 세트 구성

세트 예시 1	❶ 좋아하는 카페/커피 전문점 ❷ 카페/커피 전문점에서 하는 활동 ❸ 카페/커피 전문점에서 겪은 인상적인 경험
세트 예시 2	❶ 좋아하는 카페/커피 전문점 ❷ 카페/커피 전문점에서 겪은 인상적인 경험 ❸ 카페/커피 전문점에 처음 갔던 경험

설명/묘사 ◆ 현재 시제

005

좋아하는 카페/커피 전문점

You indicated in the survey that you go to coffee shops. Tell me about your favorite coffee shop. Where is it located? What does it look like? And why do you like to visit that coffee shop? Please describe it in detail.

설문 조사에서 카페에 간다고 응답하셨습니다. 가장 좋아하는 카페에 대해 말해 주세요. 어디에 위치해 있나요? 어떤 모습인가요? 그리고 그 카페를 즐겨 찾는 이유는 무엇인가요? 자세히 설명해 주세요.

| 답변 가이드 |

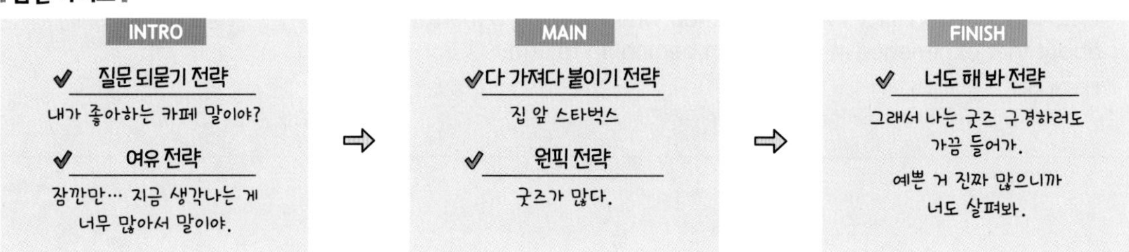

INTRO
✔ 질문 되묻기 전략
내가 좋아하는 카페 말이야?
✔ 여유 전략
잠깐만… 지금 생각나는 게 너무 많아서 말이야.
MAIN
✔ 다 가져다 붙이기 전략
집 앞 스타벅스
✔ 원픽 전략
굿즈가 많다.
FINISH
✔ 너도 해 봐 전략
그래서 나는 굿즈 구경하러도 가끔 들어가.
예쁜 거 진짜 많으니까 너도 살펴봐.

예시 답변

INTRO [1]My favorite café? [2]Hmm... Well, just give me a moment. [3]There are so many things I can think of now.

MAIN [4]Hmm, let me just share what's on my mind right now. [5]My favorite café is the Starbucks in front of my house. [6]Yeah, nothing special, right? [7]It's really convenient; it's just a five-minute walk away. [8]That's why I like it, and, oh, how does it look? [9]Well... It's pretty typical. [10]You'll see the menu on the wall and some tables. [11]Oh, one thing! [12]I love seeing the tumblers on the shelves. [13]Starbucks tumblers are famous for their designs, you know. [14]It also has beautiful cups. [15]The last time I visited, I bought a seashell-shaped one. [16]Plus, the seasonal goods are always really cute.

FINISH [17]I sometimes just go inside to see the new products. [18]You should really check it out.

INTRO [1]제일 좋아하는 카페요? [2]음… 잠시만요. [3]지금 생각할 수 있는 게 너무 많아요. MAIN [4]흠, 그냥 지금 생각나는 걸 말해 드릴게요. [5]제가 제일 좋아하는 카페는 집 앞에 있는 스타벅스예요. [6]네, 특별한 건 없죠? [7]정말 편해요. 걸어서 5분 거리에 있거든요. [8]그게 거길 좋아하는 이유이고, 아, 어떤 모습이냐고요? [9]글쎄요… 상당히 전형적이에요. [10]벽에 메뉴판이 있고 테이블도 몇 개 있는 걸 보게 될 거예요. [11]아, 한 가지! [12]저는 진열대에 놓여 있는 텀블러들을 보는 걸 정말 좋아해요. [13]스타벅스 텀블러는 디자인으로 유명하잖아요. [14]그리고 예쁜 컵들도 있어요. [15]지난번 방문했을 때는 조개 모양의 컵을 샀어요. [16]그리고 시즌 상품은 항상 정말 귀여워요. FINISH [17]가끔은 그냥 신상품을 보러 들어가기도 해요. [18]꼭 한번 가 보세요.

share 나누다, 공유하다 convenient 편리한 five-minute walk away 걸어서 5분 거리의 typical 전형적인, 보통의 tumbler 텀블러(음료용 컵) shelf (*pl.* shelves) 진열대, 선반 design 디자인 -shaped ~ 모양의 seasonal 계절의 goods 상품 product 상품, 제품 check it out 확인해 보다, 체험해 보다

고득점 전략 & 해설

좋아하는 카페/커피 전문점을 설명하는 설명/묘사 질문은 세트의 첫 문제로 자주 출제됩니다. 난이도가 낮고 설명과 묘사를 잘할 수 있는 능력을 점검하는 기본 문제이므로, 수월하게 처리할 수 있어야 합니다. 좋아하거나 자주 가는 카페를 머릿속에 그리면서 부담 없이 발화를 이끌어 가다가 원픽 전략으로 한 가지 주제를 정해 디테일을 살려 주면 쉽게 나만의 답변을 완성할 수 있습니다.

I 1-3 **My favorite café? Hmm... Well, just give me a moment. There are so many things I can think of now.**

✔ **질문 되묻기 전략** + ✔ **여유 전략** 시작 파트는 이제 어렵지 않죠? INTRO에서 자주 쓰는 표현들은 철저히 암기해서 자판기처럼 바로 나올 수 있도록 연습하세요! 생각이 필요한 표현이 아니고 공백 방지용인 만큼 꼭 외우셔야 합니다.

M 4-6 **Hmm, let me just share what's on my mind right now. My favorite café is the Starbucks in front of my house. Yeah, nothing special, right?**

✔ **다 가져다 붙이기 전략** 특별히 떠오르는 카페가 없다면 가장 쉽게 떠올릴 수 있는 평범한 것을 가져다 붙이세요. 저는 만만한 스타벅스를 재빨리 가져다 붙였습니다. 매 답변마다 개성 있고 인상적인 내용을 말해야 한다는 부담을 갖지 마세요. 그런 아이디어가 곧장 생각난다면 금상첨화이겠지만 꼭 그래야 하는 것은 아닙니다. 평범한 아이디어도 질문에 어울리게 설명하면 돼요.

장소 묘사 문제의 경우 꼭 위치를 물어보니 초반에 한꺼번에 언급해 쉽게 처리하세요. 위치는 사실과 달라도 되고 말하기 쉽게 지어내도 됩니다.

위치를 설명할 때 유용한 표현

- **~ 앞에** in front of

  That café is **right in front of** the subway station. 그 카페는 지하철 역 바로 앞에 있어요.

- **~에, ~ 안에** in, inside, on, at,

  That café is located **in** Seoul. 그 카페는 서울에 위치해 있어요. (in은 넓은 범위)

  This café is **inside** the shopping mall. 이 카페는 쇼핑몰 안에 있어요. (inside는 건물 내부)

  That café is located **on** the second floor of the building.
  그 카페는 건물의 2층에 위치해 있어요. (on은 표면, 도로, 층수, 책장)

  The café is located **at** 64-1 Jandari-ro.
  그 카페는 잔다리로 64-1에 위치해 있어요. (at은 특정한 점, 위치, 주소, 번지수, 지명)

- **~ 근처에** by, near, close to

  This café is located **by** the beach, so the view is great. 이 카페는 해변 근처에 있어서 전망이 좋아요.

  The café is **near** Lake Park. 그 카페는 호수공원 근처에 있어요.

  That café is **close to** the university. 그 카페는 대학교 근처에 있어요.

- **~ 옆에** beside, next to

  The café is **beside** my office. 그 카페는 제 사무실 옆에 있어요.

  The café is **next to** my boyfriend's house. 그 카페는 남자친구 집 옆에 있어요.

7 **It's really convenient; it's just a five-minute walk away.**

장소의 위치를 묘사할 때 거리를 나타내 주면 더욱 좋습니다. 걸어서/버스로/지하철로 시간이 얼마 걸린다는 표현을 알아 두세요.

거리를 나타내는 표현

- The café is **just a two-minute walk** from my academy.
  그 카페는 제가 다니는 학원에서 걸어서 겨우 2분 거리에 있어요.
- The café is **only a short walk away**. 그 카페는 잠깐 걸어서 갈 만큼 가까워요.
- The café is **about 30 minutes by bus** from my place.
  그 카페는 집에서 버스를 타고 30분 정도 걸려요.
- **It takes only ten minutes** by subway. 지하철로 겨우 10분 걸려요.

8 **That's why I like it, and, oh, how does it look?**

✔ **키워드 찰떡 전략** 질문의 키워드(why, like)를 사용해 출제자가 원하는 답변임을 강조합니다. 또한 다음 키워드(look like)로 화제를 전환할 때 사용하기에도 매우 유용한 전략입니다.

9-12 **Well... It's pretty typical. You'll see the menu on the wall and some tables. Oh, one thing! I love seeing the tumblers on the shelves.**

평범하면 원픽 주제를 잡기 어렵죠. 그럴 때 ✔ **생생 묘사 전략**으로 카페를 머릿속에 떠올리며 "음, 뭐였더라, 거기 이런저런 거 있어요." 하며 자연스럽게 공백을 피하다가 ✔ **원픽 전략**으로 '텀블러'를 떠올리고 집중합니다.

13 **Starbucks tumblers are famous for their designs, you know.**

✔ **다 가져다 붙이기 전략** 행여 스타벅스 텀블러 디자인이 유명하지 않아도 유명하다고 즉석에서 지어내는 거죠. '민트 초코 케이크가 맛있다'라든가, '인테리어가 세련됐다'처럼 어디서 보고 들은 것들을 다 가져다 붙일 줄 알아야 합니다. 유연하게 발화량 챙기세요.

14-16 **It also has beautiful cups. The last time I visited, I bought a seashell-shaped one. Plus, the seasonal goods are always really cute.**

텀블러를 떠올리다 보니 바로 옆에 컵과 굿즈가 생각나서 덧붙인 문장들입니다. 원픽 주제에서 크게 벗어나지 않게끔 유사한 것들을 같이 말해 주세요. 대신 빠르게! 자신 없으면 욕심 내지 마세요. 키워드 위주가 핵심입니다.

더불어, 자신의 경험을 짧게라도 덧붙이면 답변의 진정성이 급격히 상승합니다. 지난번에 조개 모양 컵을 구입했다고 덧붙이니 이야기가 훨씬 사실처럼 들리죠?

F 17-18 **I sometimes just go inside to see the new products. You should really check it out.**

✔ **너도 해 봐 전략** 이 전략을 사용하면 마무리가 어렵지 않아요. "좋은 곳이니까 한번 가 보세요." 이렇게 일상적인 대화 흐름을 그대로 따라가면 됩니다.

006

카페/커피 전문점에서 하는 활동

I would like to know what you usually do when you go to coffee shops. When do you usually go to coffee shops? Who do you usually go with? What do you do there? Do you read? Do you eat something, or do you have a gathering? Please describe your actions in detail.

카페에 가면 주로 무엇을 하는지 알고 싶어요. 주로 언제 카페에 가나요? 주로 누구와 함께 가나요? 거기서 주로 무엇을 하나요? 책을 읽나요? 무언가를 먹거나 모임을 갖나요? 당신이 하는 일을 자세히 설명해 주세요.

답변 가이드

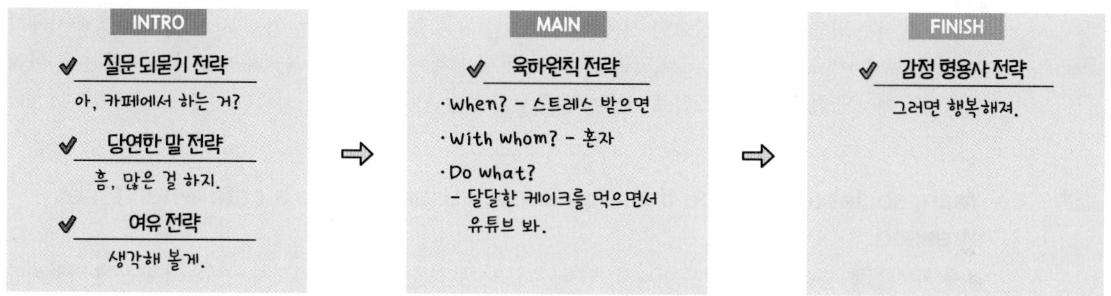

예시 답변

INTRO [1] Um? Well, what do I do at the café? [2] Hmm, well, I do many things there, but let me think of one.

MAIN [3] Yeah, so, let me tell you this. [4] You know, I usually go to a café when I feel stressed. [5] I'm a bit of an independent person, so I prefer to go alone. [6] And whenever I go, I order a really deep, dark chocolate cake. [7] Yeah, I know. [8] In this way, I can relieve my stress, but at the same time, I gain some weight instead. Hahahaha... [*sigh*] [9] You see, it's like when something comes in, something goes out. [10] It's as simple as that.
[11] By the way, Starbucks's dark chocolate cake is really great. [12] After I get it, I just chill out with my cell phone and watch YouTube. [13] That's my usual café routine when I'm feeling down.

FINISH [14] Yeah, that's it. [15] Then, I become happy again.

INTRO [1] 어? 음, 카페에서 뭘 하냐고요? [2] 음, 거기서 많은 것을 하지만 한 가지를 생각해 볼게요. MAIN [3] 네, 그럼, 이걸 말해 드릴게요. [4] 저는 스트레스를 받을 때 카페에 주로 가곤 해요. [5] 저는 좀 독립적인 사람이라 혼자 가는 걸 선호해요. [6] 그리고 갈 때마다 정말 진한 다크 초콜릿 케이크를 주문해요. [7] 네, 알아요. [8] 이렇게 하면 스트레스를 해소할 수 있지만 동시에 살이 찌죠. 하하하하… [한숨] [9] 아시죠? 얻는 게 있으면 잃는 게 있는 법. [10] 당연한 이치죠. [11] 그건 그렇고, 스타벅스의 다크 초콜릿 케이크는 정말 맛있어요. [12] 케이크를 먹고 나면 휴대폰으로 느긋하게 시간을 보내면서 유튜브를 봐요. [13] 이게 제가 기분이 우울할 때 카페에서 주로 하는 루틴이에요. FINISH [14] 네, 여기까지예요. [15] 저는 그러면 다시 행복해지죠.

---

think of ~을 떠올리다 stressed 스트레스를 받는 independent 독립적인 prefer 선호하다 whenever ~할 때마다 relieve 완화시키다, 경감시키다 at the same time 동시에 gain weight 살이 찌다, 체중이 늘다 instead 그 대신에 by the way 그건 그렇고 chill out 편안히 쉬다 routine 일상적인 활동이나 관례 feel down 기분이 우울하다

고득점 전략 & 해설

경향/습관을 묻는 유형은 채점 기준표에도 있듯이 필수로 확인해야 하는 항목이라서 한 문항은 반드시 출제됩니다. 주제는 달라질 수 있지만 경향/습관 유형에 필요한 핵심 표현은 비슷하니 잘 준비해 두면 모든 주제에 활용할 수 있습니다. 난이도가 낮은 유형이니 IH/AL을 받으려면 힘들이지 않고 쉽게 답할 수 있어야 합니다. 난이도가 낮은 기본적인 문제들은 굳이 길게 말할 필요는 없고, 40초~1분 사이의 발화량을 추천드립니다.

I

1 **Um? Well, what do I do at the café?**

✔ **질문 되묻기 전략** 질문에서 들은 키워드를 사용해 쉽게 답변을 시작합니다.

2 **Hmm, well, I do many things there, but let me think of one.**

✔ **당연한 말 전략** + ✔ **여유 전략** 카페에서 많은 것을 한다고 너스레를 떨며 본론에서 할 말을 떠올릴 여유를 가집니다.

루틴을 말하는 답변에서 제일 중요한 것은 시제 확인입니다. 습관, 반복되는 행동, 사실 설명은 현재 시제라는 것에 주의하세요. 위의 문장에서 밑줄 친 do가 현재 시제로 쓰인 것을 유의해서 보시기 바랍니다. 아래 답변 내용에서도 현재 시제로 쓰인 동사들에 밑줄을 쳐 놓았습니다.

M

3-4 **Yeah, so, let me tell you this. You know, I usually go to a café when I feel stressed.**

✔ **육하원칙 전략** 경향/습관 유형은 어디서, 언제, 누구와, 무엇을 하는지 꼬치꼬치 물어보기 때문에 기억해야 할 질문의 수가 많습니다. 과부화가 걸리면 키워드를 잊어버리기 쉬운데, 그럴 때는 육하원칙에 기반해 답한다고 생각하세요. 상세하게 설명하다 보면 어느새 질문에서 원한 답변의 90%는 처리했을 것입니다. 그리고 한두 가지 질문을 놓쳤다고 해서 크게 감점되지 않으니 너무 걱정하지 말고 항상 여유를 가지고 답변하세요. IH/AL을 받는 분들은 특유의 자신감이 있습니다. 여유로운 바이브를 잃지 마세요. 다만 너무 여유롭다 보면 딴소리로 새는 경우가 생기는데 그런 분들이 높은 확률로 AL 받을 것을 아쉽게 IH를 받으십니다. 채점자가 듣고 싶어 하는 질문 키워드 위주로 답변하세요.

5-6 **I'm a bit of an independent person, so I prefer to go alone. And whenever I go, I order a really deep, dark chocolate cake.**

✔ **키워드 찰떡 전략** 초록색으로 강조한 핵심 표현들이 충실하게 질문의 키워드와 맞아떨어지고 있는 것이 보이시죠? 일관되게 현재 시제를 사용한 것도 확인하세요.

7-10 **Yeah, I know. In this way, I can relieve my stress, but at the same time, I gain some weight instead. Hahahaha... [*sigh*] You see, it's like when something comes in, something goes out. It's as simple as that.**

사실을 말하는 것에서 나아가 개인의 감상을 덧붙일 수 있다면 말하기 실력이 정말 뛰어난 것입니다. 듣는 사람과 대화를 나누는 것처럼 말을 거는 방식도 매우 좋습니다. 단, 상대방에게 말을 걸듯이 말할 때 주의할 점은 불필요한 공백을 만들지 않는 것입니다.

11-12 **By the way, Starbucks's dark chocolate cake is really great. After I get it, I just chill out with my cell phone and watch YouTube.**

'스타벅스의 다크 초콜릿 케이크가 정말 맛있다'라는 사실 설명에 현재 시제(is)를 사용했고, After로 습관적인 활동의 순서를 나타내며 현재 시제(get, chill, watch)를 사용하고 있습니다.

13 **That's my usual café routine when I'm feeling down.**

✔ **키워드 찰떡 전략** MAIN을 정리하며 질문의 키워드(usual, routine)를 사용해 채점자가 원하는 대답을 했다고 한 번 더 강조해 주면, 중간중간 약간의 TMI가 있었더라도 주제에서 벗어나지 않았다고 훌륭하게 포장할 수 있습니다.

F 14-15 **Yeah, that's it. Then, I become happy again.**

✔ **감정 형용사 전략** 마무리에서 감정 형용사 happy를 사용했는데, 습관적인 행동을 할 때의 감정을 설명하는 것이므로 현재 시제를 사용했습니다. AL을 받으려면 시제를 정말 조심해야 합니다. 한두 번 틀리는 것은 괜찮지만 지속적으로 틀리면 AL 받기가 정말 어렵습니다. 만약 시제를 틀렸는데 바로 알아차린 경우, 즉시 고쳐도 돼요. 내가 바르게 알고 있다는 것을 드러내 주세요. 틀렸다고 움츠러들지 말고 틀려도 자신 있게 계속 밀고 나가야 합니다. 우리는 외국인이니 틀리는 것이 당연합니다. 스피킹은 자신감으로 반은 먹고 들어갈 수 있습니다.

미국인이 자주 쓰는 일상 표현 – 긍정적인 감정 형용사(1)

- **happy** 행복한
  I was **happy** to see my friends after a long time. 오랜만에 친구들을 만나서 행복했어요.
- **excited** 신난, 설레는
  I'm so **excited** for the concert this weekend! 이번 주말 콘서트가 너무 기대돼!
- **joyful** 기쁜
  I felt **joyful** when I received the good news. 그 좋은 소식을 들었을 때 기쁨을 느꼈어요.
- **content** 만족한
  I felt **content** sitting by the fireplace with a cup of tea. 차 한잔하며 벽난로 옆에 앉아 만족감을 느꼈어.
- **pleased** 기쁜
  I was **pleased** to hear that my proposal was accepted. 제안서가 승인되었다는 것을 듣고 기뻤어요.

카페/커피 전문점에서 겪은 인상적인 경험

Please tell me about the most memorable experience you have had at a coffee shop. When was it? What made it so special? Did something unusual or strange happen? Please describe it in detail.

카페에서 겪은 가장 기억에 남는 경험에 대해 말해 주세요. 언제였나요? 그 일이 그렇게 특별했던 이유는 무엇이었나요? 특이하거나 이상한 일이 있었나요? 자세히 설명해 주세요.

| 답변 가이드 |

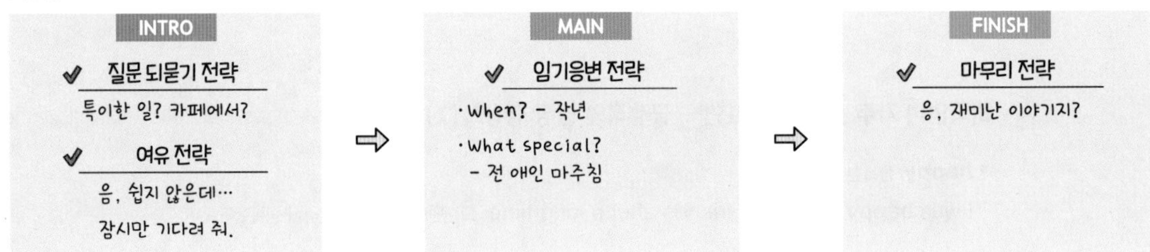
INTRO
질문 되묻기 전략
특이한 일? 카페에서?
여유 전략
음, 쉽지 않은데…
잠시만 기다려 줘.
MAIN
임기응변 전략
·When? - 작년
·What special?
- 전 애인 마주침
FINISH
마무리 전략
응, 재미난 이야기지?

예시 답변

INTRO [1]Well, something unusual? [2]At a café? [3]Hmm, that's not easy. [4]Everything is quite typical. [5]But wait a minute.

MAIN [6]Ohhh, I remember one. [7]It happened last year. [8]I accidentally ran into my ex. Hahaha. [9]Yeah, quite interesting, huh? [10]Let me tell you from the beginning. [11]So the café was located in front of my house, and as my ex-boyfriend lived near my place, it wasn't such a surprising thing. [12]Actually, I was kind of avoiding the cafés where he might come. [13]So it was really embarrassing to run into him like that. [14]It was super awkward. [15]I kept glancing at him, and I was like, "Should I say hello or not?" [16]You know, it seemed I was the only one who noticed. [17]Ahh... It was tough. [18]In the end, our eyes met. Hahaha. [19]He nodded, and I did, too. [20]Whoa. What a silence. [21]I ran away as fast as I could.

FINISH [22]Yeah, funny story, huh?

INTRO [1]음, 특이한 일이요? [2]카페에서요? [3]흠, 쉽지 않군요. [4]모든 것이 아주 평범하니까요. [5]하지만 잠깐만요. MAIN [6]아아, 하나 기억나요. [7]작년에 있었던 일이에요. [8]우연히 전 애인을 마주쳤어요. 하하하. [9]네, 아주 흥미진진하죠? [10]처음부터 말씀드리죠. [11]카페가 저희 집 앞에 있었고, 전 남자친구가 집 근처에 살았기 때문에 그렇게 놀라운 일은 아니었어요. [12]사실 전 그 친구가 올지도 모르는 카페들은 피하고 있었어요. [13]그래서 그렇게 마주친 것이 정말 당황스러웠어요. [14]엄청 어색했어요. [15]계속 그를 힐끔거리면서 인사를 해야 하나 말아야 하나 고민했죠. [16]저만 알아차린 것 같았거든요. [17]아… 힘들었죠. [18]결국 눈이 마주쳤어요, 하하하. [19]그가 고개를 끄덕였고 저도 그랬어요. [20]아우. 그 침묵이란. [21]최대한 빠르게 도망쳤어요. FINISH [22]그래요, 재밌는 이야기죠?

---

unusual 특이한, 보통과 다른 quite 꽤, 상당히 typical 전형적인, 보통의 happen 일어나다 accidentally 우연히 run into ~와 우연히 마주치다 ex 전 애인 beginning 시작, 처음 avoid 피하다 embarrassing 당황스러운 awkward 어색한 glance at ~을 흘끗 보다 seem ~인 것 같다 notice 알아차리다 tough 힘든 in the end 결국 nod 고개를 끄덕이다 silence 침묵, 정적 run away 달아나다, 도망치다

고득점 전략 & 해설

경험 질문은 항상 과거 시제를 사용해야 한다는 점이 가장 중요하니 연습할 때 꼭 확인하세요! 경험 질문에 impressive(인상적인)/memorable(기억에 남는)/recent(최근의)/first(첫) 이런 단어가 들리면 생각나는 것을 아무거나 골라서 '특별하다/최근이다/처음엔 이랬다'고 이야기하세요. 특정 단어를 떠올리려고 집착하면 공백이 생기고 답변을 만들기 힘들어집니다. 그리고 딱히 기억나는 경험이 없어 난감할 때는 기존에 준비해 놓은 썰을 바로 가져다 붙이는 겁니다. 바로 임기응변 전략인데요, 임기응변 전략에는 '연인', '술(비격식)', '반려동물', '아팠다/다쳤다' 등이 있습니다.

I

1-5 **Well, something unusual? At a café? Hmm, that's not easy. Everything is quite typical. But wait a minute.**

✔ **질문 되묻기 전략** + ✔ **여유 전략** 질문에서 들은 키워드를 활용해서 공백 없이 즉시 답변을 시작하고 할 말을 떠올릴 여유를 만듭니다.

M

6 **Ohhh, I remember one.**

연기 톤으로 정말 방금 떠올린 것처럼 말하는 것이 핵심입니다. 아주 쉬운 방법이니 꼭 사용해 보세요.

7 **It happened last year.**

경험은 언제 일어난 일인지를 필수적으로 언급해 주세요. 진정성이 올라갑니다. 진실인지 아닌지는 중요하지 않으니 괜히 공백을 만들지 마시고 입에서 바로 튀어나올 수 있는 과거 표현을 최소 3개 암기해 두세요. 또한, 이제부터 과거 시제를 사용해야 하는 것에 주의합시다. 밑줄 친 과거 동사를 잘 보고 소리 내서 여러 번 말해 보세요.

과거 시간 표현

- yesterday 어제
- the day before yesterday 그제
- an hour ago 한 시간 전에
- a week ago 일주일 전에
- a month ago 한 달 전에
- three years ago 3년 전에
- this morning 오늘 아침에
- yesterday at lunch / at yesterday's lunch 어제 점심에
- three days ago at night / three nights ago 3일 전 밤에
- when I was 20 (years old) 20살 때
- when I was in elementary/middle/high school 초/중/고등학생 때
- when I was in college/university 대학생 때

8 **I accidentally ran into my ex. Hahaha.**

✔ **두괄식 전략**을 사용하세요. 화제를 먼저 던지고 그에 대해 자세히 풀어 나가면 듣는 사람은 이해가 쏙쏙 되니, 아주 좋은 발화 방식입니다. 이렇게 주제를 먼저 정하면 ✔ **원픽 전략**도 자연스럽게 실행되겠죠? 사실을 단순히 나열하거나 TMI로 빠지지 않게 해 주는 좋은 장치입니다.

9-10 Yeah, quite interesting, huh? **Let me tell you from the beginning.**

✔ **유창성 전략** 앞의 말과 관련해 끊김 없이 흐름이 자연스럽게 이어지고 있죠? AL을 받으려면 이정도 너스레는 떨어서 힘들이지 않고 쭉쭉 연결할 수 있어야 합니다. 툭툭 빠르게 덧붙이며 연습하세요!

11-12 **So the café was located in front of my house, and as my ex-boyfriend lived near my place, it wasn't such a surprising thing. Actually, I was kind of avoiding the cafés where he might come.**

카페에서 전 남자친구를 마주치게 된 과정을 상세하게 설명합니다. 일관된 과거 시제 사용에 유의하세요.

✔ **내 생각 말하기 전략**으로 기억에 남았던 나만의 이유도 설명해 주세요.

13-14 **So it was really** embarrassing **to run into him like that. It was super** awkward**.**

✔ **감정 형용사 전략** embarrassing(당황스러운), awkward(어색한)와 같은 감정 형용사를 틈틈이 추가해 주는 것이 IH/AL 등급을 받기에 효과적인 전략입니다.

미국인이 자주 쓰는 일상 표현 – 난감하거나 불편한 상황을 묘사하는 감정 형용사

- **embarrassing** 당황스러운

  It was **embarrassing** to realize I had been speaking with food stuck in my teeth.
  이 사이에 음식물이 낀 채로 말하고 있었던 것을 깨닫자 당황스러웠어요.

- **awkward** 어색한

  The conversation was **awkward** during the blind date when we realized we had nothing in common. 소개팅에서 우리가 공통의 관심사가 없다는 걸 깨닫자 대화가 어색해졌어요.

- **uncomfortable** 불편한

  It was **uncomfortable** when he forgot my name right after I told him.
  내가 말해 주자마자 그가 내 이름을 잊어버린 것이 불편했어요.

- **tense** 긴장되는

  The atmosphere became **tense** after the disagreement. 의견 불일치 이후로 분위기가 긴장되었어요.

15-17 **I kept glancing at him, and** I was like, **"Should I say hello or not?" You know, it seemed I was the only one who noticed. Ahh... It was tough.**

과거 시제를 사용하다가 I was like라는 표현을 사용해 당시의 심리 상태를 묘사하고 있습니다. I was like는 '나는 마치 이랬어요'라는 뜻입니다. '인사를 할까 말까' 고민했다는 거죠. 이 부분은 과거 시제가 아니라는 것에 주의해야 합니다. 당시 상황에서 떠올렸던 생각을 직접 인용한 것이지 '인사를 했다/안 했다'처럼 실제로 있었던 일이 아니니까요.

- At that moment, **I was like**, "What should I say?" So I just mumbled like a fool.
  그때 나는 '뭐라고 말해야 하지?' 하는 생각에 그냥 바보같이 우물우물 중얼거렸어요.
- At last, **I was like**, "Are you serious?"
  결국, 나는 '진짜로?'라고 생각했어요.
- So **I was just like**, "No way!"
  그래서 나는 그냥 '말도 안 돼!'라고 생각했죠.

18-21 **In the end, our eyes met. Hahaha. He nodded, and I did, too. Whoa. What a silence. I ran away as fast as I could.**

MAIN을 마무리할 때는 사건이 끝나는 느낌을 주는 표현을 사용하면 논리 구조가 아름다워집니다. 여기에서는 in the end(결국)를 사용했습니다. 마지막까지 긴장을 늦추지 말고 과거 시제를 신경 써야 합니다.

문법, 이것만! – 시제 일치

문장 내에 주절과 종속절이 있을 때 시제를 일치시키는 것에 주의하세요. 주절은 과거 시제인데 종속절에서는 현재 시제를 사용하는 실수를 종종 보게 됩니다.

- I ran away as fast as I can. (×) I ran away as fast as I could. (○)

F 22 **Yeah, funny story, huh?**

단어가 아닌 완전한 문장으로 말하는 것이 가장 이상적이지만, 구어체스러운 친근한 일상 대화 방식을 사용할 때 주어와 동사를 생략해서 말하면 더욱 자연스러운 경우가 종종 있습니다. 어느 정도 경지에 이른 분들은 자연스럽게 툭툭 던지세요. 툭툭 던지기의 핵심은 자연스러움과 빠른 속도입니다. 완전한 문장으로 한다면 That was a funny story, huh? 또는 Well, that's quite a funny story.라고 할 수 있습니다. 안전을 지향하신다면 문장으로 말하세요. 하지만 IH/AL 등급을 목표로 하는 분들이라면 이미 다른 질문에서 문장으로 말하기를 충분히 온전하게 보여 주셨을 것이기에 가끔은 이렇게 불완전한 문장을 섞어도 괜찮습니다.

UNIT 03

공원 가기

✔ 이렇게 준비하세요

공원 가기는 일상에서 쉽게 접할 수 있는 주제입니다. **좋아하는 공원의 특징**을 미리 정리해 두세요. 공원의 **위치**를 물어보는 경우가 많으니 장소를 설명할 때 위치도 같이 말하는 연습을 하세요. 이 방법은 발화량을 늘리기에도 좋습니다. 빈출 문제를 꼼꼼히 읽어 보면서 미리 답변 키워드를 브레인스토밍 합시다. 주의할 점! 공원 가기 주제와 **자전거** 주제가 같이 출제될 수 있으므로 비슷한 내용을 반복해 말하는 일이 없도록 주의하세요.

자주 출제되는 문제

문제	유형	시제
좋아하는 공원 In your background survey, you mentioned that you like to go to parks. Please tell me about a park you like to go to. Where is it located, and what does it look like? What makes it special? 설문 조사에서 공원 가기를 좋아한다고 하셨습니다. 당신이 가기 좋아하는 공원에 대해 말해 주세요. 어디에 위치해 있고, 어떤 모습인가요? 무엇 때문에 그곳이 특별한가요?	설명/묘사	현재
공원에서 하는 활동 What kinds of activities do you usually do at the park? Do you take walks or exercise at the park? Do you prefer to go there with others, or do you prefer to go alone? Please describe a typical day at the park. 공원에서 주로 어떤 활동을 하시나요? 산책을 하시나요, 아니면 운동을 하시나요? 다른 사람들과 같이 그곳에 가는 것을 선호하시나요? 아니면 혼자 가는 것을 선호하시나요? 공원에서의 일반적인 하루를 설명해 주세요.	경향/습관	현재

문제	유형	시제
공원에서 겪은 인상적인 경험 Please tell me about something interesting or memorable that happened at a park. When was it? What were you doing? Who were you with? Please describe why it was so memorable in detail. 공원에서 생긴 흥미롭거나 기억에 남는 일에 대해 말해 주세요. 언제였나요? 당신은 무엇을 하고 있었나요? 누구와 함께 있었나요? 왜 그 일이 그렇게 기억에 남았는지 자세히 설명해 주세요.	경험	과거
예전과 현재의 공원 비교 Compare the park you went to as a child to the park today. What differences and similarities do you see? Tell me how the park has changed over the years. 어렸을 때 갔던 공원과 오늘날의 공원을 비교해 보세요. 어떤 차이점과 유사점이 있나요? 시간이 지나면서 공원이 어떻게 변했는지 말해 주세요.	비교	과거 + 현재
공원 관련 이슈 설명하고 나의 의견 말하기 I'd like to know the main issue related to public parks today. What is the biggest problem that users of public parks face? What needs to be done to solve this problem? Tell me about it in detail. 요즘 공원 관련 주요 이슈에 대해서 말고 싶어요. 공원 이용자들이 마주하는 가장 큰 문제는 무엇인가요? 이 문제를 해결하기 위해 무엇이 필요할까요? 그것에 대해 자세히 이야기해 주세요.	사회적 이슈	현재

빈출 세트 구성

세트 예시 1	❶ 좋아하는 공원 ❷ 예전과 현재의 공원 비교 ❸ 공원에서 겪은 인상적인 경험
세트 예시 2	❶ 좋아하는 공원 ❷ 공원에서 하는 활동 ❸ 공원에서 겪은 인상적인 경험
세트 예시 3 (고난도)	❶ 예전과 현재의 공원 비교 (14번) ❷ 공원 관련 이슈 설명하고 나의 의견 말하기 (15번)

008

좋아하는 공원

In your background survey, you mentioned that you like to go to parks. Please tell me about a park you like to go to. Where is it located, and what does it look like? What makes it special?

설문 조사에서 공원 가기를 좋아한다고 하셨습니다. 당신이 가기 좋아하는 공원에 대해 말해 주세요. 어디에 위치해 있고, 어떤 모습인가요? 무엇 때문에 그곳이 특별한가요?

| 답변 가이드 |

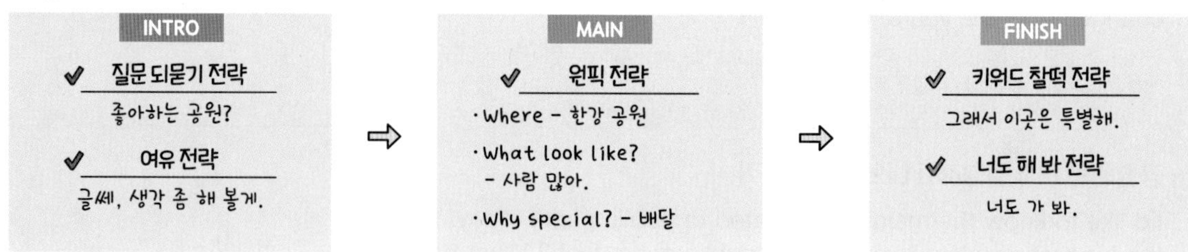

INTRO
✔ 질문 되묻기 전략
좋아하는 공원?
✔ 여유 전략
글쎄, 생각 좀 해 볼게.
MAIN
✔ 원픽 전략
· Where - 한강 공원
· What look like?
- 사람 많아.
· Why special? - 배달
FINISH
✔ 키워드 찰떡 전략
그래서 이곳은 특별해.
✔ 너도 해 봐 전략
너도 가 봐.

예시 답변

INTRO [1] You mean my favorite park? [2] Well, I need some time to think.

MAIN [3] Well, you know, there's Hangang Park near my place. [4] Every citizen of Seoul knows the park cuz it's in the center of Seoul along the Han River. [5] Yeah, and you can see many, many people there walking, running, cycling, or having picnics.

[6] I usually go there to hang out with my friends. [7] We have such wonderful food delivery service, you know, so we order pizza or chicken. [8] Then, within 30 minutes, the delivery person brings the food to the park. [9] Isn't that amazing? [10] We can also get some soda or chips from a convenience store. [11] It's super convenient. Hahaha. [12] The river is also very beautiful. [13] Having a warm, delicious meal while watching the river gives you a very pleasant feeling.

FINISH [14] So to sum up, you can enjoy a variety of food at Hangang Park. [15] Maybe you should go. [16] It's a unique place that can only be seen in Korea.

INTRO [1] 좋아하는 공원 말인가요? [2] 음, 생각할 시간이 좀 필요해요. MAIN [3] 음, 있잖아요, 저희 집 근처에 한강 공원이 있어요. [4] 서울 중심에 한강을 따라 있어서 서울 시민은 누구나 그 공원을 알아요. [5] 그래요, 그리고 거기에서 정말 많은 사람을 볼 수 있어요. 걷거나 뛰거나 자전거를 타거나 소풍을 즐기는 사람들을요. [6] 저는 주로 친구들과 어울려 놀려고 거기에 가요. [7] 아시는 것처럼 우리는 정말 좋은 음식 배달 서비스가 있어서, 피자나 치킨을 주문해요. [8] 그러면 30분 내에 배달 기사가 음식을 공원으로 가져와요. [9] 굉장하지 않나요? [10] 편의점에서 음료나 간식을 사 먹을 수도 있어요. [11] 정말 편리하죠. 하하하. [12] 그리고 강도 정말 예뻐요. [13] 강을 보면서 따뜻하고 맛있는 식사를 하는 건 정말 좋은 기분이 들게 해 줘요. FINISH [14] 그래서, 요약하자면, 한강 공원에서 다양한 음식을 즐길 수 있어요. [15] 어쩌면 당신도 가 보시는 게 좋을 거예요. [16] 한국에서만 볼 수 있는 독특한 곳이거든요.

---

citizen 시민 along ~을 따라 cycle 자전거를 타다 have a picnic 소풍을 즐기다 hang out with ~와 놀다 wonderful 훌륭한 delivery 배달 order 주문하다 within ~ 이내에 amazing 놀라운, 굉장한 soda 탄산 음료 convenience store 편의점 super 매우 convenient 편리한 pleasant 기분 좋은, 즐거운 a variety of 다양한 unique 독특한

고득점 전략 & 해설

장소 설명/묘사는 생생 묘사 전략을 사용하면 편합니다. 머릿속에 그려지는 장소의 특징을 나열하다가 원픽을 잡는 거죠.

I

1 **You mean my favorite park?**

✔ **질문 되묻기 전략**을 사용해 공백을 줄이고 순발력 있게 질문에 대처합니다.

2 **Well, I need some time to think.**

✔ **여유 전략**으로 생각할 시간이 필요하다는 표현을 하는 동안 할 말을 생각할 수 있습니다. 하지만 이 표현을 말하면서 생각을 끝내고 바로 이어서 말을 해야 한다는 점에 유의하세요. 공백을 만들면 안 됩니다.

미국인이 자주 쓰는 일상 표현 – 시간이 필요하다

- Um, I gotta think about it for a bit. 음, 그건 좀 생각해 봐야겠네요.
- Hang on. Let me think it through. 잠깐만요. 좀 천천히 생각해 볼게요.
- Give me a sec. I need to figure this out. 잠시만 기다려 주세요. 이 문제를 해결해야 해요.
- Wait a sec. I need to think about it. 잠깐만요. 생각해 봐야 할 것 같아요.

M

3 **Well, you know, there's Hangang Park near my place.**

✔ **원픽 전략**으로 한강 공원에 대해 이야기하기로 합니다. 유명하거나 친숙해서 만만한 소재를 고르면 할 말을 떠올릴 때 수월합니다.

4 **Every citizen of Seoul knows the park cuz it's in the center of Seoul along the Han River.**

앞 문장에서 '한강(Hangang)'이라고 한국어로 표현했기에, 뒤에 이해를 돕는 설명을 덧붙여 줍니다. 아니면 Han River라고 처음부터 영어로 표현해도 좋습니다. 그런 경우에도 혹시 모를 수 있으니, 서울 중심에 위치한 강이라는 것을 설명해야 미국인 채점자가 명확히 이해할 수 있습니다. ✔ **초딩 조카 전략**을 사용해 친절하게 설명해 주는 것이죠.

5 **Yeah, and you can see many, many people there walking, running, cycling, or having picnics.**

many를 여러 번 쓰는 것은 지극히 구어체스러운 표현으로, 오픽에서는 이렇게 말해도 됩니다. 글을 쓸 때는 어색해도 말할 때는 자연스럽거든요.

질문 중 what does it look like?에 대한 답변으로 공원의 모습을 구체적으로 묘사하고 있습니다. 밑줄 친 walking, running, cycling, or having picnics는 people을 꾸며 주는 분사구입니다. 그곳에서 많은 사람들을 볼 수 있는데, 그 사람들이 이런 것들을 한다고 설명해 주는 것이죠. 이렇게 분사구가 명사를 뒤에서 꾸며 주는 구조는 영어 문장에서 매우 흔하게 사용됩니다. 잘 이해가 되지 않으면 분사 앞에 '관계대명사+be 동사'가 생략되어 있다고 생각해 보세요. 예를 들어 위의 문장은 다음과 같이 생각할 수 있어요.

- Yeah, and you can see many, many people there **who are walking**, **running**, **cycling**, or **having** picnics.

6 I usually go there to **hang out with my friends.**

'주로 ~하기 위해 거기에 간다'라는 표현으로 I usually go there to ~ 표현을 사용합니다. 오픽 답변에서 아주 유용한 표현이니 외워 두어서 자동으로 나오게 하세요.

- **I usually go there to** exercise. 저는 주로 운동하기 위해 거기에 가요.
- **I usually go there to** relax and enjoy the greenery.
  저는 주로 휴식을 취하고 초록빛 자연을 즐기기 위해 거기에 가요.
- **I usually go there to** spend some time by myself. 저는 주로 혼자 시간을 보내기 위해 거기에 가요.

7-9 **We have such wonderful food delivery service, you know, so we order pizza or chicken. Then, within 30 minutes, the delivery person brings the food to the park. Isn't that amazing?**

여기서부터는 What makes it special?에 대한 답변인데요, ✔ **원픽 전략**으로 '음식 배달 서비스'에 대해 이야기하고 있습니다.
wonderful delivery service 앞의 such는 강조의 의미로 「such (a)+형용사+명사」 형태로 쓰입니다. 구어체적이고 자연스러운 표현이니 기억해 두었다가 사용하면 좋습니다.

- We have **such a great time** together. 우리는 함께 정말 즐거운 시간을 보내요.
- She has **such a vibrant personality**. 그녀는 성격이 정말 활달해요.
- I enjoy **such a rich variety** of foods. 저는 정말 다양한 종류의 음식을 즐겨요.

10-11 **We can also get some soda or chips from a convenience store. It's super convenient. Hahaha.**

형용사 convenient 앞에 부사 super를 사용한 것 보이시죠? 형용사만 쓰는 것보다 이렇게 앞에 부사를 곁들여 사용하면 표현이 훨씬 풍부해집니다.

Level Up! 표현 – super

형용사를 강조하기 위해 보통 형용사 앞에 very나 really를 붙이는데, super를 쓰면 더 구어적으로 들립니다.

- The band is **super** famous globally. 그 밴드는 전 세계적으로 정말 유명해요.
- Those houses along the river are **super** expensive. 저 강변의 집들은 엄청나게 비싸요.

12-13 **The river is also very beautiful. Having a warm, delicious meal while watching the river gives you a very pleasant feeling.**

아름다운 강을 바라보면서 음식을 먹는 것이 얼마나 좋은 기분을 느끼게 하는지 이야기하면서 왜 그 장소가 특별한지 설명하고 있습니다. pleasant(기분 좋은, 즐거운)라는 감정 형용사를 통해 듣는 사람도 그 장면을 떠올리면서 공감할 수 있을 것입니다. ✔ **감정 형용사 전략**이 왜 효과적인지 아시겠죠?

F 14 **So to sum up, you can enjoy a variety of food at Hangang Park.**

✔ **마무리 전략** '요약하자면, 결론적으로'라는 뜻의 to sum up은 마무리에 쓰기 좋은 표현입니다.

15-16 **Maybe you should go. It's a unique place that can only be seen in Korea.**

✔ **너도 해 봐 전략** '너도 가 봐' 또는 '너도 해 봐'라고 듣는 이에게 말을 걸어도 좋습니다. 다만 실제 대답을 기다리는 공백은 만들지 말고 바로 말을 이어 나가세요.

✔ **키워드 찰떡 전략** unique place라는 표현을 사용해 공원이 특별한 이유를 묻는 질문에 대한 찰떡 대답임을 강조했습니다. special, unique, distinct, meaningful 같은 단어를 사용하면 답변을 마무리하기에 좋습니다.

좋아하는 장소 FINISH에 쓰기 좋은 표현

- **special** 특별한

  My grandmother's garden is **special** because of the love and care she put into it.

  할머니의 정원은 특별해요. 왜냐하면 할머니가 정원에 사랑과 관심을 쏟으셨기 때문이에요.

- **unique** 독특한

  What I love about this city is its **unique** blend of cultures and traditions.

  제가 이 도시를 좋아하는 이유는 문화와 전통이 독특하게 어우러져 있다는 점이에요.

- **distinct** 특징적인, 독특한

  The **distinct** atmosphere of the café is what keeps me coming back.

  카페의 독특한 분위기가 그곳을 계속 찾게 만드는 이유예요.

- **meaningful** 의미 있는

  The beach is **meaningful** because it reminds me of family vacations.

  그 해변은 제가 가족과 함께 갔던 휴가를 떠올리게 하기 때문에 의미가 있어요.

공원에서 하는 활동

What kinds of activities do you usually do at the park? Do you take walks or exercise at the park? Do you prefer to go there with others, or do you prefer to go alone? Please describe a typical day at the park.

공원에서 주로 어떤 활동을 하시나요? 산책을 하시나요, 아니면 운동을 하시나요? 다른 사람들과 같이 그곳에 가는 것을 선호하시나요? 아니면 혼자 가는 것을 선호하시나요? 공원에서의 일반적인 하루를 설명해 주세요.

답변 가이드

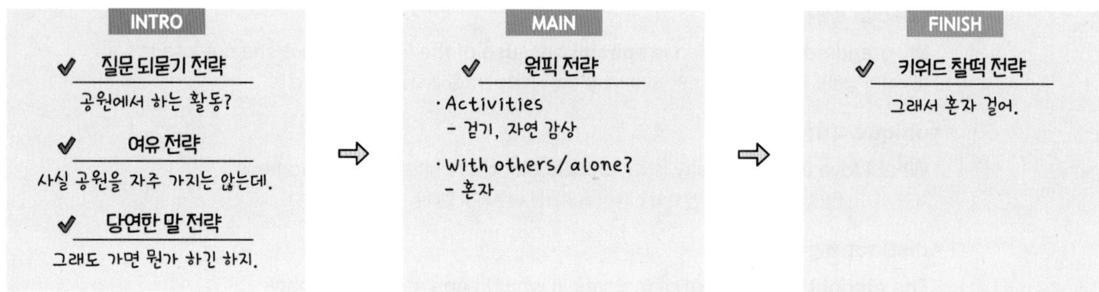

INTRO
질문 되묻기 전략
공원에서 하는 활동?
여유 전략
사실 공원을 자주 가지는 않는데.
당연한 말 전략
그래도 가면 뭔가 하긴 하지.
MAIN
원픽 전략
·Activities
- 걷기, 자연 감상
·With others/alone?
- 혼자
FINISH
키워드 찰떡 전략
그래서 혼자 걸어.

예시 답변

INTRO [1]Oh, what I do at the park…? [2]Well, that's a hard one to answer because I don't really go to parks that often. [3]But, you know, when I get there, I do a few things.

MAIN [4]Usually, I walk in the park. [5]I just walk, watch the sky and the clouds, and feel the wind blowing against my body. [6]I just… just get immersed in nature... and feel grateful to God for letting me have this beautiful moment. [7]I go there for some me time. Haha. [8]You know, I once had a really hard time. [9]At that time, I walked in the park but in a really aimless way like wandering around in circles. [10]Now that I've gotten through that time, I thank everything that I see in the park because it reminds me of those days.

FINISH [11]So, yeah, I just walk alone. Hahaha. [12]That's it.

INTRO [1]아, 공원에서 뭘 하냐고요…? [2]음, 공원에 그렇게 자주 가지는 않아서 대답하기 어려운 질문인데요. [3]그래도 가면 몇 가지 활동을 하긴 하죠. MAIN [4]대체로 저는 공원에서 걸어요. [5]그냥 걸으면서, 하늘과 구름을 보고, 바람이 몸에 불어 오는 걸 느끼죠. [6]그냥… 자연 속에 녹아들어요… 이 아름다운 순간을 내게 허락해 준 신께 감사하면서 말이에요. [7]진짜 나만의 시간을 가지러 거기 가요. 하하. [8]있잖아요, 한때 정말 힘들었던 시기가 있었어요. [9]그때 저는 공원에서 걸었는데, 정말 정처없이 걸었어요. 말 그대로 방황하듯이 빙빙 돌면서요. [10]이제는 그 시간을 지나왔기에, 공원에서 눈에 보이는 모든 것에 감사해요. 왜냐하면 그때가 생각나거든요. FINISH [11]그래서, 네, 그냥 혼자 걸어요. 하하하. [12]그게 다예요.

---

blow 불다 against ~에 부딪혀 get immersed 빠져들다 grateful 감사하는 moment 순간 aimless 방향 없는 wander 방황하다 in circles 원을 그리며 now that 이제 ~하니까 get through ~을 지나다, 극복하다 remind A of B A에게 B를 상기시키다

고득점 전략 & 해설

공원에서 하는 활동을 설명하면 됩니다. 운동, 데이트, 강아지 산책 등 말하기 쉬운 어떤 주제든 좋습니다. 운동의 순서를 루틴처럼 설명해도 되고, 예시 답변에서처럼 원픽 전략으로 어떤 한 가지 활동에 대해 디테일하게 설명해도 좋습니다.

I 1-3 **Oh, what I do at the park...? Well, that's a hard one to answer because I don't really go to parks that often. But, you know, when I get there, I do a few things.**

✔ **질문 되묻기 전략** + ✔ **여유 전략** + ✔ **당연한 말 전략** 답변이 바로 떠오르지 않을 경우, 공원에 자주 가지 않는다고 하면서 생각할 여유를 갖습니다. 자주 가지 않는다는 솔직한 답변은 오히려 암기하지 않고 즉석에서 대응하는 느낌을 주기도 합니다.

M 4-6 **Usually, I walk in the park. I just walk, watch the sky and the clouds, and feel the wind blowing against my body. I just... just get immersed in nature... and feel grateful to God for letting me have this beautiful moment.**

✔ **원픽 전략**으로 '걷기'라는 하나의 활동을 선택했습니다. 단순히 사실만 이야기하지 않고 걸을 때 느끼는 감정을 자세히 묘사하고 있습니다.

✔ **감정 형용사 전략**으로 grateful(감사하는)을 사용했습니다.

미국인이 자주 쓰는 일상 표현 – 긍정적인 감정 형용사(2)

- **grateful** 감사하는

  I felt deeply **grateful** for the support of my friends during difficult times.
  어려운 시기에 친구들의 지지에 깊은 고마움을 느꼈어요.

- **proud** 자랑스러워하는

  My parents were **proud** of me for winning the award.
  부모님은 제가 상을 받은 것을 자랑스러워하셨어요.

- **relieved** 안심하는, 안도하는

  I was **relieved** to find out that the test results came back negative.
  검사 결과가 음성으로 나와서 안심했어요.

- **blessed** 축복받은, 운이 좋은

  I feel **blessed** to have such a wonderful family.
  이렇게 훌륭한 가족을 둔 것이 축복이라고 느껴요.

7 **I go there for some me time. Haha.**

me time은 my time의 비공식적인 표현으로, 주로 구어체나 비형식적인 상황에서 사용합니다. 오픽 시험에서는 비공식적 표현을 사용해도 됩니다.

8-10 **You know, I once <u>had</u> a really hard time. At that time, I <u>walked</u> in the park but in a really aimless way like wandering around in circles. Now that I've gotten through that time, I thank everything that I see in the park because it reminds me of those days.**

경향/습관에 대한 설명이기에 전체적으로 현재 시제이지만, 중간에 과거에 있었던 일을 언급할 때는 당연히 과거 시제를 써야겠죠? 밑줄 친 had와 walked는 그래서 과거 시제로 쓰였습니다.

✔ **내 생각 말하기 전략** 공원에서 하는 활동인 '걷기'에 대해 자신의 진솔한 이야기를 들려 주고 있습니다. 평이하게 어떤 길을 걷는지, 걸을 때 무엇이 보이는지 등을 설명해도 좋지만, '왜' 걷는지에 대해 나의 생각을 표현하는 것도 매우 좋습니다. 오픽은 진솔한 자신의 이야기를 좋아하기 때문에 본인의 생각을 말하는 연습을 해 보세요.

10번 문장에 쓰인 Now that ~은 '이제 ~하니까, 이제 ~하기에'라는 의미의 표현으로 문두에서 접속사처럼 쓰입니다. Now that 뒤에는 '주어+동사'가 나오는데 이때 동사는 현재 또는 현재완료로 씁니다. 이 표현을 구사할 수 있다면 영어 실력이 상당하다는 인상을 주게 되니, 기억해 두고 사용해 보세요.

- **Now that** the weather is warmer, I plan to spend more time outdoors.
  이제 날씨가 따뜻해졌으니 야외에서 더 많은 시간을 보낼 계획이에요.
- **Now that** I have more free time, I enjoy preparing meals for my family.
  이제 여유 시간이 많아져서 가족을 위해 식사를 준비하는 것이 즐거워요.
- **Now that** I've finished my project, I can finally relax and enjoy the weekend.
  이제 프로젝트를 마쳤으니 드디어 주말을 여유롭게 즐길 수 있어요.
- **Now that** we've reached our destination, let's explore the area at our own pace.
  이제 목적지에 도착했으니 느긋하게 지역을 둘러봅시다.

F 11-12 **So, yeah, I just walk alone. Hahaha. That's it.**

✔ **마무리 전략** + ✔ **키워드 찰떡 전략** 마무리로, 질문(무엇을, 누구와 함께)에 대해 찰떡 답변임을 한 번 더 강조하고, 마무리 표현까지 사용해 주면 좋습니다.

마무리 전략에 쓸 수 있는 표현

- That's it. 바로 그거예요.
- That's all. 그게 전부예요.
- That's about it. 그게 다예요.
- That's everything. 그게 다예요.
- That sums it up. 요약하자면 그래요.
- And that's the bottom line. 그게 결론이에요.
- So there you have it. 여기까지입니다.
- That covers it. 이 정도로 마칠게요.
- And that's my point. 그게 제 요점이에요.

비교 • 과거 + 현재 시제

010

예전과 현재의 공원 비교

Compare the park you went to as a child to the park today. What differences and similarities do you see? Tell me how the park has changed over the years.

어렸을 때 갔던 공원과 오늘날의 공원을 비교해 보세요. 어떤 차이점과 유사점이 있나요? 시간이 지나면서 공원이 어떻게 변했는지 말해 주세요.

| 답변 가이드 |

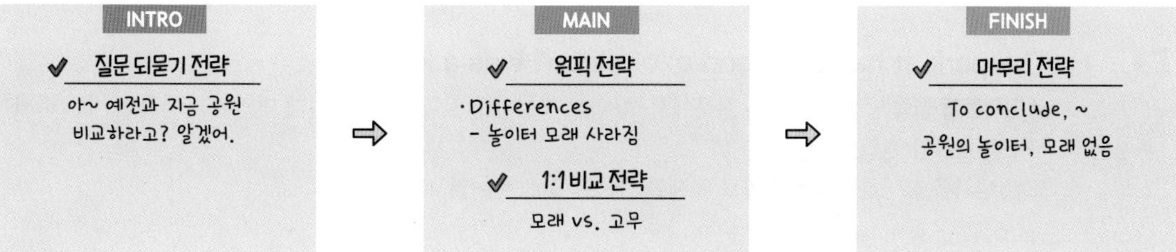

INTRO
질문 되묻기 전략
아~ 예전과 지금 공원 비교하라고? 알겠어.
MAIN
원픽 전략
· Differences
- 놀이터 모래 사라짐
1:1 비교 전략
모래 vs. 고무
FINISH
마무리 전략
To conclude, ~
공원의 놀이터, 모래 없음

예시 답변

INTRO [1]Hmm, you want me to compare the park between the past and now? [2]Aww, that's a tough question. [3]Okay.

MAIN [4]The park. [5]It has changed a lot since I was a kid. [6]In my younger days, there was a playground in the neighborhood. [7]And it was sand based. [8]We made sandcastles like on the beach. Haha. [9]We always had to shake off the sand before going home. [10]But nowadays, it's really different. [11]You know, there's no sand, and I think it's rubber based, so there's nothing really clinging to our bodies. [12]There is no chance of finding coins either. Hahaha. [13]Yeah, we can say it has gotten cleaner. [14]But I miss the old days sometimes.

FINISH [15]To conclude, the playground in the park changed to another material and is no longer sand. [16]Yep, that's it.

INTRO [1]음, 예전과 지금의 공원을 비교하라고요? [2]어, 그건 좀 어려운 질문이네요. [3]알겠어요. MAIN [4]공원 말이죠. [5]제가 어릴 때 이후로 많이 바뀌었어요. [6]어린 시절에는 동네에 놀이터가 있었어요. [7]바닥에 모래가 있었죠. [8]우리는 모래성을 만들었어요. 해변에서처럼요. 하하. [9]집에 가기 전에는 항상 모래를 털어야 했죠. [10]하지만 지금은 정말 달라졌어요. [11]아시다시피 모래는 사라졌고, 대신에 고무로 만들어진 것 같아요. 그래서 우리 몸에 달라붙는 게 없어요. [12]동전을 주울 기회도 없네요, 하하하. [13]그래요, 더 깨끗해졌다고 할 수 있겠죠. [14]하지만 때로는 예전이 그립기도 해요. FINISH [15]요약하자면, 공원의 놀이터는 다른 재료로 바뀌었고 더 이상 모래가 아니에요. [16]음, 이 정도면 될 것 같아요.

---

compare 비교하다 the past 과거 tough 어려운, 힘든 playground 놀이터 neighborhood 동네 sand based 모래 기반의 sandcastle 모래성 shake off ~을 털어 내다 nowadays 오늘날에는 rubber based 고무 기반의 cling to ~에 달라붙다 chance 기회 either ~도 또한(부정문에서) miss 그리워하다 to conclude 결론적으로 material 재료 no longer 더 이상 ~않다

고득점 전략 & 해설

공통점과 차이점을 묻는 질문에서는 차이점에 더 집중하세요. 변화를 명확히 보여 주는 게 중요합니다. 말하다 실수로 공통점을 까먹어도 답변이 주제에 맞으면 큰 감점 없으니 걱정 마세요. 하지만 매번 키워드를 빠뜨리면 리스닝 실수로 보일 수 있어요!

I 1-3 **Hmm, you want me to compare the park between the past and now? Aww, that's a tough question. Okay.**

✔ **질문 되묻기 전략** + ✔ **여유 전략** 이제는 익숙하죠? 답변하기 어렵다고 느껴지거나 시간을 벌고 싶을 때 질문을 되묻고, 그래도 시간이 더 필요하면 답하기 어려운 질문이라는 말도 덧붙입니다. you want me to ~?는 직역하면 '당신은 내가 ~하길 바라나요?'라는 뜻으로 질문 되묻기에 쓰기 아주 좋은 표현입니다.

M 4-5 **The park. It has changed a lot since I was a kid.**

✔ **당연한 말 전략** 답변하기 힘든 질문에서 "당연히 차이가 많았다"고 일단 넓게 던지면 구체적인 비교 소재를 떠올릴 여유가 생깁니다.
또한 변화를 설명하면서 현재완료 시제를 사용한 것을 눈여겨보세요.

문법, 이것만! – 변화를 나타내는 현재완료

과거에서 현재까지 이어진 시간 동안 일어난 변화를 말할 때 현재완료 시제를 사용합니다. 비교 유형에서 유용하게 쓸 수 있으니 꼭 익혀 두세요.

- Our neighborhood **has become** much quieter. 우리 동네가 훨씬 조용해졌어요.
- The local shops **have increased** their hours. 지역 상점의 영업 시간이 늘어났어요.
- The travel options **have expanded** greatly with the introduction of new airlines.
  새로운 항공사의 등장으로 여행 선택지가 크게 확대되었어요.
- The popularity of home cooking **has risen** since the pandemic began.
  팬데믹이 시작된 이후 집에서 요리하는 것의 인기가 높아졌어요.

6 **In my younger days, there was a playground in the neighborhood.**

✔ **두괄식 전략** + ✔ **원픽 전략**으로 공원의 변화 중 놀이터를 선택했습니다. 하나에 집중하면 많은 것을 설명하면서 횡설수설하는 것을 피할 수 있습니다.
In my younger days는 과거 이야기를 시작하기에 좋은 표현이니 기억해 두세요.

- **In my younger days**, I used to travel a lot with my family.
  어렸을 때 가족들과 여행을 많이 다녔어요.
- **In my younger days**, I didn't worry about the future as much.
  어렸을 때는 미래에 대해 별로 걱정하지 않았어요.

7-9 **And it was sand based. We made sandcastles like on the beach. Haha. We always had to shake off the sand before going home.**

✔ **생생 묘사 전략** 놀이터의 모래로 모래성을 만들던 장면, 집에 가기 전에 모래를 털어 내던 장면이 떠오르지 않나요? 듣는 사람의 머릿속에 구체적인 장면이 떠오르게 묘사를 하면 디테일에서 좋은 점수를 받을 수 있습니다.

10-11 **But nowadays, it's really different. You know, there's no sand, and I think it's rubber based, so there's nothing really clinging to our bodies.**

✔ **1:1 비교 전략**으로 모래와 고무를 일대일로 비교해서 차이를 강조하고 발화량도 챙길 수 있습니다. 그냥 놀이터 바닥 재질이 바뀌었다고만 말하는 것보다, 모래에서 고무로 바뀌었다고 친절하게 설명하다 보면 발화량도 자연히 늘어나는 것이죠. 발화량이 부족한 분들은 항상 ✔ **초딩 조카 전략**을 기억해서 친절하고 명확하게 설명하는 연습을 해 보세요.

12 **There is no chance of finding coins either. Hahaha.**

동전을 줍지 못한다는 말은 모래와 연관된 여담으로 답변에 유머를 더해 줍니다. 다만 주의할 점은, 여담은 중간중간 덧붙여도 되지만 질문의 핵심에서 멀리 벗어나면 안 된다는 것입니다.

13-14 **Yeah, we can say it has gotten cleaner. But I miss the old days sometimes.**

✔ **내 생각 말하기 전략** 놀이터 바닥이 모래에서 고무로 바뀐 것에 대한 본인의 의견입니다. 더 청결해진 것은 좋지만 옛날이 그립기도 하다고 하면서 MAIN 부분을 마무리합니다.

F 15-16 **To conclude, the playground in the park changed to another material and is no longer sand. Yep, that's it.**

✔ **마무리 전략** '결론적으로'라는 의미의 to conclude를 활용해 마무리 느낌을 살려 줍니다. 비교 질문에 대해 답변을 요약하고 답변이 끝났음을 한 번 더 언급해 주면 깔끔한 마무리가 됩니다.

UNIT

04

쇼핑하기

✔ 이렇게 준비하세요

쇼핑하기 주제는 선택 질문으로 고르지 않아도 **돌발 주제**로 출제될 수 있습니다. 장소 묘사, 경향/습관, 최근 경험 또는 기억에 남는 경험을 묻는 문제가 자주 출제됩니다. 예상 문제에 대한 답변을 꼭 입으로 말해 보고 연습해 보세요. 14~15번의 **고난도 질문**으로 출제될 경우 다소 까다롭지만, 쇼핑은 워낙 친근한 주제여서 말할 내용을 미리 생각해 두면 당황하지 않고 대처할 수 있습니다. 답변 아이디어를 떠올려서 머릿속에 정리해 두세요.

자주 출제되는 문제

문제	유형	시제
지역의 쇼핑 장소 You indicated in the survey that you go shopping. Tell me about the stores or shopping centers in your area. What are these places like? 설문 조사에서 쇼핑을 한다고 응답하셨습니다. 거주하는 지역의 상점이나 쇼핑 센터에 대해 말해 주세요. 그곳들은 어떤가요?	설명/묘사	현재
나의 쇼핑 습관 Can you describe your shopping habits? How often do you go shopping? Where do you usually go, and what do you buy? Who do you usually go with? 본인의 쇼핑 습관을 설명해 주시겠어요? 얼마나 자주 쇼핑을 하나요? 주로 어디로 가서 무엇을 구매하나요? 주로 누구와 함께 가나요?	경향/습관	현재

문제	유형	시제
인상 깊었던 쇼핑 경험 Can you describe your most memorable shopping experience? Where and when did it happen, what exactly occurred, and why was it so unforgettable? Provide as many details as possible. 가장 기억에 남는 쇼핑 경험을 설명해 주시겠어요? 언제 어디서 일어났으며, 정확히 어떤 일이 있었고, 왜 잊을 수 없는 경험이었나요? 가능한 한 자세히 설명해 주세요.	경험	과거
최근 쇼핑 경험 When was the last time you went shopping? Where did you go, and what did you buy? Who did you go with? 마지막으로 쇼핑을 하러 간 것이 언제였나요? 어디로 가서 무엇을 샀나요? 누구와 함께 갔나요?	경험	과거
쇼핑 트렌드 변화 Shopping has changed over the years. What are some changes in people's shopping trends? Discuss some significant changes that have happened. 시간이 흐르면서 쇼핑은 변화해 왔습니다. 사람들의 쇼핑 트렌드에는 어떤 변화가 있었나요? 몇 가지 중요한 변화에 대해 말해 보세요.	비교	현재 + 과거
요즘 사람들이 많이 언급하는 인기 상품/서비스 What kinds of shopping products or services do you hear people talking about the most these days? Why do you think they are generating so much interest? Please tell me in detail about these products or services. 요즘 사람들이 가장 많이 이야기하는 쇼핑 상품이나 서비스는 무엇인가요? 왜 그렇게 많은 관심을 끌고 있다고 생각하시나요? 해당 상품이나 서비스에 대해 자세히 말해 주세요.	사회적 이슈	현재

빈출 세트 구성

세트 예시 1	❶ 지역의 쇼핑 장소 ❷ 나의 쇼핑 습관 ❸ 최근 쇼핑 경험
세트 예시 2	❶ 나의 쇼핑 습관 ❷ 최근 쇼핑 경험 ❸ 쇼핑할 때 겪은 문제와 해결 방법
세트 예시 3 (고난도)	❶ 쇼핑 트렌드 변화 (14번) ❷ 요즘 사람들이 많이 언급하는 인기 상품/서비스 (15번)

지역의 쇼핑 장소

You indicated in the survey that you go shopping. Tell me about the stores or shopping centers in your area. What are these places like?

설문 조사에서 쇼핑을 한다고 응답하셨습니다. 거주하는 지역의 상점이나 쇼핑 센터에 대해 말해 주세요. 그곳들은 어떤가요?

답변 가이드

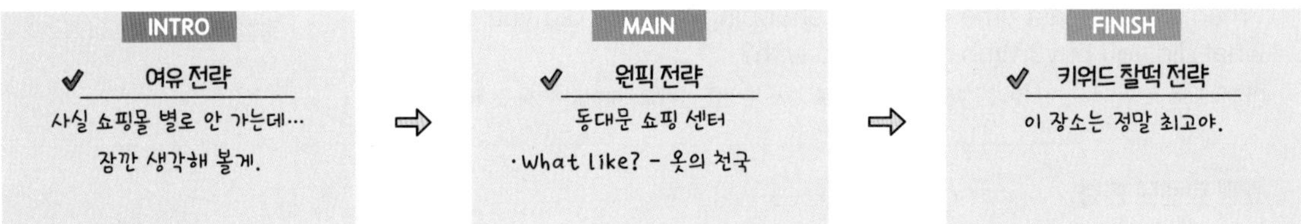

INTRO
여유 전략
사실 쇼핑몰 별로 안 가는데…
잠깐 생각해 볼게.
MAIN
원픽 전략
동대문 쇼핑 센터
·What like? - 옷의 천국
FINISH
키워드 찰떡 전략
이 장소는 정말 최고야.

예시 답변

INTRO [1] Oh, okay, so about my shopping spots... [2] Well... I rarely shop to be honest, so I need some time to think. [3] Actually, I mostly rely on online shopping. [4] But... There are some places I sometimes go.

MAIN [5] One of them is the Dongdaemun Shopping Center. [6] It's within 2 kilometers of where I live. [7] I go there to see the latest fashion trends like popular patterns and colors of the season. [8] There are thousands of clothes on display. [9] When you go to the Dongdaemun district, you can see numerous malls. [10] And they only open at night, not during the day. [11] The reason is that they mostly sell products wholesale. [12] So shopping there is much cheaper than buying online. [13] It's also pretty fun because it's such a lively place. [14] People are lifting heavy bags packed with clothes and constantly moving. [15] So you can really get motivated to shop.

FINISH [16] Yeah, it's the number-one shopping destination in Korea.

INTRO [1] 오, 알겠어요, 그러니까 제가 쇼핑하는 장소에 대해서요… [2] 음… 솔직히 말해서 쇼핑을 거의 하지 않아서 생각할 시간이 좀 필요해요. [3] 사실, 저는 주로 온라인 쇼핑에 의존하거든요. [4] 하지만… 가끔 가는 곳이 몇 군데 있긴 해요. MAIN [5] 그 중 하나가 동대문 쇼핑 센터예요. [6] 제가 사는 곳에서 2km 이내 거리에 있어요. [7] 시즌에 유행하는 패턴과 컬러 등 최신 패션 트렌드를 보러 가죠. [8] 수천 벌의 옷이 전시되어 있거든요. [9] 동대문 지역에 가면 수많은 쇼핑몰을 볼 수 있어요. [10] 그리고 그곳들은 낮이 아닌 밤에만 문을 열죠. [11] 대부분 도매로 제품을 판매하기 때문이에요. [12] 그래서 거기서 쇼핑하는 게 온라인에서 구매하는 것보다 훨씬 저렴하답니다. [13] 또한 무척 활기찬 곳이라서 꽤 재미있어요. [14] 사람들이 옷으로 가득 찬 무거운 가방을 들고 끊임없이 움직여요. [15] 그래서 정말 쇼핑에 대한 동기 부여를 받을 수 있어요. FINISH [16] 네, 그곳은 한국 최고의 쇼핑 명소예요.

spot 장소 rarely 거의 ~하지 않다 rely on ~에 의존하다 within ~ 이내의 latest 최신의 fashion trends 패션 트렌드 pattern 패턴, 무늬 on display 전시된, 진열된 district (행정) 구역 numerous 많은, 다수의 wholesale 도매의; 도매로 lively 활기 있는, 생기 넘치는 lift 들어 올리다 packed with ~로 가득 찬 constantly 끊임없이 motivate 동기를 부여하다 number-one 최고의 destination 목적지

고득점 전략 & 해설

설명/묘사 유형은 이제 너무 쉽죠? 묘사는 기본적인 질문이라 배점이 높지 않으니 심혈을 기울여 길게 답할 필요는 없고, 수월하게 처리하고 넘어갑니다. 질문을 두 번 듣는 동안 쇼핑 장소를 어디든 떠올려서 주제로 정해 두괄식으로 제시합니다.

I 1-4 **Oh, okay, so about my shopping spots... Well, I rarely shop to be honest, so I need some time to think. Actually, I mostly rely on online shopping. But... There are some places I sometimes go.**

✔ **여유 전략** 첫 문장에서 "사실 쇼핑 별로 안 가는데"라고 말하고 스킵해도 됩니다. 하지만 답하기 쉬운 기본 질문이니 될수록 스킵하지 말고 답변을 하는 게 좋겠죠. 쇼핑을 잘 안 간다고 해도 쇼핑 장소를 아예 모르는 건 아니니 생각나는 장소에 대해 말하면 됩니다. 프로는 여유가 있습니다. 프로가 되려면 "기다려 봐, 생각해 볼게."라는 말 최소 3개는 마음에 품고 살아야 합니다. 필러와 연결하면 금상첨화죠. 생각해 본다고 하면서 공백이 생기고 말이 뚝 끊기는 건 절대로 안 되니 필러로 말의 흐름이 계속 이어지게 연습하세요.

생각할 시간을 벌어 주는 여유 표현

- Well… wait. Let me think about it. Hmm… You know…
- Hmm… Please hold on. I need to think about it. Well….
- Okay… Just give me a moment. I have to think it through. So… you know…

M 5-6 **One of them is the Dongdaemun Shopping Center. It's within 2 kilometers of where I live.**

✔ **원픽 전략** + ✔ **두괄식 전략** 쇼핑 장소로 '동대문 쇼핑 센터'를 골라 MAIN 시작 부분에 바로 제시합니다. 위치와 거리 정보는 항상 초반에 빠르게 언급해 주세요. 거리를 나타내는 표현도 최소 3개 암기해 놓으세요.

거리를 나타내는 표현

- It's two kilometers away from my place. 집에서 2킬로미터 떨어져 있어요.
- It's a short distance from where I live. 제가 사는 곳에서 가까운 거리에 있어요.
- It's just a couple of miles from my house. 집에서 몇 마일 거리에 있어요.
- It's within walking distance of my home. 집에서 걸어서 갈 수 있는 거리에 있어요.
- It's nearby about two kilometers from my place. 근처에 있어요. 집에서 2킬로미터 정도 거리예요.

7-8 **I go there to see the latest fashion trends like popular patterns and colors of the season. There are thousands of clothes on display.**

✔ **나열 전략**으로 말을 길게 연결합니다. like로 끊김 없이 이어지는 흐름을 만드세요. 나열하는 것 자체는 오픽 점수 상승에 큰 의미가 없지만 여기서 사용한 정도로는 자주 사용하세요. 앞서 언급한 말이 구체성을 띠도록 도와 전달력(accuracy)이 상승합니다.

9-12 **When you go to the Dongdaemun district, you can see numerous malls. And they only open at night, not during the day. The reason is that they mostly sell products wholesale. So shopping there is much cheaper than buying online.**

쇼핑 장소가 어떤 곳인지 묘사하고 있습니다. 주제와 관련된 단어가 다양하게 사용될수록 좋습니다. IH/AL을 받으려면 다양한 단어를 활용할 수 있다는 점을 드러내세요.

미국인이 자주 쓰는 일상 표현 – 쇼핑 관련 동사·형용사

동사	형용사
• buy 사다	• cheap 저렴한, 싼
• sell 팔다	• expensive 비싼
• shop 쇼핑하다	• affordable 적당한 가격의
• spend (돈을) 쓰다	• trendy 유행하는
• afford ~을 살 여유가 있다	• luxurious 고급스러운
• return 반품하다	• discounted 할인된
• browse 둘러보다	• wholesale 도매의
• order 주문하다	• retail 소매의

13-15 **It's also pretty fun because it's such a lively place. People are lifting heavy bags packed with clothes and constantly moving. So you can really get motivated to shop.**

개인적 감상을 덧붙인 문장으로, IH/AL은 ✔ **내 생각 말하기 전략**을 자주 사용하면 좋습니다. 감정 형용사를 적극적으로 사용해 주세요. 힘들다면 필수는 아닙니다. 말을 더 만들려고 하다가 어버버 하지 말고 할 수 있는 데까지만 말하고 깔끔하게 마무리 지으세요. 연습을 많이 하면 내가 어디까지 말할 수 있는지 한계를 정확히 알 수 있습니다. 그래서 연습이 중요한 거죠.

F 16 **Yeah, it's the number-one shopping destination in Korea.**

✔ **키워드 찰떡 전략** 한국에서 제일가는 쇼핑 메카임을 강조하며 답변을 마무리합니다.

비교 • 현재 + 과거 시제

012

쇼핑 트렌드 변화

Shopping has changed over the years. What are some changes in people's shopping trends? Discuss some significant changes that have happened.

시간이 흐르면서 쇼핑은 변화해 왔습니다. 사람들의 쇼핑 트렌드에는 어떤 변화가 있었나요? 몇 가지 중요한 변화에 대해 말해 보세요.

| 답변 가이드 |

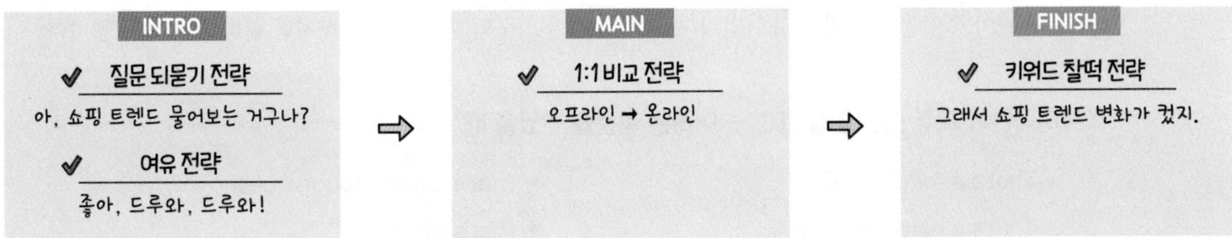

INTRO
질문 되묻기 전략
아, 쇼핑 트렌드 물어보는 거구나?
여유 전략
좋아, 드루와, 드루와!
MAIN
1:1 비교 전략
오프라인 → 온라인
FINISH
키워드 찰떡 전략
그래서 쇼핑 트렌드 변화가 컸지.

예시 답변

INTRO 1 Ah, so you're asking about shopping trends? 2 Ho. That's quite a challenging question. 3 But I can do this. 4 C'mon! Bring it on! 5 Let's break it down.

MAIN 6 First of all, it became more common to shop online than offline. 7 There are thousands of applications that help people get stuff quickly with super-fast delivery systems. 8 Also, they offer many coupons and efficiently save time. 9 And the reason why this happened is obviously, well, you know, the COVID-19 situation. 10 People couldn't go out, so their lifestyles had to change, including their shopping habits. 11 But you know, this online shopping thing was actually inevitable. 12 It would have come anyway. 13 It was just a matter of time.

FINISH 14 So in short, people's shopping trends have changed tremendously.

INTRO 1 아, 쇼핑 트렌드에 대해 물어보시는군요? 2 호. 꽤 도전적인 질문인데요. 3 하지만 전 할 수 있어요. 4 자! 해 보자고요! 5 분석해 봅시다. MAIN 6 우선, 오프라인보다 온라인 쇼핑이 더 보편화되었어요. 7 수천 개의 애플리케이션이 있어서, 매우 빠른 배송 시스템으로 사람들이 물건을 신속하게 받도록 도와줍니다. 8 또한 다양한 쿠폰을 제공하고 시간을 효율적으로 절약해 주죠. 9 그리고 이런 일이 일어난 이유는, 아시다시피, 코로나19 상황 때문이죠. 10 사람들이 외출을 할 수 없으니 라이프스타일이 바뀌어야 했고, 쇼핑 습관도 바뀌었어요. 11 하지만 사실 온라인 쇼핑이란 것은 피할 수 없는 흐름이었어요. 12 어차피 일어날 것이었으니까요. 13 시간 문제였을 뿐이죠. FINISH 14 요컨대, 사람들의 쇼핑 트렌드는 엄청나게 변화했어요.

---

trend 트렌드, 경향 **challenging** 도전적인, 어려운 **bring it on** 덤벼, 한번 해 보자 **break down** ~을 분석하다 **offline** 오프라인 매장에서 **application** 응용 프로그램, 앱 **super-fast** 매우 빠른 **delivery** 배송 **offer** 제공하다 **coupon** (할인) 쿠폰 **efficiently** 효율적으로 **COVID-19** 코로나19 **situation** 상황 **lifestyle** 생활 방식 **inevitable** 불가피한, 피할 수 없는 **a matter of time** 시간 문제 **tremendously** 엄청나게, 대단히

고득점 전략 & 해설

난이도 5~6레벨에서 고난도 질문 주제가 쇼핑일 경우 14번으로 유사하게 출제됩니다. IH가 목표인 분들은 힘들면 스킵해도 되지만 AL이 목표인 분들은 이런 문제에도 익숙해져야 합니다. 내용 자체에 부담 가질 필요는 없습니다. What(온라인), feeling(편리함), why(앱, 빠른 배송, 할인 쿠폰)로 키워드 잡고 말해 보세요.

I 1-5 **Ah, so you're asking about shopping trends? Ho. That's quite a challenging question. But I can do this. C'mon! Bring it on! Let's break it down.**

✔ **질문 되묻기 전략**으로 쉽게 시작합니다. 이어서 "질문 어렵네. 그치만 난 할 수 있어!" 하며 답변을 떠올릴 시간을 버는 ✔ **여유 전략**을 사용합니다. C'mon! Bring it on!은 "드루와~ 어디 한번 해봐~ 네가 날 이길 수 있을 것 같아?" 하는 능글맞은 표현입니다. 시험이지만 친구와 이야기하는 것처럼 편하게 대해도 됩니다.

미국인이 자주 쓰는 일상 표현 – 어려운 질문을 만났을 때

- That's a tough one.
- That's a hard question.
- That's pretty challenging.
- That's a really tough question.
- That's tricky.

M 6 **First of all, it became more common to shop online than offline.**

✔ **1:1 비교 전략** 비교 주제로 '오프라인 구매 vs. 온라인 구매'를 정했습니다.
✔ **두괄식 전략** 비교 유형은 앞부분에 주제를 확실하게 밝히세요.

7-8 **There are thousands of applications that help people get stuff quickly with super-fast delivery systems. Also, they offer many coupons and efficiently save time.**

앱, 빠른 배송, 할인 쿠폰 등을 언급하며 온라인 구매가 쇼핑 트렌드가 된 근거를 제시합니다.

미국인이 자주 쓰는 일상 표현 – 많은

- **a lot of** 캐주얼한 표현으로 셀 수 있는/없는 명사 모두 사용 가능
  A lot of time was wasted. 많은 시간이 낭비되었어요.
  A lot of people attended the event. 많은 사람들이 그 행사에 참석했어요.
- **many / much** many는 셀 수 있는 명사, much는 셀 수 없는 명사
  There are **many** options to choose from. 선택할 수 있는 옵션이 많아요.
  There isn't **much** information about this topic. 이 주제에 대한 정보가 별로 없어요.
- **tons of** '매우 많은'이라는 의미로, 캐주얼하고 과장된 표현
  I have **tons of** homework. 숙제가 엄청 많아요.

9 **And the reason why this happened is obviously, well, you know, the COVID-19 situation.**

✔ **내 생각 말하기 전략** 단순히 변화만 나열할 수도 있겠지만 좀 더 근본적인 원인을 드러내며 비교할 수도 있겠죠. IH/AL을 받고 싶다면 이유를 드러내 깊이 있는 답변을 만드세요.

10 **People couldn't go out, so their lifestyles had to change, including their shopping habits.**

코로나19는 사람들의 생활 방식에 많은 변화를 일으켰죠. 하지만 여기서 코로나19에 대해 설명하며 삼천포로 빠지지 말고, 키워드인 shopping trends에 집중하세요.
including은 '~을 포함해서'라는 뜻으로, 예시를 들 때 유용한 표현입니다.

- I enjoy many types of exercise, **including** running and yoga.
  저는 달리기와 요가를 포함한 다양한 종류의 운동을 즐겨요.
- I have visited many cities in Europe, **including** Paris and Rome.
  저는 파리와 로마를 비롯한 유럽의 여러 도시를 방문했어요.
- The museum features several famous paintings, **including** works by Van Gogh and Picasso.
  그 박물관에는 반 고흐와 피카소의 작품을 포함한 여러 유명한 그림이 전시되어 있어요.
- Our team has won several awards, **including** the best project of the year award.
  우리 팀은 올해의 베스트 프로젝트를 비롯해서 여러 상을 수상했어요.

11-13 **But you know, this online shopping thing was actually inevitable. It would have come anyway. It was just a matter of time.**

✔ **내 생각 말하기 전략** 독후감을 생각해 보세요. 줄거리(fact) 나열에서 그치지 않고, 본인의 생각과 감정을 드러내야 더 깊이 있는 독후감이 되죠? 오픽도 마찬가지입니다. 쇼핑 트렌드 변화에 대한 자신만의 감상을 드러내세요.
✔ **유창성 전략** inevitable(피할 수 없는), would have come anyway(어차피 일어났을 일), just a matter of time(단지 시간 문제)은 모두 비슷한 의미를 갖습니다. 비슷한 말은 금방 덧붙이기 쉽죠? 이렇게 답변을 이어 가면 흐름이 유창해집니다. 또한, 다양한 단어를 활용해 ✔ **다르게 말하기 전략**으로 단어량도 어필되고, 새로운 할 말을 떠올릴 여유도 얻는 ✔ **여유 전략**이기도 합니다.

Level Up! 표현 – ~ thing

~ thing(~라는 것)은 어떤 활동이나 상황을 더 친근하고 자연스럽게 표현할 때 쓰여요. 그냥 online shopping이라고 할 수 있지만, 뒤에 thing을 덧붙이면 좀 더 자연스럽고 친근한 표현이 되는 거죠.

- This online shopping **thing** is really convenient.
  온라인 쇼핑이라는 게 정말 편리하네요.
- This whole social media **thing** is taking over.
  소셜 미디어라는 게 점점 더 커지고 있어요.
- I don't get this fitness **thing**.
  나는 이 피트니스 운동이라는 걸 잘 모르겠어.
- This whole cooking at home **thing** is getting more popular.
  집에서 요리하는 게 점점 더 인기 있어지고 있어요.

F 14 **So in short, people's shopping trends have changed tremendously.**

✔ **마무리 전략** in short로 FINISH 확실히 표시하고, ✔ **키워드 찰떡 전략**으로 질문 키워드 '쇼핑 트렌드 변화'를 끝까지 강조합시다. 참고로, 과거부터 현재까지 점진적으로 진행된 뉘앙스를 강조할 때는 현재완료 시제를 사용하세요.

점진적인 변화 또는 지속적인 과정을 나타내는 현재완료(have/has+p.p.)

- The company **has grown** a lot over the past few years.
  회사가 지난 몇 년 동안 많이 성장했습니다.
- We'**ve talked** a lot about this issue.
  우리는 이 문제에 대해 많이 이야기해 왔습니다.
- Technology **has** gradually **changed** how we stay in touch.
  기술이 우리가 소통하는 방식을 점차 바꾸었습니다.
- Climate change **has been** making the weather act so weird.
  기후 변화가 날씨를 계속 이상하게 만들고 있습니다.

최근 쇼핑 경험

When was the last time you went shopping? Where did you go, and what did you buy? Who did you go with?

마지막으로 쇼핑을 하러 간 것이 언제였나요? 어디로 가서 무엇을 샀나요? 누구와 함께 갔나요?

답변 가이드

INTRO	MAIN	FINISH
✔ 연결 전략	✔ 육하원칙 전략	✔ 감정 형용사 전략
아~ 우리 집 근처에 동대문 쇼핑 센터 있다고 했잖아, 최근에 거기 갔어.	· When? - 1달 전 · Where? - 동대문 쇼핑 센터 · What buy? - 샌들 · Who with? - 엄마랑	원하던 걸 구매해서 기분 좋았어. 엄마랑 여행 준비로 설렜어.

예시 답변

INTRO [1] Oh, I told you that the Dongdaemun Shopping Center is near my home, so yeah, that's where I went recently.

MAIN [2] It was... maybe a month ago. [3] Yeah, it was in May. [4] My mother and I went together to get some sandals for our trip to Malaysia. [5] As you know, the country has beautiful emerald seas. [6] We needed some sandals to wear at the beach. [7] We went through all the stores for over two hours and finally found what we wanted: simple, lightweight sandals at an affordable price. [8] We knew they were the ones at first sight. [9] We tried the sandals, and they fit perfectly. [10] My mother said they were really comfortable. [11] I was so happy to find the perfect shoes for her.

FINISH [12] So I gladly bought them and happily prepared for the trip.

INTRO [1] 아, 집 근처에 동대문 쇼핑 센터가 있다고 말씀드렸는데요, 네, 최근에 거기를 다녀왔어요. MAIN [2] 그건… 아마도 한 달 전이었던 것 같아요. [3] 네, 5월이었어요. [4] 어머니와 함께 말레이시아 여행에서 신을 샌들을 사러 갔어요. [5] 그 나라에는 아름다운 에메랄드빛 바다가 있잖아요. [6] 해변에서 신을 샌들이 필요했어요. [7] 두 시간 넘게 모든 매장을 둘러보고 마침내 원하는 것을 찾았어요. 저렴한 가격에 심플하고 가벼운 샌들이었어요. [8] 우리가 찾던 것이라는 걸 한눈에 알았죠. [9] 샌들을 신어보았는데 딱 맞았어요. [10] 어머니가 그 샌들이 정말 편하다고 하시더라고요. [11] 엄마에게 딱 맞는 신발을 찾아서 정말 기뻤어요. FINISH [12] 그래서 저는 기쁜 마음으로 샌들을 샀고 행복하게 여행을 준비했어요.

recently 최근에 country 나라 emerald sea 에메랄드빛 바다(아름다운 푸른 바다를 가리키는 표현) go through (무엇을 찾기 위해) ~을 살펴보다 lightweight 가벼운 affordable 가격이 저렴한, 알맞은 가격의 at first sight 첫눈에, 한눈에 try 착용해 보다 fit (크기가) 맞다 perfectly 완벽하게 comfortable 편안한 gladly 기꺼이, 즐겁게 prepare 준비하다

고득점 전략 & 해설

최근 경험을 묻는 유형은 자주 출제되는 쉬운 질문입니다. 질문을 듣고 정말 최근 경험을 떠올리려고 애쓰는 분들이 있는데, 시험이라 긴장해서 생각이 잘 안 날 수도 있고, 그러면 시간이 가고 답변이 초반부터 말리겠죠? 아무 경험이나 생각나는 것을 최근에 했다고 가져다 붙이면 됩니다. '최근'을 나타내는 키워드를 꼭 사용해 강조하고, 경험은 과거 시제라는 것은 기본이죠? 밑줄 친 과거형 동사들을 잘 보시기 바랍니다.

I

1 **Oh, I told you that the Dongdaemun Shopping Center is near my home, so yeah, that's where I went recently.**

✔ **연결 전략** 이전 문제에서 동대문 쇼핑 센터에 대해 얘기했으니, 자연스럽게 이어지는 느낌으로 서두를 꺼냅니다. 위치나 거리는 앞에서 설명했으니 여기서는 생략해도 되겠죠.

✔ **유창성 전략** 위 문장을 소리 내어 읽어 보세요. 호흡이 뚝 끊기나요? 아니죠? 왜냐하면 필러와 비슷한 의미를 지닌 문장으로 자연스럽게 이어 갔기 때문입니다. IH/AL은 이렇게 흐름이 이어지는 느낌을 줄 수 있어야 합니다. 앞으로는 이런 식으로 말을 이어가면 되는구나 하며 답변 흐름을 파악하고 적용하세요.

2-3 **It was... maybe a month ago. Yeah, it was in May.**

✔ **유창성 전략**으로 5월이라는 정보를 빠르게 붙여 구체화시킬 수 있습니다. 발화량을 늘리기에 매우 좋은 방법이고, 구어체스러운 오픽에 충분히 사용 가능한 문장입니다.

M

4-6 **My mother and I went together to get some sandals for our trip to Malaysia. As you know, the country has beautiful emerald seas. We needed some sandals to wear at the beach.**

쇼핑을 간 이유를 설명하고 있습니다. 질문에서 묻지 않으면 '이유'를 말하지 않는 분들이 많은데, 간단하게라도 언급해 주세요. 발화량도 늘리고 나의 생각이 자연스럽게 드러날 수 있어서, 외우지 않은 나만의 답변을 만들어 주거든요. IH/AL을 목표로 하시는 분들께 꼭 추천드립니다.

경험이 과거 시제라고 해서 모든 문장을 다 과거로 말해야 하는 것은 아닙니다. 경우에 따라 현재나 미래를 써야 할 때도 있죠. 5번 문장인 As you know, the country has beautiful emerald seas.가 그런 경우인데요, 말레이시아에 아름다운 에메랄드빛 해변이 있는 것은 불변의 사실이기 때문에 현재 시제로 말해야 합니다.

7-8 **We went through all the stores for over two hours and finally found what we wanted: simple, lightweight sandals at an affordable price. We knew they were the ones at first sight.**

✔ **생생 묘사 전략** 쇼핑 과정을 설명하고 구매한 물건에 대해 자세히 묘사해서 디테일을 살려 줍니다. 묘사는 형용사로! 듣는 이의 머릿속에 물건의 모습이 그려질 수 있도록 생생하게 설명해 보세요. 당연히 속도는 빠르게 슈슈슉~ 나가야 합니다!

they were the ones(신발은 복수라서 they를 쓴 것입니다. 단수일 때는 it was the one이 되겠죠.)라는 표현은 '바로 내가 찾던 물건이었다'라는 뜻입니다. 이상형을 찾았을 때 He/She is the one.이라는 표현을 쓰죠? 그것과 같은 의미입니다.

미국인이 자주 쓰는 일상 표현 – 바로 내가 찾던 거였어요

- It was the one. 바로 그거였어요.
- I found just what I needed. 딱 내가 필요한 것을 찾았어요.
- It was exactly what I was looking for. 정확히 내가 찾던 거였어요.
- I found the perfect fit. 딱 맞는 것을 찾았어요.
- It was just right. 아주 안성맞춤이었어요.
- It was perfect. 완벽했어요.
- I hit the jackpot. 대박이었어요.

9-11 We tried the sandals, and they fit perfectly. My mother said they were really comfortable. I was so happy to find the perfect shoes for her.

이제 질문에서 물어본 것은 다 말했습니다. 발화량도 억지로 더 채우지 않아도 괜찮아요. 하지만 경험이라 일어난 일을 나열만 한 게 아쉬우면 ✔ **감정 형용사 전략**을 덧붙이세요.

F

12 So I gladly bought them and happily prepared for the trip.

IH/AL을 받으려면 말 중간중간에 부사와 형용사를 자유자재로 사용하는 능력을 기르면 좋습니다. 단순히 I bought them and prepared for the trip.이라고 하는 것과 위에서처럼 gladly와 happily를 넣어서 말하면 완전히 느낌이 다릅니다. 구매/준비하는 내 마음 상태를 같이 말해 주는 것이니 훨씬 풍부하고 생생한 느낌이죠. 부사와 형용사를 적극적으로 사용해서 더욱 쫀득하게 의미를 전달해 봅시다!

UNIT
05
영화 보기

✔ 이렇게 준비하세요

영화 보기는 일상에서 쉽게 접할 수 있어 비교적 답변을 떠올리기 쉬운 선택 주제입니다. **좋아하는 영화와 배우**를 하나씩 정해 준비해 놓으세요. 준비하지 않았다면 생각나는 아이디어 중에서 특별히 좋아하지 않더라도 말할 거리가 많고 쉬운 영화나 배우를 고르면 됩니다. 빈출 문제를 꼼꼼히 읽어 보고 **미리 답변 키워드를 브레인스토밍**하세요.

자주 출제되는 문제

문제	유형	시제
좋아하는 영화 장르 In your background survey, you indicated that you like to see movies. What kinds of movies do you enjoy watching? Why do you like to watch those kinds of movies? Tell me about these movies in as much detail as possible. 설문 조사에서 영화 보는 것을 좋아한다고 하셨습니다. 어떤 종류의 영화를 즐겨 보시나요? 그런 종류의 영화를 왜 좋아하시나요? 그 영화들에 대해 가능한 한 자세히 설명해 주세요.	설명/묘사	현재
최근 영화관에 갔을 때 영화 보기 전후에 한 일 I would like to know about the last time you went to the movies. Tell me everything that happened that day, including all the things you did before and after the movie. 마지막으로 영화를 보러 가셨던 때에 대해 알고 싶습니다. 영화 보기 전과 후에 한 일을 포함해서 그날 있었던 일을 모두 말해 주세요.	경험	과거

문제	유형	시제
기억에 남는 영화 Please tell me about the most memorable movie you have seen. What was the movie about? Who was in it? Why was it memorable? 지금까지 본 것 중에 가장 기억에 남는 영화에 대해 말해 주세요. 그 영화는 무엇에 대한 것이었나요? 누가 나왔나요? 그 영화가 기억에 남는 이유는 무엇이었나요?	경험	과거
과거와 현재의 영화 비교 Compare the movies made today to the movies you saw while you were growing up. What are the differences and similarities? Tell me how the movies have changed over the years. 오늘날 제작되는 영화들과 당신이 어렸을 때 본 영화들을 비교해 보세요. 어떤 차이가 있고 어떤 점이 비슷한가요? 시간이 지나면서 영화가 어떻게 변했는지 말해 주세요.	비교	과거 + 현재
친구나 가족과 이야기하는 최근 영화 관련 이슈 What issues about movies do you usually discuss with your friends or family these days? Is there any recent news about actors or actresses? What are the impacts of these issues on people? And what are the recent trends in the movie industry? Please tell me everything in detail. 요즘 친구들이나 가족과 영화에 대해 어떤 이슈를 자주 이야기하시나요? 최근에 남자 배우나 여자 배우에 대한 뉴스가 있나요? 이런 이슈들이 사람들에게 어떤 영향을 미치나요? 그리고 영화 산업의 최근 트렌드는 어떤가요? 모든 것을 자세히 설명해 주세요.	사회적 이슈	현재

빈출 세트 구성

세트 예시 1	❶ 좋아하는 영화 장르 ❷ 최근 영화관에 갔을 때 영화 보기 전후에 한 일 ❸ 기억에 남는 영화
세트 예시 2	❶ 좋아하는 영화 장르 ❷ 좋아하는 영화배우 ❸ 좋아하는 영화관
세트 예시 3 (고난도)	❶ 과거와 현재의 영화 비교 (14번) ❷ 친구나 가족과 이야기하는 최근 영화 관련 이슈 (15번)

014

좋아하는 영화 장르

In your background survey, you indicated that you like to see movies. What kinds of movies do you enjoy watching? Why do you like to watch those kinds of movies? Tell me about these movies in as much detail as possible.

설문 조사에서 영화 보는 것을 좋아한다고 하셨습니다. 어떤 종류의 영화를 즐겨 보시나요? 그런 종류의 영화를 왜 좋아하시나요? 그 영화들에 대해 가능한 한 자세히 설명해 주세요.

답변 가이드

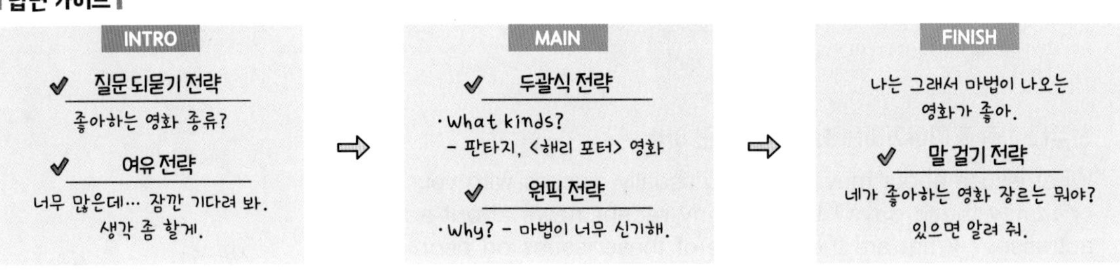

INTRO
질문 되묻기 전략
좋아하는 영화 종류?
여유 전략
너무 많은데… 잠깐 기다려 봐. 생각 좀 할게.
MAIN
두괄식 전략
· What kinds?
– 판타지, <해리 포터> 영화
원픽 전략
· Why? – 마법이 너무 신기해.
FINISH
나는 그래서 마법이 나오는 영화가 좋아.
말 걸기 전략
네가 좋아하는 영화 장르는 뭐야? 있으면 알려 줘.

예시 답변

INTRO [1]What kinds of movies do I like? [2]Well... There are so many kinds... [3]Just give me a moment. [4]Let me think...

MAIN [5]You know, my favorite movie genre is fantasy. [6]I especially like the *Harry Potter* movies. [7]You definitely know about them, right? [8]The reason why I love these movies is magic! [9]It's really fascinating. [10]In one of the *Harry Potter* movies, there is a flying scene. [11]During a Quidditch game, Harry flies upside down with a magical broomstick. [12]You know, I've always wanted to fly, and that was my dream-come-true moment! [13]So this kind of unreal thing is a distinct feature of fantasy movies. [14]It's like bringing our own imagination to real life! Haha. [15]That's why I'm really into fantasy movies.

FINISH [16]So to sum up, I like fantasy movies because they allow me to explore unknown worlds. [17]What's your favorite kind of movie? [18]Let me know if you have one. Haha.

INTRO [1]좋아하는 영화 종류요? [2]음… 종류가 워낙 많아서… [3]잠깐만요. [4]생각 좀 해 볼게요… MAIN [5]그러니까, 제가 제일 좋아하는 영화 장르는 판타지예요. [6]특히 〈해리 포터〉 영화들을 좋아해요. [7]당연히 아시죠? [8]제가 이 영화들을 좋아하는 이유는 마법 때문이에요! [9]정말 멋있어요. [10]〈해리 포터〉 영화 중 한 편에서 날아 다니는 장면이 있어요. [11]퀴디치 경기 중에 해리가 마법 빗자루를 타고 공중을 거꾸로 날아 다니잖아요. [12]있죠, 저는 항상 하늘을 날고 싶었어서 그건 정말 제 꿈이 이루어지는 순간이었어요! [13]그래서, 이런 비현실적인 것이 판타지 영화의 독특한 특징이죠. [14]우리의 상상을 현실에 가져오는 것 같은 거죠! 하하. [15]제가 판타지 영화를 정말 좋아하는 이유가 그거예요. FINISH [16]그래서 요약하자면, 저는 미지의 세계를 탐험하게 해 주기 때문에 판타지 영화를 좋아해요. [17]당신은 어떤 종류의 영화를 좋아하세요? [18]좋아하는 것이 있으면 말해 주세요. 하하.

---

genre 장르 especially 특히 definitely 분명히, 당연히 fascinating 매혹적인 scene 장면 upside down 거꾸로 broomstick 빗자루 dream-come-true moment 꿈이 이루어지는 순간 unreal 비현실적인 distinct 독특한 feature 특징 imagination 상상 allow A to ~ A가 ~하게 해 주다 explore 탐험하다 unknown 미지의

고득점 전략 & 해설

설명/묘사 유형은 IH/AL 레벨에겐 몸풀기와 같습니다. 길게 답변하며 힘 뺄 필요 없고, 두괄식으로 명확하게 시작해, 듣는 이의 머릿속에 내용이 상상될 수 있도록 구체적으로 특징을 묘사하고, 마지막에는 감상을 남기는 흐름으로 쉽게 답할 수 있어야 합니다.

I 1-4 **What kinds of movies do I like? Well... There are so many kinds... Just give me a moment. Let me think...**

✔ **질문 되묻기 전략** + ✔ **여유 전략** 리액션, 질문 반복, 필러, 시간 끄는 표현 등을 사용해서 답변을 수월하게 시작합니다. 질문의 키워드를 반복하며 아이디어를 떠올릴 시간을 벌 수 있습니다. 질문 듣기를 찰떡같이 잘했다는 것도 채점자에게 드러낼 수 있고요. 생각나는 게 너무 많다고 말하며 마음을 가다듬는 것도 좋습니다.

M 5 **You know, my favorite movie genre is fantasy.**

'좋아하는 영화 장르는 판타지'라고 답변 주제를 ✔ **두괄식 전략**으로 명확히 밝힙니다. 듣는 이의 이해를 돕고 내용을 통일감 있게 가져갈 수 있는 전략입니다.

영화 장르

- action movie 액션 영화
- fantasy movie 판타지 영화
- animation movie 애니메이션 영화
- mystery movie 미스터리 영화
- horror movie 공포 영화
- family movie 가족 영화
- sports movie 스포츠 영화
- musical movie 뮤지컬 영화
- biography movie 인물 전기 영화
- science-fiction movie (= sci-fi movie) 공상 과학 영화
- romantic comedy movie (= rom-com) 로맨틱 코미디 영화

6 **I especially like the *Harry Potter* movies.**

✔ **원픽 전략** 장르의 특징을 나열식으로 말하다 보면 단어가 부족해지고 할 말이 떨어집니다. 영화 장르와 관련된 유명한 영화를 골라 제시해서 채점자의 이해를 도우세요. 그 영화에서 드러나는 장르적 특징에 대해 디테일하게 이야기하면 쉽고 자세하게 내용을 풀어갈 수 있습니다.

7 **You definitely know about them, right?**

✔ **말 걸기 전략** AL을 목표로 하시는 분들은 앞 문장과 자연스럽게 연결되는 이런 문장들이 툭툭 나올 수 있도록 연습해 보세요. 발화량도 늘고 내 생각이 자연스럽게 이어져 발화 흐름이 유창해지는 효과를 줍니다.

8-9 **The reason why I love these movies is magic! It's really fascinating.**

✔ **원픽 전략**으로 〈해리 포터〉에서 잘 드러나는 특징인 마법 효과에 집중했습니다. 영화를 좋아하는 이유를 밝히며 질문에 찰떡 답변을 하고 있음을 다시 보여 줍니다. The reason why ~ is...는 '~하는 이유는 … 때문이다'라는 뜻으로, 이유를 말할 때 자주 활용할 수 있는 문장 패턴이니 꼭 암기하세요.

- **The reason why** *The Lion King* is my favorite movie **is** its unforgettable characters and timeless story.
〈라이온 킹〉이 내가 제일 좋아하는 영화인 이유는 잊지 못할 캐릭터와 시간을 초월하는 이야기 때문이에요.
- **The reason why** *Toy Story* is beloved by so many people **is** its heartwarming message about friendship and growing up.
〈토이 스토리〉가 그토록 많은 사람들에게 사랑받는 이유는 우정과 성장에 관한 따뜻한 메시지 때문이에요.

10-11 **In one of the *Harry Potter* movies, there is a flying scene. During a Quidditch game, Harry flies upside down with a magical broomstick.**

〈해리 포터〉 영화의 구체적인 내용을 판타지 장르의 특징에 연결해 설명하는 부분입니다. 이렇게 디테일을 이야기할 때 주의할 점이 있습니다. AL을 받지 못하고 IH 받는 분들이 자주 하는 실수이기도 한데요, 키워드에서 벗어나 횡설수설하는 것입니다. 오픽은 주제 적합도가 높은 답변에 최고 점수를 줍니다. 회화를 잘해도 본인이 하고 싶은 말만 하고 나와 IH만 계속 받는 경우가 많은 이유입니다.
또 주의할 점은, 단어 하나에 얽매이지 말라는 것입니다. 만약 말하다가 broomstick(빗자루)이라는 단어가 순간 기억이 나지 않으면 어떻게 해야 할까요? 그럴 때는 당황해서 시험을 망치지 말고 ✔ **초딩 조카 전략**으로 magical tool/thing/stuff/stick 등으로 쉽게 돌려 말하면 됩니다. 사람은 사전이 아니니 어차피 기억 안 나는 단어는 생깁니다. 평소 연습할 때 말이 막힐 경우에는 초딩 조카 전략으로 일단 말을 이어가고, 생각 안 나는 단어를 바로 검색해서 외우세요.

특정 단어가 떠오르지 않을 때 쓸 수 있는 표현

- It's on the tip of my tongue. 혀끝에서만 돌고 생각이 안 나네요.
- I can't recall the exact term, but... 정확한 용어는 기억이 안 나지만…
- I can't quite remember the right word, but... 정확한 단어는 잘 기억나지 않지만…
- I'm not sure of the exact word, but it's something like... 정확한 단어인지는 잘 모르겠는데 말하자면…
- What I mean to say is... 제가 하려는 말은…
- What I'm trying to say is... 제가 하고자 하는 말은…
- To put it another way... 다르게 말하면…
- What I mean is... hmm... you know... 제 말 뜻은… 음… 그러니까…

12 **You know, I've always wanted to fly, and that was my dream-come-true moment!**

✔ **내 생각 말하기 전략** 자신의 개인적인 생각과 감상을 덧붙이면서 이야기의 진정성을 높여 주는 문장입니다. 왜 그 영화를 좋아하는지 더 잘 설명이 되겠죠.

13-14 **So this kind of unreal thing is a distinct feature of fantasy movies. It's like bringing our own imagination to real life! Haha.**

〈해리 포터〉 이야기를 하다가 길을 잃지 않고 distinct feature(독특한 특징)라는 표현을 사용해서 장르에 대한 특징으로 다시 답변을 끌고 왔습니다. 이렇게 이야기가 삼천포로 빠지지 않도록 질문의 키워드(이 문제의 경우에는 genre, kind, type)를 언급하는 것이 ✔ **키워드 찰떡 전략**입니다.

15 **That's why I'm really into fantasy movies.**

답변을 마무리하며 한 번 더, 그래서 판타지 영화 장르를 좋아한다고 언급하면 질문에서 벗어나지 않은 찰떡 답변이라는 것을 강조할 수 있습니다.

Level Up! 표현 – I'm into

'좋아한다'고 할 때 I like 대신 I'm into라는 표현도 익혀 두세요. 미국인들이 일상에서 자주 쓰는 표현입니다.

- **I'm** really **into** movies lately.
  요즘 영화에 푹 빠져 있어.
- **I'm into** action movies, especially superhero ones.
  나는 액션 영화를 좋아해, 특히 슈퍼히어로 영화.

F

16 **So to sum up, I like fantasy movies because they allow me to explore unknown worlds.**

FINISH는 감정 표현을 사용하는 능력을 보여 줄 수 있는 좋은 기회입니다. '좋아하는/인상 깊은/기억에 남는' 등의 질문에서는 I like ~ because...(…해서 나는 ~을 좋아한다) 패턴의 문장으로 마무리하면 깔끔하고, 질문에 대답을 찰떡같이 했다는 것을 채점자에게 어필할 수 있습니다.

✔ **다르게 말하기 전략** 앞에서 한 말인 magic, unreal thing, imagination, unknown worlds처럼 다르게 표현해서 다양한 어휘를 사용할 수 있음을 보여 줍니다.

17-18 **What's your favorite kind of movie? Let me know if you have one. Haha.**

✔ **말 걸기 전략** 채점자에게 친근하게 말을 거는 것은 좋은 마무리 방법입니다. 답변이 끝났음을 드러내 아주 깔끔하게 IMF 구조를 완성해 주죠. 하지만 대답이 돌아오지 않기에 실제 대화처럼 답변을 기다리며 공백을 두면 안 됩니다. 대답을 듣지 않아도 되는 닫힌 질문을 하고, 바로 다음 문장을 이어 가세요.

과거와 현재의 영화 비교

015

Compare the movies made today to the movies you saw while you were growing up. What are the differences and similarities? Tell me how the movies have changed over the years.

오늘날 제작되는 영화들과 당신이 어렸을 때 본 영화들을 비교해 보세요. 어떤 차이가 있고 어떤 점이 비슷한가요? 시간이 지나면서 영화가 어떻게 변했는지 말해 주세요.

| 답변 가이드 |

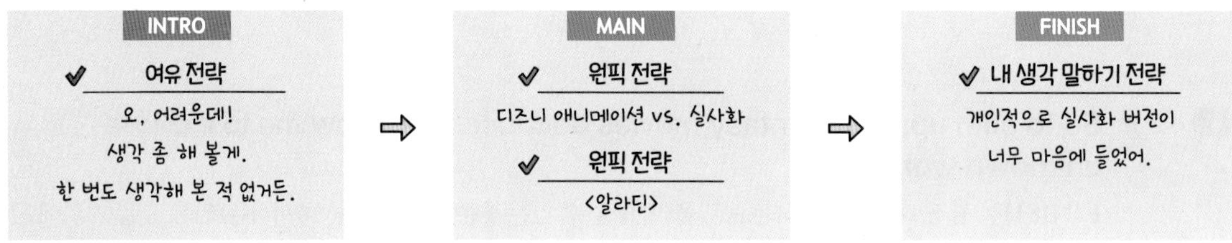

INTRO
여유 전략
오, 어려운데!
생각 좀 해 볼게.
한 번도 생각해 본 적 없거든.
MAIN
원픽 전략
디즈니 애니메이션 vs. 실사화
원픽 전략
<알라딘>
FINISH
내 생각 말하기 전략
개인적으로 실사화 버전이
너무 마음에 들었어.

예시 답변

INTRO [1] Oh, this is tough! [2] I need some time to think because I haven't thought about it.

MAIN [3] Okay, so, you know, I can tell you about this. [4] Recently, many 2D movies have undergone a transformation with real-life actors. [5] For example, there are *Beauty and the Beast*, *The Little Mermaid*, *Aladdin*, *The Lion King*, *Cinderella*, and so on. [6] Therefore, we can say it is now a new trend. [7] Among these, I'd like to talk about *Aladdin*. [8] As you know, it's a Disney movie. [9] It was released as an animation maybe in the 1990s. [10] Everything was made up of 2D characters. [11] It was a global hit. [12] And a few years ago, a new version of *Aladdin* was on the screen. [13] It was based on real human characters. [14] Princess Jasmine, Jafar, and Aladdin all looked really similar to the original characters. [15] It was like a gift to the people who had a good memory of the previous one. [16] It was something really worth cherishing.

FINISH [17] Personally, I really loved the new version of *Aladdin*. [18] So I think the transformation is a good idea. [19] Yeah, that's it.

INTRO [1] 오, 이거 어려운데요! [2] 생각해 볼 시간이 필요해요. 그것에 대해 생각해 본 적이 없거든요. MAIN [3] 좋아요, 그러니까, 이것에 대해 말씀드릴 수 있어요. [4] 최근에 많은 2D 애니메이션 영화들이 실사 영화로 변환되어 왔어요. [5] 예를 들어, 〈미녀와 야수〉, 〈인어공주〉, 〈알라딘〉, 〈라이온 킹〉, 〈신데렐라〉 등이 있죠. [6] 그래서 이제는 새로운 트렌드라고 할 수 있어요. [7] 이 중에서 저는 〈알라딘〉에 대해 이야기하고 싶어요. [8] 아시다시피 디즈니 영화죠. [9] 아마도 1990년대에 애니메이션으로 출시되었어요. [10] 모든 캐릭터가 2D로 표현되었죠. [11] 전 세계적으로 엄청난 인기를 끌었어요. [12] 그리고 몇 년 전에 새로운 버전의 〈알라딘〉이 상영되었어요. [13] 이번에는 실제 인간 캐릭터를 기반으로 제작되었죠. [14] 재스민 공주, 자파, 알라딘 모두 원작 캐릭터와 매우 비슷하게 보였어요. [15] 이전 버전에 대한 좋은 기억을 가지고 있던 분들에게는 선물과 다름없었죠. [16] 소중히 여길 만한 가치가 있는 그런 작품이었어요. FINISH [17] 개인적으로는 새로운 〈알라딘〉 버전이 정말 좋았어요. [18] 그래서 저는 변화가 좋은 생각인 것 같아요. [19] 여기까지입니다.

---

undergo 겪다, 경험하다 **transformation** 변형, 변화 **real-life** 실제의 **release** 출시하다, 개봉하다 **original** 원래의, 원작의 **previous** 이전의 **worth** ~할 가치가 있다 **cherish** 소중히 여기다

고득점 전략 & 해설

이 질문은 영화 주제에서 출제 빈도가 높지는 않지만 출제되면 굉장히 당황스러울 수 있습니다. 답변하기 어려운 질문이니 미리 고민하고 준비해 두면 좋겠죠. 비교 유형은 고득점에 중요한 유형이므로 아래 전략과 표현들을 꼭 익혀 가세요. '예전에는'과 '현재에는'을 나타내는 표현을 활용하고, 시제에 유의해 확실하게 비교해 주면 됩니다.

I 1-2 **Oh, this is tough! I need some time to think because I haven't thought about it.**

✔ **리액션 전략** + ✔ **여유 전략**으로 난해한 답변 아이디어를 떠올릴 시간을 벌 수 있습니다. 생각해 본 적 없다는 문장을 암기하면 오픽에서 답변하기 어려운 질문에 '내가 생각해 본 적이 없어서 말을 못하는 거지, 있으면 당연히 잘 말하지.' 하며 능글맞게 대처할 수 있습니다. 시간을 벌면서 답변을 이어 가거나 정 떠오르는 것이 없다면 스킵하면 됩니다.

미국인이 자주 쓰는 일상 표현 – 그런 생각/경험을 해 본 적이 없어요

- I've never thought about it before. 한 번도 그것에 대해 생각해 본 적이 없어요.
- I haven't given it any thought. 그것에 대해 전혀 생각해 본 적이 없어요.
- I've never had that experience before. 그런 경험을 해 본 적이 없어요.
- I've never done that before. 그런 걸 해 본 적이 없어요.

M 3-4 **Okay, so, you know, I can tell you about this. Recently, many 2D movies have undergone a transformation with real-life actors.**

과거와 현재 영화의 차이는 다방면에서 아이디어를 떠올릴 수 있겠죠. 하지만 여러 가지 포인트를 나열하며 단순히 사실을 비교하는 것보다는 ✔ **원픽 전략**으로 한 가지 포인트를 골라 구체적으로 이야기하고 감정과 생각을 섞어 질적으로 단단한 답변을 만드는 것이 좋습니다. 아이디어는 항상 ✔ **두괄식 전략**으로 초반에 확실히 밝히는 것도 잊지 마세요. 저는 애니메이션 영화들이 최근에 실사화되는 경향에 대해 말했습니다.

과거와 현재 영화를 비교하기 좋은 주제

- **2D vs. 3D vs. 4D**
  While older films were primarily shown in 2D, modern theaters now offer 3D and 4D experiences for a more immersive viewing.
  예전 영화들은 대부분 2D 포맷이었지만 요즘 극장은 3D와 4D 경험으로 더 몰입된 시청 환경을 제공해요.
- **영화관 vs. 스트리밍 서비스(OTT)**
  These days, I use streaming services like Netflix more than I go to the theater. It's just easier to watch at home and pause when you need to. 요즘 저는 영화관에 가기보다 넷플릭스 같은 스트리밍 서비스를 더 자주 이용하는 것 같아요. 집에서 보면서 필요할 때 멈추는 게 편하잖아요.
- **가격**
  Movie ticket prices were different back then. Now they're so expensive. They went from around 6,000 won to 15,000 won.
  예전에는 영화 가격이 달랐어요. 지금은 너무 비싸죠. 6,000원 정도에서 15,000원까지 올라갔어요.

5-6 **For example, there are *Beauty and the Beast*, *The Little Mermaid*, *Aladdin*, *The Lion King*, *Cinderella*, and so on. Therefore, we can say it is now a new trend.**

✔ **나열 전략**으로 채점자의 이해를 확실히 도와 명확한 의견 전달이 가능합니다.

7-8 **Among these, I'd like to talk about *Aladdin*. As you know, it's a Disney movie.**

애니메이션 영화가 실사화된 경우 중에서 ✔ **원픽 전략**으로 〈알라딘〉에 대해 집중적으로 이야기했습니다.

9-11 **It was released as an animation maybe in the 1990s. Everything was made up of 2D characters. It was a global hit.**

9번과 10번 문장에는 둘 다 과거 수동태가 사용되었는데요, 이런 표현을 정확히 사용한다면 좋은 점수를 받을 수 있겠죠. be released는 '출시되다' 또는 '개봉하다'라는 뜻으로 더 쉬운 표현인 come out으로 대체해도 됩니다. be made up of는 특정 구성 요소들로 전체가 이루어져 있음을 나타냅니다.

- The movie **was released** last month. / The movie **came out** last month.
  그 영화는 지난달에 개봉했어요.
- The cast of the film **is made up of** several well-known actors.
  그 영화의 출연진은 여러 유명 배우들로 구성되어 있어요.

12-14 **And a few years ago, a new version of *Aladdin* was on the screen. It was based on real human characters. Princess Jasmine, Jafar, and Aladdin all looked really similar to the original characters.**

✔ **1:1 비교 전략** 90년대에는 애니메이션이었고, 몇 년 전에는(a few years ago) 실사 영화가 나왔다고 명백히 비교하고 있습니다. 과거와 현재 비교 유형은 시간 표현을 무조건 사용하세요. 여기서 잠깐! 현재 영화 예시로 든 실사 버전 〈알라딘〉은 비록 요즘 영화지만 몇 년 전에 나왔기 때문에 과거 시제를 사용했습니다. 만약 현재의 CG 기술이나 화질 등을 말하게 된다면 당연히 현재 시제를 사용해야겠죠.

과거와 현재를 비교하는 시간 표현

- **Back in the 90s**, movie quality wasn't as good as it is **now**. It's awesome to see how clear movies are **today**.
  90년대에는 영화 화질이 지금만큼 좋지 않았어요. 요즘 영화가 얼마나 선명한지 보는 건 정말 멋져요.
- **Back in my younger days**, most movies were just comedies or dramas. **Now**, there are so many different types, like sci-fi or fantasy.
  제가 어렸을 때 대부분의 영화는 그냥 코미디나 드라마였어요. 이제는 SF나 판타지 같은 다양한 장르가 정말 많아요.
- **When I was younger**, movies didn't have the amazing CGI (computer-generated imagery) they do **now**. 제가 어릴 때는 영화에 지금처럼 놀라운 CG가 없었어요.

15-16 **It was like a gift to the people who had a good memory of the previous one. It was something really worth cherishing.**

✔ **내 생각 말하기 전략** 변화에 대해 개인적인 감상을 드러내서 나만의 독특한 답변을 만듭니다. 감상에 대해 표현을 자연스럽게 이어 가며 유창성을 꾸준히 드러냅니다.

✔ **유창성 전략**은 매번 억지로 말할 필요는 없고, 정말 한마디 더 툭툭 던지는 느낌으로 여유로운 AL의 실력이 묻어 나오는 게 포인트입니다.

F 17-19 **Personally, I really loved the new version of *Aladdin*. So I think the transformation is a good idea. Yeah, that's it.**

✔ **내 생각 말하기 전략** Personally(개인적으로)라는 부사를 사용해, 계속 나의 의견임을 강조하고 있습니다. I think ~ is a good idea 패턴도 익혀 두고 사용해 보세요.

✔ **감정 형용사 전략** 동사 love는 형용사는 아니지만 감정 형용사와 마찬가지로 감정을 드러낼 때 아주 흔히 사용하는 표현이니 자연스럽게 활용하세요.

미국인이 자주 쓰는 일상 표현 – 의견 말하기

- **For me**, *Toy Story* is the best animated movie.
  저한테는, 〈토이 스토리〉가 최고의 애니메이션 영화예요.
- **Honestly,** I didn't think *Jurassic Park* would be so exciting.
  솔직히 말해서, 〈쥬라기 공원〉이 그렇게 재미있을 줄 몰랐어요.
- **I feel like** *The Lion King* is a timeless classic.
  저는 〈라이온 킹〉이 시간을 초월한 명작이라고 생각해요.
- **I gotta say** *The Avengers* was a lot of fun.
  솔직히 말해서 〈어벤져스〉는 정말 재미있었어요.
- **If you ask me,** *Finding Nemo* is a great family movie.
  제 의견을 묻는다면, 〈니모를 찾아서〉는 아주 훌륭한 가족 영화예요.
- **To be honest,** I didn't expect *Frozen* to be so popular.
  솔직히 말하면, 〈겨울왕국〉이 그렇게 인기가 많을 줄 몰랐어요.

016

기억에 남는 영화

Please tell me about the most memorable movie you have seen. What was the movie about? Who was in it? Why was it memorable?

지금까지 본 것 중에 가장 기억에 남는 영화에 대해 말해 주세요. 그 영화는 무엇에 대한 것이었나요? 누가 나왔나요? 그 영화가 기억에 남는 이유는 무엇이었나요?

| 답변 가이드 |

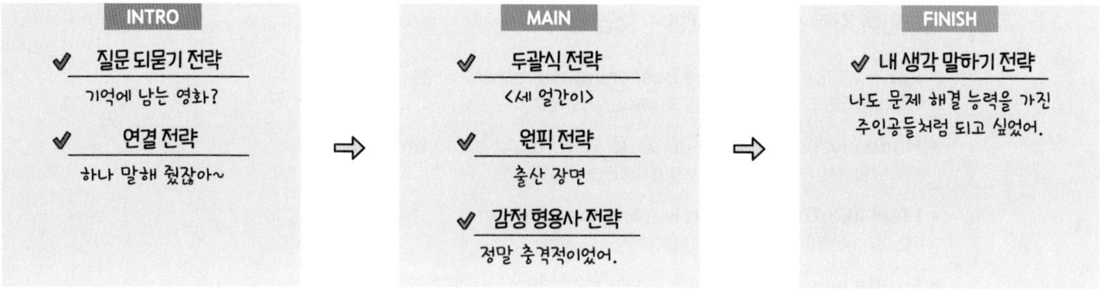

INTRO
✔ 질문 되묻기 전략
기억에 남는 영화?
✔ 연결 전략
하나 말해 줬잖아~
MAIN
✔ 두괄식 전략
<세 얼간이>
✔ 원픽 전략
출산 장면
✔ 감정 형용사 전략
정말 충격적이었어.
FINISH
✔ 내 생각 말하기 전략
나도 문제 해결 능력을 가진 주인공들처럼 되고 싶었어.

예시 답변

INTRO [1]Ah, a memorable movie? [2]Well, I told you one, but if you insist, give me a second.

MAIN [3]Oh! You know, what just popped into my mind is *Three Idiots*. [4]Do you know this movie? [5]It was quite famous about ten years ago. [6]So the movie is about three people going to engineering college and what they face until graduation. [7]Basically, it's about school life. [8]The reason why this movie was so impressive was that they made a new machine out of nothing. [9]In one scene, the rain poured so much that a pregnant woman couldn't go to the hospital. [10]In that situation, the engineering students helped her give birth with their invention. [11]I was really shocked when I saw this. [12]It was such a wonder. [13]They knew how to deal with real-life matters and had the potential to figure it out. [14]It made a really big impression on me.

FINISH [15]I wanted to be one of them, like, you know, fixing problems. [16]That's how I found a passion for engineering. [17]And that's what made me who I am today. Haha.

INTRO [1]아, 기억에 남는 영화요? [2]음, 하나 말했잖아요. 그래도 말해 달라 하시면, 잠시만 시간을 주세요. MAIN [3]아! 방금 떠오른 영화가 〈세 얼간이〉예요. [4]이 영화 아세요? [5]10년쯤 전에 꽤 유명했어요. [6]이 영화는 공대에 다니는 세 사람과 그들이 졸업할 때까지 겪는 일에 대한 이야기예요. [7]기본적으로 학교 생활에 관한 내용이죠. [8]이 영화가 정말 인상 깊었던 이유는 그들이 아무것도 없는 상태에서 새로운 기계를 만들어 냈기 때문이었어요. [9]한 장면에서는 비가 너무 많이 와서 임신부가 병원에 갈 수 없었어요. [10]그 상황에서 그 공대생들이 자기들의 발명품으로 출산을 도왔죠. [11]이 장면을 보고 정말 충격을 받았어요. [12]정말 놀라운 일이었죠. [13]그들은 현실적인 문제를 해결하는 방법을 알고 있었고, 그걸 해낼 수 있는 능력이 있었어요. [14]저에게 정말 깊은 인상을 남겼어요. FINISH [15]저도 그런 사람 중 하나가 되고 싶었어요. 문제를 해결하는 사람들 말이에요. [16]그렇게 해서 공학에 대한 열정을 찾게 되었어요. [17]그리고 그게 지금의 저를 만들었죠. 하하.

memorable 기억에 남는 insist 주장하다 pop into one's mind 갑자기 떠오르다 engineering 공학 graduation 졸업 impressive 인상 깊은 pregnant 임신한 give birth 출산하다 invention 발명 wonder 경이로운 일 deal with ~을 다루다, 처리하다 potential 잠재력 figure out 알아내다, 이해하다 impression 인상

고득점 전략 & 해설

기억에 남는 경험은 원픽 전략과 감정 형용사 전략을 기본으로 답변을 구성하고, 과거 시제에 유의하세요. 경험이라고 해서 모든 문장을 과거 시제로 말해야 하는 것은 아닙니다. 현재와 과거를 구분할 줄 알아야 합니다. 말하면서 시제를 틀리면 당황하지 말고 바로 고쳐 말하세요. 연습할 때 미리 틀린 것을 인지한 표현은 실제 시험에서 안 틀립니다. 머리로는 알아도 막상 입으로 말할 때는 정말 많이 틀리니 시험 전에 모의고사로 말하기 연습을 무조건 3일 이상 하고 가세요.

I 1-2 **Ah, a memorable movie? Well, I told you one, but if you insist, give me a second.**

✔ 질문 되묻기 전략 + ✔ 연결 전략으로 앞에서 언급한 답변과 이어 즉석 발화의 느낌을 강화시킬 수 있습니다. 오픽 질문은 같은 주제로 세트 문제가 구성되어 있어서, "말해 드렸잖아요~" 하며 내용을 연결하기 유용합니다.

이미 언급한 내용과 연결 짓는 표현

- I already mentioned it, but if you need more... okay, I'll try.
  이미 그것을 언급했지만 더 필요하면… 알겠어요, 해 볼게요.
- I already told you, but if you really want me to, okay.
  이미 말씀드렸지만 정말 원하신다면, 알겠어요.
- I just explained, but if you want more, well, okay.
  방금 설명했는데 더 얘기하기 원하시면, 그럴게요.

M 3 **Oh! You know, what just popped into my mind is *Three Idiots*.**

✔ 두괄식 전략 처음부터 채점자에게 친절하게 주제(*Three Idiots*)를 알립니다. 또한 답변하는 입장에서도 주제를 정해 놓으면 일관성 있게 내용을 풀어 나갈 수 있겠죠. 주제는 질문을 두 번 듣는 동안 빠르게 결정해야 합니다.

방금 아이디어가 떠올랐다고 강조하며 채점자에게 즉석에서 답변할 수 있는 실력이 있음을 주지시킬 수 있습니다. 방금 떠오른 것처럼 연기하며 말하는 게 핵심입니다. 무미건조하게 말하면 암기한 티가 나니까요.

머릿속에 떠올랐다고 말하는 표현

- **pop into one's mind** 갑자기 떠오르다
  Oh, you know, **what just popped into my mind is...** *Titanic*. The ending was heartbreaking.
  아, 있잖아요, 방금 떠오른 게… 〈타이타닉〉이에요. 결말이 가슴 아팠어요.
- **come/spring to mind** 자연스럽게 떠오르다
  Speaking of a memorable movie, the ending of *Inception* always **comes/springs to mind**. It was so mind blowing!
  기억에 남는 영화 얘기를 하자면 항상 〈인셉션〉의 결말이 머릿속에 떠올라요. 정말 충격적이었어요!

4-5 **Do you know this movie? It was quite famous about ten years ago.**

✔ **말 걸기 전략** 주제를 던지고 바로 자세한 내용을 설명하기보다는 채점자에게 말을 걸면서 한 박자 쉬고 들어가는 것이 더 자연스럽습니다.

6 **So the movie is about three people going to engineering college and what they face until graduation.**

(영화) is about ~은 영화의 소재와 줄거리를 설명할 때 쓰는 표현입니다. 줄거리 내용은 집착하지 마세요. 빠르게 말할 수 있어야 합니다.

- *Titanic* **is about** a tragic love story in which a young couple from different backgrounds falls in love on a ship.
  〈타이타닉〉은 서로 다른 배경을 가진 젊은 커플이 배에서 사랑에 빠지는 비극적인 사랑 이야기에 대한 영화예요.
- *La La Land* **is about** a young, aspiring actress and a jazz musician who fall in love while chasing their dreams in Los Angeles.
  〈라라랜드〉는 로스앤젤레스에서 꿈을 쫓다가 사랑에 빠지는 젊은 배우 지망생과 재즈 음악가에 대한 영화예요.

7 **Basically, it's about school life.**

바로 앞에서 언급한 줄거리에 대한 짧은 요약을 바로 덧붙였습니다. 이렇게 ✔ **유창성 전략**으로 흐름이 이어지게 연결할수록 AL 등급에 가까워집니다. 부사 basically는 앞에서 늘어놓은 말을 정리할 때 좋은 표현입니다. '기본적으로'라는 의미이지만 약간 우리말의 '그러니까, 말하자면, 한마디로' 같은 말과 비슷하다고 할 수 있습니다. 할 말이 잠깐 끊겼을 때 쓰기에도 좋습니다.

- **Basically**, it's all about finding what works for you.
  그러니까, 자신에게 맞는 것을 찾는 것이 중요해요.
- **Basically**, we just want to have a good time.
  말하자면, 우리는 그저 즐거운 시간을 보내고 싶을 뿐이야.
- **Basically**, the idea is to keep things simple.
  한마디로, 일을 단순하게 유지하는 것이 목표예요.

8 **The reason why this movie was so impressive was that they made a new machine out of nothing.**

앞 문제에서 설명한 the reason why ~ is... 표현이죠? 여기서는 영화가 과거에 인상적이었다는 사실을 설명해야 해서 is 대신 was를 썼습니다. 시제를 잘 구분해 활용하세요. AL을 받으려면 시제를 필수로 챙겨야 합니다.

9-10 **In one scene, the rain poured so much that a pregnant woman couldn't go to the hospital. In that situation, the engineering students helped her give birth with their invention.**

✔ **원픽 전략**으로 영화의 한 장면을 생생하게, 깊이 있게 설명하며 발화량을 늘립니다. 밑줄 친 과거형 동사에 유의하세요.

11-12 **I was really shocked when I saw this. It was such a wonder.**

단순 설명에 그치지 않고 ✔ **감정 형용사 전략**으로 왜 영화가 인상적이었는지 강조해 주고, ✔ **유창성 전략**으로 놀라움을 더욱 극대화시키며 공백 없는 말 흐름을 만들어 갑니다.

13-14 **They knew how to deal with real-life matters and had the potential to figure it out. It made a really big impression on me.**

make a big impression on ~은 어떤 경험이나 사건이 누구에게 강한 인상을 남긴다는 뜻입니다. 오픽에서는 인상 깊은 경험을 설명하라는 질문이 자주 나오니 이 표현을 암기해 여러 주제에 활용해 보세요.

- The movie's final scene was so emotional that it **made a big impression on** me.
  그 영화의 마지막 장면은 너무 감동적이어서 나에게 깊은 인상을 남겼어요.
- Meeting the famous actor in person **made a big impression on** me.
  그 유명 배우를 직접 만난 것은 저에게 정말 큰 인상을 남겼어요.

F 15-17 **I wanted to be one of them, like, you know, fixing problems. That's how I found a passion for engineering. And that's what made me who I am today. Haha.**

✔ **내 생각 말하기 전략** 사실(fact)만 나열하기보다 나의 개인적 감상을 말하는 게 훨씬 깊이 있는 발화 방식이죠. IH/AL은 독후감 쓴다고 생각하고 조금씩 나의 생각을 덧붙이는 연습을 하세요. 내용은 고차원적일 필요 없고, 유치해도 됩니다. 진솔한 내 이야기를 담을수록 좋습니다. 저는 이 영화를 보고 공학에 대한 꿈이 생겼기에 정말 기억에 남았다고 감정을 가득 실어 전달할 수 있었습니다.

채점자도 사람입니다. 천편일률적인, 누구나 말할 수 있을 감흥 없는 답변보다는 본인의 색을 담은 이야기가 특별하게 들리는 것은 당연합니다. 외부 모범 답변을 암기한 게 아니니 즉석 발화 효과도 있습니다. 또한 자신의 이야기를 하는 것이 시험장에서 떠올리기도 가장 수월합니다. 이 책의 좋은 표현을 흡수하고 본인의 답변 아이디어에 적용할 수 있도록 충분히 연습하세요.

UNIT 06

콘서트 보기

✔ 이렇게 준비하세요

콘서트 보기 주제는 인상 깊은 경험, 경향/습관, 설명/묘사 위주로 출제됩니다. 좋아하는 가수의 콘서트를 떠올려 보세요. 콘서트장에 가 본 경험이 없다면 **유튜브에서 본 영상**을 마치 직접 가 본 것처럼 자세히 설명하면 됩니다. 그 콘서트가 기억나는 나만의 이유, 인상 깊었던 감정을 듬뿍 담아 답변해 보세요. **감정 형용사** 많이 사용하는 것 잊지 마시고요. 콘서트 보기 주제는 **공연 보기** 주제와 유사해서 동시에 준비하면 효율적입니다. 배경 설문에서 두 주제를 모두 선택하더라도 두 주제가 같이 출제되지 않습니다.

자주 출제되는 문제

문제	유형	시제
좋아하는 콘서트 종류 What kinds of concerts do you like to go to, and why do you enjoy going to concerts? When and where do you typically go to concerts, and who do you usually go with? Please describe everything in detail. 어떤 종류의 콘서트에 가는 것을 좋아하고 왜 콘서트에 가는 것을 즐기나요? 콘서트에는 보통 언제, 어디로 가며, 주로 누구와 함께 가나요? 모든 것을 자세히 설명해 주세요.	설명/묘사	현재
콘서트 볼 때의 행동/습관 Tell me about a typical day when you go to a concert. What do you typically do before and after the concert? Please describe your actions in detail. 콘서트에 가는 일반적인 날에 대해 말해 주세요. 콘서트 전후에는 주로 무엇을 하시나요? 당신이 하는 일을 자세히 설명해 주세요.	경향/습관	현재

문제	유형	시제
자주 가는 콘서트 장소 In your background survey, you indicated that you enjoy going to concerts. Tell me about a concert venue you often visit. Where is it located? What does it look like? Please describe it in detail. 설문 조사에서 콘서트에 가는 것을 즐긴다고 하셨습니다. 자주 가는 콘서트 장소에 대해 말해 주세요. 그 곳은 어디에 있나요? 어떤 모습인가요? 자세히 설명해 주세요.	설명/묘사	현재
기억에 남는 콘서트 Please tell me about the most memorable or impressive concert you went to. When and whose concert was it? What made it so special? Please describe it in detail. 가 본 콘서트 중 가장 기억에 남거나 인상적이었던 콘서트에 대해 말해 주세요. 언제였고 누구의 콘서트였나요? 그 콘서트를 특별하게 만든 부분은 무엇이었나요? 자세히 설명해 주세요.	경험	과거
처음 갔던 콘서트 Tell me about the first time you went to a concert. When and where did it happen? How was the concert? Please describe it in detail. 처음 콘서트에 갔던 경험에 대해 이야기해 주세요. 언제 어디서 있었나요? 콘서트는 어땠나요? 자세히 설명해 주세요.	경험	과거
최근 다녀온 콘서트 Tell me about the most recent concert you went to. Whose concert was it? Where did you go, and who did you go with? Please describe it in detail. 가장 최근에 갔던 콘서트에 대해 말해 주세요. 누구의 콘서트였나요? 어디로 갔고 누구와 함께 갔나요? 자세히 설명해 주세요.	경험	과거

빈출 세트 구성

세트 예시 1	❶ 좋아하는 콘서트 종류 ❷ 최근 다녀온 콘서트 ❸ 기억에 남는 콘서트
세트 예시 2	❶ 좋아하는 콘서트 종류 ❷ 콘서트 볼 때의 행동/습관 ❸ 자주 가는 콘서트 장소

좋아하는 콘서트 종류

What kinds of concerts do you like to go to, and why do you enjoy going to concerts? When and where do you typically go to concerts, and who do you usually go with? Please describe everything in detail.

어떤 종류의 콘서트에 가는 것을 좋아하고 왜 콘서트에 가는 것을 즐기나요? 콘서트에는 보통 언제, 어디로 가며, 주로 누구와 함께 가나요? 모든 것을 자세히 설명해 주세요.

| 답변 가이드 |

INTRO
✔ 질문 되묻기 전략
콘서트? 음…
✔ 나열 전략 + ✔ 원픽 전략
클래식, 힙합, 그래도 가장 좋아하는 건 케이팝이야!

⇨

MAIN
✔ 육하원칙 전략
· What? - 케이팝, BTS
· Why? - 무대가 멋있어.
· When, Where? - 연말, 올림픽 경기장
· Who? - 친구랑

⇨

FINISH
✔ 너도 해 봐 전략
콘서트 완전 신나.
너도 꼭 가 봐!

예시 답변

INTRO 1 Concerts? 2 Well... I really enjoy music, so I go to various concerts. 3 Like... Well, you know, I like classical music and sometimes go to hip-hop concerts also, but my all-time favorite is definitely K-pop! Haha.

MAIN 4 I especially love BTS's concerts. 5 They are absolutely amazing! 6 The stage is just incredible. 7 How come they sing so well while dancing so intensely? 8 It's really amazing. 9 What an effort!
10 Anyway, their concerts are mainly held at the Olympic Stadium. 11 So many people want to go there, and I am one of them, too. 12 I usually go there with my friend around the end of the year. 13 Yeah, it's like kind of an annual event. 14 Seriously, it's the perfect way to say goodbye to this year and to welcome the next one. 15 In that way, I can end the year with happy memories.

FINISH 16 Their concerts are really exciting. 17 You should definitely go, too!

INTRO 1 콘서트요? 2 음… 저는 음악을 정말 좋아해서 다양한 콘서트에 가요. 3 그러니까… 클래식 음악도 좋아하고 힙합 콘서트도 가끔 가지만, 언제나 가장 좋아하는 건 당연 케이팝이죠! 하하. MAIN 4 특히 BTS의 콘서트를 정말 좋아해요. 5 진짜 끝내줘요! 6 그들의 무대는 정말 말이 안 된다고요. 7 어쩌면 그렇게 격하게 춤을 추면서 동시에 노래도 잘하는 걸까요? 8 진짜 놀라워요. 9 대단한 노력이죠! 10 어쨌든, 그들의 콘서트는 주로 올림픽 경기장에서 열려요. 11 가고 싶어 하는 사람이 정말 많은데, 저도 그 중 한 명이죠. 12 저는 보통 연말에 친구와 함께 가요. 13 그래요, 마치 연례행사 같은 거예요. 14 진짜로, 이건 송구영신을 하는 완벽한 방법이에요. 15 이렇게 하면 그 해를 행복한 기억으로 마무리할 수 있으니까요. FINISH 16 그들의 콘서트는 정말 신나요. 17 당신도 꼭 가 보셔야 해요!

---

classical music 클래식 음악 hop-hop 힙합 all-time favorite 언제나 가장 좋아하는 (것) definitely 확실히, 당연히 especially 특히 absolutely 완전히 incredible 놀라운, 말이 안 되는 intensely 격렬하게 effort 노력, 수고 mainly 주로, 대체로 annual 연례의, 매년 하는 seriously 진지하게, 정말로

고득점 전략 & 해설

설명/묘사는 기본 유형이니 너무 힘 빼지 말고 나열하거나 원픽으로 1분 내외로 답변하고 넘어가세요.

I 1-3 **Concerts? Well... I really enjoy music, so I go to various concerts. Like... Well, you know, I like classical music and sometimes go to hip-hop concerts also, but my all-time favorite is definitely K-pop! Haha.**

✔ **질문 되묻기 전략**으로 대답을 일단 시작하고, 어떤 콘서트 종류를 선택할지 고민될 때 ✔ **나열 전략**으로 여러 음악 장르(classical music, hip-hop, K-pop)를 나열하며 시간을 벌 수 있습니다. 비슷한 유형의 단어는 연속으로 이어 말하는 데 큰 힘이 들지 않기 때문에 원픽 주제를 결정하기 전에 여유를 가질 수 있습니다.

미국인이 자주 쓰는 일상 표현 – all-time

all-time ~은 '언제나/평생 가장 ~한'이라는 의미로 말할 때 자주 사용되는 표현입니다.

- My **all-time** favorite food is chicken. I always enjoy having chicken on special occasions.
  제가 언제나 제일 좋아하는 음식은 치킨이에요. 저는 항상 특별한 날에는 치킨을 먹는 것을 즐겨요.
- This movie was one of the **all-time** greatest films I've ever seen. Its impact still lingers in my memory.
  이 영화는 내가 본 영화 중에서 역대 최고의 작품 중 하나였어요. 그 감동은 여전히 잊히지 않아요.
- That moment was one of the **all-time** lows of my life.
  그 순간은 제 인생 최악의 순간 중 하나였습니다.

M 4-7 **I especially love BTS's concerts. They are absolutely amazing! The stage is just incredible. How come they sing so well while dancing so intensely?**

✔ **감정 형용사 전략** 감정 형용사와 강조 부사를 풍부하게 활용했습니다. 좋아하는 감정을 아낌없이 드러내 주세요. 같은 의미를 다른 표현으로 여러 번 강조해 주는 것도 매우 좋습니다.

Level Up! 표현 – How come ~?

How come ~?은 놀라움이나 의아함을 나타내는 표현으로, Why ~?라고 묻는 것보다 질문을 구어적으로 들리게 해 줍니다. 우리말의 "왜 그래?"나 "어떻게 그럴 수 있어?"와 비슷한 의미로 사용됩니다.

- **How come** you're late again?
  어떻게 또 늦을 수가 있어?
- **How come** you're not ready yet? We're leaving in ten minutes!
  왜 아직 준비 안 했어? 10분 후에 출발해야 해!
- **How come** you're not wearing your coat? It's freezing today.
  왜 외투 안 입었어? 오늘 엄청 추운데.

8-9 It's really amazing. What an effort!

✔ **유창성 전략** 놀라움을 짧은 문장으로 계속 표현하고 있습니다. 처음부터 긴 문장을 완벽하게 말하려고 하기보다 말의 흐름이 끊기지 않고 자연스럽게 말하는 것에 집중하세요. What an effort!는 감탄문으로, 놀라운 노력에 대해 칭찬이나 찬사로 사용되는 표현입니다.

문법, 이것만! – 감탄문

감탄문에는 What으로 시작하는 감탄문과 How로 시작하는 감탄문이 있습니다. 뒤에 나오는 문법 요소가 다르니 잘 구별해서 정확히 사용하세요.

- **What + (a) + (형용사) + 명사!**

What a shot! 멋진 샷이야!

What a lovely day! 날씨가 정말 좋다!

What great friends! 정말 멋진 친구들!

- **How + 형용사!**

How nice! 정말 멋져!

How horrible! 너무 끔찍하다!

10-13 Anyway, their concerts are mainly held at the Olympic Stadium. So many people want to go there, and I am one of them, too. I usually go there with my friend around the end of the year. Yeah, it's like kind of an annual event.

콘서트가 언제(around the end of the year), 어디서(at the Olympic Stadium) 열리고 누구와 함께(with my friend) 가는지 설명했습니다. 질문의 키워드를 모두 기억하지 못하더라도 이렇게 ✔ **육하원칙 전략**으로 '언제, 어디서, 무엇을, 누구와, 어떻게, 왜' 중 몇 가지를 설명하면 질문에 충분히 답할 수 있고 답변의 구체성도 높아집니다. 답변이 구체적일수록 더 좋은 점수를 받을 수 있습니다.

'(행사가) 열리다, 진행되다'라는 의미의 표현 – be held, take place

- **be held**

The football match **was held** at the Tottenham Hotspur stadium.

그 축구 경기는 토트넘 핫스퍼 스타디움에서 열렸습니다.

The graduation ceremony will **be held** in the university auditorium.

졸업식은 대학 강당에서 열릴 것입니다.

- **take place**

The concert **took place** at the KINTEX on Saturday evening.

그 콘서트는 토요일 저녁에 킨텍스에서 있었어요.

The conference **took place** at the convention center.

그 회의는 컨벤션 센터에서 진행됐습니다.

14-15 **Seriously, it's the perfect way to say goodbye to this year and to welcome the next one. In that way, I can end the year with happy memories.**

✔ **내 생각 말하기 전략** 콘서트에 가는 이유를 설명하고 있습니다. 본인의 생각을 말하면 암기하지 않은 느낌이 드러나서 좋습니다. '송구영신'에 일대일로 대응하는 영어 단어는 없습니다. 한국어에 해당하는 영어 표현을 말하고 싶을 때 단 하나의 단어를 찾으면 번역기처럼 어색해집니다. 이럴 때는 ✔ **초딩 조카 전략**을 사용해 쉽게 풀어 말하세요. 여기서는 올해에 작별 인사를 하고 다음 해를 맞이하는(to say goodbye to this year and to welcome the next one)이라고 풀어 설명했습니다. 꼭 맞는 단어나 표현을 생각하려다가 공백을 만들지 마시고, 유연하게 돌려 말하는 방법을 연습하세요.

F 16-17 **Their concerts are really exciting. You should definitely go, too!**

✔ **너도 해 봐 전략**으로 듣는 이에게 말을 걸며 깔끔하게 마무리합니다.

018

최근 다녀온 콘서트

Tell me about the most recent concert you went to. Whose concert was it? Where did you go, and who did you go with? Please describe it in detail.

가장 최근에 갔던 콘서트에 대해 말해 주세요. 누구의 콘서트였나요? 어디로 갔고 누구와 함께 갔나요? 자세히 설명해 주세요.

| 답변 가이드 |

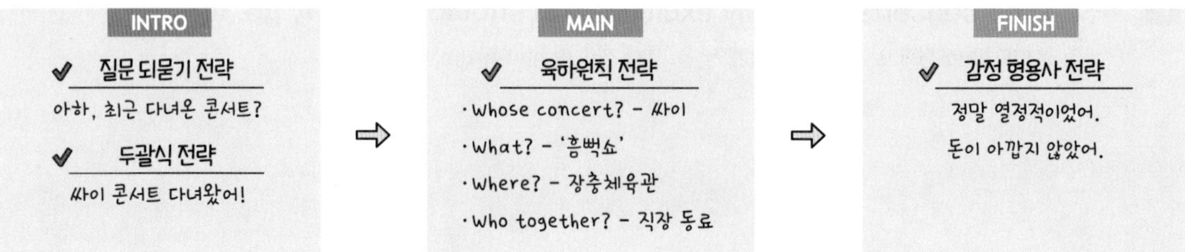

예시 답변

INTRO [1]Aha. A recent concert, you say? [2]Yeah, I went to PSY's concert recently. [3]You know his song "Gangnam Style," don't you?

MAIN [4]His concert is called the *Heumppeok* Show. [5]*Heumppeok* means "soaking wet," so it's like a water show. [6]It was held at Jangchung Gymnasium in Seoul last summer, and I went there with my colleague. [7]I know it sounds crazy hanging out with someone from the office, but it's true. [8]He asked me first! Haha. [9]Okay, so getting back to the point, the concert was totally awesome! [10]I got literally soaked from head to toe. [11]My entire body was wet from the water. [12]It was an absolutely special experience.

[13]And PSY, the main singer, was just amazing. [14]I think he is in his 40s, but his energy and stamina were like those of someone in his 20s. [15]He jumped and danced like, for over three hours straight the whole time. [16]His dancing just went on and on and on.

FINISH [17]I was overwhelmed by his passion. [18]I spent a bunch of money on that ticket, but you know what? [19]It was totally worth it. [20]Seriously, that concert will stick with me forever.

INTRO [1]아하, 최근 콘서트요? [2]네, 최근에 싸이의 콘서트에 다녀왔어요. [3]'강남 스타일' 노래 아시죠? MAIN [4]그의 콘서트는 '흠뻑쇼'라고 불려요. [5]'흠뻑'은 '완전히 젖는다'는 뜻이니까, 일종의 워터 쇼 같은 거예요. [6]지난 여름에 서울 장충체육관에서 열렸고, 동료와 함께 다녀왔어요. [7]직장 동료와 함께 놀러 가는 게 좀 이상하게 들릴 수 있겠지만 사실이에요. [8]그가 먼저 물어봤다고요! 하하. [9]네, 그래서, 요점으로 돌아가면, 그 콘서트는 정말 굉장했어요! [10]머리부터 발끝까지 온몸이 흠뻑 젖었어요. [11]온몸이 물로 젖었어요. [12]완전히 특별한 경험이었죠. [13]그리고 메인 가수인 싸이가 정말 놀라웠어요. [14]40대인 것 같은데, 그의 에너지와 체력은 20대의 것처럼 느껴졌어요. [15]3시간 넘는 시간 동안 내내 뛰고 춤을 추는 거예요. [16]그의 춤은 계속해서 이어지고 또 이어졌어요. FINISH [17]저는 그의 열정에 압도됐어요. [18]티켓에 돈을 많이 썼지만, 그거 아세요? [19]완전 돈값을 했어요. [20]진짜, 그 콘서트는 영원히 기억에 남을 거예요.

---

soak 젖다, 적시다 gymnasium 체육관 colleague 동료 get back to ~로 돌아가다 literally 말 그대로 entire 전체의 experience 경험 stamina 체력 overwhelm 압도하다 passion 열정 bunch of 많은 worth 가치 있는 stick with ~에 붙어 있다

고득점 전략 & 해설

두 번째 질문에서 첫 질문과 비슷한 것을 또 물어볼 경우, 일단 연결 전략을 사용해 여유를 벌고 나서, 더 구체적으로 말하거나 새로운 아이디어를 말하면 됩니다. 그런데 구체적으로 말할 때 앞의 답변과 내용이나 표현이 너무 비슷하면 안 되겠죠? 반복은 암기로 여겨져 낮은 점수를 받을 확률이 올라갑니다. 조심!

I

1-2 **Aha. A recent concert, you say? Yeah, I went to PSY's concert recently.**

✔ **질문 되묻기 전략**을 사용했고, ✔ **두괄식 전략**으로 최근 다녀온 콘서트가 무엇인지 말했습니다. 질문에 나온 recent를 recently로 받는 ✔ **키워드 찰떡 전략**도 사용했죠.

3 **You know his song "Gangnam Style," don't you?**

✔ **말 걸기 전략**으로 '강남 스타일'을 알지 않냐고 언급하면서 자연스럽게 INTRO를 마무리합니다.

M

4-5 **His concert is called the *Heumppeok* Show. *Heumppeok* means "soaking wet," so it's like a water show.**

'흠뻑쇼'라는 한국어를 사용했는데요, 오픽에서는 기본적으로 영어로 말해야 하지만, 특정 고유 명사나 개념을 설명할 때는 다른 언어를 언급해도 괜찮습니다. ✔ **초딩 조카 전략**으로 '흠뻑'의 뜻을 설명해 듣는 사람의 이해를 도우세요. 항상 이해가 명확하게!

6 **It was held at Jangchung Gymnasium in Seoul last summer, and I went there with my colleague.**

✔ **육하원칙 전략** 질문에서 물어본 것이 많아서 일일이 기억하기 힘들 경우, 육하원칙 기반으로 답하면 됩니다. 콘서트 시기(지난 여름), 장소(서울 장충체육관), 함께 간 사람(동료) 등의 정보는 모두 지어내도 됩니다. 답변의 사실성보다 중요한 것은 답변이 끊어지지 않는 유창성입니다.

✔ **다 가져다 붙이기 전략** 콘서트 장소가 기억나지 않으면 아는 공연장 어디든 가져다 붙이세요. 유연하게 대처를 잘할수록 오픽 시험이 수월해집니다. 싸이의 콘서트를 가 본 적이 없어도 온라인으로 본 영상을 직접 간 것처럼 뻥튀기해서 가져다 붙이면 됩니다.

7-8 **I know it sounds crazy hanging out with someone from the office, but it's true. He asked me first! Haha.**

바로 앞 문장의 동료(colleague)에 대한 내용으로, 전체적인 답변과 큰 연결성은 없지만 앞에서 한 말에 한마디 덧붙이는 문장입니다. 연관 내용이나 감상을 살짝살짝 섞으면 답변의 독창성이 올라가고 즉석 발화 느낌이 납니다.

오픽에서 crazy 같은 비격식적인 표현을 사용해도 괜찮을까요? 라는 질문을 종종 받는데, 오픽은 친구와 대화하듯 캐주얼하게 말하면 됩니다. 감정 표현을 솔직하게 쓰고, slang을 써도 좋습니다. 욕을 써도 감점은 없지만 평소에 쓰지 않는데 억지로 노력할 필요는 없습니다. 자연스러워 보이려고 본인에게 자연스럽지 않은 어색한 표현을 쓰는 것은 과유불급입니다.

미국인이 자주 쓰는 일상 표현 – hang out (with)

hang out은 친구나 가까운 사람과 함께 시간을 보낸다는 의미의 일상적인 표현입니다. 카페에서 커피를 마시거나, 공원에서 산책을 하거나, 집에서 영화를 보는 것 같은 거죠. 술을 마시러 갈 때도 쓸 수 있습니다. Let's hang out은 데이트를 제안할 때도 자주 사용되는 표현입니다.

- This weekend, I'm planning to **hang out with** some friends and to catch up over pizza.
  이번 주말에 몇몇 친구들과 모여서 피자를 먹으면서 밀린 얘기를 할 계획이야.
- I love to **hang out with** my cousins during the holidays; we always have a great time.
  나는 명절에 사촌들과 어울려 노는 게 너무 좋아. 우린 항상 정말 즐거운 시간을 보내.
- Let's **hang out** this Friday and binge-watch our favorite shows!
  이번 금요일에 같이 놀자. 우리가 좋아하는TV 프로그램[드라마]을 정주행하는 거야!

9-12 **Okay, so getting back to the point, the concert was totally awesome! I got literally soaked from head to toe. My entire body was wet from the water. It was an absolutely special experience.**

getting back to the point는 대화 중에 주제나 핵심으로 돌아간다는 의미를 가진 표현입니다. 대화가 주제에서 벗어나거나 산만해졌을 때 사용됩니다. 좀 전에 동료에 대해 이야기하면서 주제에서 살짝 벗어나는 느낌이 있었으니 다시 주제로 돌아오겠다고 말해서 질문 찰떡 답변으로 만들어 갑니다.

- All right. Let's stop with the small talk and **get back to the point**.
  자, 잡담은 그만하고 본론으로 돌아가자.
- We've strayed a bit off topic. Let's **get back to the point** and discuss the next steps.
  주제에서 약간 벗어났습니다. 요점으로 돌아가서 다음 단계에 대해 논의합시다.

13 **And PSY, the main singer, was just amazing.**

PSY was just amazing이라는 문장 중간에 the main singer라는 삽입구가 들어갔는데요, 이렇게 말하다 말고 중간에 생각을 더하는 것은 일상 대화에서 자주 사용되는 패턴입니다. 오픽은 즉석 발화이기 때문에 이렇게 문장을 이어 말하는 것도 괜찮습니다. 일부러 연습할 필요는 없고, 말하다가 어떤 말을 꺼내야 할지 고민하다가 말을 할 때 이렇게 하면 되는구나 하며 인지하시면 됩니다. 필러를 사이에 넣어 주어도 매우 좋습니다.

- Cha Eunwoo is... **Well, you know... What I'm trying to say is...** He is really handsome.
  차은우는… 음… 내가 말하려는 건… 정말 잘생겼다는 거야.

14 **I think he is in his 40s, but his energy and stamina were like those of someone in his 20s.**

like that[those] of는 비유적인 비교를 나타내는 구문입니다. like that[those] of someone in his 20s는 '20대의 누군가와 유사한'이라는 의미입니다. like 대신 similar to를 써도 됩니다.

- His taste in music is **like that of** someone in his twenties. 그의 음악적 취향은 20대와 비슷하다.
- My taste is **similar to that of** my friends in every way. 내 취향은 모든 면에서 친구들과 비슷해요.

15-16 **He jumped and danced like, for over three hours straight the whole time. His dancing just went on and on and on.**

✔ **생생 묘사 전략** 싸이가 20대와 같은 에너지와 체력을 가졌다는 앞 문장에 대한 부연 설명입니다. 디테일한 묘사로 듣는 사람도 공연 장면을 머릿속에 떠올리게 합니다.

미국인이 자주 쓰는 일상 표현 – go on (and on)

go on이라고 한 번만 쓰면 어떤 상황이 그냥 계속되거나 진행된다는 의미이고, go on and on (and on)이라고 두 번 이상 쓰면 계속 반복해서 일어나거나 끈덕지게 오래 지속된다는 의미입니다.

- Life **goes on.** (어떤 어려운 상황이나 변화가 있더라도) 삶은 계속된다.
- Their debate **went on and on.** 그들의 토론은 끝나지 않고 오랫동안 계속되었다.

F 17-19 **I was overwhelmed by his passion. I spent a bunch of money on that ticket, but you know what? It was totally worth it.**

✔ **감정 형용사 전략** overwhelmed by는 '~에 압도당한'이라는 뜻의 감정 형용사입니다. 가수의 열정이 너무 엄청나서 압도당했다는 것이죠.

Level Up! 표현 – a bunch of money

'많은 돈'이라는 의미로 much money나 a lot of money만 생각난다면, a bunch of money를 한번 써 보세요. a bunch of는 '많은'이라는 뜻입니다.

- I spent **a bunch of money** on the concert tickets, but the show was amazing!
  나는 콘서트 티켓 사는 데 많은 돈을 썼지만 공연은 정말 좋았어요!

20 **Seriously, that concert will stick with me forever.**

will stick with me forever는 특별한 경험이 나에게 깊은 영향을 끼쳐서 오랫동안 기억될 것이라는 뜻입니다. 그만큼 콘서트가 인상적이었다는 의미죠. 이렇게 감정을 표현하는 방법도 알아 두세요.

어떤 경험이 매우 인상적이었음을 나타내는 표현

- **blew me away** 완전히 감동적이었다, 정신이 혼미했다
  The magic show was so incredible that it **blew me away**; I couldn't believe my eyes.
  그 마술 쇼는 정말 엄청나서 정신이 혼미할 정도였어요. 제 눈을 믿을 수가 없었어요.
- **I'll never forget** 잊을 수 없을 것이다
  I'll never forget that moment when I finally saw my favorite band in person.
  최애 밴드를 드디어 직접 보게 된 그 순간을 잊을 수 없을 거예요.
- **unforgettable** 잊을 수 없는
  The concert was absolutely **unforgettable** with the energy in the crowd soaring.
  관중들의 에너지가 최고조로 치솟은 그 콘서트는 정말 잊을 수 없었어요.

경험 • 과거 시제

019

기억에 남는 콘서트

Please tell me about the most memorable or impressive concert you went to. When and whose concert was it? What made it so special? Please describe it in detail.

가 본 콘서트 중 가장 기억에 남거나 인상적이었던 콘서트에 대해 말해 주세요. 언제였고 누구의 콘서트였나요? 그 콘서트를 특별하게 만든 부분은 무엇이었나요? 자세히 설명해 주세요.

답변 가이드

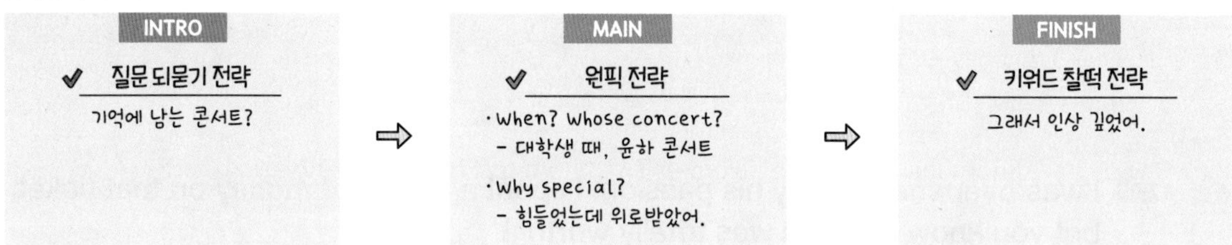

INTRO
질문 되묻기 전략
기억에 남는 콘서트?
MAIN
원픽 전략
· When? Whose concert?
- 대학생 때, 윤하 콘서트
· Why special?
- 힘들었는데 위로받았어.
FINISH
키워드 찰떡 전략
그래서 인상 깊었어.

예시 답변

INTRO [1]Okay, you wanna know about my memorable concert? [2]Well, actually, there's one in my mind.

MAIN [3]It was in 2018, I guess. [4]I was in university, and we had a campus festival in May. [5]That's where I saw Younha. [6]Oh, she's a very famous singer. [7]Her voice is like... Wow... It's like from heaven. [8]The reason why I was so moved was that I was struggling with midterms at that time. [9]The day when Younha came was the final day of my exams. [10]I was exhausted, and I also didn't do well on my coding test. [11]Even more, due to that test, I couldn't enjoy the festival, and it was already the last day! [12]I couldn't miss her concert. [13]Now I'm glad I made that decision. [14]The concert was deeply moving. [15]I even cried. [16]I felt like... She was saying to me, "It's okay. You've done really well." [17]My stress was totally relieved, and I found inner peace.

FINISH [18]That's why I was so impressed by her performance. [19]I hope I can go to her concert again someday.

INTRO [1]알겠어요, 기억에 남는 콘서트에 대해 알고 싶다고요? [2]음, 사실 떠오르는 게 하나 있어요. MAIN [3]2018년이었던 것 같아요. [4]저는 대학생이었고, 5월에 대학 축제가 열렸어요. [5]바로 거기서 윤하를 보게 되었어요. [6]아, 그녀는 정말 유명한 가수예요. [7]그녀의 목소리는… 와… 천사가 부르는 것 같아요. [8]제가 정말 감동받았던 이유는 그때 중간고사 때문에 고생하고 있었거든요. [9]윤하가 온 날은 시험 마지막 날이었어요. [10]저는 매우 지쳤었고, 게다가 코딩 시험을 잘 보지 못했어요. [11]심지어 그 시험 때문에 축제를 즐기지 못했고, 벌써 축제의 마지막 날이었거든요! [12]저는 윤하의 콘서트를 놓칠 수 없었어요. [13]지금 생각하면 그 결정을 내린 것이 기뻐요. [14]콘서트가 너무 감동적이었어요. [15]심지어 울었다고요. [16]마치… 그녀가 "다 괜찮아. 넌 정말 잘해 왔어."라고 저에게 말하는 것 같았어요. [17]제 스트레스는 완전히 해소됐고 저는 마음의 평안을 찾았지요. FINISH [18]그게 바로 그녀의 공연에 정말 감명받은 이유예요. [19]언젠가 그녀의 콘서트에 한 번 더 갈 수 있기를 바라요.

memorable 기억에 남는 campus festival 대학 축제 struggle with ~ 때문에 고생하다 midterm 중간고사 at that time 당시에 exhausted 지친 coding 코딩 moving 감동적인 relieve 해소시키다 inner peace 내적 평안 impressed 감명받은

고득점 전략 & 해설

경험은 과거 시제! 기억에 남으면 감정 형용사! 공식처럼 외웁니다. 콘서트에서 가수와 사진을 찍었거나 손을 잡은 이야기로 풀어 나가도 되고, 콘서트가 특별했던 본인만의 이유를 적어도 됩니다. 예시 답변에서는 후자를 택했어요.

I 1-2 **Okay, you wanna know about my memorable concert? Well, actually, there's one in my mind.**

✔ **질문 되묻기 전략**으로 아이디어를 생각할 시간을 벌고, 아이디어가 떠오른 듯 즉석에서 답변을 시작하세요.

M 3-4 **It was in 2018, I guess. I was in university, and we had a campus festival in May.**

경험은 육하원칙을 생각하며 '언제', '어디서', '무엇'을 초반에 싹 잡으세요. 대학 축제이기 때문에 ✔ **초딩 조카 전략**으로 친절하게 설명했습니다.

5-7 **That's where I saw Younha. Oh, she's a very famous singer. Her voice is like... Wow... It's like from heaven.**

✔ **원픽 전략**으로 어떤 콘서트에 이야기할 것인지 밝힙니다.

✔ **초딩 조카 전략** 특정 인물이나 고유 명사를 말한 후에는 꼭 듣는 이의 이해를 돕기 위한 설명을 친절하게 해주세요.

문법, 이것만! – That's + what/who/when/where/how/why

That's 뒤에 관계대명사나 관계부사가 오는 문장으로, '그것이 바로 ~이다' 의 의미입니다. 오픽에서 키워드를 강조하기 너무 좋은 문장이에요!

- **That's what** I've been looking for! 그게 바로 내가 찾던 거야!
- **That's who** I met at the conference last week. 그 사람이 바로 내가 지난주 회의에서 만난 사람이야.
- **That's when** we decided to take a trip together. 그때가 바로 우리가 여행을 같이 가기로 한 때야.
- **That's where** the treasure was hidden all along. 그곳이 바로 보물이 내내 숨겨져 있던 곳이야.
- **That's how** I learned my grandmother's recipes. 바로 그렇게 해서 내가 할머니의 요리법을 배운 거야.
- **That's why** I believe in following my dreams. 바로 그래서 내가 꿈을 좇는 것을 믿는 거야.

8 **The reason why I was so moved was that I was struggling with midterms at that time.**

The reason why ~ is[was] that... 표현으로 윤하의 무대가 인상 깊었던 이유를 설명하고 있습니다.

✔ **키워드 찰떡 전략**을 쓰면서 질문의 키워드인 memorable과 impressive 대신 moved를 사용하고 있는 것 보이시죠? 같은 단어를 쓰지 않고 유사한 의미의 다른 단어를 쓰면 어휘력이 풍부하다는 것을 보여 줄 수 있습니다.

9-10 **The day when Younha came was the final day of my exams. I was exhausted, and I also didn't do well on my coding test.**

그 당시에 시험 때문에 힘들었다는 내용인데, 언뜻 콘서트 자체와는 관련 없는 이야기 같지만 사실은 힘들었기 때문에 윤하의 공연이 더 감동적이었다는 말을 하기 위한 빌드업인 것이죠.

답변을 하다 보면 나도 모르게 이야기가 삼천포로 빠지는 경우가 있습니다. 예를 들어, 윤하에 대해 설명하다가 윤하는 우주, 별에 대한 이야기를 가사로 쓴다든지, 어릴 때부터 음악을 했다든지 등 불필요한 이야기까지 덧붙이게 될 수 있죠. 한두 문장의 부연 설명은 괜찮지만 그 내용이 길어지면 AL을 받을 확률이 낮아집니다. 영어를 잘하시는 유학생 분들이 IH를 받는 이유도 출제자/채점자가 원하는 대답을 하지 않고 본인이 하고 싶은 말을 하기 때문입니다. 횡설수설을 피하고 키워드를 잘 기억해서 주제(콘서트)에서 벗어나지 마세요.

11-12 **Even more, due to that test, I couldn't enjoy the festival, and it was already the last day! I couldn't miss her concert.**

시험장에서 긴장해서 그런지, 회화에 익숙하지 않아서 그런지 절대로 줄임말을 안 쓰는 분들이 있는데요, 구어에서는 줄임말을 쓰는 것이 훨씬 자연스럽습니다. 위 문장들에서 couldn't를 could not으로 바꿔서 말해 보세요. 딱딱하게 들리죠? 줄임말 사용에 익숙해지도록 입에 붙여 연습하세요.

추가 정보를 말할 때 쓰는 표현

- **even more**

  I already had a full schedule for the week, but **even more**, I had to attend an unexpected meeting on Saturday.
  저는 이미 일주일 동안의 일정이 꽉 채워져 있었어요. 그런 데다가, 토요일에 예상치 못한 회의에 참석해야 했죠.

- **moreover**

  I enjoy swimming because it's a great full-body workout. **Moreover**, it's a great way to unwind after a long day.
  저는 수영을 좋아하는데, 수영은 아주 좋은 전신 운동이기 때문이에요. 게다가 긴 하루를 보낸 후에 긴장을 풀 수 있는 좋은 방법이기도 해요.

- **on top of that**

  The movie was entertaining, and **on top of that**, the special effects were stunning.
  그 영화는 재미있었어요. 그뿐 아니라 특수 효과가 놀라웠어요.

- **also**

  The concert was amazing. I **also** got to meet the band afterward.
  그 콘서트는 굉장했어요. 또, 저는 공연 후에 밴드를 만날 기회가 있었어요.

- **besides**

  She's a talented musician; **besides**, she's a great writer.
  그녀는 재능 있는 음악가일 뿐 아니라 훌륭한 작가이기도 해요.

13-17 **Now I'm glad I made that decision. The concert was deeply moving. I even cried. I felt like... She was saying to me, "It's okay. You've done really well." My stress was totally relieved, and I found inner peace.**

콘서트가 왜 감동적이었는지 본격적으로 설명하는 부분입니다. 당연히 ✔ **감정 형용사 전략**을 동원해야겠죠? 형용사 외에도 '스트레스가 완전히 해소되었다(My stress was totally relieved)', '내적 평안을 찾았다(found inner peace)' 같은 표현도 알아 두세요.

따옴표 속에 인용된 말, It's okay. You've done really well.은 '괜찮아. 너 정말 잘해 왔어.'라는 뜻입니다. 경험 유형은 대부분 과거 시제를 사용하지만 직접 인용할 때는 원래 문장의 시제를 그대로 유지합니다. 원래 문장이 현재 시제인 경우 인용할 때도 현재 시제를 사용하고, 과거 시제인 경우 인용할 때도 과거 시제를 사용합니다. 여기서는 현재 시제와 현재완료 시제를 사용했죠.

F 18-19 **That's why I was so impressed by her performance. I hope I can go to her concert again someday.**

✔ **키워드 찰떡 전략**으로 impressed를 키워드로 사용해, 이래서 인상적인 공연이었다고 하며 주제와의 적합성을 한 번 더 강조해 줍니다.

UNIT

07

음악 감상하기

✔ 이렇게 준비하세요

음악 감상하기는 **콘서트 보기** 또는 **공연 보기** 주제와 유사해 답변 아이디어를 함께 준비하면 효율적입니다. 만약 음악 감상하기와 콘서트/공연 보기 주제가 동시에 출제된다면, **동일한 답변을 반복하지 마세요**. "내가 아까 노래 좋아한다고 말했잖아."와 같이 즉석 발화 느낌을 살리는 연결 전략은 좋지만 같은 문장, 표현, 내용을 반복하는 것은 암기한 것으로 판단되므로 매우 주의해야 합니다.

자주 출제되는 문제

문제	유형	시제
좋아하는 음악 장르와 가수 You indicated in the survey that you like to listen to music. What kind of music do you listen to? Who is your favorite singer or composer? Why do you like him or her? Please explain in detail. 설문 조사에서 음악 듣는 것을 좋아한다고 답하셨습니다. 어떤 종류의 음악을 들으시나요? 가장 좋아하는 가수나 작곡가는 누구인가요? 왜 그 사람을 좋아하시나요? 자세히 설명해 주세요.	설명/묘사	현재
음악 감상 습관 When and where do you usually listen to music? Do you listen to the radio, or do you go to concerts? What device do you use to listen to music? Tell me about the different ways you appreciate music. 주로 언제 어디서 음악을 듣나요? 라디오를 듣나요, 아니면 콘서트에 가나요? 음악을 듣기 위해 어떤 장치를 사용하시나요? 당신이 음악을 감상하는 다양한 방법에 대해 말해 주세요.	경향/습관	현재

문제	유형	시제
라이브 음악을 들었던 경험 Tell me about a time when you went to listen to some live music. Perhaps it was at a concert or a live café. What was the mood like, and how did you feel about the music there? Please tell me about that day from the beginning to the end. 라이브 음악을 들으러 갔을 때에 대해 말해 주세요. 아마도 콘서트나 라이브 카페에서였을 텐데요. 분위기는 어땠고 그곳의 음악은 어땠나요? 그날에 대해 처음부터 끝까지 이야기해 주세요.	경험	과거
음악을 좋아하게 된 계기와 취향 변화 When did you first become interested into music? What kind of music did you listen to when you were a child? How was the music different from the music you listen to today? How has your interest in music changed over time? 언제 처음 음악에 관심을 갖게 되었나요? 어렸을 때 어떤 종류의 음악을 들었나요? 그 음악은 요즘 듣는 음악과 어떻게 달랐나요? 시간이 지남에 따라 음악에 대한 관심이 어떻게 변했나요?	계기 + 비교	과거 + 현재
어렸을 때와 요즘 듣는 음악 비교 Compare the music you listened to as a child with the music you listen to now. What are some of the similarities or differences between them? How do you feel when you listen to each type of music? Please explain in as much detail as possible. 어렸을 때 들었던 음악과 요즘 듣는 음악을 비교해 보세요. 어떤 공통점 혹은 차이점이 있나요? 각각의 종류의 음악을 들을 때 어떻게 느끼나요? 가능한 한 자세히 설명해 주세요.	비교	과거 + 현재
사람들이 관심 갖는 음악 기기 Tell me about some music gadgets or equipment people in your country are interested in. Why are people interested in these music gadgets or equipment? 당신 나라 사람들이 관심을 갖고 있는 음악 기기 또는 장비에 대해 알려 주세요. 사람들이 이러한 음악 기기나 장비에 관심을 갖는 이유는 무엇인가요?	사회적 이슈	현재

✪ 빈출 세트 구성

세트 예시 1	❶ 좋아하는 음악 장르와 가수 ❷ 음악 감상 습관 ❸ 음악을 좋아하게 된 계기와 취향 변화
세트 예시 2 (고난도)	❶ 어렸을 때와 요즘 듣는 음악 비교 (14번) ❷ 사람들이 관심 갖는 음악 기기 (15번)

020

좋아하는 음악 장르와 가수

You indicated in the survey that you like to listen to music. What kind of music do you listen to? Who is your favorite singer or composer? Why do you like him or her? Please explain in detail.

설문 조사에서 음악 듣는 것을 좋아한다고 답하셨습니다. 어떤 종류의 음악을 들으시나요? 가장 좋아하는 가수나 작곡가는 누구인가요? 왜 그 사람을 좋아하시나요? 자세히 설명해 주세요.

| 답변 가이드 |

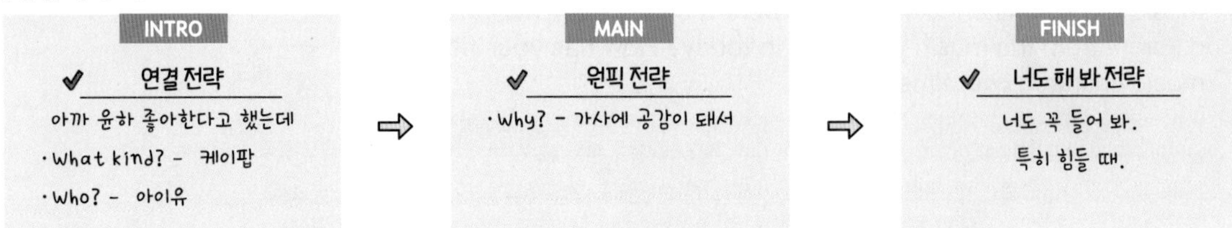

INTRO
연결 전략
아까 윤하 좋아한다고 했는데
· What kind? - 케이팝
· Who? - 아이유
MAIN
원픽 전략
· Why? - 가사에 공감이 돼서
FINISH
너도 해 봐 전략
너도 꼭 들어 봐.
특히 힘들 때.

예시 답변

INTRO [1] Well, I usually listen to K-pop, and like I mentioned before, I'm a big fan of Younha. [2] But since there isn't much more left to say about her, let me talk about IU.

MAIN [3] She's like the most famous singer in Korea. [4] Haven't you ever heard of her? [5] Her songs are super popular and cover various genres. [6] There's so much to say, but I'll keep it short. [7] My absolute favorite song is "Nakha." [8] "Nakha" means "falling." [9] I like the song so much because of the lyrics. [10] It's all about facing new challenges despite being afraid. [11] The lyrics just fill me with positive vibes. [12] Don't you find it surprising that even IU might feel a bit nervous before big challenges? [13] Knowing that I'm not alone in facing difficulties means a lot in those tough moments. [14] That's why I feel a connection with IU.

FINISH [15] If you haven't heard of the song yet, you should definitely give it a try, especially when you need a little push to tackle something new.

INTRO [1] 음, 보통 케이팝을 듣는 편이고, 아까 전에 언급한 대로, 윤하 팬이에요. [2] 그런데 그녀에 대해 말할 것이 별로 남지 않았으니까, 아이유에 대해 얘기해 볼게요. MAIN [3] 아이유는 한국에서 가장 유명한 가수라고 할 수 있어요. [4] 들어 보신 적 있지 않아요? [5] 그녀의 노래는 엄청나게 인기 있고 다양한 장르를 다루어요. [6] 말할 게 정말 많지만, 이 정도만 할게요. [7] 제가 단연 가장 좋아하는 곡은 '낙하'예요. [8] '낙하'는 '떨어짐'이라는 뜻이에요. [9] 가사 때문에 그 노래를 그렇게 좋아해요. [10] 두려움에도 불구하고 새로운 도전을 마주하는 것에 대한 곡이에요. [11] 가사가 저를 긍정적인 기운으로 가득 채워 줘요. [12] 아이유도 커다란 도전 앞에서는 살짝 긴장한다는 게 놀랍지 않나요? [13] 어려움을 마주하는 것이 나 혼자가 아니라는 걸 아는 것은 힘든 순간에 많은 의미가 있어요. [14] 그래서 저는 아이유에게 공감합니다. FINISH [15] 그 노래를 아직 들어 보지 않았다면, 꼭 한번 들어 보세요. 특히 새로운 것에 도전하기 위해 약간의 도움이 필요할 때에 말이에요.

---

genre 장르 **keep ~ short** 짧게 줄이다 **absolute** 절대적인 **lyrics** 가사 **challenge** 도전, 어려움 **despite** ~에도 불구하고 **afraid** 두려운 **positive** 긍정적인 **vibes** 분위기, 느낌 **even** 심지어 ~조차 **connection** 연결, 관계 **definitely** 꼭 **give it a try** 한번 경험해 보다 **especially** 특히 **push** 밀어 주기, 도움 **tackle** ~에 도전하다

고득점 전략 & 해설

이 질문은 자주 출제되니, 좋아하는 음악 장르와 가수를 선정해 답변을 만들어 충분히 연습해 두세요. 질문 자체가 어렵지 않기 때문에 가볍게 답변할 수 있습니다. 좋아하는 이유를 설명하며 감정 형용사를 많이 사용할 수 있는 좋은 기회입니다.

I

1 **Well, I usually listen to K-pop, and like I mentioned before, I'm a big fan of Younha.**

✔ **연결 전략** "전에 말했듯이(like I mentioned before)"라는 표현을 사용하면 앞에서 말한 답변과 연결되어 즉석 발화 느낌이 생깁니다.

'전에 말했듯이'라는 뜻의 표현

- As I mentioned earlier
- As I mentioned before
- As I said earlier
- Like I said before
- Like I mentioned earlier
- Like I said earlier
- As I was saying

2 **But since there isn't much more left to say about her, let me talk about IU.**

만약 콘서트/공연 보기 주제가 음악 듣기 주제와 함께 나오면 두 가지 전략으로 대처할 수 있습니다.
① 앞서 어떤 가수 A를 좋아한다는 대답과 연결하면서 A에 대해 아까와 다른 이야기 하기
② 다른 가수 B에 대해 이야기하기
전략 ①의 장점은 A의 팬이라는 정체성을 부각시켜 본인만의 특별한 답변이 되고, 앞의 대화와 연결되어 즉석 발화 실력을 드러낼 수 있습니다. 또한 답변 주제를 새롭게 떠올리지 않고도 쉽게 문제를 풀어나갈 수 있죠. 단점은, A에 대해 다른 이야기를 해야 하는데, 앞에서 말한 동일한 내용과 표현을 반복하게 되기 쉽다는 것입니다. 계속 반복되는 표현은 암기한(rehearsed) 것으로 간주되어 감점 요인이 되니 주의해야 합니다. 따라서 같은 가수에 대해 다른 내용을 말할 수 있다면 전략 ①을, 같은 단어와 내용 반복이 걱정되면 전략 ②를 사용해 답하세요. 예시 답변에서는 전략 ②를 사용했습니다.

Level Up! 표현 – since(~하기 때문에)

이유를 말할 때 because만 사용한다면 because 대신 since도 사용해 보세요.

- I play this playlist on repeat **since** it helps me focus.
  저는 집중하는 데 도움이 돼서 이 플레이리스트를 반복해서 들어요.
- I listen to classical music **since** it relaxes me after a long day.
  긴 하루를 보낸 후에 긴장을 풀고 쉬게 해 줘서 클래식 음악을 들어요.
- I enjoy jazz **since** it brings a unique vibe to my evenings.
  저녁 시간에 독특한 분위기를 가져다 줘서 재즈를 좋아해요.

M 3-5 **She's like the most famous singer in Korea. Haven't you ever heard of her? Her songs are super popular and cover various genres.**

✔ **유창성 전략** 특정 인물이나 장소 등의 고유 명사를 소개할 경우, 항상 청자의 이해를 돕는 설명을 추가해 주세요. IH/AL은 충분한 발화량과 내용이 연결되는 유창성이 중요하니, 한 문장으로 끝내기보다는 관련 내용을 툭툭 빠르게 이어갈 수 있어야 합니다.
또한 그냥 무미건조하게 설명하기보다 ✔ **말 걸기 전략**으로 "한 번이라도 들어 본 적 없어요?(Haven't you ever heard of ~?)"라고 하면 더 자연스럽게 문장들이 연결되겠죠.

6 **There's so much to say, but I'll keep it short.**

본격적으로 말하기 전에 여유를 갖기 위해 할 말이 많다고 허세 부리는 ✔ **여유 전략**을 사용했습니다. 할 말이 별로 없을 때에도 완전 사용 가능해요.

할 말이 많지만 간단히 하고 넘어가겠다는 표현

- I have a lot to share, but I'll make it brief. 나눌 이야기가 많지만 짧게 줄일게요.
- I have so much on my mind, but I'll keep it to the point. 하고 싶은 말이 너무 많지만 요점만 말씀드릴게요.
- I could talk for hours, but I'll keep it quick. 몇 시간 동안 이야기할 수도 있지만 짧게 끝낼게요.
- I've got a ton to say, but I'll keep it short. 할 말이 많지만 짧게 줄일게요.
- There's so much I could tell you, but I'll just give you the gist. 할 말이 너무 많지만 요점만 말씀드릴게요.

7-10 **My absolute favorite song is "Nakha." "Nakha" means "falling." I like the song so much because of the lyrics. It's all about facing new challenges despite being afraid.**

아이유를 좋아하는 여러 가지 이유를 나열하기보다는 ✔ **원픽 전략**으로 한 가지에 대해 깊이 있게 설명하는 것을 추천합니다. 무대 매너, 팬 서비스, 가사, 성격, 외모, 선행 등 여러분의 원픽 주제를 정하세요. 저는 가사를 원픽으로 정하고, '낙하'로 구체적으로 설명했습니다.

11-13 **The lyrics just fill me with positive vibes. Don't you find it surprising that even IU might feel a bit nervous before big challenges? Knowing that I'm not alone in facing difficulties means a lot in those tough moments.**

IH/AL 등급을 받으려면 다양한 단어 사용이 필수입니다. ✔ **다르게 말하기 전략**으로 paraphrasing 능력을 보여 주세요. 초록색으로 표시된 표현들인 before big challenges(커다란 도전 앞에서), in facing difficulties(어려움을 마주할 때), in those tough moments(힘든 순간에)를 보면 모두 같은 뉘앙스를 가지고 있죠? 다양하게 풀어 말하기 위해서는 가진 단어의 양이 많아야 합니다. 유의어와 반의어의 input을 많이 넣으세요.

14 **That's why I feel a connection with IU.**

그래서 아이유에게 공감을 느낀다는 말로 MAIN을 마무리하며 아이유를 좋아하는 이유를 강조하고 있습니다.

미국인이 자주 쓰는 일상 표현 - feel a (strong) connection with

깊은 공감이나 유대감을 느낀다는 것을 표현합니다.

- I **feel a connection with** the lyrics of this song.
  저는 이 노래 가사에 공감해요.
- I **feel a strong connection with** the singer's emotions in this song.
  저는 이 노래에서 가수가 전달하는 감정에 강한 공감을 느껴요.

F

15 **If you haven't heard of the song yet, you should definitely give it a try, especially when you need a little push to tackle something new.**

✔ **너도 해 봐 전략**으로 듣는 이에게 친근하게 말을 걸며 깔끔하게 마무리합니다.

미국인이 자주 쓰는 일상 표현 – give it a try

무언가를 시도해 보라고 추천하거나 권하는 표현입니다.

- It might be fun, so let's **give it a try** together.
  재미있을지도 몰라. 그러니까 같이 한번 해 보자.
- How about getting singing lessons? You never know until you **give it a try**!
  노래 레슨을 받아 보는 건 어때요? 시도해 보기 전에는 알 수 없잖아요!

음악 감상 습관

When and where do you usually listen to music? Do you listen to the radio, or do you go to concerts? What device do you use to listen to music? Tell me about the different ways you appreciate music.

주로 언제 어디서 음악을 듣나요? 라디오를 듣나요, 아니면 콘서트에 가나요? 음악을 듣기 위해 어떤 장치를 사용하시나요? 당신이 음악을 감상하는 다양한 방법에 대해 말해 주세요.

| 답변 가이드 |

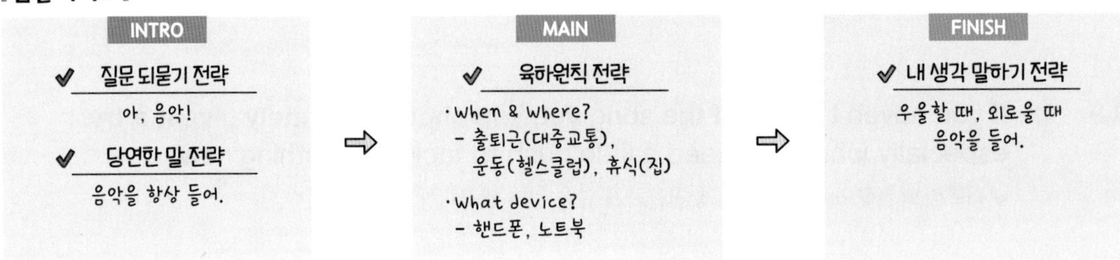

예시 답변

INTRO [1]Oh, music! [2]Yeah, you know, I always listen to music.

MAIN [3]I listen to music pretty much whenever and wherever I can—during my commute on public transportation, while working out at the gym, or just chilling at home. [4]It's like the soundtrack to my life. [5]It's so natural.

[6]And to be honest, I'm not much of a radio person, but I love going to concerts when I can. [7]There's something about the energy of a live performance. [8]Yeah, it's just unbeatable.

[9]As for devices, I mainly use my phone or laptop to play music. [10]It's so convenient to have all my favorite music at my fingertips. [11]I love exploring the latest playlists and discovering hidden gems through apps.

FINISH [12]At the end of the day, music is my escape. [13]It lifts me up when I'm down, keeps me company when I'm lonely, and just adds some extra sparkle to my life. [14]Yeah, that's it.

INTRO [1]아, 음악이요! [2]네, 저는 음악을 항상 들어요. MAIN [3]저는 음악을 들을 수 있을 때와 장소에서라면 거의 항상 음악을 들어요. 대중교통으로 출퇴근할 때, 헬스클럽에서 운동할 때, 아니면 집에서 편안히 쉴 때도요. [4]음악은 거의 제 삶의 배경 음악처럼 느껴져요. [5]너무 자연스러운 거죠. [6]솔직히 말해서, 저는 라디오를 그렇게 많이 듣지 않는 편이고, 가능한 경우에는 콘서트에 가는 것을 정말 좋아해요. [7]라이브 공연의 에너지에는 특별한 것이 있어요. [8]그건 정말 이길 수 없는 것 같아요. [9]기기에 대해서는, 주로 핸드폰이나 노트북을 사용해서 음악을 재생해요. [10]손가락만 움직여서 바로 내가 좋아하는 모든 음악을 들을 수 있다는 것은 정말 편리한 일이에요. [11]저는 앱을 통해 최신 플레이리스트를 탐험하고, 숨겨진 보석을 발견하는 것을 좋아해요. FINISH [12]결론적으로, 음악은 제 탈출구가 되어줍니다 [13]기분이 좋지 않을 때는 위로가 되고, 외로울 때는 제 곁에 있어 주고, 삶에 빛을 더해 주죠. [14]네, 여기까지예요.

whenever ~할 때마다 wherever ~하는 곳 어디에서나 commute 통근 public transportation 대중교통 work out 운동하다 chill 쉬다 unbeatable 이길 수 없는 device 장치, 기기 at one's fingertips 손가락 끝에 explore 탐험하다 discover 발견하다 gem 보석 escape 탈출구 lift up 기분을 북돋아 주다 keep company 함께 있어 주다 extra 추가적인 sparkle 반짝임, 빛

고득점 전략 & 해설

경향/습관을 묻는 문제는 육하원칙 전략으로 답변을 구성하면 편합니다. 구체적으로 언제, 어디서, 무엇을, 어떻게, 누구와, 왜 하는지 알려 주세요. 이 전략을 사용하면 발화량이 적은 분들도 말을 이어 나가기 쉽습니다.

I

1-2 **Oh, music! Yeah, you know, I always listen to music.**

✔ **질문 되묻기 전략**으로 공백을 없애고 바로 답변을 시작합니다. 그러고 나서 ✔ **여유 전략**으로 필러를 적절히 써 가면서 MAIN에서 답변할 내용을 머리로 준비하기 위해, ✔ **당연한 말 전략**으로 음악을 항상 듣는다고 말합니다.

M

3 **I listen to music pretty much whenever and wherever I can—during my commute on public transportation, while working out at the gym, or just chilling at home.**

✔ **육하원칙 전략**으로 일단 언제(when), 어디서(where) 음악을 듣는지 말하면서 ✔ **나열 전략**을 함께 사용합니다. 음악을 듣는 때와 장소를 나열하는 거죠. 답변의 구체성도 높아지고 발화량도 늘릴 수 있습니다. pretty much는 엄밀히 말해 100% 사실은 아니지만 사실상 그렇다고 할 수 있을 때 쓰는 표현입니다. 우리말로 하면 '거의'나 '사실상'과 비슷한 의미입니다.

- I listen to that album **pretty much** every day. 저는 거의 매일 그 앨범을 들어요.
- I can't find a playlist I like; they're **pretty much** all the same.
  내가 좋아하는 플레이리스트를 못 찾겠어. 사실상 모두 똑같아.

문법, 이것만! – during vs. while

during은 전치사이고 while은 접속사입니다. 즉, during 뒤에는 명사, while 뒤에는 '주어+동사'를 씁니다. during은 meeting(회의), summer(여름), vacation(휴가), concert(콘서트), movie(영화), holiday(휴일)와 같이 시작과 끝이 뚜렷한 명사와 함께 사용합니다. while은 두 가지 행동이나 사건이 동시에 일어나는 것을 강조할 때 사용합니다.

- I went to Canada **during** vacation. 휴가 동안 캐나다에 다녀왔어요.
- I fell asleep **during** the movie. 저는 영화 도중에 잠들었어요.
- She was cooking **while** talking on the phone. 그녀는 요리하면서 전화 통화를 하고 있었어요.
- **While** we were walking to the park, it started raining.
  우리가 공원으로 걸어가는 동안 비가 내리기 시작했어요.

4-5 **It's like the soundtrack to my life. It's so natural.**

✔ **유창성 전략** 내용을 유창하게 이어 가기 위해 같은 의미의 말을 덧붙입니다. 이렇게 관련 내용을 쉽게 툭툭 내뱉는 연습을 하세요.

6-8 **And to be honest, I'm not much of a radio person, but I love going to concerts when I can. There's something about the energy of a live performance. Yeah, it's just unbeatable.**

✔ **키워드 찰떡 전략** 질문에서 라디오로 음악을 듣는지, 콘서트에 가는지 물었으니 키워드인 radio와 concerts를 그대로 이용해서 답변을 합니다. 그리고 콘서트를 live performance(라이브 공연)라고 풀어 설명하는 ✔ **다르게 말하기 전략**도 사용했습니다.
to be honest는 '솔직히 말하면'이라는 뜻으로, 일상 대화, 글쓰기에서 자연스럽게 사용되는 표현입니다. 오픽은 베끼지 않은, 진정성 있는 개인의 이야기를 좋아하니 사용하기 좋은 유용한 표현이죠.

'솔직히 말하면'이라는 뜻의 표현

- honestly (speaking)
- to be honest
- to tell (you) the truth
- frankly (speaking)
- to be frank
- if I'm being honest

미국인이 자주 쓰는 일상 표현 – ~ person

~ person은 성격, 취향, 관심사 등을 나타내는 표현입니다. 특정한 활동이나 관심 분야에 열정적이라는 의미로 사용됩니다. a radio person은 라디오를 특히 좋아하고 즐겨 듣는 사람을 말합니다. 앞에 not much of를 붙이면 별로 관심이 없다는 의미가 되죠.

- I'm **a music person**. I always listen to music and know all the latest hits.
  저는 음악을 좋아하는 사람이에요. 항상 음악을 듣고 최신 히트곡을 다 알고 있어요.
- I'm **not much of a cat person**. I'm rather **a dog person**.
  저는 고양이를 좋아하는 사람은 아니에요. 그보다는 개를 좋아하는 사람이죠.
- I'm **a morning person**. I wake up early and feel the most productive in the morning.
  저는 아침형 인간이에요. 일찍 일어나고 아침에 가장 생산적인 느낌을 받아요.

9-11 **As for devices, I mainly use my phone or laptop to play music. It's so convenient to have all my favorite music at my fingertips. I love exploring the latest playlists and discovering hidden gems through apps.**

다음으로, 음악을 듣는 장치에 대해서 물어봤기 때문에 그에 대해 답변을 합니다. 이렇게 다음 화제로 전환할 때 as for(~에 대해 말하자면)를 사용하면 좋습니다. 단순히 어떤 기기를 사용한다는 문장만 말하기보다는 ✔ **내 생각 말하기 전략**을 써서 그 기기를 사용하는 이유나 기기에 대한 생각을 추가로 덧붙이는 연습을 해 보세요. 본인의 의견이 드러나는 것이 가장 좋은 답변입니다. 이어서 ✔ **육하원칙 전략**으로 기기를 어떻게(how) 사용하는지에 대해서도 말하면 아주 구체적인 답변이 됩니다.

F 12-14 **At the end of the day, music is my escape. It lifts me up when I'm down, keeps me company when I'm lonely, and just adds some extra sparkle to my life. Yeah, that's it.**

하루가 끝날 때 음악은 나의 탈출구(escape)와 같다는 감상을 말하며 답변을 마무리합니다. 또한 어떻게 탈출구가 되는지 듣는 이에게 친절히 설명했습니다.

비교 • 과거 + 현재 시제

022

어렸을 때와 요즘 듣는 음악 비교

Compare the music you listened to as a child with the music you listen to now. What are some of the similarities or differences between them? How do you feel when you listen to each type of music? Please explain in as much detail as possible.

어렸을 때 들었던 음악과 요즘 듣는 음악을 비교해 보세요. 어떤 공통점 혹은 차이점이 있나요? 각각의 종류의 음악을 들을 때 어떻게 느끼나요? 가능한 한 자세히 설명해 주세요.

| 답변 가이드 |

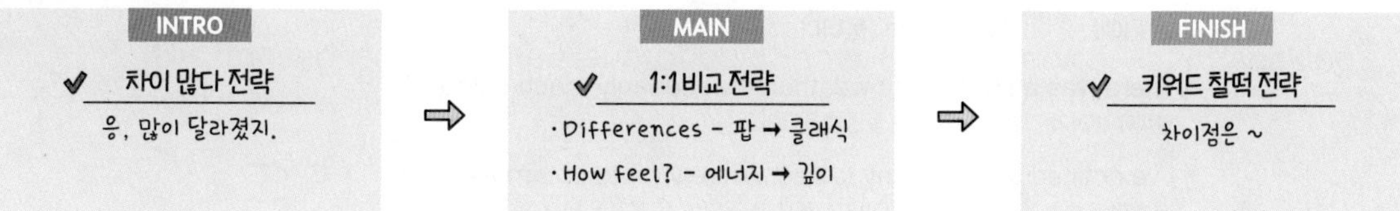
INTRO
✔ 차이 많다 전략
응, 많이 달라졌지.
MAIN
✔ 1:1 비교 전략
· Differences - 팝 → 클래식
· How feel? - 에너지 → 깊이
FINISH
✔ 키워드 찰떡 전략
차이점은 ~

예시 답변

INTRO [1]You know, there's been quite a shift in my music tastes over the years.

MAIN [2]When I was younger, I mostly listened to whatever my friends liked or what was on TV. [3]You know, catchy tunes, upbeat rhythms, the usual pop stuff. [4]But as I've grown older, my tastes in music have matured a lot. [5]These days, classical music has really captured my heart. [6]There's just something timeless and beautiful about it that speaks to me. [7]It's like each note tells a story, you know? [8]And when I listen to classical music, it's like I'm transported to another world filled with beauty and emotion. [9]It's a whole different vibe compared to the music of my childhood. [10]But don't get me wrong; I still enjoy a good pop song every now and then. [11]It's just that classical music has this depth and richness that I find myself drawn to more and more.

FINISH [12]So you see, the difference between the music I listened to as a child and what I listen to now is pretty clear. [13]Back then, it was all about fun and energy, but now, I'm really getting into understanding the music I love.

INTRO [1]있죠, 세월이 흐르면서 제 음악 취향에는 상당한 변화가 있었어요. MAIN [2]어렸을 때 저는 친구들이 좋아하는 음악이나 TV에 나오는 음악이면 뭐든 대체로 들었어요. [3]귀에 쏙 들어오는 멜로디, 경쾌한 리듬, 일반적인 팝 음악을요. [4]그런데 나이가 들면서 음악에 대한 취향도 많이 성숙해졌어요. [5]요즘은 클래식 음악이 제 마음을 정말 사로잡았어요. [6]제 마음에 와 닿는 시대를 초월하고 아름다운 무언가가 있어요. [7]각각의 음이 이야기를 말해 주는 것 같아요. 아시죠? [8]그리고 클래식 음악을 들으면 마치 아름다움과 감동이 가득한 다른 세계로 이동하는 것 같아요. [9]어릴 때 듣던 음악이랑은 분위기가 완전 다르죠. [10]하지만 오해하지 마세요. 저는 아직도 가끔씩 좋은 팝송을 즐겨요. [11]단지 클래식 음악에는 깊이와 풍부함이 있어서 점점 더 끌리는 것 같아요. FINISH [12]그러니까 어렸을 때 들었던 음악과 지금 듣는 음악의 차이는 꽤 분명해요. [13]그 당시에는 재미와 에너지가 전부였지만 이제는 제가 사랑하는 음악을 더 잘 이해하고 있는 중이에요.

---

shift 변화 **taste** 취향 **whatever** ~하는 것은 무엇이나 **catchy** 쉽게 기억되는 **tune** 곡조, 멜로디 **upbeat** 밝은, 경쾌한 **mature** 성숙해지다 **capture** 사로잡다 **timeless** 시대를 초월하는 **note** 음, 음표 **transport** 옮기다, 이동하다 **emotion** 감정 **don't get me wrong** 오해하지 마 **every now and then** 가끔씩 **depth** 깊이 **richness** 풍부함

고득점 전략 & 해설

이 비교 질문은 14번 고난도 비교 문항으로 자주 출제되는데요, IH 이상을 받을 수 있는지 확인하는 최종 관문입니다. 비교는 1:1로 명백하게 드러나게 하세요. "옛날엔 이런 거, 저런 거 들었는데 요즘엔 요거, 저거 들어~" 하는 나열 방식도 나쁘지는 않지만 감정이나 생각이 드러나기 힘든 구조라 고득점을 받기에는 조금 부족할 수 있습니다.

I 1 **You know, there's been quite a shift in my music tastes over the years.**

✔ **차이 많다 전략** 별로 차이가 없다고 말하면 답변이 불가능하겠죠? 다르지 않아도 다르다고 말해야 답변 만들기도 편하고 발화량이 늘어납니다.

Level Up! 표현 – shift

'변화' 하면 change만 떠오르는 분들이 많으실 텐데요, shift라는 표현을 익혀 사용해 보세요. change와 마찬가지로 뒤에는 전치사 in이 따라 나옵니다.

- There was **a shift in** the weather; it's suddenly much colder.
  날씨에 변화가 있었어요. 갑자기 훨씬 추워졌어요.
- I've noticed **a shift in** my tastes; I'm really into jazz music now.
  제 취향에 변화가 있다는 걸 느꼈어요. 요즘 재즈 음악에 푹 빠져 있어요.

M 2-5 **When I was younger, I mostly listened to whatever my friends liked or what was on TV. You know, catchy tunes, upbeat rhythms, the usual pop stuff. But as I've grown older, my tastes in music have matured a lot. These days, classical music has really captured my heart.**

✔ **두괄식 전략** 앞부분에서 주제를 명확히 제시하면 듣는 사람은 이해가 매우 잘 됩니다. 모든 답변에 적용해 보세요.

✔ **1:1 비교 전략** 과거에는 pop stuff(팝 음악), 요즘은 classical music(클래식 음악) 듣는다고, 누가 들어도 비교인 걸 알아차리게 답하세요. 과거(When I was younger)와 현재(These days)를 나타내는 표현 사용도 필수입니다!

한 사람의 삶에서 과거와 현재를 나타내는 시간 표현

과거	현재
When I was young/little/younger 내가 어렸을 때	Now 지금은
Years ago 오래 전에	These days / Nowadays 요즘은
In my early days 내가 어렸을 때	Currently 현재는
Back then 그때에는, 예전에는	Today 요즘은, 오늘날은

6-8 There's just something timeless and beautiful about it that speaks to me. It's like each note tells a story, you know? And when I listen to classical music, it's like I'm transported to another world filled with beauty and emotion.

It's like를 두 번 사용해 클래식 음악을 들을 때 어떤 기분이 드는지를 비유적으로 표현하고 있습니다. 무언가 모호한 것, 명확하지 않은 느낌을 설명할 때 유용한 표현입니다.

- **It's like** the lyrics were written just for me; they speak to my soul.
  가사가 저를 위해 쓰여진 것처럼 느껴져요. 제 영혼에게 말을 거는 것 같아요.
- **It's like** this song takes me back to my high school days, you know?
  이 노래를 들으면 고등학교 시절로 돌아간 것 같아요, 어떤 느낌인지 아시죠?

9 It's a whole different vibe compared to the music of my childhood.

질문에 찰떡 답변임을 강조하기 위해 비교 키워드를 틈틈이 섞어 주세요. 답변이 삼천포로 빠지지 않는 좋은 장치가 됩니다.

10-11 But don't get me wrong; I still enjoy a good pop song every now and then. It's just that classical music has this depth and richness that I find myself drawn to more and more.

둘 다 계속 좋아하지만 클래식이 요즘 더 끌린다고 하면서 또 비교를 명확하게 합니다. 질문의 포인트를 충실하게 몇 번씩 강조하면서 채점자에게 비교를 엄청 잘하고 있다고 각인을 시키는 거죠.

미국인이 자주 쓰는 일상 표현 – don't get me wrong

'오해하지 마, 내 뜻은 이런 거야.'라는 의미로, 상대방이 불쾌하지 않도록 자신의 의견을 조심스럽게 전달할 때 유용하게 사용되는 표현입니다.

- **Don't get me wrong**; I love my job, but it can be really stressful sometimes.
  오해하지 마세요. 제 일을 정말 좋아하는데 가끔은 정말 스트레스가 많을 때가 있어요.
- **Don't get me wrong.** I like him, but he's not reliable.
  오해하지 마. 난 그를 좋아하지만, 믿음직하진 않아.
- **Don't get me wrong.** I'm not saying it's your fault.
  아니, 내 말은 이게 네 잘못이라는 게 아니야.

F 12-13 So you see, the difference between the music I listened to as a child and what I listen to now is pretty clear. Back then, it was all about fun and energy, but now, I'm really getting into understanding the music I love.

✔ **키워드 찰떡 전략** 질문의 키워드를 질릴 정도로 반복하며 강조했습니다.

✔ **다르게 말하기 전략** 동일한 의미의 비교지만 계속 새로운 문장을 사용하고 있는 것이 보이시죠?

UNIT

08

자전거

✔ 이렇게 준비하세요

자전거 주제는 **경향/습관**, **기억에 남는 경험**, **처음 자전거를 탄 경험/계기**를 묻는 문제가 자주 출제됩니다. 자전거를 자주 탄다면 답변하기 쉽지만, 자전거를 타지 않는다고 해도 걷거나 달리거나 운전할 때의 경험을 가져다 붙이면 됩니다. 참고로 설문 조사 운동 카테고리에서 농구나 축구 같은 팀 스포츠를 고르면 규칙을 설명하라는 질문이 나올 수 있으니, **혼자 하는 운동**을 고르세요.

자주 출제되는 문제

문제	유형	시제
자전거 타는 경향/습관 When do you usually ride your bicycle? Where do you go for a ride? How often do you ride it and with whom? And how do you feel when you ride your bike? Please explain in detail. 주로 언제 자전거를 타나요? 어디로 타러 가나요? 얼마나 자주, 누구와 함께 타나요? 그리고 자전거를 탈 때 기분이 어떤가요? 자세히 설명해 주세요.	경향/습관	현재
처음 자전거를 탄 경험/계기 When did you first start riding a bike? Did someone teach you, or did you learn by yourself? Was it hard to learn? Are you good at it now? If so, how did you get better? 언제 처음 자전거를 타기 시작했나요? 누군가가 가르쳐 줬나요, 아니면 스스로 배웠나요? 배우는 게 어려웠나요? 지금은 잘 타나요? 그렇다면 어떻게 해서 더 잘 타게 되었나요?	경험 + 계기	과거

문제	유형	시제
자전거를 타면서 생긴 기억에 남는 경험 Tell me about a memorable experience while riding a bicycle. When and where was it? Who were you with? Did anything interesting or unexpected occur? If so, what happened? 자전거를 타면서 생긴 기억에 남는 경험에 대해 이야기해 주세요. 언제 어디에서였나요? 누구와 함께 있었나요? 흥미로운 일이나 예상하지 못한 일이 있었나요? 그랬다면 어떤 일이 있었나요?	경험	과거
예전 자전거와 현재 자전거 비교 Compare the bicycle you currently have with one you had in the past. What are the differences and similarities between them? 당신이 현재 가지고 있는 자전거와 과거에 가지고 있었던 자전거를 비교해 보세요. 그 자전거들 사이의 차이점과 비슷한 점은 무엇인가요?	비교	과거 + 현재
자전거 타는 사람들이 마주하는 안전 문제와 대응 Describe some of the safety issues facing bike riders today. What are these issues, and why are they happening? What should be done to deal with these issues? 오늘날 자전거 타는 사람들이 마주하는 안전 문제를 설명하세요. 이러한 문제들은 무엇이며, 왜 그런 문제가 생기나요? 이러한 문제들에 대처하기 위해 어떤 조치가 취해져야 할까요?	사회적 이슈	현재

✪ 빈출 세트 구성

세트 예시 1	❶ 처음 자전거를 탄 경험/계기 ❷ 자전거 타는 경향/습관 ❸ 자전거를 타면서 생긴 기억에 남는 경험
세트 예시 2	❶ 자전거 타는 경향/습관 ❷ 예전 자전거와 현재 자전거 비교 ❸ 자전거를 타면서 생긴 기억에 남는 경험
세트 예시 3 (고난도)	❶ 예전 자전거와 현재 자전거 비교 (14번) ❷ 자전거 타는 사람들이 마주하는 안전 문제와 대응 (15번)

자전거 타는 경향/습관

023

When do you usually ride your bicycle? Where do you go for a ride? How often do you ride it and with whom? And how do you feel when you ride your bike? Please explain in detail.

주로 언제 자전거를 타나요? 어디로 타러 가나요? 얼마나 자주, 누구와 함께 타나요? 그리고 자전거를 탈 때 기분이 어떤가요? 자세히 설명해 주세요.

답변 가이드

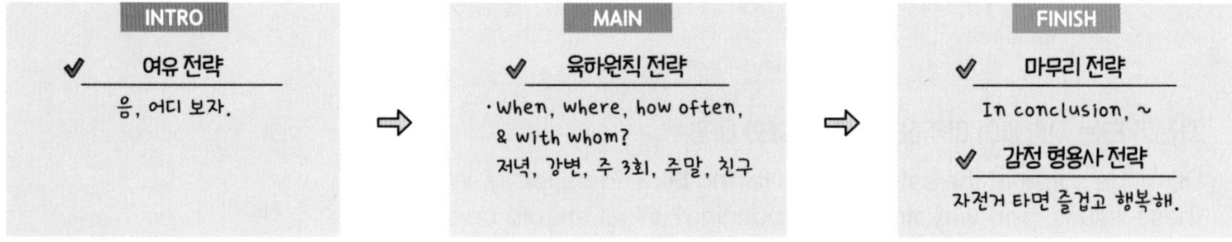

INTRO
여유 전략
음, 어디 보자.
MAIN
육하원칙 전략
· When, where, how often, & with whom?
저녁, 강변, 주 3회, 주말, 친구
FINISH
마무리 전략
In conclusion, ~
감정 형용사 전략
자전거 타면 즐겁고 행복해.

예시 답변

INTRO [1] Well, let me see. Hmm...

MAIN [2] I usually ride my bicycle in the evenings while on my way home. [3] Luckily for me, I live close to this beautiful river, so I often go there for a ride. [4] It's super peaceful there. [5] Umm, I think I do that around three times a week.

[6] I also love riding with my friends on weekends. [7] After we ride, we go to a restaurant and have a nice meal. [8] Exploring local restaurants is always exciting. [9] Yeah, I know it's kind of going back to the beginning if we eat a lot after exercising, but you know, that's what's more important! Hahaha.

[10] So after enjoying a satisfying meal, we ride again and head back to our own homes. [11] And that's when the true happiness kicks in. [12] Feeling the gentle breeze and the pleasure of being full brings me so much joy.

FINISH [13] In conclusion, cycling brings me joy and happiness.

INTRO [1] 음, 한번 생각해 볼게요, 흠… MAIN [2] 저는 주로 저녁에 집에 가는 길에 자전거를 탑니다. [3] 운 좋게도, 저는 아름다운 강 근처에 살아서 자주 그곳으로 자전거를 타러 가요. [4] 정말 평화로운 곳이에요. [5] 음, 일주일에 세 번 정도 그렇게 하는 것 같아요. [6] 그리고 주말에 친구들과 자전거 타는 것도 정말 좋아해요. [7] 자전거를 타고 나서 우리는 식당에 가서 맛있는 식사를 해요. [8] 동네 맛집을 찾아다니는 건 항상 설레요. [9] 네, 운동하고 나서 많이 먹으면 다 도루묵인 거 알지만, 그래도 먹는 게 더 중요한 거니까요! 하하하. [10] 그래서 든든한 식사를 한 후에, 우리는 다시 자전거를 타고 각자의 집으로 돌아갑니다. [11] 그때 진정한 행복이 찾아와요. [12] 선선한 바람과 포만감을 느끼면 정말 기분이 좋습니다. FINISH [13] 결론적으로, 자전거를 타는 것은 저에게 기쁨과 행복을 가져다줍니다.

---

ride 타다; 타기 on one's way home 집에 오는 길에 peaceful 평화로운 meal 식사 explore 탐험하다, 알아보다 local 지역의, 동네의 go back to the beginning 원점으로 돌아가다 exercise 운동하다 satisfying 만족스러운 head 향하다 gentle 부드러운 breeze 산들바람 pleasure 기쁨 full 배부른 joy 기쁨 in conclusion 결론적으로 cycling 자전거 타기 happiness 행복

고득점 전략 & 해설

경향/습관은 기억할 질문 키워드가 많아서 육하원칙 전략을 쓰면 편해집니다. 키워드에 맞게 나열하며 틈틈이 생각과 감정을 덧붙여 주면 답변이 더욱 풍성해져요. 무리하지는 말고 가볍게 처리하면 되는 유형이에요.

I 1 **Well, let me see. Hmm...**

✔ **여유 전략** 답변을 시작할 때 바로 내용을 말하는 것보다 well, let me see, hmm과 같은 필러 표현을 사용하면 즉석 발화 느낌이 나고 답변을 생각할 여유를 가질 수 있습니다.

M 2 **I usually ride my bicycle in the evenings while on my way home.**

usually(주로)는 경향/습관을 나타낼 때 자주 사용되는 빈도부사입니다. 자주 쓰이는 빈도부사를 알아 두고 적절하게 사용해 보세요.

알아 두어야 하는 빈도부사(빈도 높은 순 → 낮은 순)

- **always** 항상
  She **always** arrives on time for meetings. 그녀는 항상 회의에 제시간에 도착해요.
- **constantly** 늘, 지속적으로
  He is **constantly** finding ways to express his creativity. 그는 늘 창의력을 표현하는 방법을 찾아요.
- **almost always** 거의 항상
  I **almost always** choose to eat healthy meals. 저는 거의 항상 건강에 좋은 식사를 선택해요.
- **generally** 대체로
  I **generally** prefer coffee over tea. 저는 대체로 차보다 커피를 선호해요.
- **often** 자주
  We **often** go hiking on weekends. 우리는 주말에 자주 등산을 가요.
- **frequently** 종종
  I **frequently** visit my grandparents. 저는 종종 조부모님을 찾아뵈어요.
- **sometimes** 가끔
  I **sometimes** take a nap in the afternoon. 저는 가끔 오후에 낮잠을 자요.
- **occasionally** 가끔가다
  We **occasionally** go out for dinner. 우리는 가끔가다 저녁에 외식을 해요.
- **from time to time** 때때로
  I like to read a new book **from time to time**. 저는 때때로 새로운 책을 읽는 것을 좋아해요.
- **rarely** 드물게, 거의 ~ 않는
  She **rarely** watches television. 그녀는 텔레비전을 거의 보지 않아요.
- **never** 절대로
  He **never** eats dessert after dinner. 그는 절대로 식후에 디저트를 먹지 않아요.

3-4 **Luckily for me, I live close to this beautiful river, so I often go there for a ride. It's super peaceful there.**

밑줄 친 동사 live, go가 현재 시제로 사용된 것을 볼 수 있죠? 현재의 사실, 경향/습관을 설명할 때는 항상 현재 시제를 사용해야 하니 실수하지 않도록 조심하세요.

미국인이 자주 쓰는 일상 표현 - luckily for me

긍정적인 상황에 대해 감사한 마음이나 안도의 감정을 나타낼 때 사용합니다.

- **Luckily for me**, I arrived at the bus stop just before the rain started pouring down.
  운 좋게도, 비가 쏟아지기 직전에 버스 정류장에 도착했어요.
- My friend happened to have an extra ticket to the concert, **luckily for me**.
  친구가 우연히 콘서트 티켓을 한 장 더 가지고 있었는데, 저에게는 행운이었죠.

5 **Umm, I think I do that around three times a week.**

three times a week는 '일주일에 세 번'이라는 뜻으로, How often?(얼마나 자주 하는지)에 답변을 할 때 쓸 수 있는 표현입니다. 다음과 같이 다양하게 빈도를 표현할 수 있습니다.

- once a week 1주일에 한 번
- twice a week 1주일에 두 번
- three times a week 1주일에 세 번
- once a month 1달에 한 번
- once every six months 반년에 한 번
- once a year 1년에 한 번
- twice a year 1년에 두 번
- three times a year 1년에 세 번

6-9 **I also love riding with my friends on weekends. After we ride, we go to a restaurant and have a nice meal. Exploring local restaurants is always exciting. Yeah, I know it's kind of going back to the beginning if we eat a lot after exercising, but you know, that's what's more important! Hahaha.**

✔ **감정 형용사 전략** 틈틈이 감정 형용사를 사용하면 좋습니다.

✔ **내 생각 말하기 전략** 운동 후에 밥을 먹으면 원점으로 돌아가지만 먹는 게 더 중요하다는 개인적인 생각을 드러내며 답변을 유머러스하고 특별하게 만들고 있습니다. 본인만의 생각이나 감상은 즉석 발화의 감초가 되어 나의 말하기 실력을 잘 드러냅니다.

10-12 **So after enjoying a satisfying meal, we ride again and head back to our own homes. And that's when the true happiness kicks in. Feeling the gentle breeze and the pleasure of beings full brings me so much joy.**

✔ **감정 형용사 전략** + ✔ **키워드 찰떡 전략** 자전거 탈 때의 기분에 대한 답변을 명확하게 말하는 부분입니다. 감정 표현을 적절히 섞어 주었고, 질문 키워드에 찰떡으로 답변하고 있음을 채점자에게 한 번 더 확실하게 인지시킵니다. 감정 형용사는 시험 전체적으로 많이, 다양하게 사용할수록 좋습니다. 풍부하게 사용하세요.

미국인이 자주 쓰는 일상 표현 - 긍정적인 감정 형용사(3)

- **relaxed** 편안한, 여유 있는
  I feel so **relaxed** when I listen to music. 저는 음악을 들을 때 매우 편안함을 느껴요.
- **thrilled** 아주 기쁜, 신나는
  I'm always **thrilled** when I find a good movie. 좋은 영화를 찾을 때 항상 신이 나요.
- **in a good mood** 기분 좋은
  I'm **in** such **a good mood** after riding my bike. 자전거 타고 나면 기분이 너무 좋아져요.
- **energized** 에너지가 넘치는, 활력을 느끼는
  I feel **energized** after a workout. 운동하고 나면 기운이 넘쳐요.
- **content** 만족하는, 기쁜
  I feel **content** just relaxing at home on my day off. 쉬는 날 집에서 쉬면 만족스러워요.

F

13 **In conclusion, cycling brings me joy and happiness.**

✔ 마무리 전략 + ✔ 감정 형용사 전략 '결론적으로'라는 뜻의 In conclusion과 감정 형용사를 사용하여 내용을 요약하며 마무리 짓습니다.

024

처음 자전거를 탄 경험/계기

When did you first start riding a bike? Did someone teach you, or did you learn by yourself? Was it hard to learn? Are you good at it now? If so, how did you get better?

언제 처음 자전거를 타기 시작했나요? 누군가가 가르쳐 줬나요, 아니면 스스로 배웠나요? 배우는 게 어려웠나요? 지금은 잘 타나요? 그렇다면 어떻게 해서 더 잘 타게 되었나요?

답변 가이드

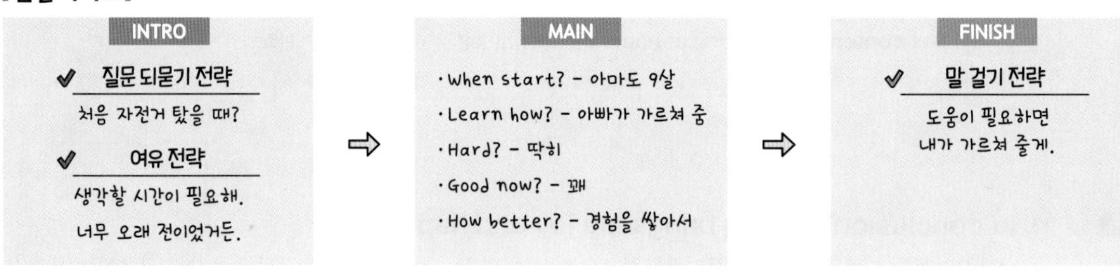

예시 답변

INTRO [1] The first moment of riding? [2] Well, I need some time to think cuz that was such a long time ago.

MAIN [3] You know, I started riding a bike at the age of nine, I guess. [4] Yeah, it was pretty early, right? [5] My father bought me a really nice bike. [6] It was huge, and it even had a basket like the ones in movies. [7] I loved it. [8] My father taught me how to ride it every evening after he got back from work—like how to make a turn, brake, and keep my balance. [9] You know, it wasn't so hard. [10] Of course, I stumbled a lot and hurt my knee, but that's not a big deal, right? [11] Everyone does that.

[12] Since then, I've been riding a bike, and now I'm really good at it because I've gained so much experience and skills. [13] I even ride on snowy and rainy days. [14] So I can say I'm somewhat skilled at cycling.

FINISH [15] Therefore, if you need a hand, just ask me. [16] I will teach you. Haha.

INTRO [1] 자전거를 처음 탔을 때요? [2] 음, 그건 정말 오래된 일이라 생각할 시간이 좀 필요한데요. MAIN [3] 있잖아요, 제가 아홉 살 때 자전거를 타기 시작했던 것 같아요. [4] 맞아요, 상당히 어린 나이죠? [5] 아버지께서 아주 멋진 자전거를 사 주셨어요. [6] 정말 크고, 영화에서처럼 바구니까지 달려 있었죠. [7] 전 그 자전거를 정말 좋아했어요. [8] 아버지께서는 매일 저녁 퇴근 후 저에게 자전거 타는 법을 가르쳐 주셨어요. 방향을 돌리는 법, 멈추는 법, 균형을 유지하는 법 같은 거요. [9] 아시는 것처럼, 그렇게 어렵진 않았어요. [10] 물론, 많이 넘어지고 무릎을 다치기도 했지만, 그건 큰 문제가 아니잖아요? [11] 모두 그런 경험을 하니까요. [12] 그때부터 저는 자전거를 타 왔고, 많은 경험과 기술들을 쌓아서 지금은 정말 잘 타요. [13] 심지어 눈이 오거나 비가 오는 날에도 타요. [14] 그래서 자전거 타는 것에 어느 정도 능숙하다고 할 수 있죠. FINISH [15] 그러니까, 도움이 필요하시면 언제든지 물어봐 주세요. [16] 제가 가르쳐 드릴게요. 하하.

moment 순간 cuz (because의 축약형) ~하기 때문에 huge 큰, 거대한 make a turn 방향을 돌리다 brake 멈추다 balance 균형 of course 물론 stumble 비틀거리다 gain 얻다 experience 경험 skill 기술 somewhat 어느 정도, 다소 skilled 능숙한 therefore 그래서, 그러니까 need a hand 도움이 필요하다

고득점 전략 & 해설

계기는 자주 묻는 유형은 아니지만 나오면 당황하지 않도록 이번 기회에 연습해 놓으세요. 경험은 당연히 과거 시제와 감정 형용사를 신경 쓰시고요. 과거 동사에 표시한 밑줄을 확인하세요.

I 1-2 **The first moment of riding? Well, I need some time to think cuz that was such a long time ago.**

✔ **질문 되묻기 전략** + ✔ **여유 전략** 질문을 되물으며 답변을 시작하고, 생각할 시간이 필요하다는 말을 하면서 답변 내용을 떠올릴 여유를 챙깁니다.

생각할 시간을 요구하는 여유 전략 표현

- Just a second.
- Let me think for a moment.
- I need some time to think about it.
- Let me take a moment.
- Give me a second.
- Let me see.
- I need a moment to consider.

M 3-4 **You know, I started riding a bike at the age of nine, I guess. Yeah, it was pretty early, right?**

When did you first start riding a bike?라는 질문에 대한 ✔ **키워드 찰떡 전략**으로 start riding a bike 표현을 그대로 사용해 대답했습니다.

Level Up! 표현 – at the age of

'몇 살이었을 때'라고 말하려면 when I was ~ years old라는 표현만 떠올리기 쉬운데요, at the age of ~ 표현도 사용해 보세요.

- I started playing the piano **at the age of** nine. 저는 아홉 살 때 피아노를 치기 시작했어요.
- I learned to swim **at the age of** eleven. 저는 열 한 살 때 수영을 배웠습니다.

5-7 **My father bought me a really nice bike. It was huge, and it even had a basket like the ones in movies. I loved it.**

I loved it.은 짧지만 강력하게 긍정을 표현할 수 있습니다. 이런 표현들을 답변하는 틈틈이 넣으세요.

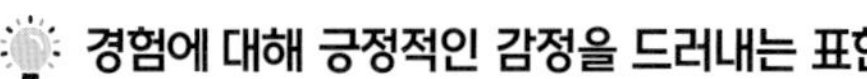

경험에 대해 긍정적인 감정을 드러내는 표현

- I loved it. 정말 좋았어요.
- It was fantastic. 환상적이었어요.
- It was amazing. 정말 굉장했어요.
- It was marvelous. 대단했어요.
- It was awesome. 끝내줬어요.
- I had a wonderful time. 너무 좋은 시간이었어요.
- I really enjoyed it. 정말 즐거웠어요.
- It was great. 정말 좋았어요.
- It was excellent. 아주 좋았어요.
- It was delightful. 즐거웠어요.
- It was cool. 멋졌어요.
- I had a blast. 완전 즐거운 경험이었어요.

8 **My father taught me how to ride it every evening after he got back from work—like how to make a turn, brake, and keep my balance.**

✔ **유창성 전략** "아버지께서 알려 주셨어(누가)" + "퇴근하신 후에(언제)" + "알려 주신 것(무엇을)" 이렇게 앞의 내용에 계속 추가하면서 내용의 디테일을 살려 주세요. 앞의 내용에 조금씩만 추가하면 됩니다. 앞서 말한 내용과 연관성이 깊어 크게 힘들지 않게 쭉쭉 이어 말할 수 있습니다. 육하원칙을 생각하며 추가하는 연습도 좋습니다. 발화량 늘리기에 좋은 팁이니 할 말 없으신 분들 꼭 참고하세요!

9-11 **You know, it wasn't so hard. Of course, I stumbled a lot and hurt my knee, but that's not a big deal, right? Everyone does that.**

✔ **말 걸기 전략** that's not a big deal, right? 하고 물으면서 말을 걸고 있습니다. 이렇게 친구와 대화하듯이 말을 걸어 보세요. 다만 대답은 돌아오지 않으므로 묻고 나서 공백 없이 바로 자연스럽게 이야기를 이어 나가야 합니다.

✔ **내 생각 말하기 전략** 자전거를 배우면서 넘어지고 다치기도 했지만, 누구나 그러니까 별거 아니라는 생각을 말하고 있습니다. 이렇게 본인의 생각을 말하는 것은 매우 좋은 발화 방법입니다. 사실만 쭉 나열하는 것보다 감정, 생각, 느낀 점이 들어가면 깊이 있고 진정성 있는 답변이 만들어집니다. 진정성 있는 답변은 고득점을 부릅니다.

참고로 hurt는 동사 형태가 변하지 않는 불규칙 동사로 hurt-hurt-hurt 그대로 사용됩니다.

12-14 **Since then, I've been riding a bike, and now I'm really good at it because I've gained so much experience and skills. I even ride on snowy and rainy days. So I can say I'm somewhat skilled at cycling.**

✔ **유창성 전략** 지금은 잘 타냐는 질문에 대한 찰떡 답변입니다. 근거도 설명하고 예시도 들었습니다. 마지막에 스스로에 대한 평가까지 덧붙였습니다. 발화량은 이런 연관된 요소들로 쉽게 늘리는 겁니다.

주의할 점은 '지금'은 잘 탄다는 이야기를 하니까 현재 시제로 전환해야 한다는 것입니다. 또한 과거부터 현재까지 계속해서 일어난 일이니, I've been riding(타 왔다: 현재완료 진행, I've gained(쌓아 왔다: 현재완료)를 사용했습니다. 이렇게 시제를 자유자재로 적절히 사용한다면 AL을 받는 것은 당연하겠죠?

미국인이 자주 쓰는 일상 표현 – somewhat

somewhat(어느 정도, 다소)는 구어체보다 조금 더 격식을 차리거나 서면에서 사용하는 경향이 있지만 일상 대화에서도 사용할 수 있습니다. 좀 더 비격식적인 표현으로는 a bit, a little, a little bit(약간, 조금)이 있습니다.

- I was **somewhat** disappointed by the results of the exam.
  저는 시험 결과에 좀 실망했어요.
- The weather was **somewhat** better today compared to yesterday.
  오늘 날씨는 어제보다 조금 나았어요.
- I'm **somewhat** familiar with the topic, but I still need to learn more.
  저는 이 주제에 어느 정도 익숙하지만, 아직 더 배워야 해요.

F 15-16 **Therefore, if you need a hand, just ask me. I will teach you. Haha.**

✔ **말 걸기 전략** 채점자에게 친근하게 말을 걸며 깔끔한 마무리를 지을 수 있습니다.

자전거 타는 사람들이 마주하는 안전 문제와 대응

Describe some of the safety issues facing bike riders today. What are these issues, and why are they happening? What should be done to deal with these issues?

오늘날 자전거 타는 사람들이 마주하는 안전 문제를 설명하세요. 이러한 문제들은 무엇이며, 왜 그런 문제가 생기나요? 이러한 문제들에 대처하기 위해 어떤 조치가 취해져야 할까요?

| 답변 가이드 |

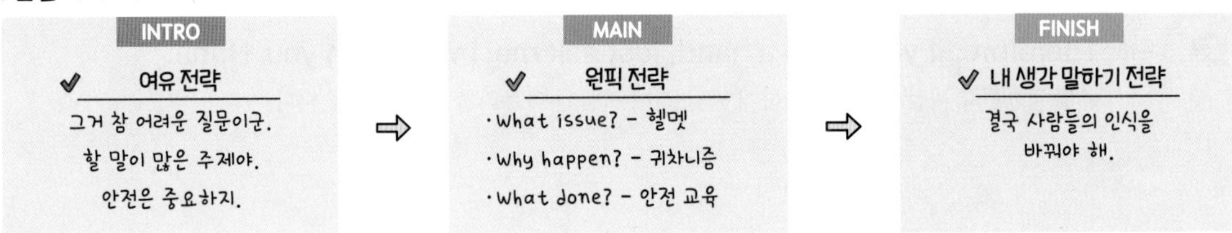
INTRO
여유 전략
그거 참 어려운 질문이군.
할 말이 많은 주제야.
안전은 중요하지.
MAIN
원픽 전략
· What issue? - 헬멧
· Why happen? - 귀차니즘
· What done? - 안전 교육
FINISH
내 생각 말하기 전략
결국 사람들의 인식을
바꿔야 해.

예시 답변

INTRO [1] Ah, that's a tricky question. [2] I have so much to tell you about this because I'm a rider, too. [3] Well, you know, safety is always the most important thing.

MAIN [4] Yeah, I've made up my mind. [5] I'm gonna tell you about the helmet issue. [6] As you know, wearing a helmet prevents serious impacts in case of accidents. [7] But most people, I mean riders, tend to not wear one due to laziness. [8] People definitely know this. [9] But on most days, we don't pay much attention to inherent risk. [10] To be honest, I also rarely use one. [11] Aww... and we all know about the consequences. [12] Yeah, we've heard stories of people who weren't wearing helmets and ended up in the hospital with serious injuries. [13] So obviously, we riders must always wear helmets. [14] Our riding speeds are actually really fast. [15] I think riders should attend some educational events consistently to raise awareness.

FINISH [16] After all, it's all about changing people's mindsets.

INTRO [1] 아, 까다로운 질문이네요. [2] 저도 자전거를 타는 사람이라 이 문제에 대해 할 말이 많아요. [3] 그러니까, 안전은 항상 가장 중요한 것이잖아요. MAIN [4] 네, 마음을 정했어요. [5] 헬멧 문제에 대해 말하려고 해요. [6] 아시다시피, 헬멧 착용은 사고 시에 심각한 충격을 방지해 주죠. [7] 하지만 대부분의 사람들, 제 말은 자전거 타는 사람들은, 귀찮아서 헬멧을 쓰지 않는 경향이 있어요. [8] 사람들은 이 점을 분명히 알아요. [9] 하지만 평소에 우리는 내재된 위험에 대해 많은 주의를 기울이지 않죠. [10] 솔직히 말해서, 저도 잘 안 써요. [11] 으… 그리고 우리는 그 결과에 대해 다 알죠. [12] 네, 헬멧을 쓰지 않았다가 심각한 부상으로 병원에 가게 되는 사람들의 이야기를 들어 봤잖아요. [13] 그러니까 당연히, 우리 라이더들은 항상 헬멧을 써야 해요. [14] 자전거 주행 속도가 실제로는 아주 빨라요. [15] 저는 자전거 타는 사람들이 꾸준히 일정한 교육 행사에 참석해 인식을 높이는 것이 좋다고 생각해요. FINISH [16] 결국, 모든 것은 사람들의 마음가짐을 바꾸는 것에 관한 문제니까요.

tricky 까다로운 safety 안전 prevent 방지하다 impact 영향, 충격 due to ~ 때문에 laziness 게으름 pay attention to ~에 주의를 기울이다 inherent 내재된 risk 위험 rarely 거의 ~하지 않다 consequences (*pl.*) 결과 end up 결국 ~하다 injury 부상 obviously 당연히 attend 참석하다 educational 교육의 consistently 꾸준히 raise 높이다 awareness 인식 mindset 마음가짐

고득점 전략 & 해설

15번 문제에서 사회적 이슈를 물어볼 때 출제되는 고난도 유형입니다. 어려운 질문이라 대비하지 않으면 당황할 수 있으므로 어떤 내용을 말할지 미리 브레인스토밍을 해 두어야 합니다. 초딩 조카 전략으로 쉬운 주제를 선정하면 수월하게 답변 가능합니다.

I 1-3 **Ah, that's a tricky question. I have so much to tell you about this because I'm a rider, too. Well, you know, safety is always the most important thing.**

할 말이 없을 땐 ✔ **여유 전략**과 ✔ **당연한 말 전략**으로 말을 늘어놓습니다. 전문 용어로 밑밥을 깐다고 하죠. 어려운 질문이라고 언급하면서 엄살 부리세요.

중요성을 강조하는 표현

- **the most important** 가장 중요한

  Time is **the most important** resource we have. 시간은 우리가 갖고 있는 가장 중요한 자원이에요.

- **the top priority** 최우선순위

  Safety is always **the top priority**. 안전은 항상 최우선순위예요.

- **must come first** 가장 우선시되어야 한다

  Health **must come first** in our lives. 건강은 우리 삶에서 가장 우선시되어야 해요.

M 4-5 **Yeah, I've made up my mind. I'm gonna tell you about the helmet issue.**

I've made up my mind는 '마음을 정했다, 결정했다'는 의미로, 많은 안전 관련 이슈 중에서 한 가지 말할 주제를 정했다는 뜻입니다. ✔ **두괄식 전략**과 ✔ **원픽 전략**에 쓰기 좋은 표현이에요.

✔ **초딩 조카 전략**으로 쉬운 '헬멧'을 원픽 주제로 선택합니다.

gonna는 going to의 축약형으로, 일상적인 대화에서 많이 사용됩니다. 글쓰기나 공식 자리에는 쓰지 마세요. 오픽은 일상적인 말하기 실력을 평가하므로 써도 됩니다.

미국인이 자주 쓰는 일상 표현 – 축약형

- **gonna = going to**

  I'm **gonna** head to the store later. 나는 이따 가게에 갈 거야.

- **wanna = want to**

  Do you **wanna** join us for dinner? 우리랑 저녁 같이 먹을래?

- **kinda = kind of**

  I'm **kinda** tired after that workout. 나는 운동하고 나서 좀 피곤해.

- **'til = until**

  I'll wait here **'til** you get back. 네가 돌아올 때까지 여기서 기다릴게.

- **'cause/'cuz = because**

  I stayed home **'cause/'cuz** it was raining. 나는 비가 와서 집에 있었어.

6-7 **As you know, wearing a helmet prevents serious impacts in case of accidents. But most people, I mean riders, tend to not wear one due to laziness.**

헬멧이 왜 문제인지 명확하게 밝히세요. 말을 하다가 더 정확한 표현이 생각나면 I mean 하고 자연스럽게 고쳐 말하면 됩니다. 실제 대화는 글처럼 문장이 완벽하지 않고 말을 덧붙이거나 설명이 추가되는 경우가 많죠. 말을 고치고 싶을 때 꼭 활용하세요.

- Bicycles are a great way to commute. **I mean**, they're eco-friendly and good for your health.
  자전거는 출퇴근에 좋은 방법입니다. 즉, 자전거는 환경 친화적이고 건강에도 좋습니다.

8-10 **People definitely know this. But on most days, we don't pay much attention to inherent risk. To be honest, I also rarely use one.**

to be honest는 진솔한 말하기에 도움이 되는 표현입니다. '나도 헬멧 잘 안 쓴다'라고 솔직하게 말하면서 답변의 진정성을 높여 보세요.

11-12 **Aww... and we all know about the consequences. Yeah, we've heard stories of people who weren't wearing helmets and ended up in the hospital with serious injuries.**

Aww는 일반적으로 귀여움, 연민, 감동을 표현하기 위해 사용되는 감탄사입니다. 사랑스러운 동물이나 아기를 보았을 때, 또는 상대방이 다정한 행동을 했을 때 반응으로 흔히 사용되죠. 위 문장에서는 공감이나 연민을 나타내는 표현으로 자전거 사고에 대해 안타까워하는 감정을 드러내는 역할을 합니다. 이렇게 중간중간 감탄사를 섞어 주면 대화에 정말 몰입하는 것 같고, 외우지 않은 즉석 발화 느낌을 줍니다.

감정이나 반응을 나타내는 감탄사

- Oh, wow 와, 대박, 놀랍다
- Ahh 아 (놀람, 안도)
- Oh, no 아이고, 앗 (실망스럽거나 놀라운 상황)
- Hmm 음, 흠 (생각이나 고민을 나타낼 때)
- Yikes 어머나, 헉 (놀람이나 불쾌함)
- Oh, gosh 오 마이 갓, 어이쿠 (놀란 상태)
- Oh, cool 어, 멋지다, 좋아
- Oh, dear 아이고, 앗 (놀라거나 애처로운 상황)
- Oops 앗, 이런 (실수했을 때)
- Uh-oh 어이쿠, 이런 일이 (문제가 있거나 위험한 상황)
- Oh, my 와, 어머, 오 마이 갓 (놀라거나 감탄할 때)
- Holy crap 이런 젠장

13-15 **So obviously, we riders must always wear helmets. Our riding speeds are actually really fast. I think riders should attend some educational events consistently to raise awareness.**

✔ **내 생각 말하기 전략** 자전거 타는 사람들이 헬멧을 써야 하고, 그에 대한 인식을 높이기 위해 교육에 참여해야 한다는 의견을 말하고 있습니다. 의견은 유치해도 되고 거짓말이어도 됩니다. 주제에 어울리게 자유롭게 만드세요.

당위·의무를 나타내는 조동사(의무 강한 순 → 약한 순)

- **must** 반드시 ~해야 한다 (강한 의무를 나타내며 법규나 권위 있는 사람의 명령에 자주 쓰임)
  You **must** wear a seatbelt. 너는 반드시 안전 벨트를 착용해야 해.
- **have to** ~해야 한다 (강한 의무를 나타내며 외부적인 상황이나 규칙에 의한 것이 많음)
  I **have to** finish this report by Friday. 나는 금요일까지 이 보고서를 끝내야 해.
- **should** ~하는 것이 좋겠다 (도덕적인 의무에 대한 조언이나 제안을 나타내며 강제성이 없음)
  You **should** see a doctor if you're not feeling well. 너 몸이 안 좋으면 병원에 가 보는 게 좋겠어.

F

16 **After all, it's all about changing people's mindsets.**

✔ **내 생각 말하기 전략** 내용을 종합하면서 결국에는 사람들이 마음가짐을 바꾸는 것에 달려 있다고 결론 내렸습니다.

미국인이 자주 쓰는 일상 표현 - after all

'결국에는, 어쨌든'이란 의미로, 이런저런 생각 끝에 '결국은/어쨌든 ~이다'라고 결론을 낼 때 쓰는 표현입니다. 논란의 여지가 있는 문제에 대해 결론을 말할 때 활용하면 좋습니다.

- I decided to go to the party **after all.** 나는 결국 그 파티에 가기로 결정했어.
- I guess it makes sense to stay home; it's late **after all.** 집에 있는 게 맞는 것 같아. 어쨌든 시간이 늦었잖아.

UNIT 09

집에서 보내는 휴가

✓ 이렇게 준비하세요

누구나 집에서 보내는 시간이 있으니 문제 자체는 어렵지 않습니다. 한 가지만 주의하세요. 아주 간혹 **사는 곳**과 **집에서 보내는 휴가** 질문이 같이 나올 경우가 있습니다. 이럴 경우 이미 앞에서 집에 대해 많이 말해서 할 말도 없고 당황스러울 수 있죠. 그러니 연습할 때 미리 **차별될 수 있는 답변**을 준비해 놓으세요.

자주 출제되는 문제

문제	유형	시제
집에서 휴가를 보낼 때의 경향/습관 You indicated in the survey that you prefer to stay at home during your vacations. What do you usually do when you spend your vacations at home? Give me as many details as possible. 설문 조사에서 휴가 기간 동안 집에 머무르는 것을 선호한다고 응답하셨습니다. 집에서 휴가를 보낼 때 주로 무엇을 하시나요? 가능한 한 자세히 알려 주세요.	경향/습관	현재
휴가를 함께 보내는 사람과 하는 활동 When you spend your vacation at home, who usually visits you? What are some of the activities you enjoy doing with those people? Provide as many details as possible. 집에서 휴가를 보낼 때, 주로 누가 집에 찾아오나요? 그 사람들과 함께 즐겨 하는 활동에는 어떤 것이 있나요? 가능한 한 자세히 알려 주세요.	경향/습관	현재

문제	유형	시제
집에서 보낸 기억에 남는 휴가 Describe one memorable experience you had during a vacation at home. What happened? Who was involved? Why was this vacation so unforgettable? Explain all of the details. 집에서 휴가를 보내는 동안 기억에 남는 경험을 설명해 주세요. 어떤 일이 있었나요? 누가 관련이 있었나요? 이 휴가가 잊혀지지 않는 이유는 무엇인가요? 모든 세부 사항을 설명하세요.	경험	과거
최근에 집에서 보낸 휴가 Describe what you did during the last vacation you spent at home. Give me a detailed description of your activities from the beginning to the end of the day, including the people you saw and interacted with. 최근에 집에서 보낸 휴가 동안 무엇을 했는지 설명하세요. 하루의 시작부터 끝까지의 활동에 대해, 어떤 사람들과 만나고 교류했는지를 포함해서 자세히 설명해 주세요.	경험	과거
과거와 요즘 사람들이 휴가를 보내는 방법 How do most people in your country spend their vacations now compared to when you were growing up? What are the main differences, and why have these changes occurred? 어렸을 때와 비교해 볼 때, 당신 나라 사람들 대부분은 요즘 어떻게 휴가를 보내나요? 주요 차이점은 무엇이며, 이러한 변화가 일어난 이유는 무엇인가요?	비교	과거 + 현재
휴가가 중요하다고 생각하는 이유 Vacations are usually considered a great time to travel, but some people enjoy staying at home just as much. Why do you prefer staying home during vacations? What do you find enjoyable about a staycation? 휴가는 보통 여행하기 좋은 시기라고 생각하지만, 어떤 사람들은 집에 머무는 것을 그만큼 좋아하기도 합니다. 휴가 기간에 집에 있는 것을 선호하는 이유는 무엇인가요? 집에서 보내는 휴가의 어떤 점이 좋다고 행각하시나요?	사회적 이슈	현재

✪ 빈출 세트 구성

세트 예시 1	❶ 집에서 휴가를 보낼 때의 경향/습관 ❷ 집에서 보낸 기억에 남는 휴가 ❸ 최근에 집에서 보낸 휴가
세트 예시 2	❶ 휴가를 함께 보내는 사람과 하는 활동 ❷ 최근에 집에서 보낸 휴가 ❸ 집에서 보낸 기억에 남는 휴가

026

집에서 휴가를 보낼 때의 경향/습관

You indicated in the survey that you prefer to stay at home during your vacations. What do you usually do when you spend your vacations at home? Give me as many details as possible.

설문 조사에서 휴가 기간 동안 집에 머무르는 것을 선호한다고 응답하셨습니다. 집에서 휴가를 보낼 때 주로 무엇을 하시나요? 가능한 한 자세히 알려 주세요.

| 답변 가이드 |

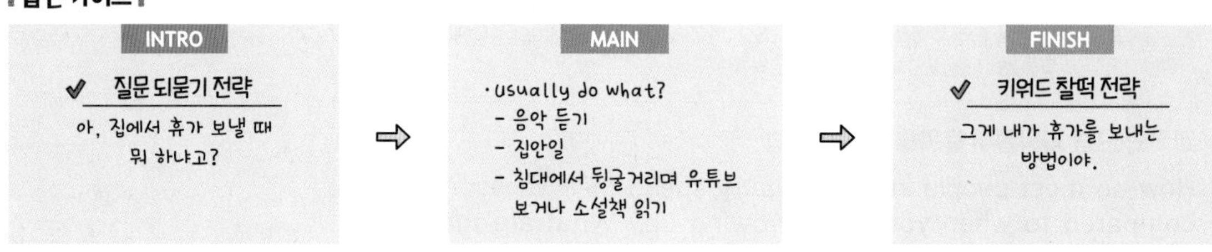

INTRO
✔ 질문 되묻기 전략
아, 집에서 휴가 보낼 때 뭐 하냐고?
MAIN
· usually do what?
- 음악 듣기
- 집안일
- 침대에서 뒹굴거리며 유튜브 보거나 소설책 읽기
FINISH
✔ 키워드 찰떡 전략
그게 내가 휴가를 보내는 방법이야.

예시 답변

INTRO [1]Oh, you mean what I do at home during my vacation…? Well…

MAIN [2]I answered that I prefer staying at home during vacation rather than going on a trip, right? [3]I like to stay at home because I'm actually more of an introvert. [4]I don't like being in crowded or noisy places. [5]Instead, I simply like to chill out at home, play my favorite music, and do some chores. [6]Making my home neat makes me feel organized. [7]And during the rest of the time, I'm usually in bed watching YouTube or reading a novel. [8]I really do like my alone time. [9]I think the reason is that during my working hours, I'm extremely attached to my schedule. [10]It's very stressful, so on vacation, I like to do the opposite. [11]No plans; lots of freedom. [12]It really relieves my stress and takes my mind off of anything negative.

FINISH [13]So, yeah, that's how I spend my vacation. [14]Yeah, that's it.

INTRO [1]오, 휴가 동안 집에서 하는 일 말인가요…? 음… MAIN [2]제가 휴가 때 여행 가는 것보다 집에 있는 걸 선호한다고 응답했잖아요, 맞죠? [3]저는 사실 내향인이라서 집에 있는 걸 좋아해요. [4]사람이 많거나 시끄러운 장소에 있는 것을 좋아하지 않아요. [5]대신 집에서 좋아하는 음악을 틀어 놓고 집안일을 하면서 조용히 쉬는 것을 좋아하죠. [6]집을 깔끔하게 정리하면 정돈된 기분이 들어요. [7]그리고 나머지 시간에는 보통 침대에 누워 유튜브를 보거나 소설을 읽어요. [8]저는 혼자 있는 시간을 정말 좋아해요. [9]제 생각에, 일할 때는 모든 것이 스케줄에 완전히 매여 있어서 그런 것 같아요. [10]정말 스트레스가 많아서 휴가 때는 그 반대로 하고 싶어요. [11]계획은 없고 자유는 많게요. [12]그건 정말 스트레스를 해소해 주고 부정적인 것들에서 생각이 떠나게 해 줘요. FINISH [13]그래서, 네, 저는 휴가를 그렇게 보내요. [14]네, 그게 다예요.

---

rather than ~보다는 **go on a trip** 여행을 가다 **introvert** 내향적인 사람 **crowded** 붐비는, 혼잡한 **noisy** 시끄러운 **chill out** 쉬다 **chore** 집안일 **neat** 깔끔한 **organized** 정돈된 **rest** 나머지 **working hours** 근무 시간 **extremely** 극도로, 매우 **attached to** ~에 매여 있는 **stressful** 스트레스가 많은 **opposite** 반대의 **freedom** 자유 **relieve** 해소하다 **take A off of B** A를 B에서 떼어 놓다 **negative** 부정적인

고득점 전략 & 해설

집에서 보내는 휴가 주제에서 경향/습관 질문은 정말 자주 나옵니다. 집에서 휴가를 보낸 기억을 떠올리면서 어떤 활동을 하는지 순서대로 나열해도 되지만, 너무 나열식으로만 말하면 답변이 무미건조하고 재미가 없습니다. 왜 그 행동을 하는지 이유를 설명하고 감정도 묘사해서 나만의 독창적인 답변을 만들어 보세요. 쉬운 문항이니 내용을 애써 길게 말할 필요는 없고, 반드시 독특할 필요도 없습니다. 그저 틀에 박힌 사실 나열로 암기한 것 같은 느낌만 피하면 됩니다. 마지막으로 경향/습관은 항상 현재 시제라는 것을 신경 쓰며 연습하세요.

I

1 **Oh, you mean what I do at home during my vacation…? Well…**

✔ **질문 되묻기 전략**으로 쉽게 리액션하세요. 답변을 떠올릴 몇 초의 귀한 여유가 생깁니다.

M

2 **I answered that I prefer staying at home during vacation rather than going on a trip, right?**

설문 조사에서 '집에서 보내는 휴가'를 선택했기에 그에 어울리는 자연스러운 말로 시작했는데요, 여행을 선호한다면 '사실 집에서 휴가를 보내지 않는다'고 솔직하게 말해도 괜찮습니다. 평가 항목에 답변 내용이 설문 조사와 일치하는지 여부가 있지는 않으니까요. 그래도 굳이 어려운 길을 가시기보다는 그냥 집에서 휴가를 보낸다고 말하는 걸 추천드립니다. 시험이니까 채점자가 듣고 싶어 하는 말을 우선시해 주세요.

3-4 **I like to stay at home because I'm actually more of an introvert. I don't like being in crowded or noisy places.**

사실만 말하고 넘어가지 말고 이유를 덧붙이면 진정성과 발화량이 늘어나겠죠? 행동이나 사실만 나열하시는 분들은 꼭 감정이나 생각과 연결 짓는 연습을 하세요. AL로 가는 지름길입니다.

내향적/외향적 성격을 나타내는 표현

- **introverted/extroverted** 내향적인/외향적인

  I'm pretty **introverted**, so I usually prefer reading a book to going to a party.
  저는 꽤 내향적이어서, 파티에 가기보다는 책을 읽는 것을 더 좋아해요.

  I'm very **extroverted**, so spending time with others is where I get my energy.
  저는 아주 외향적이어서, 다른 사람들과 시간을 보내면서 에너지를 얻어요.

- **an introvert/extrovert** 내향적/외향적인 사람

  I enjoy socializing, but I'm more of **an introvert**. I need some alone time to recharge.
  저는 사람들과 어울리는 것을 좋아하지만, 더 내향적인 사람이에요. 재충전을 위해 혼자 있는 시간이 필요해요.

  I enjoy meeting new people and being in social settings. I'm definitely **an extrovert**.
  저는 새로운 사람들을 만나고 사회적 환경에서 지내는 것을 즐겨요. 저는 확실히 외향적인 사람이에요.

- **shy** 수줍어하는

  She is a **shy** person who prefers to observe rather than to jump into conversations.
  그녀는 대화에 뛰어들기보다는 관찰하는 것을 선호하는 수줍은 사람이에요.

- **outgoing** 외향적인, 사교적인

  My friend is very **outgoing** and loves meeting new people.
  내 친구는 아주 외향적이라 새로운 사람들을 만나는 걸 매우 좋아해요.

- **social butterfly** 인싸

  Sarah is a **social butterfly**. She knows everyone at the party.
  Sarah는 인싸예요. 파티에 있는 모든 사람을 알아요.

5-6 **Instead, I simply like to chill out at home, play my favorite music, and do some chores. Making my home neat makes me feel organized.**

접속사로 문장 간의 결속력을 높여 주세요. AL 채점 요소에도 적혀 있듯이 접속사 사용은 필수입니다! 문장을 시작할 때 Instead를 쓰면 '그 대신에'라는 의미입니다. 앞의 것보다 뒤의 것을 선호한다는 말을 할 때 사용하면 좋습니다.

Level Up! 표현 – chill out, take it easy, unwind, kick back

쉰다고 말할 때 rest나 relax만 쓰지 말고 chill out, take it easy, unwind, kick back도 써 보세요.

- **chill out** 휴식을 취하다, 머리를 식히다

  I had a long week, so I'm just going to **chill out** at home this weekend.
  이번 주 정말 힘들었어, 그래서 주말에는 집에서 그냥 쉴 거야.

- **take it easy** 편안하게 쉬다, 긴장을 풀다

  You've been working so hard lately. Why don't you **take it easy** this weekend and relax?
  너 최근에 너무 열심히 일했어. 이번 주말에는 조금 편하게 해서 휴식 좀 취하는 게 어때?

- **unwind** 긴장을 풀다, 편안해지다, 쉬다.

  After a stressful day, I like to **unwind** with a hot bath and some soothing music.
  스트레스 많은 하루를 보낸 후에는 따뜻한 목욕과 편안한 음악으로 긴장을 푸는 걸 좋아해요.

- **kick back** 편안히 쉬다, 뒤로 기대어 쉬다.

  It's finally the weekend. Let's **kick back** and watch a movie together.
  드디어 주말이야. 같이 영화 보면서 편하게 쉬자.

7 **And during the rest of the time, I'm usually in bed watching YouTube or reading a novel.**

앞서 말한 집안일에 대해 더 깊게 이야기해도 되지만 경향/습관 유형이라 원픽 전략으로 깊게 들어가기보다 가볍게 집에서 하는 다른 일을 언급했습니다.

8-12 **I really do like my alone time. I think the reason is that during my working hours, I'm extremely attached to my schedule. It's very stressful, so on vacation, I like to do the opposite. No plans; lots of freedom. It really relieves my stress and takes my mind off of anything negative.**

✔ **내 생각 말하기 전략** 혼자 보내는 시간을 좋아하는 개인적인 이유를 추가로 말하며 이야기의 진정성을 높여 줍니다. MAIN의 마무리에서 감정이나 개인적 생각을 드러내 보세요.

F 13-14 **So, yeah, that's how I spend my vacation. Yeah, that's it.**

질문 키워드를 활용해 ✔ **키워드 찰떡 전략**으로 쉽게 마무리했습니다. 마무리를 너무 어렵게 생각하지 마세요. 멋지게 말하는 것보다 마무리를 확실히 짓는 게 중요합니다.

집에서 보낸 기억에 남는 휴가

Describe one memorable experience you had during a vacation at home. What happened? Who was involved? Why was this vacation so unforgettable? Explain all of the details.

집에서 휴가를 보내는 동안 기억에 남는 경험을 설명해 주세요. 어떤 일이 있었나요? 누가 관련이 있었나요? 이 휴가가 잊혀지지 않는 이유는 무엇인가요? 모든 세부 사항을 설명하세요.

| 답변 가이드 |

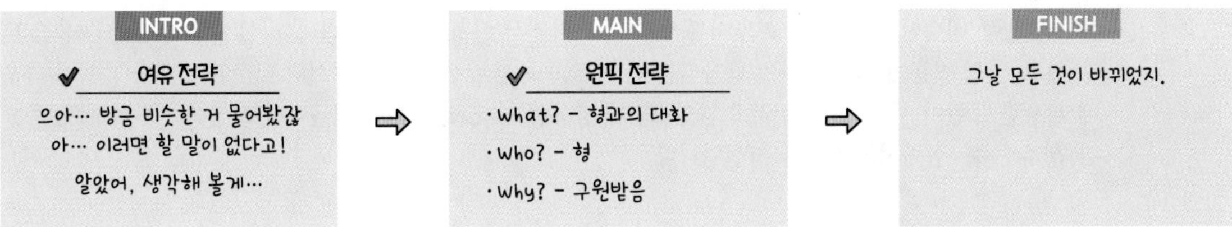

예시 답변

INTRO [1] Oh, boy… You're asking about this again? [2] Whoa, it's so hard to answer because I've already talked about what I do at home. [3] Just give me a second; I'll try...

MAIN [4] So… My unforgettable memory is about a life-changing moment thanks to my brother. [5] Yeah, it was summer vacation in 2021. [6] I was at home doing nothing because… honestly, I couldn't move an inch from my room. [7] I was going through a tough time. [8] It was my last year of college, and I was so worried about life after graduation. [9] I felt like I had done nothing right and was captured by all of my regrets. [10] Then, my brother came to my room and asked me what was wrong. [11] We talked. [12] I shared my regrets about the past and my fears about my uncertain future. [13] He told me to stop worrying and to admit that I didn't fit in with my major. [14] Then, all of a sudden, everything became clear. [15] There I was, suddenly saved. [16] I was determined to say goodbye to my past and believed that it was all going to work out somehow.

FINISH [17] So that day, everything changed.

INTRO [1] 오, 이런… 이걸 또 물어보시는 거예요? [2] 어우, 집에서 뭘 하는지 이미 얘기를 해서 대답하기 너무 어렵네요. [3] 잠깐만 기다려 주세요. 노력해 볼게요… MAIN [4] 그래서… 잊혀지지 않는 기억은 형 덕분에 인생이 바뀐 순간에 대한 거예요. [5] 네, 2021년 여름 방학이었어요. [6] 저는 집에서 아무것도 하지 않고 있었는데 왜냐하면… 솔직히 방에서 1인치도 움직일 수 없었거든요. [7] 당시에 저는 힘든 시간을 보내고 있었어요. [8] 대학 마지막 해였는데 졸업 후의 삶에 대해 걱정이 많았어요. [9] 제대로 한 게 하나도 없는 것처럼 느껴졌고 온통 후회에 사로잡혀 있었어요. [10] 그때, 형이 제 방으로 와서 뭐가 문제인지 물었어요. [11] 우린 얘기를 나눴어요. [12] 저는 과거에 대한 후회와 불확실한 미래에 대한 두려움을 털어놓았어요. [13] 형은 걱정 그만하고, 제가 전공과 잘 안 맞았다는 걸 인정하라고 했어요.. [14] 그러자, 갑자기 모든 것이 명확해졌어요. [15] 저는 갑자기 구원을 받았어요. [16] 저는 과거에 작별을 고하기로 결심했고 모든 것이 어떻게든 잘될 거라고 믿었죠. FINISH [17] 그래서 그날, 모든 것이 바뀌었습니다.

---

unforgettable 잊을 수 없는 life-changing 인생을 바꾸는 moment 순간 thanks to ~ 덕분에 go through ~을 겪다 tough 힘든 graduation 졸업 captured by ~에 사로잡힌 regret 후회 share 나누다, 털어놓다 fear 두려움 uncertain 불확실한 admit 인정하다 fit in with ~와 맞다 all of a sudden 갑자기 determined to ~하기로 결심한 work out 잘되다, 잘 풀리다 somehow 어떻게든

고득점 전략 & 해설

길죠? 1분 30초~2분짜리 답변입니다. 여러분도 2분 안에 느낌 살려서 자연스럽게 말하는 연습을 해 보세요. 사람이라 말하다 보면 길어질 수도 있거든요. 2분 넘어가도 감점은 없지만 총 40분 시간 제한에 유의하시고요.
기억에 남는 경험은 항상 과거 시제를 신경 쓰면서 연습하면 됩니다. 밑줄로 표시된 과거 동사를 눈여겨보세요. 꼭 특별한 경험을 말할 필요는 없으니 부담 없이 본인에게 의미 있었던 경험을 떠올리며 감정 형용사를 다양하게 사용하세요. 실제 경험을 떠올리며 말하는 게 가장 자연스럽지만 생각나는 게 없다면 지어내도 괜찮습니다. 멋진 말을 해야 한다고 부담을 갖진 마세요. 오픽은 누가 더 알차고 재밌는 내용을 말하는지 평가하는 시험이 아니니까요. 자신의 의도가 잘 전달되면 됩니다.

I 1-3 **Oh, boy… You're asking about this again? Whoa, it's so hard to answer because I've already talked about what I do at home. Just give me a second; I'll try...**

✔ **여유 전략** '비슷한 거 또 물어보면 어떻게 하냐'고 하면서 실컷 앙탈을 부립니다. 할 말을 떠올릴 여유를 벌 수 있고, 앞의 질문에 이어서 바로 대응하는 즉석 발화 느낌이 납니다. 앞에서와 비슷한 주제나 유형이 나올 때 유용한 표현이니 세 번 이상 읽고 자연스럽게 응용해 보세요. 쉬운 단어들이라고 방심하지 마세요. 중요한 건 슈슈슉~ 쏟아져 나오는 유창성입니다.

M 4-5 **So… My unforgettable memory is about a life-changing moment thanks to my brother. Yeah, it was summer vacation in 2021.**

✔ **키워드 찰떡 전략**으로 질문의 키워드인 unforgettable memory를 언급했고, ✔ **원픽 전략**으로 하나의 사건에 대해 자세하게 설명합니다. 원픽 주제는 질문을 두 번 듣고 INTRO를 말하는 동안 결정해야 합니다.

'~ 때문에'라는 의미의 표현 – because of, due to, thanks to

- **because of** ~ 때문에 (중립적/부정적인 의미)

  I missed the meeting **because of** a family emergency.
  제가 집에 급한 일이 생겨서 회의에 참석하지 못했습니다.

- **due to** ~ 때문에, ~으로 인해 (중립적/부정적인 의미, 주로 formal한 컨텍스트에서 사용)

  The event was postponed **due to** unexpected circumstances.
  그 행사는 예기치 못한 상황으로 연기되었습니다.

- **thanks to** ~덕분에 (긍정적인 의미)

  Thanks to her advice, I was able to make a better decision.
  그녀의 조언 덕분에 저는 더 나은 결정을 할 수 있었어요.

6-9 **I was at home doing nothing because… honestly, I couldn't move an inch from my room. I was going through a tough time. It was my last year of college, and I was so worried about life after graduation. I felt like I had done nothing right and was captured by all of my regrets.**

✔ **유창성 전략** 힘들었다는 것을 강조하기 위해 비슷한 의미의 여러 문장을 연속해서 말하고 있습니다. 이 전략을 사용할 때는 속사포로 빠르게 말해야 합니다. 같은 의미이기 때문에 금방 생각해 낼 수 있습니다. 괜히 여기서 오래 시간 지체하면 안 됩니다. 빠르게 툭툭 던지는 게 포인트입니다. 또한 같은 표현을 반복하기보

다 다양한 단어를 활용하세요(✔ **다르게 말하기 전략**).
계속 과거 시제가 사용되다가 I felt like I had done nothing right에서 had done 부분에 과거완료가 사용된 것을 알아채셨나요? 졸업 후에 뭘 할지 걱정하던 시점보다 더 과거에 아무것도 하지 않았다고 느낀 것이라서 과거완료를 쓴 것입니다. 이렇게 과거완료 시제를 정확히 사용할 수 있다면 AL을 못 받을 수가 없겠죠.

문법, 이것만! – 과거완료

과거완료는 'had+과거분사' 형태로 쓰이며, 과거의 특정 시점보다 더 이전에 일어난 일을 나타낼 때 사용합니다. 과거완료와 과거는 둘 다 일어난 사건은 동일하지만, 뉘앙스 차이가 있습니다.

- She **had left** before I arrived. 내가 도착하기 전에 그녀는 이미 떠났었다.
  → **과거완료**: '그녀가 떠난 일'이 내가 도착하기 전에 이미 완료된 사건이었다는 것을 강조합니다.
- She **left** before I arrived. 내가 도착하기 전에 그녀는 떠났다.
  → **과거**: 단순히 순서대로 사건이 일어난 것을 나타냅니다.

10-13 **Then, my brother came to my room and asked me what was wrong. We talked. I shared my regrets about the past and my fears about my uncertain future. He told me to stop worrying and to admit that I didn't fit in with my major.**

중간에 We talked.라는 짧고 단순한 문장이 들어갔죠? IH/AL 수준과 맞지 않는다고 생각하실 수 있는데, 모든 문장이 길고 복잡할 필요는 없습니다. 스스로 검열을 너무 엄격하게 하시는 분들이 계신데, 오픽에서 가장 중요한 기준은 듣는 사람이 잘 이해할 수 있는 것(clarity: 명확성)입니다. 오픽은 한 문장이 아니라 답변을 전체적으로 평가하는 시험이잖아요? 긴 복합 문장, 수준 있는 단어나 표현들은 전반적으로 보여 주면 되니, 편하게 말하세요.

집단이나 환경에 잘 적응하지 못한 것을 나타내는 표현

- I decided to leave the job because I felt like I didn't **fit in with** the company culture.
  저는 회사 문화와 맞지 않아서 직장을 떠나기로 결정했어요.
- I didn't really **click with** them. 그들과 잘 맞지 않았어요.
- I **felt out of place**. 내 자리가 아닌 것 같았어요.
- I **didn't feel like I belonged** there. 그곳은 나와 맞지 않는 것 같았어요.
- I felt like I was **on the outside looking in.** 밖에서 겉돌며 안쪽을 바라보는 느낌이었어요.

14-15 **Then, all of a sudden, everything became clear. There I was, suddenly saved.**

마찬가지로 ✔ **유창성 전략**을 사용해서 디테일을 잘 살려 냈습니다. all of a sudden과 suddenly라고 같은 뜻이지만 살짝 다르게 말해서 반복되는 느낌을 피하고 있죠.

16 **I was determined to say goodbye to my past and believed that it was all going to work out somehow.**

✔ **감정 형용사 전략** determined라는 표현을 써서 대화 이후에 들었던 감정을 명확하게 밝혔습니다.

확고한 결심을 나타내는 표현

- I **was determined to** succeed. 나는 성공하기로 결심했어요.
- I **refused to** give up. 저는 포기하지 않기로 했어요.
- I **committed myself to** achieving my goal. 저는 목표를 이루는 것에 전념하기로 했어요.
- I **would do anything to** reach my objective. 저는 목표에 도달하기 위해 무엇이든 할 준비가 되어 있었어요.

F

17 **So that day, everything changed.**

✔ **키워드 찰떡 전략** 그날 모든 것이 변했다고 강조해 키워드(memorable, unforgettable)에 어울리는 마무리를 만듭니다. '그래서 잊을 수 없는 기억이다'라고 말하면 더 명확하겠지만 이미 발화량이 많아서 생략했습니다.

최근에 집에서 보낸 휴가

Describe what you did during the last vacation you spent at home. Give me a detailed description of your activities from the beginning to the end of the day, including the people you saw and interacted with.

최근에 집에서 보낸 휴가 동안 무엇을 했는지 설명하세요. 하루의 시작부터 끝까지의 활동에 대해, 어떤 사람들과 만나고 교류했는지를 포함해서 자세히 설명해 주세요.

답변 가이드

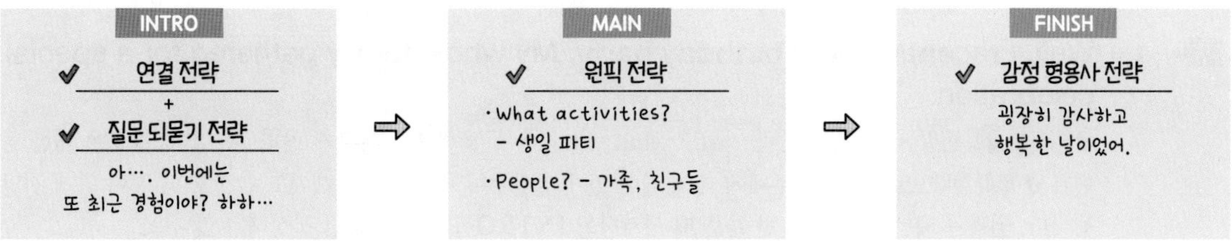

INTRO
연결 전략
+
질문 되묻기 전략
아…. 이번에는
또 최근 경험이야? 하하…
MAIN
원픽 전략
· What activities?
– 생일 파티
· People? – 가족, 친구들
FINISH
감정 형용사 전략
굉장히 감사하고
행복한 날이었어.

예시 답변

INTRO [1]Oh... Another recent experience? Haha...

MAIN [2]Well, I recently had a birthday party. [3]My whole family gathered for a special celebration. [4]The day began with my mom cooking her signature beef seaweed soup, which smelled amazing and tasted wonderful. [5]After lunch, my brother surprised me with a delightful mint chocolate cake, which is my favorite. [6]Everyone sang "Happy Birthday" as I blew out the candles. [7]My grandmother joined us by singing along and clapping her hands to cheer for me. Haha. [8]Later that evening, my beloved dad called, and we video chatted, and he wished me a happy birthday. [9]He was out of the country on a business trip. [10]I felt truly blessed. [11]And at the end of the day, I checked my social media. [12]It was flooded with loving messages from my friends.

FINISH [13]Yeah, it was such a grateful and happy day. [14]I felt truly blessed to spend such a precious time with my family and friends.

INTRO [1]아… 최근의 또 다른 경험이요? 하하… MAIN [2]음, 최근에 생일 파티가 있었어요. [3]온 가족이 모여서 특별한 축하 파티를 했어요. [4]그날은 엄마가 잘하시는 메뉴인 소고기 미역국을 요리하는 것으로 시작했는데, 냄새도 정말 좋고 맛도 훌륭했어요. [5]점심 식사 후에 남동생이 민트 초콜릿 케이크를 깜짝 선물로 주었는데, 제가 제일 좋아하는 거예요. [6]제가 촛불을 끌 때 모두가 생일 축하 노래를 불렀어요. [7]할머니도 함께 노래를 따라 부르시고 손뼉을 치며 저를 축하해 주셨어요. 하하. [8]그날 저녁에는 사랑하는 아빠가 전화해서 우리는 영상 통화를 했고, 아빠가 생일을 축하해 주셨어요. [9]아빠는 출장 때문에 해외에 나가 계셨거든요. [10]정말 축복받은 기분이었어요. [11]그리고 하루가 끝날 때 제 SNS를 확인해 보았어요. [12]친구들이 보낸 사랑의 메시지가 넘쳐났어요. FINISH [13]네, 정말 감사하고 행복한 하루였어요. [14]가족과 친구들과 함께 그토록 소중한 시간을 보낼 수 있어서 정말 축복받은 것 같았습니다.

---

recent 최근의 experience 경험 recently 최근에 gather 모이다 celebration 축하 signature 대표적인, 특징적인 seaweed 해조류 delightful 기쁨을 주는, 즐거운 blow out 불어 끄다 along 함께 clap 손뼉 치다 beloved 사랑하는 video chat 영상 통화를 하다 truly 진정으로 blessed 축복받은 flooded with ~으로 넘쳐나는 grateful 감사한 precious 소중한

고득점 전략 & 해설

앞서 집에서 휴가를 보내는 경향/습관, 기억에 남는 경험에 대해 말했는데 또 비슷한 질문이 나오니 정말 힘들죠? 오픽에서 곤란한 점이 바로 비슷한 질문이 연달아 나올 수 있다는 것입니다. 그래서 미리 비슷한 질문들을 살펴보고 대비해야 하는 겁니다. 하지만 너무 걱정할 필요는 없어요. 정 대답을 못 하겠어서 "아까 전 질문과 너무 비슷해… 아이고, Ava야, 너무하다!"라고 친근하게 말하면서 적당히 넘어간 분들이나 스킵한 분들도 IH나 AL 받으신 경우가 많이 있습니다. (단, 스킵해도 전체 발화량은 30분 이상 되도록 하는 것을 추천드립니다.) 오픽은 전반적으로 평가하는 시험이라는 것을 잊지 마세요!

I

1 **Oh... Another recent experience? Haha...**

✔ **연결 전략** + ✔ **질문 되묻기 전략** "또(Another)"라는 말 자체가 앞의 답변과의 연결을 나타내 주죠. 쉬우니까 활용해 보세요. 여유도 생기고 좋습니다.

M

2-3 **Well, I recently had a birthday party. My whole family gathered for a special celebration.**

✔ **키워드 찰떡 전략** + ✔ **두괄식 전략** 키워드 what, when은 두괄식으로 빠르게 처리했습니다. 경험에 대한 답변은 ✔ **원픽 전략**으로 한 가지 주제에 대해 깊이 있게 말할수록 내용도 풍부해지고 감정도 더 깊이 있게 전달됩니다. 원픽 주제는 질문을 두 번 들을 때 생각하고 INTRO를 말하는 동안 결정해야 합니다.

4-5 **The day began with my mom cooking her signature beef seaweed soup, which smelled amazing and tasted wonderful. After lunch, my brother surprised me with a delightful mint chocolate cake, which is my favorite.**

복합 문장 활용은 IH/AL로 가기 위한 필수 관문입니다. 문장을 길게 만들 수 있는 가장 쉬운 방법은 구체성을 부여하는 거예요. 감상을 말할 수도 있고, 육하원칙에 기반한 내용을 덧붙일 수도 있습니다. 할 말이 없어 발화량이 부족한 분들, 문장이 항상 I로 시작하거나 단조로운 분들은 꼭 연습해야 하는 부분입니다. 문법적으로는 접속사, 관계대명사, 분사 등을 활용하면 문장을 길게 만들 수 있습니다. 위의 두 문장에서는 관계대명사를 사용했습니다.

관계대명사 which의 계속적 용법

문장이 끝난 후에 마침표가 아니라 콤마(,)가 나오고 그 뒤에 which가 나오는 용법입니다. 더 자세히 설명하고 싶은 것이 있을 때 사용하기 좋은 용법입니다. 두 문장을 늘어놓는 대신 which를 사용해서 합쳐 보세요.

- The day began with my mom cooking her signature beef seaweed soup. It smelled amazing and tasted wonderful.
  그날은 엄마가 잘하시는 메뉴인 소고기 미역국을 요리하는 것으로 시작했어요. 그건 냄새도 정말 좋고 맛도 훌륭했어요.
  → The day began with my mom cooking her signature beef seaweed soup**, which** smelled amazing and tasted wonderful.
  그날은 엄마가 잘하시는 메뉴인 소고기 미역국을 요리하는 것으로 시작했는데, 냄새도 정말 좋고 맛도 훌륭했어요.

6 **Everyone sang "Happy Birthday" as I blew out the candles.**

여기서는 접속사 as(~할 때, ~하면서)를 활용해 두 문장을 연결한 복합 문장을 만들었습니다. 다양한 접속사를 활용해 문장을 풍부하게 하는 연습을 하세요.

시간을 나타내는 접속사

- **as** ~하면서, ~할 때
  She smiled at me **as** I walked by. 제가 지나갈 때 그녀가 저에게 미소 지었어요.
- **while** ~하는 동안
  I like to listen to podcasts **while** I work out. 저는 운동하는 동안 팟캐스트 듣는 걸 좋아해요.
- **by the time** ~할 때쯤
  By the time we got there, the concert had already begun.
  우리가 거기에 도착했을 때쯤 콘서트는 이미 시작됐어요.
- **as soon as** ~하자마자
  I'll let you know **as soon as** I hear back. 답변을 받는 대로 알려 드릴게요.
- **whenever** ~할 때면 언제든지
  Come over **whenever** you want to hang out. 같이 놀고 싶으면 언제든지 오세요.
- **every time** ~할 때마다
  Every time I see that movie, I laugh so hard. 그 영화를 볼 때마다 저는 미친 듯이 웃어요.

7 **My grandmother joined us by singing along and clapping her hands to cheer for me. Haha.**

'by+동명사(동사+ing)'는 '~함으로써, ~하면서'라는 의미로, 구체적인 행동을 설명/묘사할 때 사용하기 좋은 패턴입니다.

- I improved my English **by practicing** every day. 매일 연습하면서 영어 실력을 향상시켰어요.
- He saved money **by cutting** down on unnecessary expenses.
  그는 불필요한 지출을 줄여 돈을 아꼈어요.

8-10 **Later that evening, my beloved dad called, and we video chatted, and he wished me a happy birthday. He was out of the country on a business trip. I felt truly blessed.**

질문에서 하루의 시작부터 끝까지 말하라고 한 만큼, Later that evening이라고 시간의 흐름을 나타내 주었습니다.

✔ **감정 형용사 전략** I felt truly blessed.라고 감정을 덧붙였는데요, 이렇게 일어난 사건과 감정을 연결 지으면 사실만 나열하는 단조로운 느낌을 피할 수 있습니다.

11-12 **And at the end of the day, I checked my social media. It was flooded with loving messages from my friends.**

여기서도 시간의 흐름을 나타내는 부사구 at the end of the day를 사용해 질문 찰떡 답변을 이어 갑니다.

F 13-14 **Yeah, it was such a grateful and happy day. I felt truly blessed to spend such a precious time with my family and friends.**

✔ **감정 형용사 전략** 답변을 마무리하며 감정과 생각을 풍부히 드러내 줍니다.

UNIT 10

국내여행 & 해외여행

✔ 이렇게 준비하세요

국내여행과 해외여행은 한 번에 준비할 수 있습니다. 구분만 잘하세요. **해외**(international, travel overseas, travel abroad, outside of your country, foreign), **국내**(domestic, local, where you live) 이렇게 구분하세요. **경험**(기억에 남는/첫/최근/어릴 때) 유형은 연달아 물어볼 때를 대비해 **충분한 썰**을 만드세요. 당연히 **과거 시제**와 **감정 형용사** 사용은 중요합니다!

자주 출제되는 문제

문제	유형	시제
해외여행을 할 때 주로 하는 일 What are some things that you do when you are visiting another country? Please explain the activities in detail. 다른 나라를 방문할 때 어떤 것들을 하나요? 활동을 자세히 설명해 주세요.	경향/습관	현재
첫 여행 경험 Tell me about your first trip to another country or city you visited. What did it look like, and what were the people like there? 다른 나라나 도시로의 첫 여행에 대해 말해 주세요. 그곳은 어떤 모습이었고 사람들은 어땠나요?	경험	과거
기억에 남는 여행 What is the most memorable experience you have had while traveling? When and where did you go? What happened? Why was it memorable? Describe the experience in detail. 여행 중 가장 기억에 남는 경험은 무엇인가요? 언제, 어디로 여행하셨나요? 무슨 일이 있었나요? 그 일이 기억에 남는 이유는 무엇인가요? 그 경험을 자세히 설명해 주세요.	경험	과거

문제	유형	시제
여행 전 준비하는 것 Before you travel, what do you usually do to prepare for your trip? Do you do research in advance or make reservations? What special things do you do? Please describe your preparations in detail. 여행을 떠나기 전에 준비를 위해 보통 어떤 것들을 하나요? 미리 조사하거나 예약을 하나요? 어떤 특별한 일을 하나요? 준비 과정을 자세히 설명해 주세요.	경향/습관	현재
좋아하는 여행 장소 Is there a place in your country would you like to visit? Do you prefer the mountains or the beach? Describe a place you'd like to visit and why you'd like to go there. 국내에서 방문하고 싶은 장소가 있나요? 산이나 해변을 선호하시나요? 방문하고 싶은 장소와 그곳에 가고 싶은 이유를 설명해 주세요.	설명/묘사	현재
어렸을 때 해외여행 경험 Think about another country you visited as a child. What was it like? Please describe it in detail. 어렸을 때 방문했던 다른 나라를 생각해 보세요. 어떤 모습이었나요? 자세히 설명해 주세요.	경험	과거
현재와 과거의 해외여행 비교 How has traveling to other countries changed over the past few years? Has it gotten easier or more difficult? Describe what traveling was like in the past and how it has changed. 지난 몇 년 동안 다른 나라로 여행하는 것이 어떻게 바뀌었나요? 더 쉬워졌나요, 아니면 더 어려워졌나요? 과거에는 여행이 어땠는지, 어떻게 변해 왔는지 설명해 주세요.	비교	현재 + 과거
인기 있는 여행지에 대한 나의 생각 Tell me about a popular tourist spot people like to visit when traveling outside of your country. Why do you think these places are interesting to travelers? 사람들이 해외여행 시 즐겨 찾는 여행지에 대해 알려 주세요. 이러한 장소가 여행자들에게 흥미로운 이유는 무엇이라고 생각하시나요?	사회적 이슈	현재

빈출 세트 구성

세트 예시 1	❶ 해외여행을 할 때 주로 하는 일 ❷ 첫 여행 경험 ❸ 기억에 남는 여행
세트 예시 2 (고난도)	❶ 현재와 과거의 해외여행 비교 (14번) ❷ 인기 있는 여행지에 대한 나의 생각 (15번)

해외여행을 할 때 주로 하는 일

029

What are some things that you do when you are visiting another country? Please explain the activities in detail.

다른 나라를 방문할 때 어떤 것들을 하나요? 활동을 자세히 설명해 주세요.

답변 가이드

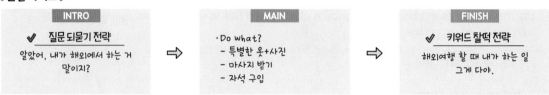

INTRO		MAIN		FINISH
✔ 질문 되묻기 전략 알았어, 내가 해외에서 하는 거 말이지?	⇨	· Do what? - 특별한 옷+사진 - 마사지 받기 - 자석 구입	⇨	✔ 키워드 찰떡 전략 해외여행 할 때 내가 하는 일 그게 다야.

예시 답변

INTRO [1] Well, okay, you're asking me about what I do in another country, right?

MAIN [2] Hmm, you know, for me, I really love to travel, and there are special things I only do abroad.

[3] First, I wear some extraordinary clothes like a dress or a bikini or something very fancy. [4] I enjoy taking photos in those outfits. [5] It's like, I want to try things that I can't normally do.

[6] Next, I get lots of massages, especially when I visit South Asia. [7] There are super nice massage shops with really reasonable prices.

[8] Lastly, I always buy magnets from the country I'm visiting. [9] It's a special ritual for me to remember the place. [10] And they go right up on my refrigerator. Haha.

FINISH [11] So, yeah, that's almost everything I do when I travel to a foreign country.

INTRO [1] 아, 네, 다른 나라에서 하는 것에 대해 물어보시는 거죠? MAIN [2] 음, 저는 여행을 정말 좋아하는데 해외에서만 하는 특별한 것들이 있어요. [3] 첫째로, 저는 드레스나 비키니 같은 특별한 옷을 입거나 아주 화려한 걸 입어요. [4] 그런 옷을 입고 사진 찍는 것을 좋아해요. [5] 마치, 평소에 할 수 없는 걸 해 보고 싶은 거죠. [6] 다음으로, 마사지를 많이 받아요. 특히 동남아시아를 방문할 때요. [7] 정말 합리적인 가격의 훌륭한 마사지 숍이 많거든요. [8] 마지막으로, 저는 항상 방문하는 나라에서 자석을 구입해요. [9] 그 장소를 기억하기 위한 특별한 의식이에요. [10] 그리고 냉장고에 바로 붙이죠. 하하. FINISH [11] 네, 그래서 외국으로 여행 갈 때 제가 하는 거의 모든 일은 이 정도예요.

---

abroad 해외로, 해외에서 extraordinary 평범하지 않은, 특별한 fancy 화려한 outfit 옷 normally 평소에 especially 특히 reasonable 합리적인 lastly 마지막으로 magnet 자석 ritual 의식 refrigerator 냉장고

고득점 전략 & 해설

경향/습관 유형은 난이도나 중요도가 높지 않습니다. 두 가지만 주의하세요.

1. 주로 하는 일 ⇨ 경향/습관 ⇨ 현재 시제!
   AL의 필수 채점 요소인 시제를 기본적으로 체크하는 유형이기 때문에 반복되는 습관은 현재 시제로 말하면 됩니다.
2. 너무 많은 것을 말하지 않아도 된다.
   중상급자들이 자주 하는 실수로, 적당히 두세 가지만 말하면 되는데 더 말할 것을 생각하다가 공백을 만듭니다. 그래서 몇 초의 공백 후 갑자기 마무리를 짓거나, 마무리 없이 답변을 종료합니다. 이런 경우 정말 안타깝습니다. 모든 답변이 1분을 넘을 필요는 없으니, 30~40초 정도로 적당히 답변하고 마무리 지어도 괜찮습니다.

I 1 **Well, okay, you're asking me about what I do in another country, right?**

✔ 질문 되묻기 전략으로 가볍게 포문을 엽니다.

M 2 **Hmm, you know, for me, I really love to travel, and there are special things I only do abroad.**

✔ 여유 전략 말문을 시작할 때 필러를 사용하면 암기하지 않고 즉석에서 말하는 느낌이 납니다.

✔ 당연한 말 전략 "해외에서 하는 일 있지."라고 당연한 말을 하며 할 말을 떠올릴 여유를 확보합니다.

3-7 **First, I wear some extraordinary clothes like a dress or a bikini or something very fancy. I enjoy taking photos in those outfits. It's like, I want to try things that I can't normally do. Next, I get lots of massages, especially when I visit South Asia. There are super nice massage shops with really reasonable prices.**

경향/습관은 현재 시제로 말하는 것이 중요합니다. 밑줄 친 현재형 동사들을 눈여겨보세요.

해외여행에서 하는 세 가지 활동을 말할 때 First, Second, Third라고 해도 되지만 대신 First, Next, Lastly라고 작은 변주를 줄 수 있습니다. 이렇게 논리 구조를 만들어 설명하는 방식은 매우 쉽고 듣는 사람이 이해하기에도 좋으니 활용해 보세요.

✔ 초딩 조카 전략 설명할 때 단순하게 I wear a bikini. 이렇게 끝내지 마시고 항상 듣는 사람 입장에서 이해하기 쉽도록 친절하게 예시도 들고, 형용사도 활용하세요.

✔ 유창성 전략 그 옷을 입고 무엇을 하는지, 왜 그런 옷을 입는지도 툭툭 가볍게 같이 던져서 풍성한 대답을 만드세요.

8-10 **Lastly, I always buy magnets from the country I'm visiting. It's a special ritual for me to remember the place. And they go right up on my refrigerator. Haha.**

✔ 유창성 전략 전체적으로 말이 단조롭지 않고, 연관된 한두 문장이 붙어 있는 것을 보실 수 있죠? 발화량은 이렇게 늘려 가는 겁니다. 새로운 내용을 말하는 건 어렵지만, 앞 내용과 관련된 한두 문장을 덧붙이는 것은 수월하고, 사실과 감상을 동시에 담아 내서 말하기 실력을 돋보이게 할 수 있는 좋은 방법입니다.

F 11 **So, yeah, that's almost everything I do when I travel to a foreign country.**

✔ 키워드 찰떡 전략 마무리에서 질문의 키워드를 다시 활용하면 주제에 맞는 답변을 찰떡으로 했음을 채점자에게 다시 한번 인지시킬 수 있습니다.

첫 여행 경험

Tell me about your first trip to another country or city you visited. What did it look like, and what were the people like there?

다른 나라나 도시로의 첫 여행에 대해 말해 주세요. 그곳은 어떤 모습이었고 사람들은 어땠나요?

| 답변 가이드 |

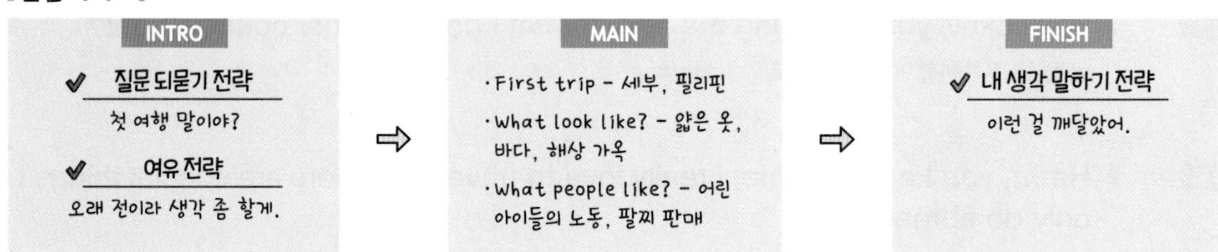

예시 답변

INTRO [1]Wow... My first time traveling? [2]Whoa... You know, that was such a long time ago, so I have to recall what happened.

MAIN [3]Well, I think it was Cebu Island in the Philippines. [4]I was in, like, 3rd grade. [5]Yeah, it's been ages. Hahaha. [6]Hmm, I remember that the weather was super hot. [7]So people were only wearing lightweight clothes like T-shirts and shorts. [8]And you know, the Philippines is made up of many islands, so the people there wore flip-flops because they had easy access to the sea. [9]Some houses were only like 80 centimeters above the water. [10]What actually struck me was the people. [11]While I was enjoying snorkeling and the buffet, young kids were around us waiting for us to buy some accessories they had made. [12]They were really young. [13]I was young, too, but they were way younger than me.

FINISH [14]To be honest, I didn't really pay attention to them at first. [15]But after the trip, my father wrote a letter about our trip, and there were these caring words like, "I hope my daughter becomes a person who cares about those young kids." [16]That's when I realized how much I have and the value of other lives.

INTRO [1]와… 첫 여행이요? [2]와… 있죠, 너무 오래 전이라 기억을 더듬어 봐야겠어요. MAIN [3]음, 필리핀 세부 섬이었던 것 같아요. [4]초등학교 3학년 때였어요 [5]네, 정말 오래됐죠. 하하하. [6]음, 날씨가 엄청 더웠던 걸로 기억해요. [7]그래서 사람들은 티셔츠와 반바지 같은 가벼운 옷만 입었죠. [8]그리고 필리핀은 많은 섬으로 이루어져 있어서 사람들은 바다에 쉽게 갈 수 있어서 슬리퍼를 신고 다녔어요. [9]어떤 집들은 물 위로 겨우 80cm 정도만 올라와 있었어요. [10]저를 놀라게 한 것은 사실 사람들이었어요. [11]제가 스노클링과 뷔페를 즐기는 동안 어린 아이들이 자신들이 만든 액세서리를 팔려고 우리 주변에서 기다리고 있었어요. [12]그 애들은 정말 어렸어요. [13]저도 어렸지만 그 아이들은 저보다 훨씬 어렸어요. FINISH [14]솔직히 처음에는 그 아이들에게 별로 관심을 두지 않았어요. [15]그런데 여행이 끝나고 아버지가 여행에 대해 편지를 쓰셨는데, "내 딸이 저 어린 아이들을 돌보는 사람이 되었으면 좋겠다"는 따뜻한 말씀이 적혀 있었어요. [16]그때 제가 가진 것이 얼마나 많은지, 그리고 다른 사람들의 삶의 가치에 대해 깨달았습니다.

---

recall 기억을 떠올리다 lightweight 가벼운 made up of ~으로 구성된 flip-flops 해변용 샌들 access 접근 strike 충격을 주다, 놀라게 하다 accessory 장신구 way 아주, 많이 caring 배려하는, 보살피는 value 가치

고득점 전략 & 해설

'첫 여행'에 대해 말하라고 하면 아무 여행이나 떠올리고 처음 여행이라고 말하면 됩니다. 본인의 여행 경험 중 말할 것이 없다면 다 가져다 붙이기 전략을 쓰세요. 라디오, 뉴스, 친구에게 들은 썰을 적절히 섞어 말하면 됩니다. 다만, 사실(fact) 나열만 하지 말고 꼭 감정을 많이 담아 진실되게 포장하세요.

I

1-2 **Wow... My first time traveling? Whoa... You know, that was such a long time ago, so I have to recall what happened.**

✔ **질문 되묻기 전략** + ✔ **여유 전략** 첫 여행 경험 바로 떠오르나요? 대부분 할 말이 떠오르지 않고 당황스러울 텐데, 그 감정과 생각을 그대로 표현해 보세요. 공백 없이 바로 지금 하고 있는 생각을 자연스럽게 말하는 겁니다. "정말 오래 전 일이라 기억을 더듬어 볼게~"하고 말이죠. 이 표현이 영어로 입에서 바로 나오지 않는다면 꼭 지금 암기하세요.

M

3-5 **Well, I think it was Cebu Island in the Philippines. I was in, like, 3rd grade. Yeah, it's been ages. Hahaha.**

✔ **원픽 전략** 원픽 주제로 필리핀의 세부 섬을 골랐습니다. 초등학교 3학년 때였다는 것도 물론 사실일 필요는 없어요.

오랜 시간이 지났음을 강조하는 표현

- It's been ages.
- It's been such a long time.
- It feels like forever.
- Time has flown by.
- It's been a long time.
- It's been forever.
- It's been such a while.
- It feels like an eternity.

6-9 **Hmm, I remember that the weather was super hot. So people were only wearing lightweight clothes like T-shirts and shorts. And you know, the Philippines is made up of many islands, so the people there wore flip-flops because they had easy access to the sea. Some houses were only like 80 centimeters above the water.**

✔ **키워드 찰떡 전략** 질문의 키워드 look like에 대한 답변입니다. 전반적으로 날씨, 사람들의 옷차림, 지형, 수상 가옥에 대해 연결해서 와르르 말하고 있습니다. 엄청나게 논리적으로 말하지 않아도 괜찮아요. 오픽은 구어체 답변을 선호하니까요. 일반적으로 우리가 기억을 떠올릴 때 이렇게 말하잖아요? 편하게 대답하시면 됩니다. 여기에 한두 가지 감상을 덧붙여도 되지만 어차피 뒤에서 감상을 많이 말할 것이라서 넘어갔습니다.

10-13 **What actually struck me was the people. While I was enjoying snorkeling and the buffet, young kids were around us waiting for us to buy some accessories they had made. They were really young. I was young, too, but they were way younger than me.**

✔ **키워드 찰떡 전략** 이번에는 키워드 people like에 대한 답변입니다. 여행지에서 본 사람들 중 어린아이들에 초점을 두고 답변했습니다. 동남아에서 아이들이 악세서리 파는 것 보신 적 있으시죠? 실제 기억을 기반으

로 말하는 것의 장점은 정말 머릿속에 생생한 장면을 설명하는 것이라서, '그 애들은 우리가 식사를 끝내기를 기다리고 있었다'와 같은 구체적인 묘사가 가능해지는 것입니다. 경험한 사람만 말할 수 있는, 그런 짬이 묻어나는 답변이 더욱 귀합니다.

제 강의에서는 항상 본인의 경험으로 답변을 적는 시간을 갖는데, 그렇게 미리 준비하니 시험장에 가서 훨씬 답변하기 수월하다고 수강생분들이 말합니다. 고득점을 받는 분들이 많은 것도 이 덕분이죠. 본인 경험에 기반한 답변의 장점은 ① 이미 기억하고 있다는 것, ② 진솔한 감정 표현, ③ 생생한 현장감이에요. 논리 구조, 전략, 필러, 접속사 등 다른 모든 것보다 가장 중요한 건 조금 부족하더라도 본인의 이야기를 하고 있다는 것이 채점자에게 느껴지게 하는 겁니다. 실제로 제게 시험 직전에 컨설팅을 받은 분이 있어요. 오픽에 대해 아무것도 몰라서 많이 불안해하셨는데, 첫 시험에 바로 IH를 받으셨어요. 그분이 알려 준 비법은 최대한 자기 이야기를 솔직하게 전달하려고 노력했다는 거예요. 결국 그게 본질입니다. 오픽은 암기하지 않은 본인의 이야기를 정말 좋아하기 때문에 화려한 스크립트를 따라하거나 통으로 암기하지 마시고, 날것이라도 자신의 이야기를 꺼내 보세요. 그렇게 원석(본인 이야기)을 점점 다듬으면 다이아몬드(AL)가 되는 겁니다.

F 14-16 **To be honest, I didn't really pay attention to them at first. But after the trip, my father wrote a letter about our trip, and there were these caring words like, "I hope my daughter becomes a person who cares about those young kids." That's when I realized how much I have and the value of other lives.**

경험 유형은 본인의 특별한 감상으로 마무리하면 좋습니다. 이때 활용할 수 있는 것이 ✔ **내 생각 말하기 전략**과 ✔ **감정 형용사 전략**입니다. 이 답변에서는 내 생각 말하기 전략을 활용했습니다. 세부 여행 후에 아버지께 받은 편지를 언급하면서 아이들의 노동과 내가 가진 것에 대한 깨달음을 진솔하게 드러냈습니다. 그동안 수만 명의 답변을 들어 온 채점자라도 이와 같은 답변을 들어 본 적이 있었을까요? 없겠죠. That's the power of personal storytelling!

기억에 남는 여행

What is the most memorable experience you have had while traveling? When and where did you go? What happened? Why was it memorable? Describe the experience in detail.

여행 중 가장 기억에 남는 경험은 무엇인가요? 언제, 어디로 여행하셨나요? 무슨 일이 있었나요? 그 일이 기억에 남는 이유는 무엇인가요? 그 경험을 자세히 설명해 주세요.

답변 가이드

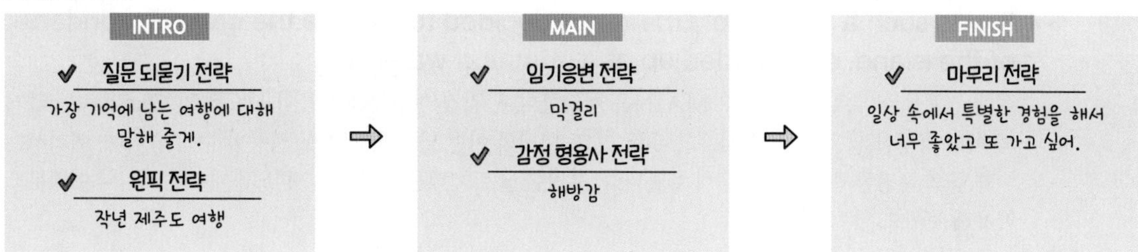

INTRO
질문 되묻기 전략
가장 기억에 남는 여행에 대해 말해 줄게.
원픽 전략
작년 제주도 여행
MAIN
임기응변 전략
막걸리
감정 형용사 전략
해방감
FINISH
마무리 전략
일상 속에서 특별한 경험을 해서 너무 좋았고 또 가고 싶어.

예시 답변

INTRO [1] Sure, I'd love to tell you about my most memorable trip. [2] It was last year on Jeju Island.

MAIN [3] It was such a great trip! [4] One day, I decided to explore the natural wonders of the island, and I ended up at a stunning waterfall. [5] While enjoying the breathtaking view, I discovered a local spot that served delicious *makgeolli*. [6] And, you know, *makgeolli* is a Korean traditional rice wine. [7] It's really sweet stuff. [8] I couldn't resist and decided to treat myself. [9] Imagine sipping on that delicious *makgeolli* while surrounded by the beauty of nature! [10] Ah, I felt a thrilling sense of liberation. [11] It was a moment of pure joy and escape from my everyday routine. [12] The combination of the waterfall and the taste of *makgeolli* created an unforgettable experience.

FINISH [13] To wrap things up, that trip to Jeju gave me a taste of something special in the middle of everyday life. [14] I want to go again!

INTRO [1] 물론이죠, 가장 기억에 남는 여행에 대해 말해 드리고 싶어요. [2] 작년 제주도 여행이었어요. MAIN [3] 정말 멋진 여행이었어요! [4] 어느 날, 제주도의 경이로운 자연을 탐험하기로 마음먹었고 결국 아름다운 폭포에 도달했어요. [5] 숨 막히는 경치를 즐기다가 맛있는 막걸리를 파는 현지 맛집을 발견했습니다. [6] 막걸리는 쌀로 만든 한국 전통술이에요. [7] 정말 달콤한 술이죠. [8] 저는 참을 수 없어서 한잔하기로 결정했습니다. [9] 상상해 보세요, 아름다운 자연에 둘러싸여 맛있는 막걸리를 마시는 모습을! [10] 아, 저는 짜릿한 해방감을 느꼈습니다. [11] 일상에서 벗어난 순수한 기쁨과 탈출의 순간이었죠. [12] 폭포와 막걸리의 맛의 조합은 잊을 수 없는 경험을 선사했습니다. FINISH [13] 마무리하자면, 그 제주도 여행은 일상 속에서 특별한 무언가를 느낄 수 있게 해 주었어요. [14] 또 가고 싶어요!

---

memorable 기억에 남는 explore 탐험하다 natural wonder 자연의 경이로움 stunning 깜짝 놀랄 만한, 아주 멋진 waterfall 폭포 breathtaking 숨 막히는 view 경치 discover 발견하다 local 지역의 spot 장소 serve 대접하다, 팔다 traditional 전통적인 treat 대접하다 sip 홀짝홀짝 마시다 surround 둘러싸다 thrilling 짜릿한 liberation 해방 pure 순수한 escape 탈출 routine 일과, 일상 combination 조합

고득점 전략 & 해설

기억에 남는 여행은 키워드가 많다고 쫄지 말고, 육하원칙 전략으로 쉽게 대답합니다. 또한 키워드 중 한두 개를 놓쳐도 사실상 크게 감점되지 않으니 부담 없이 특정한 경험에 대해 최대한 자세하게 이야기하세요. 듣는 사람의 머릿속에 장면이 생생히 그려지고 그때의 감정이 전달되면 아주 좋겠죠? 감정 형용사 전략으로 감정 형용사를 풍부하게 사용해 보세요.

I 1-2 **Sure, I'd love to tell you about my most memorable trip. It was last year on Jeju Island.**

✔ **질문 되묻기 전략**으로 바로 쉽게 시작하면서 when, where 같은 쉬운 키워드는 앞에서 빠르게 처리합니다. 정확한 시기나 장소는 중요하지 않습니다. 머릿속에 떠오른 단어를 던지는 겁니다.

M 3-4 **It was such a great trip! One day, I decided to explore the natural wonders of the island, and I ended up at a stunning waterfall.**

여행 전체를 아우르는 총평으로 MAIN을 시작합니다. 감정 형용사를 틈틈이 넣으세요. One day는 과거의 어떤 특정한 날을 말할 때 사용할 수도 있고, 미래의 어떤 날을 말할 때도 사용할 수 있습니다. 여기서는 여행 중의 특정한 하루로 타임슬립 했습니다. 특정한 날로 기억을 되돌려 설명할 때 매우 편리하니 여러분도 사용해 보세요.

'자연'을 가리킬 때 사용하는 표현

- **Mother Nature** 자연을 존중하고 마치 어머니처럼 여기며, 그 힘과 아름다움을 강조하는 표현
- **natural wonder** 자연 현상을 설명할 때 자주 사용되며, 자연의 아름다움과 신비를 강조
- **great outdoors** 야외에서의 활동과 경험을 강조하는 표현으로, 캠핑, 등산, 낚시 등의 야외 활동을 포함
- **natural beauty** 자연의 아름다움을 강조하는 표현으로, 특히 풍경이나 자연적인 특징을 설명할 때 사용
- **greenery** 주로 숲이나 목초지와 같은 지역을 묘사할 때 사용

5-7 **While enjoying the breathtaking view, I discovered a local spot that served delicious *makgeolli*. And, you know, *makgeolli* is a Korean traditional rice wine. It's really sweet stuff.**

✔ **임기응변 전략** 술은 일반적인 모범 답변과는 거리가 멀죠? 비격식적인 화제를 꺼내면 정형화된 답변에서 벗어나 좀 더 본인만의 경험 같은 느낌을 줄 수 있어요. 성인이라면 사용해 볼 수 있겠죠. 답변에서는 폭포 바로 앞에서 막걸리를 마셨다고 했는데, 사실은 폭포를 보고 나서 이동하며 들린 음식점에서 먹은 막걸리 소재를 가져다 붙인 겁니다(✔ **다 가져다 붙이기 전략**). 좀 더 드라마틱한 경험으로 전달하고 싶어서요. 미국인에게 낯선 막걸리는 ✔ **초딩 조카 전략**으로 친절하게 설명해 주면 좋겠죠?

8 **I couldn't resist and decided to treat myself.**

'막걸리를 마셨다'고 사실(fact)을 말할 때 '저항할 수 없었다'라고 하면 감정(feeling)이 섞입니다. 이렇게 사실만 말하는 것보다 감정을 섞어 말하면 훨씬 재미있는 말하기가 됩니다. I couldn't resist라는 표현은 어떤 행동이나 유혹에 저항하지 못했음을 나타낼 때 사용합니다.

- When I saw the beautiful sunset over the ocean, **I couldn't resist**. I took out my camera and captured the breathtaking view.
  바다 위로 펼쳐진 아름다운 일몰을 보자, 저는 참을 수 없었어요. 카메라를 꺼내어 그 숨 막히는 풍경을 담았죠.

9 **Imagine sipping on that delicious *makgeolli* while surrounded by the beauty of nature!**

✔ **생생 묘사 전략** Imagine(상상해 보세요)이라는 말은 경험 유형에서 사용하면 너무 좋습니다. 듣는 사람의 머릿속에 장면이 생생히 그려지거든요.

10-12 **Ah, I felt a thrilling sense of liberation. It was a moment of pure joy and escape from my everyday routine. The combination of the waterfall and the taste of *makgeolli* created an unforgettable experience.**

✔ **감정 형용사 전략**으로 좋았던 점을 충분히 강조해 줍니다. 기억에 남는 여행인 만큼 감정 형용사를 많이 사용해 주세요.

F 13-14 **To wrap things up, that trip to Jeju gave me a taste of something special in the middle of everyday life. I want to go again!**

✔ **마무리 전략**으로 마무리 표현 중 하나인 To wrap things up을 사용하면서 내용을 요약합니다. 내용을 요약할 때 ✔ **다르게 말하기 전략**을 활용하면 어휘력을 드러낼 수 있어서 매우 좋습니다. Paraphrasing이죠. '일상 탈출(escape from my everyday routine)'을 '일상 속에서의 특별한 무언가(something special in the middle of everyday life)'로 바꿨습니다. 단어 그 자체에 집착하면 유의어가 몇 개 없어요. 근본적인 의미를 보고 대체 표현을 생각하는 것이 꿀팁입니다.

기억에 남는 경험 FINISH에 쓰기 좋은 표현

- **unforgettable** 잊을 수 없는
  I had such an **unforgettable** experience on that day. 그날 정말이지 잊을 수 없는 경험을 했어요.
- **impressive** 인상적인
  What an **impressive** place! 정말 인상적인 장소예요!
- **memorable** 기억에 남는
  It was a truly **memorable** party. 정말로 기억에 남는 파티였어요.
- **perfect** 완벽한
  That was a **perfect** experience I'll never forget. 절대 잊지 못할 완벽한 경험이었어요.
- **precious** 소중한, 귀중한
  That time still remains a **precious** memory for me. 그 시간은 아직도 저에게 소중한 기억으로 남아 있어요.

PART 소개
동영상 강의

PART 2

돌발 주제

UNIT

01

재활용

✔ 이렇게 준비하세요

재활용은 정말 자주 출제되는 높은 난이도의 주제입니다. 대부분의 응시자들이 어려워하니 너무 겁먹을 필요는 없고, 본인과 주변 사람들의 평소 행동을 떠올리며 답변하면 됩니다. **재활용 품목의 종류**는 바로 쉽게 나열할 수 있을 정도로 숙지해야 합니다. **재활용 방법**과 **문제가 발생한 경험**도 자주 출제되니 든든히 준비하세요.

자주 출제되는 문제

문제	유형	시제
재활용 품목의 종류 Tell me about all the different kinds of things that you recycle. Please describe in detail. 재활용하는 모든 종류의 것들에 대해 말해 주세요. 자세히 설명해 주세요.	설명/묘사	현재
집에서의 재활용 루틴 How do you recycle at home? How often do you take out recyclable items? Please describe the process in detail. 집에서 어떻게 재활용을 하시나요? 재활용 가능한 물건을 얼마나 자주 내놓으시나요? 과정을 자세히 설명해 주세요.	경향/습관	현재
우리나라의 재활용 방식 I'd like to know how recycling is practiced in your country. What exactly do people do, and how does the recycling process work? 당신의 나라에서 재활용이 어떻게 이루어지는지 알고 싶어요. 사람들이 정확히 무엇을 하고, 재활용 과정이 어떻게 진행되나요?	설명/묘사	현재

문제	유형	시제
어릴 때와 지금의 재활용 방식 차이 Tell me how recycling was done when you were young. How was it different from what you do today? Have there been any changes in the recycling areas or containers? Please explain in detail. 당신이 어렸을 때는 어떻게 재활용을 했는지 말해 주세요. 오늘날의 방식과 어떻게 달랐나요? 재활용 장소나 수거함에 변화가 있었나요? 자세히 설명해 주세요.	비교	과거 + 현재
재활용 관련 문제 해결 경험 Have you ever faced a problem while recycling? Please describe the problem in detail and explain how you resolved it. 재활용하면서 문제를 겪었던 경험이 있나요? 문제를 자세히 설명하고 어떻게 해결했는지 말해 주세요.	경험	과거
재활용하면서 기억에 남는 경험 Tell me about a memorable experience or an unexpected incident you had while recycling. What exactly happened, and how did you deal with the situation? 재활용하면서 겪었던 기억에 남는 경험이나 예상치 못한 사건에 대해 말해 주세요. 정확히 무슨 일이 있었고, 그 상황에 어떻게 대처하셨나요?	경험	과거
재활용 관련 이슈 Are there any issues or problems related to recycling? Have you seen any recent news about recycling? What was it about? Please provide all the details about any recycling issues. 재활용과 관련된 이슈나 문제가 있나요? 최근에 재활용에 대한 뉴스를 보신 적이 있나요? 어떤 내용이었나요? 재활용과 관련된 문제에 대해 모든 자세한 내용을 알려 주세요.	사회적 이슈	현재

✪ 빈출 세트 구성

세트 예시 1	❶ 재활용 품목의 종류 ❷ 어릴 때와 지금의 재활용 방식 차이 ❸ 재활용 관련 문제 해결 경험
세트 예시 2	❶ 집에서의 재활용 루틴 ❷ 어릴 때와 지금의 재활용 방식 차이 ❸ 재활용하면서 기억에 남는 경험
세트 예시 3 (고난도)	❶ 어릴 때와 지금의 재활용 방식 차이 (14번) ❷ 재활용 관련 이슈 (15번)

032

우리나라의 재활용 방식

I'd like to know how recycling is practiced in your country. What exactly do people do, and how does the recycling process work?

당신의 나라에서 재활용이 어떻게 이루어지는지 알고 싶어요. 사람들이 정확히 무엇을 하고, 재활용 과정이 어떻게 진행되나요?

답변 가이드

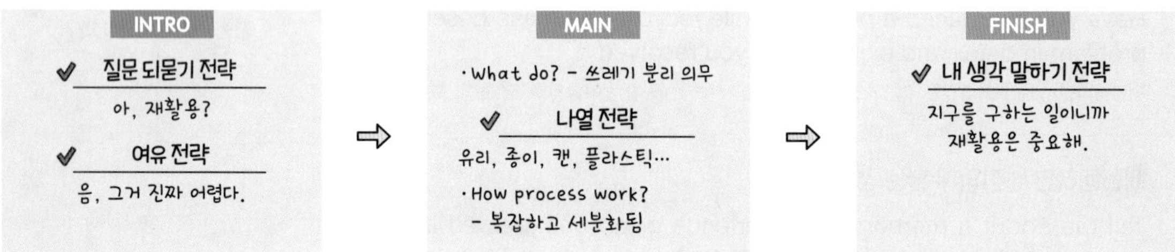

예시 답변

INTRO [1] Umm, well, recycling? [2] Hmm, that's just a really tough nut to crack. [3] But, hey, let's break it down.

MAIN [4] So, all right, let's talk about trash in Korea. [5] In Korea, sorting trash is mandatory. [6] If you don't recycle properly, you can get fined by the local authorities. [7] Yeah, it's a real hassle. [8] Literally everything needs to be separated. [9] I'm talking about glass, paper, cans, plastic, and pretty much anything else you can think of. [10] So you see, it's quite a complicated process, and honestly, it can be a bit of a pain sometimes. [11] Like, do we really need to separate every little thing? [12] It feels like it's never ending. [13] But you know, regardless of fines, I know we've got a responsibility to save Mother Earth.

FINISH [14] So, yeah, since I totally get the whole saving-the-planet vibe, recycling's totally worth it. [15] Yeah, that's what matters.

INTRO [1] 음, 그러니까, 재활용이요? [2] 흠, 그건 정말 접근하기 어려운 문제네요. [3] 하지만, 한번 자세히 생각해 보죠. MAIN [4] 그래서, 자, 한국에서 쓰레기에 대해 얘기해 봐요. [5] 한국에서는 쓰레기를 분리하는 것은 의무예요. [6] 재활용을 제대로 하지 않으면 지역 당국으로부터 벌금이 부과될 수 있어요. [7] 네, 정말 귀찮은 일이죠. [8] 말 그대로 모든 것이 분리되어야 해요. [9] 그러니까 유리, 종이, 캔, 플라스틱, 그 외에 생각할 수 있는 거의 모든 것을요. [10] 그래서 보시다시피, 꽤 복잡한 과정이고, 솔직히 가끔은 조금 귀찮을 수도 있어요. [11] 진짜로 이 소소한 걸 다 분리해야 할까 싶은 거죠. [12] 끝이 없는 것 같은 느낌이 들어요. [13] 하지만, 아시잖아요. 벌금이 있든 없든, 우리는 지구를 지켜야 하는 책임이 있다는 걸요. FINISH [14] 그래서, 네, 전체적으로 지구를 구하고자 하는 분위기를 완전히 이해하니까 재활용은 충분히 할 만한 가치가 있어요. [15] 그래요, 그게 중요한 거죠.

---

recycling 재활용 **tough nut to crack** 어려운 문제 **break down** 분해하다, 분석하다 **sort** 분류하다, 분리하다 **mandatory** 의무적인, 필수의 **properly** 제대로 **fine** 벌금; 벌금을 부과하다 **local authorities** 지역 당국 **hassle** 귀찮은 일, 번거로움 **literally** 말 그대로, 거의 **separate** 분리하다 **complicated** 복잡한 **process** 과정 **never ending** 끝없는 **regardless of** ~와 상관 없이 **responsibility** 책임 **Mother Earth** 지구, 어머니 대지 **saving-the-planet** 지구를 구하는 **worth it** 할 가치가 있는 **matter** 중요하다

고득점 전략 & 핵심 표현

재활용 방식은 거창하게 말할 필요 없이 내가 분리 배출하는 품목을 떠올리며 나열 전략을 활용하면 편합니다. 재활용 관련 단어는 필수로 암기하세요.

1 [6] **If you don't** 행동 **,** 결과 **,** (행동)하지 않으면 (결과)해요.

If you don't follow recycling rules, it's bad for the environment.
재활용 규칙을 준수하지 않으면 환경에 안 좋아요.

If you don't wash the plastic, it may be difficult to recycle.
플라스틱을 씻지 않으면 재활용하기 어려울 수 있어요.

If you don't take off the label, it might not be recyclable.
라벨을 떼지 않으면 재활용이 안 될 수 있어요.

나만의 답변 만들기

If you don't ____________________, ____________________.

2 [13] **Regardless of** 불편/어려움 **, I know we** 해야 할 행동 **.**
(불편/어려움)과 상관 없이, (행동)해야 한다는 걸 알아요.

Regardless of the inconvenience, **I know we** must make an effort to recycle properly.
불편하더라도 올바른 재활용을 위해 노력해야 한다는 것을 알아요.

Regardless of how long it takes, **I know we** have to clean up waste.
시간이 얼마가 걸리든 우리는 쓰레기를 치워야 한다는 것을 알아요.

Regardless of how others behave, **I know we** should always do the right thing.
다른 사람들이 어떻게 행동하더라도, 우리는 항상 옳은 일을 해야 한다는 걸 알아요.

나만의 답변 만들기

Regardless of ____________________, I know we ____________________.

3 [14] **Since** 이유 **, recycling** 중요하다 **.** (이유)하기 때문에 재활용은 (중요해요).

Since I really understand the impact of pollution, **recycling** makes a lot of sense.
환경 오염의 영향에 대해 아주 잘 이해하기 때문에 재활용은 매우 의미 있는 일이에요.

Since I really care about having a cleaner planet, **recycling** is definitely worth the effort.
저는 지구를 깨끗하게 하는 것에 정말 마음을 쓰기 때문에 재활용은 노력을 기울일 가치가 분명히 있어요.

Since I totally get how it helps our communities, **recycling** is definitely a priority.
재활용이 지역 사회에 어떤 도움이 되는지 아주 잘 알기 때문에 재활용은 확실히 우선 과제예요.

나만의 답변 만들기

Since ____________________, recycling ____________________.

어릴 때와 지금의 재활용 방식 차이

Tell me how recycling was done when you were young. How was it different from what you do today? Have there been any changes in the recycling areas or containers? Please explain in detail.

당신이 어렸을 때는 어떻게 재활용을 했는지 말해 주세요. 오늘날의 방식과 어떻게 달랐나요? 재활용 장소나 수거함에 변화가 있었나요? 자세히 설명해 주세요.

| 답변 가이드 |

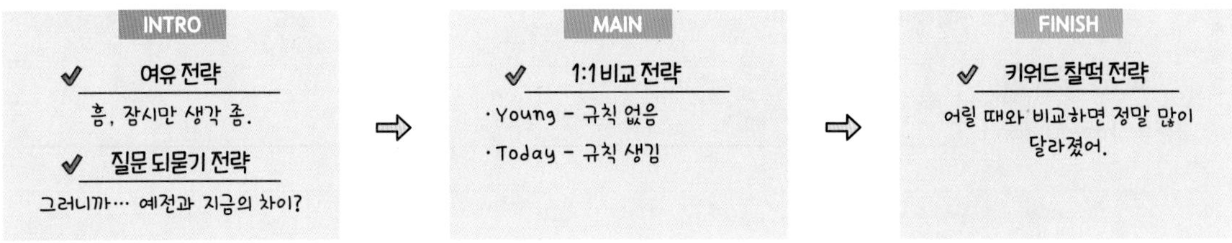

예시 답변

INTRO [1]Hmm, let me think about this for a second. [2]So... You're asking about the differences between the past and now?

MAIN [3]Well, you know, things have really changed a lot. [4]Like, when I was younger, there weren't specific rules for throwing stuff away. [5]People would just, I don't know, toss their trash altogether. [6]I mean, they didn't have to separate the recyclables. [7]It was just so casual back then.

[8]But now? [9]It's so different. [10]We have all these specific regulations we have to follow. [11]Every apartment has its own recycling area, and we have to, like, separate everything—cans, plastic bottles, light bulbs, paper, you name it.

FINISH [12]That's what's changed since I was young. [13]Yeah, looking back, it's actually a huge difference. [14]It seems most people have really come to understand the importance of recycling.

INTRO [1]음, 잠시만 생각 좀 해 볼게요. [2]그러니까… 옛날이랑 지금이랑 뭐가 다른지 물어보시는 거죠? MAIN [3]음, 있잖아요, 정말 많이 변했어요. [4]예를 들어, 제가 더 어렸을 때는 쓰레기를 버리는 것에 대한 구체적인 규칙이 없었어요. [5]사람들이 그냥, 글쎄요, 한꺼번에 쓰레기를 버리곤 했어요. [6]제 말은, 재활용품을 따로 분리하지 않아도 되었던 거죠. [7]그땐 그렇게 규제가 느슨했어요. [8]그런데 지금은요? [9]정말 많이 달라졌죠. [10]지켜야 할 규제가 엄청 많잖아요. [11]아파트마다 재활용 구역이 따로 있고, 캔, 플라스틱 병, 전구, 종이 이런 걸 다 따로 분리해서 버려야 해요. FINISH [12]어렸을 때 이후로 달라진 점이 그거예요. [13]그래요, 돌이켜 보면 정말 차이가 큰 것 같아요. [14]대부분의 사람들이 재활용의 중요성을 정말로 이해하게 된 것 같아요.

---

difference 차이 **specific** 구체적인 **rule** 규칙 **throw away** ~을 버리다 **stuff** 물건 **toss** 던지다, 버리다 **trash** 쓰레기 **altogether** 한꺼번에 **separate** 분리하다 **the recyclables** 재활용품 **casual** 느슨한, 대충 하는 **regulation** 규제, 규칙 **follow** 따르다 **area** 구역 **plastic bottle** 플라스틱 병 **light bulb** 전구 **you name it** 그 밖에 뭐든지 **huge** 엄청난 **come to** ~하게 되다

고득점 전략 & 핵심 표현

사실 여부와는 상관 없이 제일 말하기 쉬운 방법을 선택하세요. 본인의 나이가 어려서 어릴 때와 지금이 별 차이가 없다 해도, 어릴 때는 재활용 분리수거가 없었다고 해 버리면 현재와 비교하기 무척 편합니다.

1 [4] When I was younger, there wasn't/weren't 명사. 제가 더 어렸을 때는 (명사)가 없었어요.

When I was younger, there weren't many recycling bins in public spaces.
제가 더 어렸을 때는 공공장소에 재활용 쓰레기통이 많지 않았어요.

When I was younger, there weren't any specific guidelines for sorting waste.
제가 더 어렸을 때는 쓰레기 분류에 대한 구체적인 지침이 없었습니다.

When I was younger, there wasn't much awareness about the importance of recycling.
제가 더 어렸을 때는 재활용의 중요성에 대한 인식이 많지 않았어요.

나만의 답변 만들기

When I was younger, there wasn't/weren't ______________________________.

2 [5] People would just 행동. 사람들은 그냥/그저 (행동)하곤 했어요.

People would just throw everything in the trash without thinking about recycling.
사람들은 재활용에 대한 생각 없이 그냥 모든 것을 쓰레기에 버리곤 했어요.

People would just discard old electronics instead of recycling them properly.
사람들은 오래된 전자제품을 제대로 재활용하지 않고 그냥 버리곤 했어요.

People would just rely on landfills and ignore the benefits of recycling.
사람들은 그저 매립지에만 의존하고 재활용의 이점을 무시하곤 했어요.

나만의 답변 만들기

People would just ______________________________.

3 [14] It seems most people have come to 긍정적 변화.

대부분의 사람들이 (긍정적 변화)하게 된 것 같아요.

It seems most people have come to understand how recycling helps the environment.
대부분의 사람들이 재활용이 환경에 어떻게 도움이 되는지 이해하게 된 것 같아요.

It seems most people have come to appreciate how recycling plays a role in reducing waste. 대부분의 사람들이 재활용이 쓰레기를 줄이는 데 있어서 어떤 역할을 하는지 깨닫게 된 것 같아요.

It seems most people have come to believe that recycling is something we all need to take responsibility for. 대부분의 사람들이 재활용은 우리 모두가 책임져야 할 일이라는 것을 믿게 된 것 같아요.

나만의 답변 만들기

It seems most people have come to ______________________________.

재활용 관련 문제 해결 경험

Have you ever faced a problem while recycling? Please describe the problem in detail and explain how you resolved it.

재활용하면서 문제를 겪었던 경험이 있나요? 문제를 자세히 설명하고 어떻게 해결했는지 말해 주세요.

답변 가이드

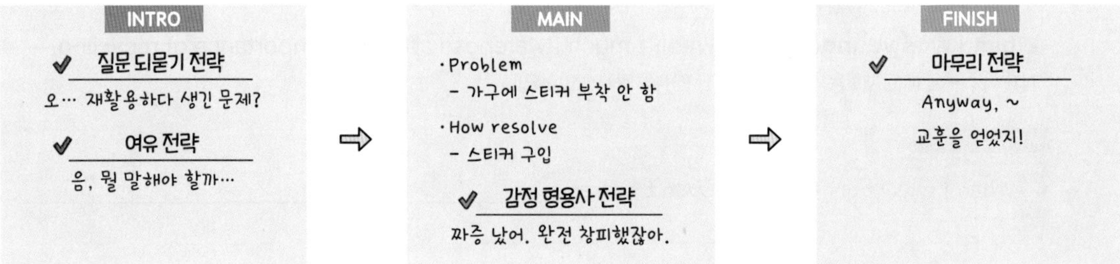
INTRO
질문 되묻기 전략
오… 재활용하다 생긴 문제?
여유 전략
음, 뭘 말해야 할까…
MAIN
· Problem
- 가구에 스티커 부착 안 함
· How resolve
- 스티커 구입
감정 형용사 전략
짜증 났어. 완전 창피했잖아.
FINISH
마무리 전략
Anyway, ~
교훈을 얻었지!

예시 답변

INTRO [1]Oh… A problem while recycling? [2]Hmm, I'm not really sure what to say...

MAIN [3]Well, there was this one time when I didn't put a sticker on my furniture. [4]I didn't know I needed to buy a sticker to throw away big stuff. [5]At that time, I had just moved out of my parents' house, and I was still figuring everything out. [6]Later on, the security guard posted a picture in the elevator of the person who had thrown it away, and obviously, that was me. Hahaha! [7]So I went to the security guard, and he told me what to do. [8]I bought a sticker and attached it. [9]It was super annoying, you know? [10]He posted my picture where my neighbors could see it! [11]Ugh, that was so humiliating…! [12]I couldn't believe it was happening. [13]Awww, I hate recycling. [*sigh*]

FINISH [14]Anyway, that's how I ended up solving a problem regarding recycling. [15]It was a lesson learned, for sure!

INTRO [1]오… 재활용하다 생긴 문제요? [2]음, 뭘 말해야 할지 잘 모르겠네요… MAIN [3]사실, 한번은 가구에 스티커를 붙이지 않은 적이 있어요. [4]큰 물건을 버릴 때 스티커를 사야 한다는 걸 몰랐거든요. [5]그때 저는 부모님 집에서 막 독립했을 때였고, 여전히 뭐가 뭔지 알아 가고 있는 중이었어요. [6]나중에 경비 아저씨가 그걸 버린 사람의 사진을 엘리베이터에 붙였는데, 당연히 그게 저였죠. 하하하! [7]그래서 경비 아저씨께 갔더니 어떻게 해야 하는지 알려 주셨어요. [8]저는 스티커를 사서 붙였죠. [9]정말 짜증 났어요, 아시죠? [10]이웃들이 볼 수 있는 곳에 제 사진을 붙이다니요! [11]으, 진짜 너무 창피했어요…! [12]그런 일이 일어나다니 믿을 수가 없었어요. [13]아, 재활용 정말 싫어요. [한숨] FINISH [14]아무튼, 그게 제가 결국 재활용 관련 문제를 해결한 방법이에요. [15]확실히 배운 교훈이었어요!

---

furniture 가구 move 이사하다 figure out ~을 알아 내다, 이해하다 security guard 경비원 post 붙이다, 게시하다 obviously 분명히, 당연히 attach 붙이다 annoying 짜증 나는 humiliating 굴욕적인, 창피한 happen 일어나다 anyway 어쨌든 end up 동사+ing 결국 ~하다 for sure 당연히, 물론

고득점 전략 & 핵심 표현

IH/AL 달성을 위해 중요한 문제 해결 유형입니다. 횡설수설은 피하고, 키워드를 활용해 주제 적합성을 잘 챙기세요. 감정을 많이 넣을수록 진짜 내 경험 같으니 이야기에 몰입해서 감정을 전달하세요.

1 [3] **There was this one time when I** 실수/잘못 **.** 한번은 (실수/잘못)한 적이 있었어요.

There was this one time when I forgot to rinse out my cans before recycling them.
한번은 재활용하기 전에 캔을 헹구는 걸 깜빡한 적이 있었어요.

There was this one time when I threw away my plastic bottle without removing the label.
한번은 플라스틱 병에서 라벨을 떼지 않고 버린 적이 있었어요.

There was this one time when I accidentally mixed recyclables with regular trash.
한번은 실수로 재활용품을 일반 쓰레기와 섞어 버린 적이 있었어요.

나만의 답변 만들기

There was this one time when I ______________________________.

2 [4] **I didn't know I needed/had to** 행동 **.** 저는 (행동)해야 한다는 사실을 몰랐어요.

I didn't know I needed to take my electronics to a designated recycling center.
전자제품을 지정된 재활용 센터에 가져가야 한다는 사실을 몰랐어요.

I didn't know I had to take out my recyclables on a designated day.
지정된 요일에 재활용품을 배출해야 한다는 사실을 몰랐어요.

I didn't know I had to check the recycling guidelines for my area.
거주 지역의 재활용 지침을 확인해야 한다는 사실을 몰랐어요.

나만의 답변 만들기

I didn't know I needed/had to ______________________________.

3 [14] **Anyway, that's how I ended up** 변화/해결(동사+ing) **.**
어쨌든, 그렇게 해서 (변화/해결)하게 되었어요.

Anyway, that's how I ended up learning the hard way about recycling rules.
어쨌든, 그렇게 해서 재활용 규칙에 대해 어렵게 배우게 되었어요.

Anyway, that's how I ended up realizing I needed to improve my recycling habits.
어쨌든, 그렇게 해서 재활용 습관을 개선해야 한다는 것을 깨닫게 되었어요.

Anyway, that's how I ended up making my household waste much smaller.
어쨌든, 그렇게 해서 가정 쓰레기를 훨씬 더 적게 만들게 되었어요.

나만의 답변 만들기

Anyway, that's how I ended up ______________________________.

UNIT
02
지형

✔ 이렇게 준비하세요

지형 주제가 나오면 실제 지형을 정확히 설명하려다 난관에 봉착하시는 분들이 많은데, 사실 고증은 안 해도 괜찮으니 유연하게 지어내세요. 예시 답변에 나온 **지형의 특징, 야외 활동** 관련 단어들은 필수로 암기해야 합니다. **주변 국가의 지형**은 지형이 고난도로 나올 때 15번으로 출제되는데, 질문을 못 알아듣고 답변을 못 하는 일이 없도록 이런 질문도 나올 수 있다는 것을 염두에 두세요.

자주 출제되는 문제

문제	유형	시제
우리나라의 지형 Tell me about the geographical features of your country. Are there a lot of mountains, lakes, or rivers? Please describe what they look like in as much detail as possible. 당신 나라의 지형적 특징에 대해 말해 주세요. 산, 호수, 또는 강이 많이 있나요? 그것들이 어떤 모습인지 가능한 한 자세히 설명해 주세요.	설명/묘사	현재
우리나라 사람들이 많이 하는 야외 활동 Can you tell me about some of the outdoor activities that people in your country do? What do they usually do? Give me all the details. 당신 나라 사람들이 하는 야외 활동을 말해 주실 수 있나요? 보통 무엇을 하나요? 모든 것을 자세히 설명해 주세요.	경향/습관	현재

문제	유형	시제
특별한 장소에서 기억에 남는 경험 Tell me about a special landscape you saw in your country when you were younger. What did you do there? 어렸을 때 당신 나라에서 본 특별한 자연 경관에 대해 말해 주세요. 그곳에서 무엇을 했나요?	경험	과거
주변 국가의 지형과 사람들 Tell me about a country that is geographically close to your country. What does the country look like? What are the people like? 지리적으로 당신 나라 주변에 위치한 나라에 대해 말해 주세요. 그 나라의 모습은 어떤가요? 그 나라 사람들은 어떤가요?	설명/묘사	현재

빈출 세트 구성

세트 예시 1	❶ 우리나라의 지형 ❷ 우리나라 사람들이 많이 하는 야외 활동 ❸ 특별한 장소에서 기억에 남는 경험
세트 예시 2	❶ 우리나라의 지형 ❷ 특별한 장소에서 기억에 남는 경험 ❸ 주변 국가의 지형과 사람들

우리나라의 지형

Tell me about the **geographical features** of your country. Are there a lot of mountains, lakes, or rivers? Please describe what they **look like** in as much detail as possible.

당신 나라의 지형적 특징에 대해 말해 주세요. 산, 호수, 또는 강이 많이 있나요? 그것들이 어떤 모습인지 가능한 한 자세히 설명해 주세요.

답변 가이드

INTRO		MAIN		FINISH
✔ 질문 되묻기 전략 알았어, 우리나라는 독특한 지형적 특징을 가지고 있어.	⇨	· Geographical feature - 산이 많아. - 반도라서 삼면이 바다야. · Look like - 둘러보면 다 산이야. - 아름다운 해변이 많아.		✔ 키워드 찰떡 전략 그게 우리나라의 특별한 점이야.

예시 답변

INTRO [1] Okay, so, my country, South Korea, has some pretty unique geographical features.

MAIN [2] What sets my country apart from others is, you know, we have a lot of mountains. [3] Yeah, about 70% of our land? [4] It's all mountains! [5] Like, seriously, mountains are everywhere. [6] Even in Seoul, there's Namsan right in the heart of the city, where you can just pop over for a walk whenever you feel like. [7] It's pretty cool, right?
[8] And because we're a peninsula, we're surrounded by the ocean on three sides. [9] So we've got plenty of beautiful beaches, and in the summer, places like Haeundae Beach in Busan are absolutely jam-packed with people.

FINISH [10] So, yeah, Korea's got both mountains and the ocean, and we experience all four seasons, which makes everything look amazing. [11] So those are the things that make my country unique and super beautiful.

INTRO [1] 좋아요, 그러니까, 우리나라 한국은 꽤 독특한 지리적 특징을 가지고 있어요. MAIN [2] 우리나라가 다른 나라와 다른 점은 산이 많다는 점이에요. [3] 네, 국토의 70% 정도? [4] 그게 다 산이에요! [5] 정말 어디에나 산이 있어요. [6] 서울만 해도 도심 한가운데 남산이 있어서 언제든 기분 내키면 산책을 하러 갈 수 있죠. [7] 정말 멋지지 않나요? [8] 그리고 반도이기 때문에 삼면이 바다로 둘러싸여 있죠. [9] 그래서 아름다운 해변이 많고, 여름에 부산 해운대 해수욕장 같은 곳은 사람들로 엄청나게 붐비죠. FINISH [10] 네, 그래서, 한국은 산과 바다를 모두 가지고 있고 사계절을 모두 경험할 수 있어서 모든 것이 멋지게 보여요. [11] 그래서 이런 점들이 우리나라를 독특하고 굉장히 아름답게 만들어요.

---

unique 독특한 **geographical** 지형적인, 지형의 **feature** 특징 **set apart** 구별하다 **seriously** 진지하게, 정말로 **everywhere** 어디에나 **heart** 중심 **pop over** 잠깐 가다, 들르다 **peninsula** 반도 **surround** 둘러싸다 **plenty of** 많은 **jam-packed** 매우 붐비는 **experience** 경험하다 **amazing** 멋진, 놀라운

고득점 전략 & 핵심 표현

나만의 답변 키워드를 미리 정하고 암기하세요. 저는 실제 시험에서 이 질문이 나왔을 때 '반도(peninsula)'라는 키워드가 떠올랐어요. IH/AL은 막힘없이 말하는 유창성이 중요하니, 키워드를 꼭 미리 준비해 두세요.

1 [2] **What sets my country apart from others is** 특징 **.**

우리나라가 다른 나라와 다른 점은 (특징)이에요.

What sets my country apart from others is its long coastline with beautiful beaches.
우리나라가 다른 나라와 다른 점은 아름다운 해변이 있는 긴 해안선이에요.

What sets my country apart from others is its many islands, including Jeju-do.
우리나라가 다른 나라와 다른 점은 제주도를 포함한 많은 섬이에요.

What sets my country apart from others is its rich forests, which cover much of the land.
우리나라가 다른 나라와 다른 점은 국토의 대부분을 덮고 있는 울창한 산림이에요.

나만의 답변 만들기

What sets my country apart from others is ________________________________.

2 [6] **There's** 무엇 **in** 장소 **, where you can** 활동 **.** (장소)에 (무엇)이 있어서, (활동)할 수 있어요.

There's a forest **in** the city, **where you can** enjoy a peaceful walk among the trees.
도시에 숲이 있어서, 나무 사이를 평화롭게 산책할 수 있어요.

There's a lake **in** the village, **where you can** go fishing or relax by the shore.
마을에는 호수가 있어서, 낚시를 하거나 물가에서 쉴 수 있어요.

There's a river **in** the heart of the city, **where you can** take a boat ride.
도시 중심부에 강이 있어서, 보트를 탈 수 있어요.

나만의 답변 만들기

There's ______________ in ________________, where you can ________________.

3 [11] **So those are the things that make** 대상 형용사 **.**

그래서 그것들이 (대상)을 (형용사)하게 만들어요.

So those are the things that make Jeju Island's volcanic landscape unique.
그래서 그것들이 제주도의 화산 지형을 독특하게 만들어요.

So those are the things that make the Han River beautiful.
그래서 그것들이 한강을 아름답게 만들어요.

So those are the things that make Namsan charming.
그래서 그것들이 남산을 매력적으로 만들어요.

나만의 답변 만들기

So those are the things that make ________________________________.

우리나라 사람들이 많이 하는 야외 활동

Can you tell me about some of the outdoor activities that people in your country do? What do they usually do? Give me all the details.

당신 나라 사람들이 하는 야외 활동을 말해 주실 수 있나요? 보통 무엇을 하나요? 모든 것을 자세히 설명해 주세요.

| 답변 가이드 |

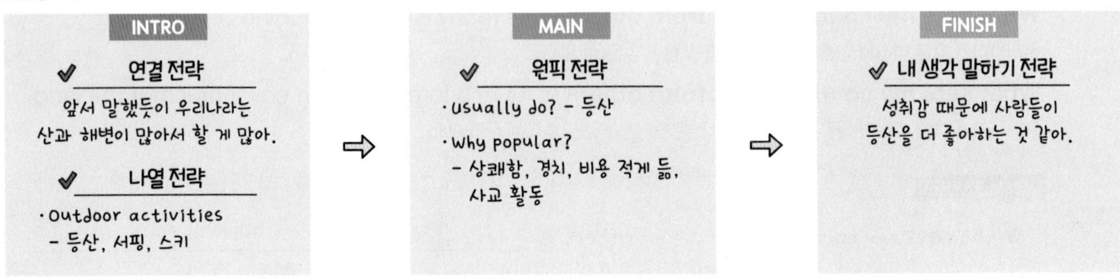

INTRO
연결 전략
앞서 말했듯이 우리나라는 산과 해변이 많아서 할 게 많아.
나열 전략
· Outdoor activities
– 등산, 서핑, 스키
MAIN
원픽 전략
· usually do? – 등산
· Why popular?
– 상쾌함, 경치, 비용 적게 듦, 사교 활동
FINISH
내 생각 말하기 전략
성취감 때문에 사람들이 등산을 더 좋아하는 것 같아.

예시 답변

INTRO [1]Oh, as I said before, Korea has many mountains and beaches, so people can enjoy a variety of outdoor activities. [2]For example, a lot of people enjoy hiking. [3]You can also surf in the ocean in summer and ski in winter. [4]There are so many things to do.

MAIN [5]But if I had to describe the most popular activity, I'd say it's hiking. [6]Did you know there are thousands of mountains in Korea? [7]People visit all of them. Hahaha. [8]Young people enjoy hiking, but senior citizens are especially enthusiastic about it. [9]I think the reason hiking is so popular is that it's refreshing. [10]The beautiful scenery makes it all worthwhile. [11]In addition, it doesn't cost much. [12]You can also enjoy hiking with others, making it a great social activity.

FINISH [13]I believe people in Korea enjoy hiking even more because it gives them a sense of accomplishment. [14]Yeah, I think that's it.

INTRO [1]아, 앞서 말했듯이 한국은 산과 해변이 많아서 사람들은 다양한 야외 활동을 즐길 수 있어요. [2]예를 들어, 많은 사람들이 등산을 즐겨요. [3]여름에는 바다에서 서핑을 하고 겨울에는 스키를 탈 수도 있죠. [4]할 수 있는 게 정말 많아요. MAIN [5]하지만 가장 인기 있는 활동을 설명해야 한다면 등산이라고 하겠어요. [6]한국에 수천 개의 산이 있다는 걸 아시나요? [7]사람들은 그 모든 산에 간답니다, 하하하. [8]젊은 사람들도 등산을 즐기지만 특히 노년층이 정말 열광적이에요. [9]등산이 이렇게 인기 있는 이유는 상쾌하기 때문인 것 같아요. [10]아름다운 경치가 모든 것을 보람 있게 만들어 주죠. [11]게다가 비용도 많이 들지 않아요. [12]다른 사람들과 함께 등산을 즐길 수 있어서 좋은 사교 활동이기도 하고요. FINISH [13]한국 사람들이 등산을 더 좋아하는 이유는 성취감을 느낄 수 있기 때문인 것 같아요. [14]네, 여기까지예요.

---

a variety of 다양한 **outdoor activity** 야외 활동 **describe** 설명하다, 묘사하다 **senior citizens** 어르신들, 노년층 **especially** 특히 **enthusiastic** 열광적인 **refreshing** 상쾌한 **cost** 비용이 들다 **social activity** 사교 활동, 사회 활동 **sense of accomplishment** 성취감

고득점 전략 & 핵심 표현

만약 첫 번째 문제에 답변을 하다가 신나서 활동에 대해서도 말했는데 두 번째 문제에서 활동을 또 물어보면? 당황하지 말고, 연결 전략으로 "앞서 말했듯이…" 하면서 일단 여유를 만들고, 앞에서 말하지 않은 디테일을 추가하거나 다른 새로운 활동에 대해 설명하면 됩니다.

1 [1] **As I said before, 나라 has 무엇.** 앞서 말했듯이, (나라)에는 (무엇)이 있어요.

As I said before, Korea **has** historic sites and beautiful mountains.
앞서 말했듯이, 한국에는 역사적인 유적지들과 아름다운 산들이 있어요.

As I said before, my country **has** a rich cultural heritage and diverse natural landscapes.
앞서 말했듯이, 우리나라에는 풍부한 문화 유산과 다양한 자연 경관이 있어요.

As I said before, Korea **has** beautiful traditional villages and scenic mountains.
앞서 말했듯이, 한국에는 아름다운 전통 마을과 경치 좋은 산들이 있어요.

나만의 답변 만들기

As I said before, ____________ has ____.

2 [5] **If I had to describe the most popular activity, I'd say it's 활동.**
가장 인기 있는 활동을 설명해야 한다면 (활동)이라고 하겠어요.

If I had to describe the most popular activity, I'd say it's visiting the beaches.
가장 인기 있는 활동을 설명해야 한다면 해변에 가는 것이라고 하겠어요.

If I had to describe the most popular activity, I'd say it's exploring the national parks.
가장 인기 있는 활동을 설명해야 한다면 국립공원 탐험이라고 하겠어요.

If I had to describe the most popular activity, I'd say it's enjoying the colorful fall leaves.
가장 인기 있는 활동을 설명해야 한다면 가을 단풍 구경이라고 하겠어요.

나만의 답변 만들기

If I had to describe the most popular activity, I'd say it's ______________________________.

3 [13] **I believe people in Korea 동사 because 이유.** 한국인들은 (이유)해서 (동사)하는 것 같아요.

I believe people in Korea like the Han River **because** it gives them a relaxing escape in the middle of a city. 한국인들은 도심에서 여유로운 휴식을 즐길 수 있어서 한강을 좋아하는 것 같아요.

I believe people in Korea love visiting the beaches **because** they can create unforgettable summer memories. 한국인들은 잊을 수 없는 여름 추억을 만들 수 있어서 해변에 가는 걸 좋아하는 것 같아요.

I believe people in Korea admire the cherry blossoms **because** they signify renewal in spring. 한국인들은 벚꽃이 봄의 새 생명을 상징하기 때문에 벚꽃을 좋아하는 것 같아요.

나만의 답변 만들기

I believe people in Korea ____________ because ______________________________.

특별한 장소에서 기억에 남는 경험

Tell me about a special landscape you saw in your country when you were younger. What did you do there?

어렸을 때 당신 나라에서 본 특별한 자연 경관에 대해 말해 주세요. 그곳에서 무엇을 했나요?

| 답변 가이드 |

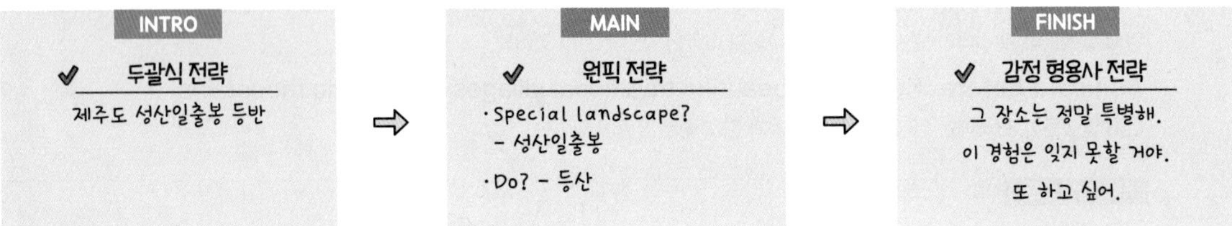

예시 답변

INTRO [1] You know, one of the most memorable outdoor activities I've ever experienced was, without a doubt, hiking up Seongsan Ilchulbong on Jeju Island. [2] This place is famous for its magnificent sunrise, which attracts visitors from all over the world.

MAIN [3] So there I was, trekking up the trail all by myself. [4] The path was well maintained, and it took me 20 minutes or so to reach the summit. [5] It was scorching hot that day, and I was sweating buckets, but I pushed through by taking each step with determination. [6] When I finally made it to the top, the feeling of accomplishment was indescribable. [7] The amazing view of the ocean and surrounding landscape was breathtaking. [8] I could really understand why hiking is so addictive.

FINISH [9] There's just something magical about that place. [10] I'll never forget this experience, and I can't wait to do it all over again. [11] I hope to catch the sunrise next time.

INTRO [1] 있죠, 제가 지금까지 경험한 야외 활동 중에서 가장 기억에 남는 것은 단연코 제주도에서 성산 일출봉을 등반한 경험이었어요. [2] 이곳은 멋진 일출로 유명해서 전 세계에서 많은 방문객들이 찾아와요. MAIN [3] 그래서 저는 그곳에서 길을 혼자 걸어 올라가고 있었어요. [4] 길은 잘 정비되어 있었고, 정상까지 가는 데 20분 정도 걸렸어요. [5] 그날은 정말 더웠고, 저는 땀을 엄청 흘렸지만 각오를 다지고 한 걸음, 한 걸음 나아갔어요. [6] 마침내 정상에 도달했을 때, 그 성취감은 말로 표현할 수 없었어요. [7] 바다와 주변 경치의 멋진 전망은 정말 장관이었죠. [8] 왜 등산이 그렇게 중독성이 있는지 정말 이해할 수 있었어요. FINISH [9] 그곳에는 뭔가 마법 같은 것이 있어요. [10] 이 경험은 절대 잊지 못할 거고, 다시 또 하게 될 날이 너무 기다려져요. [11] 다음 번에는 일출을 볼 수 있기를 바라요.

---

memorable 기억에 남는 **experience** 경험; 경험하다 **without a doubt** 단연코 **magnificent** 멋진, 장엄한 **sunrise** 일출 **attract** 유혹하다, 끌어들이다 **visitor** 방문객 **trek** 걷다, 트레킹을 하다 **all by myself** 혼자서 **maintain** 정비하다, 관리하다 **summit** 정상 **scorching hot** 무더운 **sweat buckets** 땀을 많이 흘리다 **push through** 힘들게 계속 나아가다 **determination** 각오, 결심 **make it to** ~에 도달하다 **feeling of accomplishment** 성취감 **indescribable** 설명할 수 없는 **amazing** 멋진, 놀라운 **view** 전망 **surrounding** 주변의 **landscape** 경치 **breathtaking** 숨을 멎게 하는, 장관의 **addictive** 중독성이 있는 **magical** 마법의 **can't wait to** 빨리 ~하고 싶다

고득점 전략 & 핵심 표현

자연 경관과 관련된 경험 질문에 답할 때, 여행 경험 답변을 준비하며 만든 아이디어를 활용해 보세요. 무조건 그 경험이 특별했다고 강조하고, 이유를 자세히 설명하세요. 나만의 생각과 감정이 잘 드러날수록 좋습니다.

1 [1] **One of the most memorable activities I've ever experienced was** 활동 **.**

제가 경험한 가장 기억에 남는 활동 중 하나는 (활동)이었어요.

One of the most memorable activities I've ever experienced was snorkeling in the clear waters of Jeju Island. 제가 경험한 가장 기억에 남는 활동 중 하나는 제주도의 맑은 바다에서 스노클링을 한 것이었어요.

One of the most memorable activities I've ever experienced was camping in Seoraksan National Park. 제가 경험한 가장 기억에 남는 활동 중 하나는 설악산 국립공원에서의 캠핑이었어요.

One of the most memorable activities I've ever experienced was watching the sunrise at Jeongdongjin Beach. 제가 경험한 가장 기억에 남는 활동 중 하나는 정동진 해변에서 일출을 본 것이었어요.

나만의 답변 만들기

One of the most memorable activities I've ever experienced was ____________________

____________________.

2 [4] **It took me** 시간 **to** 활동(동사원형 ~) **.** (활동)하는 데 (시간)이 걸렸어요.

It took me about an hour **to** try snorkeling and to see the colorful fish in the ocean.
바다에서 스노클링을 경험하고 색색의 물고기를 보는 데 한 시간 정도 걸렸어요.

It took me a few hours **to** hike to the summit of Hallasan.
한라산 정상까지 등산하는 데 몇 시간이 걸렸어요.

It took me a couple of hours **to** walk through the bamboo forest.
대나무숲을 지나 걸어가는 데 두어 시간이 걸렸어요.

나만의 답변 만들기

It took me ____________________ to ____________________.

3 [10] **I can't wait to** 활동(동사원형 ~) **again.** 다시 (활동)할 날이 너무 기다려져요.

I can't wait to travel to that place **again.** 그곳으로 다시 여행할 날이 너무 기다려져요.

I can't wait to go kayaking on the lake **again.** 그 호수에서 카약을 다시 타러 갈 날이 너무 기다려져요.

I can't wait to go camping under the stars and to roast marshmallows by the fire **again.**
다시 별빛 아래에서 캠핑을 하고 모닥불 옆에서 마시멜로를 구워 먹을 날이 너무 기다려져요.

나만의 답변 만들기

I can't wait to ____________________ again.

UNIT

03

명절/휴일

✔ 이렇게 준비하세요

돌발 주제로 자주 출제되는 **명절/휴일**에는 대표적으로 설날과 추석이 있죠. **마음에 드는 명절이나 휴일**을 하나 정하세요. 그날에 나를 포함해서 사람들이 하는 활동, **어릴 적의 기억**을 떠올리세요. 전통, 의식, 절, 성묘 등의 단어를 암기하면 어휘력을 뽐낼 수 있습니다. 명절/휴일은 특히 **경험** 유형을 자주 출제하니 다양한 썰을 준비해 둘수록 유리합니다.

자주 출제되는 문제

문제	유형	시제
우리나라에서 가장 인기 있는 명절/휴일 Certain holidays are more important than others. What is the most popular holiday in your country? How do people usually celebrate it? Please describe it in detail. 어떤 명절/휴일은 다른 명절/휴일들보다 더 중요합니다. 당신의 나라에서 가장 인기 있는 명절/휴일은 무엇인가요? 사람들은 보통 어떻게 그날을 기념하나요? 자세히 설명해 주세요.	설명/묘사	현재
우리나라에서 가장 큰 명절/휴일 Tell me about one of the biggest holiday in your country. How do people celebrate it, and what kinds of special food are prepared for that holiday? Please describe it in detail. 당신의 나라에서 가장 큰 명절/휴일 중 하나에 대해 말해 주세요. 사람들이 그날을 어떻게 기념하고, 어떤 특별한 음식을 준비하나요? 자세히 설명해 주세요.	경향/습관	현재

문제	유형	시제
어린 시절 인상 깊은 명절/휴일의 기억 Tell me about a memorable or unforgettable holiday memory from your childhood. What did you do, where were you on that day, and who did you spend that holiday with? Please provide as many details as possible. 기억에 남거나 잊을 수 없는 어린 시절 명절/휴일의 기억에 대해 말해 주세요. 그날 무엇을 했고, 어디에 있었으며, 누구와 함께 명절/휴일을 보냈나요? 가능한 한 자세히 설명해 주세요.	경험	과거
최근의 명절/휴일 경험 Tell me about the most recent holiday you celebrated. What did you do to celebrate it? Were there any special or memorable moments? Describe the activities and experiences in detail. 가장 최근에 기념한 명절/휴일에 대해 말해 주세요. 그날을 어떻게 기념했나요? 특별하거나 기억에 남는 순간이 있었나요? 활동과 경험을 자세히 설명해 주세요.	경험	과거
어렸을 때와 어른인 지금의 명절/휴일 비교 Tell me about a holiday when you were a child. What are the differences between when you were young and now that you're an adult? 어렸을 때의 명절/휴일에 대해 이야기해 주세요. 어렸을 때와 어른이 된 지금 명절/휴일은 어떤 차이가 있나요?	비교	과거 + 현재

빈출 세트 구성

세트 예시 1	❶ 우리나라에서 가장 큰 명절/휴일 ❷ 어린 시절 인상 깊은 명절/휴일의 기억 ❸ 최근의 명절/휴일 경험
세트 예시 2	❶ 우리나라에서 가장 인기 있는 명절/휴일 ❷ 어렸을 때와 어른인 지금의 명절/휴일 비교 ❸ 어린 시절 인상 깊은 명절/휴일의 기억

우리나라에서 가장 인기 있는 명절/휴일

038

Certain holidays are more important than others. What is the most popular holiday in your country? How do people usually celebrate it? Please describe it in detail.

어떤 명절/휴일은 다른 명절/휴일들보다 더 중요합니다. 당신의 나라에서 가장 인기 있는 명절/휴일은 무엇인가요? 사람들은 보통 어떻게 그날을 기념하나요? 자세히 설명해 주세요.

| 답변 가이드 |

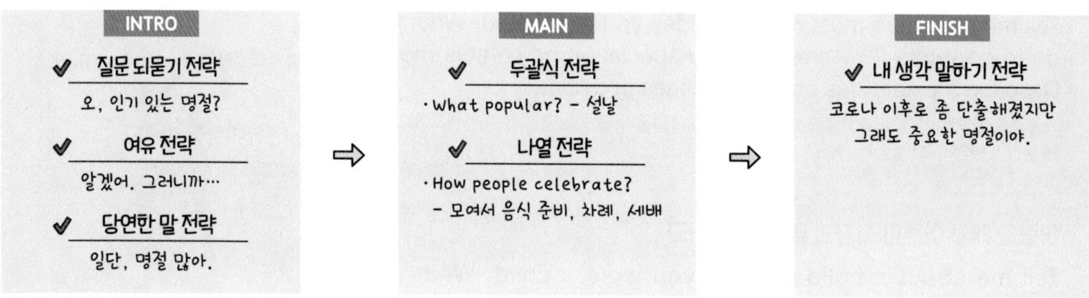
INTRO
질문 되묻기 전략
오, 인기 있는 명절?
여유 전략
알겠어. 그러니까…
당연한 말 전략
일단, 명절 많아.
MAIN
두괄식 전략
· What popular? - 설날
나열 전략
· How people celebrate?
- 모여서 음식 준비, 차례, 세배
FINISH
내 생각 말하기 전략
코로나 이후로 좀 단출해졌지만
그래도 중요한 명절이야.

예시 답변

INTRO [1]Oh, well... You mean the most popular holiday? [2]Okay, I get it. [3]So... We have a lot of holidays, of course, but let me tell you about the most popular one.

MAIN [4]Um, I believe it's Lunar New Year's Day, called Seollal in Korean. [5]It's basically a time when families come together. [6]You know, during Seollal, people gather to celebrate the start of the new year. [7]We prepare traditional foods and get ready for ancestral rituals. [8]What happens is we bow to our ancestors to show respect. [9]After that, we share a meal together. [10]And then, there's my favorite part: *sebae*. [11]We bow to our elders, receive well-wishes, and get some pocket money. [12]I used to give all the money to my mom when I was little, but now I keep it for myself. Haha.

FINISH [13]Nowadays, since COVID, the celebrations have gotten a bit quieter, but it's still a really important holiday that brings families together and strengthens family bonds. [14]I really value the time I spend with my loved ones.

INTRO [1]오, 이런… 그러니까 가장 인기 있는 명절 말이죠? [2]네, 알겠어요. [3]그러니까… 우리나라에는 당연히 많은 명절이 있지만, 가장 인기 있는 명절에 대해서 말해 볼게요. MAIN [4]음, 제 생각엔 음력 새해 첫날인 것 같아요. 한국어로는 '설날'이라고 하죠. [5]그날은 기본적으로 가족들이 함께 모이는 시간이에요. [6]아시다시피, 설날에는 사람들이 모여서 새해의 시작을 축하하죠. [7]전통 음식을 준비하고 조상님께 차례를 지내요. [8]어떤 것을 하냐면, 조상님께 절을 하면서 존경을 표해요. [9]그후에는 함께 식사를 해요. [10]그러고 나서, 제가 제일 좋아하는 부분인데, 세배를 해요. [11]어른들께 절을 하고, 덕담을 듣고 세뱃돈을 받죠. [12]어릴 때는 세뱃돈을 다 엄마께 드렸는데, 이제는 제 주머니에 넣어요. 하하. FINISH [13]코로나 이후로 요즘은 기념하는 방식이 좀 단출해졌지만, 여전히 가족들을 모이게 하고 가족간의 유대를 강화하는 정말 중요한 명절이에요. [14]저는 사랑하는 사람들과 함께 보내는 시간을 정말 소중하게 생각합니다.

I get it 알겠다 holiday 명절, 휴일 lunar 음력의 basically 기본적으로 gather 모이다 celebrate 축하하다, 기념하다 traditional 전통적인 ancestral 조상의 ritual 의식 bow 절하다 ancestor 조상 respect 존경 elders 연장자, 어른 receive 받다 well-wish 덕담, 인사 pocket money 용돈 celebration 축하, 기념 strengthen 강화하다 bond 유대 value 소중히 여기다

고득점 전략 & 핵심 표현

우리나라의 명절/휴일은 미국인인 채점자에게 낯선 주제입니다. 내용을 얼마나 명확하게 전달할 수 있는지(clarity: 전달 명확성)가 중요합니다. 초딩 조카 전략으로, 누구나 쉽게 이해할 수 있도록 친절하게 설명하세요.

1 [5] It's basically a time when 주어+동사. 그날은 기본적으로 (주어)가 (동사)하는 시간이에요.

It's basically a time when families get together.
그날은 기본적으로 가족들이 함께 모이는 시간이에요.

It's basically a time when people celebrate with special foods.
그날은 기본적으로 사람들이 특별한 음식을 먹으며 기념하는 시간이에요.

It's basically a time when we remember our traditions.
그날은 기본적으로 우리가 전통을 기억하는 시간이에요.

나만의 답변 만들기

It's basically a time when ______________________________.

2 [8] What happens is we 행동. 어떤 것을 하냐면, 우리는 (행동)을 해요.

What happens is we gather with family for a big feast to celebrate the holiday.
어떤 것을 하냐면, 우리는 가족과 함께 모여 명절을 축하하기 위해 큰 잔치를 해요.

What happens is we decorate our home to get into the festive spirit.
어떤 것을 하냐면, 우리는 집을 꾸며서 축제 분위기를 만들어요.

What happens is we exchange gifts to show our appreciation for one another.
어떤 것을 하냐면, 우리는 서로에게 감사의 마음을 전하기 위해 선물을 주고받아요.

나만의 답변 만들기

What happens is we ______________________________.

3 [13] It's a really important holiday that 이유. 그날은 (이유)하는 매우 중요한 명절/휴일이에요.

It's a really important holiday that gives us a nice break from our busy lives.
그날은 바쁜 일상에서 잠시 벗어날 수 있게 해 주는 매우 중요한 명절/휴일이에요.

It's a really important holiday that lets us catch up with family.
그날은 가족들과 밀린 이야기를 나눌 수 있게 해 주는 매우 중요한 명절이에요.

It's a really important holiday that shows our unique customs.
그날은 우리 고유의 풍습을 보여 주는 매우 중요한 명절이에요.

나만의 답변 만들기

It's a really important holiday that ______________________________.

어린 시절 인상 깊은 명절/휴일의 기억

Tell me about a memorable or unforgettable holiday memory from your childhood. What did you do, where were you on that day, and who did you spend that holiday with? Please provide as many details as possible.

기억에 남거나 잊을 수 없는 어린 시절 명절/휴일의 기억에 대해 말해 주세요. 그날 무엇을 했고, 어디에 있었으며, 누구와 함께 명절/휴일을 보냈나요? 가능한 한 자세히 설명해 주세요.

| 답변 가이드 |

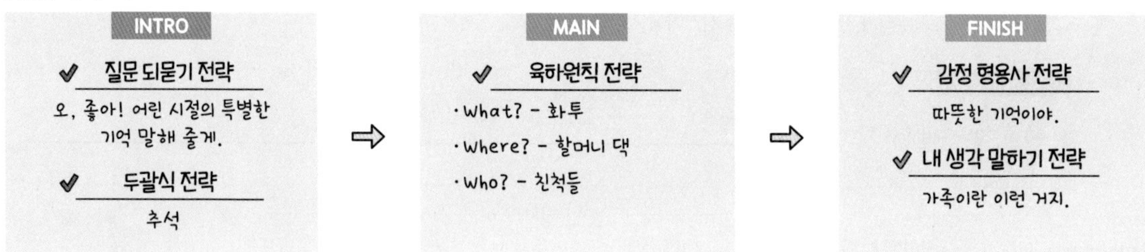

INTRO
질문 되묻기 전략
오, 좋아! 어린 시절의 특별한 기억 말해 줄게.
두괄식 전략
추석
MAIN
육하원칙 전략
· What? - 화투
· Where? - 할머니 댁
· Who? - 친척들
FINISH
감정 형용사 전략
따뜻한 기억이야.
내 생각 말하기 전략
가족이란 이런 거지.

예시 답변

INTRO [1] Oh, totally! [2] Let me share a special memory from my childhood. [3] It was Chuseok around 2007. [4] Ah, you know, Chuseok is like our version of Thanksgiving Day.

MAIN [5] So my family and cousins all came together at my grandma's house for the traditional ancestral ritual. [6] After that, we enjoyed some food, and, oh, man, the adults got pretty tipsy. [7] They started playing my grandma's favorite game, *hwatu*, which is a Korean card game. [8] I was just sitting there and watching them because, you know, I was too little to play. [9] Even though I wasn't playing, I could totally feel the excitement and tension in the air. Haha. [10] Eventually, my grandma won all the money and seemed really thrilled. [11] I was pretty excited, too! [12] I think my uncles and parents lost on purpose because they wanted to make Grandma happy.

FINISH [13] Looking back, it was such a simple but heartwarming holiday. [14] Those memories really remind me of what family is all about. [15] Yeah, that's it!

INTRO [1] 아, 물론이죠! [2] 어린 시절의 특별한 기억을 나눠 드릴게요. [3] 추석이었는데 2007년쯤이었어요. [4] 아, 추석은 우리에게 추수감사절 같은 명절이에요. MAIN [5] 그래서 가족들과 사촌들이 할머니 댁에 다 모여서 전통적인 차례를 지냈어요. [6] 그러고 나서 맛있는 음식을 먹었고, 아휴, 어른들은 꽤 취하셨어요. [7] 그들은 할머니가 좋아하시는 게임인 화투를 시작했어요. 화투는 한국의 카드 게임이에요. [8] 저는 게임을 하기에 너무 어려서 그냥 앉아서 구경만 했어요. [9] 비록 제가 게임을 하진 않았지만, 그 흥분과 긴장감을 충분히 느낄 수 있었어요. 하하. [10] 결국 할머니가 모든 돈을 따고 엄청 기뻐하셨죠. [11] 저도 덩달아 신났어요! [12] 제 생각에는 삼촌들과 부모님이 일부러 져 드린 것 같아요. 할머니를 기쁘게 해 드리려고요. FINISH [13] 지금 돌아보면, 아주 소박하지만 마음이 따뜻해지는 명절이었어요. [14] 그 기억들은 가족의 진정한 의미를 떠올리게 해요. [15] 네, 그게 다예요!

---

memory 기억 childhood 어린 시절 around ~쯤 Thanksgiving Day 추수감사절 traditional 전통적인 ancestral ritual 차례, 제사 adult 어른 tipsy 취한 even though 비록 ~하지만 excitement 흥분 tension 긴장 eventually 결국 thrilled 기쁜 on purpose 일부러, 고의로 look back 돌아보다 heartwarming 마음이 따뜻해지는 remind A of B A에게 B를 떠올리게 하다

고득점 전략 & 핵심 표현

명절은 주로 가족들과 보내니 친척을 나타내는 단어는 기본으로 술술 말할 수 있어야겠죠. 기억에 남는 경험은 육하원칙에 기반해서 구체적으로 설명하세요. 저는 원픽 주제로 화투를 선정해 어린 시절의 한 장면을 생생히 그려 보았습니다.

1 [7] **We/They started** 활동(동사+ing ~) **, which is** 설명 **.**

우리는/그들은 (활동)하기 시작했는데, 그건 (설명)이에요.

They started playing *yutnori*, **which is** a traditional Korean board game played during Seollal.

그들은 윷놀이를 하기 시작했는데, 그건 설날에 하는 한국 전통 보드게임이에요.

We started making *songpyeon*, **which is** a rice cake traditionally prepared during Chuseok.

우리는 송편을 만들기 시작했는데, 그건 추석에 전통적으로 준비하는 떡이에요.

We started flying kites, **which is** a Korean spring tradition known as *yeonnalligi*.

우리는 연을 날리기 시작했는데, 그건 연날리기라고 알려진 한국의 봄맞이 전통이에요.

나만의 답변 만들기

We/They started ____________________, which is ______________________________.

2 [8] **I was too little to** 활동(동사원형 ~) **.** 저는 (활동)하기에 너무 어렸어요.

I was too little to understand the significance of Chuseok celebrations.

저는 추석 명절의 의미를 이해하기에 너무 어렸어요.

I was too little to help make the traditional dishes for the holiday feast.

저는 명절 음식을 만드는 것을 돕기에 너무 어렸어요.

I was too little to stay up late for the New Year's festivities.

저는 새해의 축제 행사를 위해 늦게까지 깨어 있기에 너무 어렸어요.

나만의 답변 만들기

I was too little to ____.

3 [14] **Those memories remind me of** 무엇 **.** 그 기억들은 저에게 (무엇)을 떠올리게 해요.

Those memories remind me of family gatherings.

그 기억들은 가족 모임을 떠올리게 해요.

Those memories remind me of the good times we had.

그 기억들은 우리가 보냈던 좋은 시간을 떠올리게 해요.

Those memories remind me of how much I enjoyed those holidays.

그 기억들은 제가 그 명절/휴일을 얼마나 즐겼는지를 떠올리게 해요.

나만의 답변 만들기

Those memories remind me of ______________________________________.

경험 • 과거 시제

🎧 040

최근의 명절/휴일 경험

Tell me about the most recent holiday you celebrated. What did you do to celebrate it? Were there any special or memorable moments? Describe the activities and experiences in detail.

가장 최근에 기념한 명절/휴일에 대해 말해 주세요. 그날을 어떻게 기념했나요? 특별하거나 기억에 남는 순간이 있었나요? 활동과 경험을 자세히 설명해 주세요.

| 답변 가이드 |

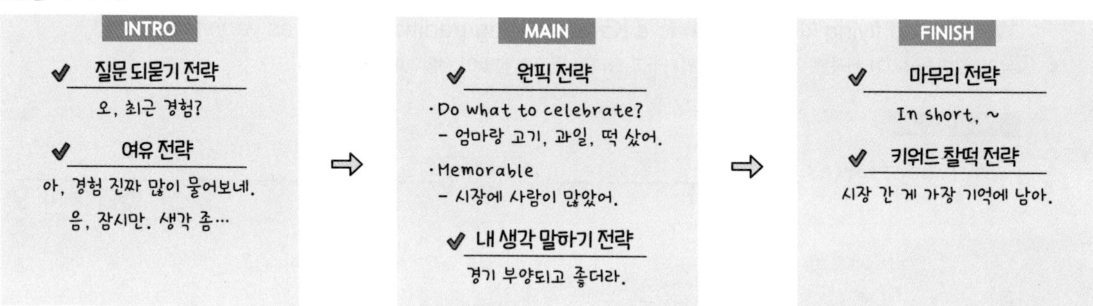

예시 답변

INTRO [1]Oh, recent experiences? [2]Ah, you sure ask a lot about experiences. Haha… [3]Hmm, let me think for a sec… The last holiday, right? [4]Yeah, okay, I got it.

MAIN [5]So during the last holiday, my mom and I went to the traditional market. [6]We were just picking up some items, you know, like meat, fruits, and *ddeok*. [7]Oh, that's Korean rice cake. [8]Anyway, it was super crowded, and honestly, I almost lost my mom for a minute there. [9]But no worries; we've got phones, right? Haha. [10]It was actually nice to see so many people out and about because, you know, more people mean more business. [11]That's what helps our economy grow. [12]And, hey, that means more allowance for me! [13]Hahaha. Just joking.

FINISH [14]In short, going to that lively market was the most memorable part of that holiday. [15]The atmosphere was energetic, and it reminded me of the importance of community.

INTRO [1]오, 최근 경험이요? [2]아, 경험에 대해서 정말 많이 물어보시네요. 하하… [3]음, 잠깐 생각해 볼게요… 지난 명절 말이죠? [4]네, 좋아요, 생각났어요. MAIN [5]그러니까, 지난 명절에 엄마와 저는 전통 시장에 갔어요. [6]그냥 고기, 과일, 떡 같은 것들을 사러 간 거예요. [7]아, 떡은 한국의 쌀로 만든 케이크예요. [8]어쨌든, 시장이 엄청 붐벼서 솔직히 엄마를 잠깐 잃어버릴 뻔했어요. [9]하지만 걱정 마세요, 우리에겐 휴대폰이 있잖아요, 그렇죠? 하하. [10]사실 많은 사람이 돌아다니는 걸 보는 게 좋더라고요. 사람이 많으면 장사가 잘 된다는 거니까요. [11]그게 경제 성장에 도움이 되고요. [12]그리고, 참, 그럼 제 용돈도 늘어나겠죠! [13]하하하, 농담이에요. FINISH [14]요약하자면, 그 북적북적한 시장에 간 게 그 명절에서 가장 기억에 남는 부분이었어요. [15]분위기가 활력이 넘쳤고, 지역 사회의 중요성을 다시 한번 느끼게 해 줬어요.

---

recent 최근의 experience 경험 traditional 전통적인 pick up 집어 들다, 사다 crowded 붐비는 honestly 솔직히 actually 사실 out and about 돌아다니는 economy 경제 grow 성장하다 allowance 용돈 lively 활기찬 memorable 기억에 남는 atmosphere 분위기 energetic 활력이 넘치는 remind A of B A에게 B를 떠올리게 하다 importance 중요성 community 지역 사회

고득점 전략 & 핵심 표현

명절/휴일 주제는 경험 질문이 많아서 계속 아이디어를 떠올리는 게 힘들 수 있습니다. INTRO에서 또 경험에 대해 물어보냐고 묻는 여유 전략을 활용하면 자연스럽게 여유를 만들고 즉석에서 대응하는 느낌도 줄 수 있습니다.

1 [10] It was actually [감정 형용사] to see [광경]. (광경)을 보니 사실 (감정 형용사)했어요.

It was actually overwhelming **to see** the huge crowd at the market.
시장에 있는 엄청난 인파를 보니 사실 압도당했어요.

It was actually heartwarming **to see** families coming together to celebrate.
가족들이 함께 모여 축하하는 모습을 보니 사실 마음이 따뜻해졌어요.

It was actually nice **to see** everyone dressed in their beautiful *hanbok*.
모두 한복을 곱게 차려입은 모습을 보니 사실 보기 좋았어요.

나만의 답변 만들기

It was actually ______________ to see ______________________________.

2 [10] More [명사1] mean(s) more [명사2]. 더 많은 (명사1)은 더 많은 (명사2)를 의미하죠.

More gatherings **mean more** laughter and joy during the holidays.
더 많은 모임은 연휴 기간 동안 더 많은 웃음과 기쁨을 의미하죠.

More activities **mean more** fun for children during the holiday season.
더 많은 활동은 연휴 기간 동안 아이들에게 더 많은 즐거움을 의미하죠.

More music **means** a **more** festive atmosphere for everyone.
더 많은 음악은 모두에게 더 즐거운 축제 분위기를 의미하죠.

나만의 답변 만들기

More ______________ mean(s) (a) more ______________________________.

3 [14] [활동(동사+ing ~)] was the most memorable part of that holiday.

(활동)이 그 명절/휴일의 가장 기억에 남는 부분이었어요.

Visiting my grandparents' house **was the most memorable part of that holiday.**
조부모님 댁을 방문한 것이 그 명절의 가장 기억에 남는 부분이었어요.

Taking part in the ancestral rites **was the most memorable part of that holiday.**
제사에 참여한 것이 그 명절의 가장 기억에 남는 부분이었어요.

Watching the fireworks **was the most memorable part of that holiday.**
불꽃놀이를 본 것이 그 휴일의 가장 기억에 남는 부분이었어요.

나만의 답변 만들기

______________________________ was the most memorable part of that holiday.

UNIT

04

은행

✔ 이렇게 준비하세요

많은 분들이 **은행 묘사**를 어려워하십니다. 그럴 땐 눈을 감고 **은행 문을 열고 들어가는 상상**을 하세요. 보이는 것들(현금자동인출기, 대기 공간, 보안 요원, 번호표, 은행 직원, 상담실, 많은 사람들)을 나열하면 쉽습니다. 단어는 당연히 외워야겠죠?

자주 출제되는 문제

문제	유형	시제
우리나라의 은행 Tell me about the banks in your country. When do they usually open and close? What do they look like? 당신 나라의 은행에 대해 말해 주세요. 보통 언제 문을 열고 닫나요? 어떤 모습인가요?	설명/묘사	현재
내가 가는 은행 Tell me about the bank you usually visit. Where is it located, and what does it look like? 당신이 주로 가는 은행에 대해 말해 주세요. 어디에 위치해 있고, 어떤 모습인가요?	설명/묘사	현재

문제	유형	시제
은행에서 주로 하는 일 What do people usually do at the bank? Why do you visit the bank, and what do you usually do there? 사람들은 보통 은행에서 무엇을 하나요? 당신은 왜 은행에 가고, 그곳에서 주로 무엇을 하시나요?	경향/습관	현재
최근 은행에 간 경험 Tell me about a recent visit to a bank. Why did you go there, and what did you do? Please describe everything you did in detail. 최근에 은행을 방문한 일에 대해 말해 주세요. 그곳에 왜 갔고 무엇을 하셨나요? 하신 일 전부를 자세히 설명해 주세요.	경험	과거
과거와 현재의 은행 비교 How have banks changed since you were young? What are the differences between banks then and now? 당신이 어릴 때 이후로 은행은 어떻게 변화해 왔나요? 그때와 지금의 은행에는 어떤 차이가 있나요?	비교	과거 + 현재
은행에서 문제가 생긴 경험 Have you ever had a problem at a bank? What was it, and how did you deal with it? Please describe it in detail. 은행에서 문제가 있었던 적이 있나요? 그게 무엇이었고, 어떻게 대처했나요? 자세히 설명해 주세요.	경험	과거

✪ 빈출 세트 구성

세트 예시 1	❶ 우리나라의 은행 ❷ 과거와 현재의 은행 비교 ❸ 은행에서 문제가 생긴 경험
세트 예시 2	❶ 은행에서 주로 하는 일 ❷ 과거와 현재의 은행 비교 ❸ 최근 은행에 간 경험

041

우리나라의 은행

Tell me about the banks in your country. When do they usually open and close? What do they look like?

당신 나라의 은행에 대해 말해 주세요. 보통 언제 문을 열고 닫나요? 어떤 모습인가요?

| 답변 가이드 |

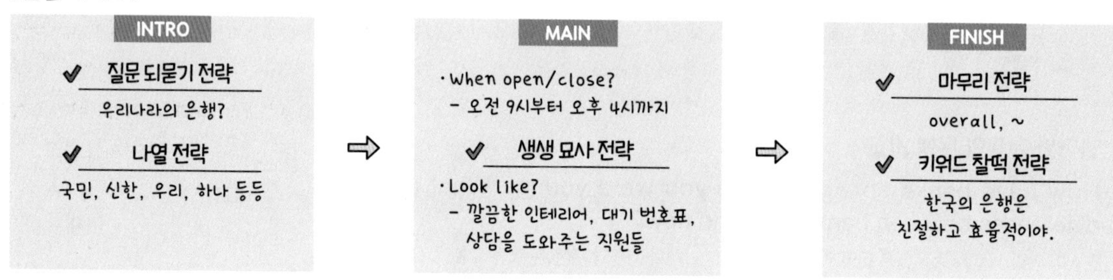
INTRO
질문 되묻기 전략
우리나라의 은행?
나열 전략
국민, 신한, 우리, 하나 등등
MAIN
·When open/close?
- 오전 9시부터 오후 4시까지
생생 묘사 전략
·Look like?
- 깔끔한 인테리어, 대기 번호표,
상담을 도와주는 직원들
FINISH
마무리 전략
overall, ~
키워드 찰떡 전략
한국의 은행은
친절하고 효율적이야.

예시 답변

INTRO [1] Oh, the banks in my country? [2] Well, in Korea, we have various banks like Kookmin, Shinhan, Woori, Hana, and, um, others. [3] But they all are pretty much the same in terms of hours and appearance.

MAIN [4] So banks are usually open from 9:00 AM to 4:00 PM on weekdays. [5] They have a clean and modern look, you know? [6] The atmosphere inside is calm, which makes waiting more pleasant. [7] When I go there, I take a number and wait for my turn before talking to a bank teller. [8] This system keeps things organized and makes sure everyone gets served in order. [9] They also have helpful signs and information desks to guide customers. [10] And, um, the staff members are really helpful and always ready to answer any questions.

FINISH [11] So overall, Korea's banks just feel professional and welcoming. [12] I appreciate how efficiently they handle everything.

INTRO [1] 아, 우리나라의 은행이요? [2] 음, 한국에는 국민은행, 신한은행, 우리은행, 하나은행, 음, 그 밖에 여러 은행이 있어요. [3] 하지만 영업 시간과 외관에 있어서는 거의 다 비슷해요. MAIN [4] 그래서 은행들은 보통 평일 오전 9시부터 오후 4시까지 운영해요. [5] 깔끔하고 현대적인 모습이에요, 아시죠? [6] 내부의 분위기가 차분해서 기다리는 게 더 기분 좋게 느껴져요. [7] 은행에 가면 번호표를 뽑고 차례를 기다린 다음 은행 직원과 이야기해요. [8] 이 시스템 덕분에 모든 게 정리되고, 모든 사람이 차례대로 서비스를 받을 수 있어요. [9] 또한 고객을 안내하는 유용한 안내판과 정보 데스크도 있어요. [10] 그리고, 음, 직원들이 정말 친절하고 언제나 어떤 질문에도 답할 준비가 되어 있어요. FINISH [11] 그래서, 전체적으로, 한국의 은행은 전문적이면서도 환영하는 느낌이 들어요. [12] 얼마나 효율적으로 일 처리를 하는지 감사한 마음이에요.

various 다양한 weekday 평일 modern 현대적인 look 외관, 모습 atmosphere 분위기 calm 차분한 pleasant 유쾌한, 기분 좋은 turn 차례 (bank) teller 은행 직원 organized 정리된 make sure ~하도록 확실히 하다 serve 서비스를 제공하다 in order 순서대로 helpful 도움이 되는 sign 안내판 information 정보 customer 고객 staff member 직원 overall 전체적으로 professional 전문적인 welcoming 따뜻한, 환영하는 appreciate 가치를 알아보다; 감사하다 efficiently 효율적으로 handle 다루다, 처리하다

고득점 전략 & 핵심 표현

주제가 어렵거나 당황스러울 때는 일단 나열 전략을 쓰세요. 장소 묘사는 쓰이는 단어가 거의 비슷해서 neat, clean, large, modern 같은 단어들을 활용하면 쉽게 답할 수 있습니다. 다만, 이미 다른 주제에서 사용한 표현을 그대로 쓰면 암기한 티가 나니 다양한 단어를 많이 외우세요.

1 [4] 장소/서비스 **is/are open from** 여는 시간 **to** 닫는 시간 **~.**

(장소/서비스)는 (여는 시간)부터 (닫는 시간)까지 운영해요.

The local bank **is open from** 9:00 AM **to** 4:00 PM on weekdays.
현지 은행은 평일 오전 9시부터 오후 4시까지 운영해요.

Online chat support **is open from** 9:00 AM **to** 6:00 PM for any banking inquiries.
온라인 채팅 지원은 오전 9시부터 오후 6시까지 운영되어 은행 업무 관련 문의를 접수해요.

The customer service hotline **is open from** 8:00 AM **to** 8:00 PM, seven days a week.
고객 서비스 핫라인은 연중무휴로 오전 8시부터 오후 8시까지 운영해요.

나만의 답변 만들기

__________ is/are open from ________ to __________.

2 [6] **The atmosphere inside is** 형용사 **, which** 효과 **.** 내부의 분위기는 (형용사)해서, (효과)해요.

The atmosphere inside is quiet, **which** allows for private conversations about finances.
내부의 분위기는 조용해서, 금융에 대해 비공개적인 대화를 나눌 수 있어요.

The atmosphere inside is welcoming, **which** makes first-time visitors feel at ease.
내부의 분위기는 친근해서, 처음 방문하는 사람도 편안하게 느낄 수 있어요.

The atmosphere inside is efficient, **which** minimizes waiting times for services.
내부의 분위기는 효율적이어서, 서비스 대기 시간을 최소화해 줘요.

나만의 답변 만들기

The atmosphere inside is ________, which __________.

3 [8] 주어 **make(s) sure** 주어+동사 **.** (주어)가 (주어+동사)하도록 확실히 해요.

The teller **makes sure** your deposit is processed quickly.
직원이 당신의 예금이 빠르게 처리되도록 확실히 해요.

The bank **makes sure** your identity is correct by checking your ID.
은행은 신분증을 확인해서 신분이 정확하도록 확실히 해요.

A security guard in a bank **makes sure** the building is safe and secure.
은행의 보안 요원은 건물이 안전하고 보안되도록 확실히 해요.

나만의 답변 만들기

__________ make(s) sure __________.

과거와 현재의 은행 비교

How have banks changed since you were young? What are the differences between banks then and now?

당신이 어릴 때 이후로 은행은 어떻게 변화해 왔나요? 그때와 지금의 은행에는 어떤 차이가 있나요?

| 답변 가이드 |

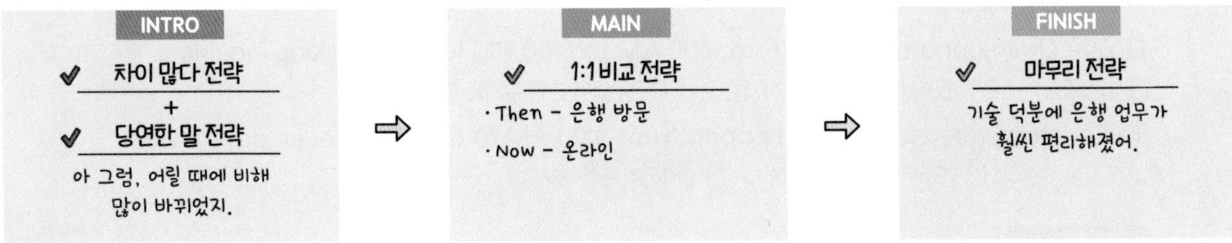

예시 답변

INTRO [1]You know, banks have greatly changed since I was young.

MAIN [2]I mean, back then, everything had to be done in person. [3]You actually had to go to the bank for every little thing—like depositing checks and paying bills, you know? [4]But now, with online banking, it's amazing how you can handle almost everything from your computer or phone. [5]It's super convenient to transfer money and to check your balance without even leaving the house.
[6]And, oh, customer service is almost always available through chat or phone, which is really handy. [7]If you have a question or an issue, you can get help quickly without waiting in line. [8]This has made banking much less stressful.

FINISH [9]So, yeah, I'd say banking has definitely become much more accessible and convenient thanks to technology. [10]It has really changed the way we manage our finances.

INTRO [1]아시겠지만, 은행은 제가 어렸을 때 이후로 많이 달라졌어요. MAIN [2]제 말은, 예전에는 모든 것을 대면으로 처리해야 했죠. [3]수표를 입금하거나 청구서를 지불하는 것처럼 사소한 것들도 다 은행에 실제로 가서 해야 했어요. 아시죠? [4]그런데 요즘은 인터넷 뱅킹 덕분에 컴퓨터나 핸드폰으로 거의 모든 걸 처리할 수 있다는 게 놀라워요. [5]집에서 나가지 않고도 돈을 이체하고 잔액을 확인할 수 있으니 정말 편리하죠. [6]그리고, 아, 고객 서비스를 채팅이나 전화로 거의 아무 때나 이용할 수 있어서 정말 유용해요. [7]질문이나 문제가 있을 때 줄 서서 기다릴 필요 없이 빠르게 도움을 받을 수 있거든요. [8]덕분에 은행 거래의 스트레스가 훨씬 줄었어요. FINISH [9]그래서, 네, 기술 덕분에 은행 업무가 훨씬 더 접근하기 쉽고 편리해졌다고 할 수 있겠어요. [10]그것은 금융을 관리하는 방식을 완전히 바꾸었어요.

---

in person 직접, 대면으로 actually 실제로 deposit 입금하다, 예금하다 check 수표 pay bills 청구서를 납부하다 online banking 인터넷 뱅킹 amazing 놀라운 handle 처리하다 convenient 편리한 transfer 전송하다, 이체하다 check 확인하다 balance 잔액 customer service 고객 서비스 available 이용 가능한 chat 채팅 handy 유용한, 편리한 stressful 스트레스를 일으키는 definitely 확실히 accessible 접근할 수 있는 technology 기술 manage 관리하다 finance 금융, 재정

고득점 전략 & 핵심 표현

과거와 현재의 은행 비교는 인터넷 뱅킹에 대해 이야기하면 편합니다. 쇼핑 답변과 유사하죠? '과거에 은행 업무를 어떻게 봤고 현재는 어떻게 하지?'를 떠올리며 본인의 경험담을 추가하고 개인적 감상도 덧붙이세요.

1 [4] Now, with 도구, it's amazing how you can 은행 업무.

이제는 (도구) 덕분에 (은행 업무)할 수 있다는 게 놀라워요.

Now, with mobile banking apps, **it's amazing how you can** check your balance anytime, anywhere. 이제 모바일 뱅킹 앱으로 언제 어디서나 잔액을 확인할 수 있다는 게 놀라워요.

Now, with online loan applications, **it's amazing how you can** get approved from the comfort of your home. 이제 온라인 대출 신청으로 집에서 편안하게 대출 승인을 받을 수 있다는 게 놀라워요.

Now, with real-time notifications, **it's amazing how you can** stay updated on all your banking activities instantly. 이제 실시간 알림을 통해 모든 뱅킹 활동에 대한 최신 정보를 즉시 확인할 수 있다는 게 놀라워요.

나만의 답변 만들기

Now, with ________________, it's amazing how you can ____________________________.

2 [9] 주어 has/have definitely become 형용사 thanks to 원인.

(원인) 덕분에 (주어)가 확실히 (형용사)해졌어요.

Mobile banking **has definitely become** popular **thanks to** the rise of smartphones.
스마트폰의 등장으로 모바일 뱅킹은 확실히 대중화되었어요.

Online transactions **have definitely become** faster **thanks to** improved Internet speeds.
인터넷 속도가 향상된 덕분에 온라인 거래가 확실히 더 빨라졌어요.

Opportunities to make deposits and to receive loans **have definitely become** more diverse **thanks to** growing competition among banks.
은행간의 경쟁이 치열해지면서 예금과 대출 기회가 확실히 더 다양해졌어요.

나만의 답변 만들기

________________ has/have definitely become ________________ thanks to ____________________________.

3 [10] It has really changed the way we 동사. 그것은 (동사)하는 방식을 완전히 바꾸었어요.

It has really changed the way we transfer money. 그것은 송금하는 방식을 완전히 바꾸었어요.

It has really changed the way we track our spending. 그것은 지출을 추적하는 방식을 완전히 바꾸었어요.

It has really changed the way we access banking services.
그것은 은행 서비스를 이용하는 방식을 완전히 바꾸었어요.

나만의 답변 만들기

It has really changed the way we ____________________________.

최근 은행에 간 경험

Tell me about a recent visit to a bank. Why did you go there, and what did you do? Please describe everything you did in detail.

최근에 은행을 방문한 일에 대해 말해 주세요. 그곳에 왜 갔고 무엇을 하셨나요? 하신 일 전부를 자세히 설명해 주세요.

| 답변 가이드 |

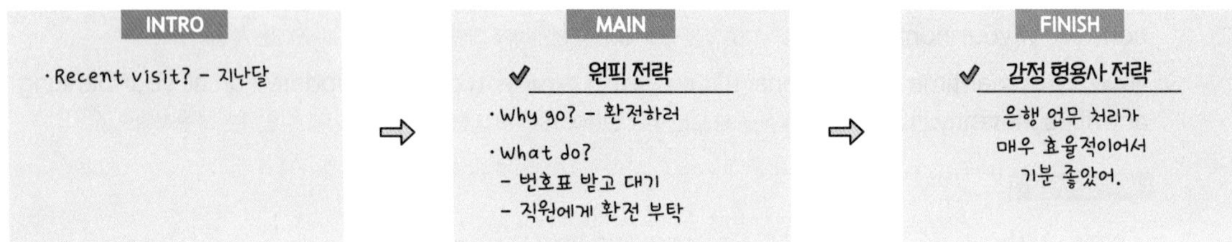

INTRO
· Recent visit? - 지난달
MAIN
원픽 전략
· Why go? - 환전하러
· What do?
- 번호표 받고 대기
- 직원에게 환전 부탁
FINISH
감정 형용사 전략
은행 업무 처리가 매우 효율적이어서 기분 좋았어.

예시 답변

INTRO [1] Oh, my recent visit to a bank? [2] Well, I guess that was last month. [3] I went there to exchange some currency before my upcoming trip abroad.

MAIN [4] When I walked in, the security guard greeted me warmly and asked what I needed. [5] I said I needed to exchange some money. [6] The process was really smooth. [7] I received a waiting number right away. [8] I waited for about 10 minutes, and when my turn came, a teller greeted me cheerfully. [9] I told him I needed dollars for my vacation to the States. [10] He quickly handled the transaction, and in just a few minutes, I had my dollars in hand. [11] It was a relief to get it done so efficiently since it was during my lunch break. [12] The bank staff members were not only skilled and fast but also kind and helpful.

FINISH [13] So overall, it was a pleasant experience that left me with a positive impression. [14] I felt well taken care of.

INTRO [1] 아, 최근에 은행에 갔던 때요? [2] 음, 지난달이었을 거예요. [3] 해외여행을 가기 전에 환전하려고 갔었죠. MAIN [4] 은행에 들어갔을 때, 보안 요원이 저를 따뜻하게 맞아주고 무슨 일로 왔는지 물었어요. [5] 저는 환전을 해야 한다고 했죠. [6] 과정이 정말 매끄러웠어요. [7] 바로 대기 번호를 받았어요. [8] 10분 정도 기다리다 제 차례가 되자 한 직원이 활기차게 저에게 인사했어요. [9] 저는 미국 여행을 가기 위해 달러가 필요하다고 했죠. [10] 직원분은 신속하게 거래를 처리해 주셨고, 저는 몇 분 만에 달러를 손에 쥘 수 있었습니다. [11] 점심시간 중이었어서 그렇게 효율적으로 처리가 되어 안심이 됐어요. [12] 은행 직원들은 일처리가 능숙하고 빠를 뿐만 아니라 친절하고 기꺼이 도움을 주려고 했어요. FINISH [13] 그래서, 전체적으로, 기분 좋은 경험이었고 긍정적인 인상을 받았어요. [14] 응대를 잘 받았다고 느꼈어요.

---

exchange 환전하다 **currency** 통화 **upcoming** 다가오는 **abroad** 해외로 **security guard** 보안 요원 **greet** 인사하다 **warmly** 따뜻하게 **process** 과정 **smooth** 매끄러운, 원활한 **receive** 받다 **right away** 즉시 **turn** 차례 **(bank) teller** 은행 직원 **cheerfully** 활기차게 **handle** 처리하다 **transaction** 거래 **relief** 안도 **efficiently** 효율적으로 **lunch break** 점심시간 **skilled** 능숙한 **helpful** 도움이 되려고 하는 **overall** 전체적으로 **pleasant** 기분 좋은 **experience** 경험 **positive** 긍정적인 **impression** 인상

고득점 전략 & 핵심 표현

'환전했다'고 단순히 한 일만 말하기보다 상황, 이유, 감상을 덧붙여 풍부하게 답변을 구성하세요. open an account(계좌 개설), transfer money(송금) 등 기본적인 은행 표현을 알아 두세요.

1 [3] **I went there to** 목적(동사원형 ~). 저는 (목적)하러 그곳에 갔어요.

I went there to open a new savings account for my emergency fund.
비상금 용도로 새 저축 계좌를 개설하러 그곳에 갔어요.

I went there to discuss my loan options with a financial advisor.
금융 상담사와 대출 옵션을 논의하기 위해 그곳을 방문했어요.

I went there to request a replacement debit card after losing mine.
직불카드를 분실한 후 대체 카드를 신청하러 그곳에 갔어요.

나만의 답변 만들기

I went there to ______________________________.

2 [10] **In just a few minutes,** 주어+동사. 몇 분 만에 (주어+동사)했어요.

In just a few minutes, I completed the currency exchange and left the bank.
몇 분 만에 환전이 완료되어 은행을 떠났어요.

In just a few minutes, I was able to deposit my check at the bank.
몇 분 만에 은행에서 수표를 입금할 수 있었어요.

In just a few minutes, I withdrew cash from the ATM.
몇 분 만에 ATM에서 현금을 인출했어요.

나만의 답변 만들기

In just a few minutes, ______________________________.

3 [12] 주어 **was/were not only** 형용사1 **but also** 형용사2.

(주어)는 (형용사1)했을 뿐 아니라 (형용사2)했어요.

The loan application process **was not only** quick **but also** straightforward.
대출 신청 절차는 신속할 뿐만 아니라 명료했어요.

The bank's location **was not only** convenient **but also** easily accessible by public transportation. 은행의 위치는 편리했을 뿐만 아니라 대중교통으로 쉽게 접근할 수 있었어요.

The staff members **were not only** knowledgeable **but also** willing to go the extra mile to assist me. 직원들은 지식이 풍부할 뿐만 아니라 저를 돕기 위해 기꺼이 더 많은 노력을 기울였어요.

나만의 답변 만들기

______________ was/were not only ______________ but also ______________.

UNIT

05

인터넷

✔ 이렇게 준비하세요

인터넷 주제는 미리 질문을 살펴보면 어렵지 않지만, 준비 없이 시험장에서 **처음 들으면 당황**하게 됩니다. **미리 질문과 예시 답변을 살펴보아** 심리적 허들을 낮춰 봅시다! 특히 고난도 문제인 14, 15번으로 출제될 경우에도 질문을 듣고 이해하는 데 문제가 없도록 아래 빈출 질문을 꼭 읽어 보세요.

자주 출제되는 문제

문제	유형	시제
인터넷으로 주로 하는 일 What do people usually do on the Internet? Do they play games, watch videos, or do something else? Talk about the things people do online in detail. 사람들은 보통 인터넷에서 무엇을 하나요? 게임을 하나요, 동영상을 보나요, 아니면 다른 것을 하나요? 사람들이 온라인에서 하는 일에 대해 자세히 이야기해 주세요.	설명/묘사	현재
처음 인터넷 서핑을 했던 경험 Tell me about your first experience surfing the Internet. When did you first become interested in it? What were your first impressions, and what do you remember the most about it? 인터넷을 서핑한 첫 경험에 대해 말해 주세요. 언제 처음 관심을 갖게 되었나요? 첫인상은 어땠고, 무엇이 가장 기억에 남나요?	경험	과거

문제	유형	시제
인터넷을 이용한 프로젝트 성공 경험 Tell me about a time when you successfully used the Internet to complete a project. What was the project about, when did it happen, and how did you use the Internet to achieve success? Please tell me in detail. 인터넷을 이용해 프로젝트를 성공적으로 완료한 경험에 대해 말해 주세요. 그 프로젝트는 무엇에 대한 것이었고, 언제 진행되었으며, 인터넷을 어떻게 이용해 성공할 수 있었나요? 자세히 말해 주세요.	경험	과거
인터넷에서 본 기억에 남는 동영상 Describe a memorable video you saw online and whether you watched it at home, school, or work. Maybe it was something impressive, unusual, funny, or meaningful to you. What was so special about it? 인터넷에서 본 기억에 남는 동영상에 대해 설명해 주세요. 집, 학교, 회사 중 어디에서 시청했는지 말해 주세요. 아마도 인상적이거나, 특이하거나, 재미있거나, 의미 있는 영상이었겠죠. 무엇이 그렇게 특별했나요?	경험	과거
세대간 인터넷 사용 방법 차이 The way people use the Internet can vary among generations. What do younger people usually do online, and how do older people use the Internet? Please discuss how their Internet usage is different. 사람들이 인터넷을 사용하는 방식은 세대마다 다를 수 있습니다. 젊은 사람들은 인터넷에서 보통 무엇을 하고, 나이 든 사람들은 인터넷을 어떻게 사용하나요? 인터넷 사용 방식이 어떻게 다른지 설명하세요.	비교	현재
인터넷 관련 우려와 걱정 What are some of the main concerns people have about the Internet these days, such as security, privacy, and safety? How have these concerns changed over time, and how do they affect people in your country? Discuss these issues in detail. 보안, 개인 정보 보호, 안전과 같이 요즘 사람들이 인터넷에 대해 주로 우려하는 것은 무엇인가요? 이러한 우려는 시간이 지남에 따라 어떻게 달라져 왔으며, 당신 나라 사람들에게 어떤 영향을 미치나요? 이러한 문제에 대해 자세히 말해 주세요.	사회적 이슈	현재

빈출 세트 구성

세트 예시 1	❶ 인터넷으로 주로 하는 일 ❷ 처음 인터넷 서핑을 했던 경험 ❸ 인터넷에서 본 기억에 남는 동영상
세트 예시 2 (고난도)	❶ 세대간 인터넷 사용 방법 차이 (14번) ❷ 인터넷 관련 우려와 걱정 (15번)

인터넷으로 주로 하는 일

What do people usually do on the Internet? Do they play games, watch videos, or do something else? Talk about the things people do online in detail.

사람들은 보통 인터넷에서 무엇을 하나요? 게임을 하나요, 동영상을 보나요, 아니면 다른 것을 하나요? 사람들이 온라인에서 하는 일에 대해 자세히 이야기해 주세요.

| 답변 가이드 |

INTRO

✔ 당연한 말 전략

아, 알았어, 사람들이 인터넷에서 뭐 하냐고? 음, 많지.

⇨

MAIN

✔ 원픽 전략

· What do? - 유튜브 시청

✔ 나열 전략

유직비디오, 동물, 요리, 뉴스…

⇨

FINISH

✔ 키워드 찰떡 전략

그래서 유튜브 시청은 사람들이 정말 많이 하는 인터넷 활동이야.

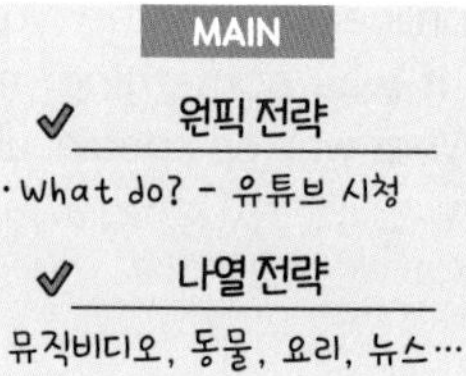

예시 답변

INTRO [1] Oh, well, okay. So when you think about what people do online, there's a lot of stuff.

MAIN [2] One of the most common things is, obviously, watching YouTube. [3] For example, if you're on the subway, you see almost everyone is glued to their phones, and a lot of them are watching YouTube. [4] Some people are catching up on the latest music videos while others are enjoying funny animal clips. [5] I've even seen people using YouTube to pick up new skills, like cooking recipes and DIY tips. [6] Plus, many are staying updated with the news. [7] YouTube really has something for everyone no matter what you're into.

FINISH [8] So, yeah, YouTube is definitely one of the major platforms people spend their time online. [9] It's a quick and easy way to relax and learn something new, which is why it's so popular.

INTRO [1] 아, 음, 알았어요. 사람들이 온라인에서 하는 일을 생각해 보면 많은 것들이 있죠. MAIN [2] 가장 흔한 것 중 하나는, 당연히, 유튜브 시청이에요. [3] 예를 들어, 지하철을 타면 거의 모든 사람들이 휴대폰을 들여다보고 있는 것이 보이고, 그중 많은 사람들이 유튜브를 보고 있어요. [4] 어떤 사람들은 최신 뮤직비디오를 보고 있고, 또 어떤 사람들은 재미있는 동물 영상을 즐기고 있죠. [5] 요리법이나 DIY 팁처럼 새로운 기술을 배우려고 유튜브를 활용하는 사람들도 봤어요. [6] 그리고 뉴스를 보면서 최신 정보를 얻는 사람들도 많고요. [7] 유튜브는 정말 누구나 자신에게 맞는 콘텐츠를 찾을 수 있는 곳인 것 같아요. 관심사가 무엇이든 말이에요. FINISH [8] 그래서, 네, 유튜브는 분명 사람들이 인터넷에서 시간을 보내는 주요 플랫폼 중 하나라고 할 수 있어요. [9] 휴식을 취하고 새로운 것을 배울 수 있는 빠르고 쉬운 방법이죠. 그래서 이렇게 인기가 많은 거고요.

---

common 흔한 **obviously** 분명히 **glued to** ~에 몰두한, 집중한 **catch up** 따라잡다, 최신 상태로 만들다 **latest** 최신의 **clip** 클립, 동영상 **pick up** (기술 등을) 배우다, 익히다 **skill** 기술 **recipe** 레시피, 요리법 **DIY** (= Do It Yourself) 스스로 만들기 **stay updated with** ~에 대한 최신 정보를 유지하다 **definitely** 분명히, 확실히 **major** 주요한, 주된 **platform** 플랫폼

고득점 전략 & 핵심 표현

인터넷으로 하는 일을 설명하기는 어렵지 않죠. 현재 시제를 사용해서 자세하게 설명하세요. 저는 원픽 전략으로 유튜브 영상 시청을 선택했습니다.

1

[2] **One of the most common things is** 활동(동사+ing ~) **.** 가장 흔한 것 중 하나는 (활동)이에요.

One of the most common things is checking the news.
가장 흔한 것 중 하나는 뉴스를 확인하는 것이에요.

One of the most common things is shopping online.
가장 흔한 것 중 하나는 인터넷 쇼핑이에요.

One of the most common things is sharing photos and updates with friends.
가장 흔한 것 중 하나는 친구들에게 사진과 근황을 공유하는 것이에요.

나만의 답변 만들기

One of the most common things is ______________________________.

2

[4] **Some people** 활동1 **while others** 활동2 **.**
어떤 사람들은 (활동1)을 하고, 또 어떤 사람들은 (활동2)를 해요.

Some people watch videos **while others** read articles.
어떤 사람들은 동영상을 보고, 또 어떤 사람들은 기사를 읽어요.

Some people are shopping online **while others** are browsing social media.
어떤 사람들은 인터넷 쇼핑을 하고, 또 어떤 사람들은 소셜 미디어를 둘러보고 있어요.

Some people are listening to music **while others** are playing games.
어떤 사람들은 음악을 듣고, 또 어떤 사람들은 게임을 하고 있어요.

나만의 답변 만들기

Some people ____________________ while others ____________________.

3

[7] 주어+동사 **~ no matter what you're into.** 당신의 관심사가 무엇이든, (주어+동사)해요.

Streaming services provide a wide variety of shows **no matter what you're into.**
당신의 관심사가 무엇이든, 스트리밍 서비스는 다양한 프로그램을 제공해요.

Online marketplaces offer products for every taste **no matter what you're into.**
당신의 관심사가 무엇이든, 인터넷 쇼핑몰은 모든 취향에 맞는 제품을 제공해요.

The Internet offers endless entertainment options **no matter what you're into.**
당신의 관심사가 무엇이든, 인터넷은 무한한 엔터테인먼트 옵션을 제공해요.

나만의 답변 만들기

______________________________ no matter what you're into.

경험 • 과거 시제

045

처음 인터넷 서핑을 했던 경험

Tell me about your first experience surfing the Internet. When did you first become interested in it? What were your first impressions, and what do you remember the most about it?

인터넷을 서핑한 첫 경험에 대해 말해 주세요. 언제 처음 관심을 갖게 되었나요? 첫인상은 어땠고, 무엇이 가장 기억에 남나요?

| 답변 가이드 |

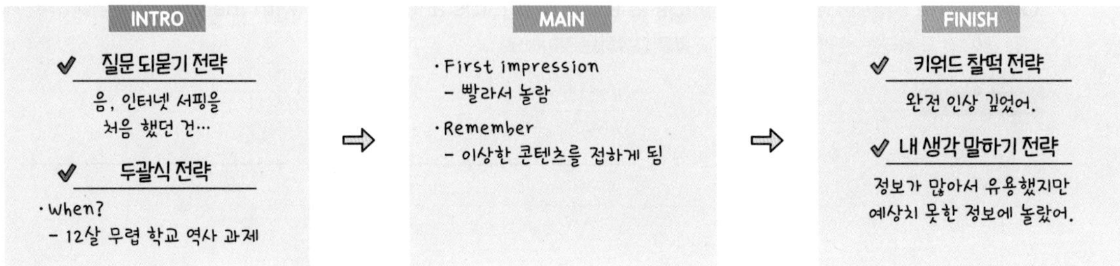

INTRO
질문 되묻기 전략
음, 인터넷 서핑을 처음 했던 건…
두괄식 전략
· When?
- 12살 무렵 학교 역사 과제
MAIN
· First impression
- 빨라서 놀람
· Remember
- 이상한 콘텐츠를 접하게 됨
FINISH
키워드 찰떡 전략
완전 인상 깊었어.
내 생각 말하기 전략
정보가 많아서 유용했지만 예상치 못한 정보에 놀랐어.

예시 답변

INTRO [1] Oh, well, you know, the first time I got into surfing the Internet was… when I had this history project for school. [2] I think I was around 12.

MAIN [3] So, it was like finding the features of some ancient artifact. [4] I needed to find out details like, when it was made and what it looked like. [5] I was amazed at how quickly I could get all that info online. [6] There was so much material that I finished my project really fast. [7] But here's the funny part. [8] While surfing the Internet, I ended up stumbling upon some weird stuff that had nothing to do with my project—like horror stories or adult content. [9] It was really shocking at the time. [10] I think that's why this experience really stuck with me.

FINISH [11] It definitely left a lasting impression. [12] So, yeah, that first dive into the Internet showed me how useful it could be for finding information, but also how surprising and unexpected things could be.

INTRO [1] 아, 음, 제가 인터넷 서핑에 처음 흥미를 갖게 된 건… 학교에서 역사 과제를 하던 때였어요. [2] 아마 12살 때쯤이었을 거예요. MAIN [3] 그러니까, 그 과제는 어떤 고대 유물의 특징을 알아오는 그런 거였어요. [4] 언제 만들어졌는지, 어떤 모습인지와 같은 세부 사항을 찾아야 했어요. [5] 인터넷에서 그런 정보를 얼마나 빨리 찾을 수 있는지 알고 놀랐어요. [6] 자료가 엄청 많아서 과제를 정말 빨리 끝낼 수 있었죠. [7] 그런데 이게 재미있는 부분인데요. [8] 인터넷 서핑을 하는 동안, 저는 과제와 전혀 관련 없는 이상한 것들을 우연히 발견하게 되었어요. 무서운 이야기나 성인 콘텐츠 같은 것들이었죠. [9] 그때는 그게 정말 충격적이었어요. [10] 그래서 이 경험이 기억에 단단히 남은 것 같아요. FINISH [11] 그 경험은 확실히 오래도록 기억에 남았어요. [12] 네, 그래요, 그렇게 인터넷을 처음 사용해 보면서 정보를 찾는 데 인터넷이 얼마나 유용할 수 있는지 알게 되었지만, 동시에 얼마나 놀랍고 예상치 못한 것들이 있을 수 있는지도 알게 되었죠.

---

surf 서핑하다, 인터넷을 탐색하다 feature 특징, 특성 ancient 고대의, 오래된 artifact 유물 info (= information) 정보 material 자료 end up 동사+ing 결국 ~하게 되다 stumble upon ~을 우연히 발견하다 weird 이상한 have nothing to do with ~와 관련이 없다 horror 공포 adult 성인의 content 콘텐츠, 내용 shocking 충격적인 stick with ~에 남아 있다 lasting 오랫동안 지속되는 impression 인상 dive 뛰어들기 useful 유용한 unexpected 예상치 못한

고득점 전략 & 핵심 표현

인터넷 서핑에 관심을 갖게 된 계기, 첫인상 등의 키워드에 맞게 이야기를 끼워 맞추세요. 기억나는 일이 없다면, 그랬을 법한 이야기를 말하면 됩니다(아마도 그때 전략). 긍정적인 감정도 부정적인 감정도 모두 괜찮으니 본인의 감정을 맘껏 드러내세요.

1 [5] **I was amazed at how** 부사 **I could** 동사 **~.** 얼마나 (부사)하게 (동사)할 수 있는지 놀랐어요.

I was amazed at how fast **I could** get my groceries delivered when I ordered online.
인터넷으로 주문했을 때 식료품을 얼마나 빨리 배달받을 수 있는지 놀랐어요.

I was amazed at how easily **I could** discover new music through online platforms.
온라인 플랫폼을 통해 새로운 음악을 얼마나 쉽게 발견할 수 있는지 놀랐어요.

I was amazed at how effortlessly **I could** book travel arrangements with just a few clicks.
몇 번의 클릭만으로 얼마나 쉽게 여행 일정을 예약할 수 있는지 놀랐어요.

나만의 답변 만들기

I was amazed at how ____________ I could ______________________________________.

2 [6] **There was so much** 명사 **that** 결과**.** (명사)가 너무 많아서/커서 (결과)했어요.

There was so much convenience in online shopping **that** I never wanted to visit a mall again. 인터넷 쇼핑의 편리한 점이 너무 많아서 다시는 쇼핑몰을 방문하고 싶지 않았어요.

There was so much information available online **that** I couldn't decide where to start.
온라인에 너무 많은 정보가 있어서 어디서부터 시작해야 할지 몰랐어요.

There was so much temptation **that** I just couldn't stop watching shorts.
너무 많은 유혹이 있어서 짧은 영상을 보는 것을 멈출 수 없었어요.

나만의 답변 만들기

There was so much ________________________ that ______________________________.

3 [8] **While** 활동(동사+ing ~)**, I ended up** 결과(동사+ing ~)**.**
(활동)을 하다가 (결과)하게 되었어요.

While scrolling through social media, **I ended up** discovering a fascinating new hobby.
소셜 미디어를 스크롤하다가 아주 멋진 새로운 취미를 발견하게 되었어요.

While searching for recipes online, **I ended up** watching cooking tutorials for hours.
온라인에서 레시피를 검색하다가 몇 시간 동안 요리 영상을 시청하게 되었어요.

While checking out travel blogs, **I ended up** planning a trip to a new destination.
여행 블로그를 확인하다가 새로운 목적지로의 여행을 계획하게 되었어요.

나만의 답변 만들기

While __________________________, I ended up ____________________________________.

경험 • 과거 시제

046

인터넷을 이용한 프로젝트 성공 경험

Tell me about a time when you successfully used the Internet to complete a project. What was the project about, when did it happen, and how did you use the Internet to achieve success? Please tell me in detail.

인터넷을 이용해 프로젝트를 성공적으로 완료한 경험에 대해 말해 주세요. 그 프로젝트는 무엇에 대한 것이었고, 언제 진행되었으며, 인터넷을 어떻게 이용해 성공할 수 있었나요? 자세히 말해 주세요.

| 답변 가이드 |

INTRO		MAIN		FINISH
✔ 질문 되묻기 전략 아, 인터넷을 이용해서 프로젝트를 성공적으로 마친 경험 말해 줄게.		· What? - 회사 발표 · When? - 3년 전쯤 · How? - 이미지 검색, 유튜브로 발표 스킬 습득		✔ 키워드 찰떡 전략 인터넷을 이용한 프로젝트는 완전 성공적이었어.

예시 답변

INTRO [1]Oh, well, let me tell you about a time when I used the Internet to successfully complete a project.

MAIN [2]About three years ago, I was preparing for a big business presentation at work. [3]I needed a lot of images to help explain my ideas. [4]I found some really great visuals online that made my points much clearer. [5]I also wanted to improve my presentation skills, so I spent a lot of time watching YouTube videos. [6]I checked out some of Steve Jobs's presentations, which really helped me understand how to make presentations more effectively. [7]I picked up some awesome tips and techniques from those videos. [8]When I finally gave the presentation, it went really well, and I actually got a round of applause at the end. [9]It felt amazing to see that my hard work paid off.

FINISH [10]So, yeah, using the Internet for that project was a huge success. [11]It not only made preparing the presentation easier but also helped me deliver it confidently.

INTRO [1]아, 음, 인터넷을 이용해서 프로젝트를 성공적으로 마친 경험에 대해 말해 드릴게요. MAIN [2]3년 전쯤, 회사에서 중요한 사업 발표 준비를 하고 있었어요. [3]아이디어를 설명하는 데 도움이 될 이미지가 많이 필요했어요. [4]저의 요지를 훨씬 더 명확하게 해 주는 정말 좋은 시각 자료를 인터넷에서 찾았어요. [5]또한 발표 기술을 향상시키고 싶어서, 유튜브 영상을 보는 데 많은 시간을 할애했어요. [6]스티브 잡스의 발표를 몇 개 확인해 봤는데, 어떻게 더 효과적으로 발표할 수 있는지 이해하는 데 정말 도움이 되었어요. [7]그 영상들에서 아주 좋은 요령과 기법을 배웠어요. [8]마침내 발표를 했을 때, 정말 잘됐고 사실은 마지막에 박수까지 받았어요. [9]노력이 보상받아 기분이 정말 좋았어요. FINISH [10]그래서 그 프로젝트에 인터넷을 이용한 것은 엄청난 성공이었어요. [11]발표 준비가 더 쉬워졌을 뿐만 아니라, 자신 있게 발표하는 데도 도움이 되었어요.

---

successfully 성공적으로 complete 완료하다, 끝내다 presentation 발표 visuals 시각 자료 improve 향상시키다 effectively 효과적으로 pick up ~을 습득하다 technique 기법, 기술 round of applause 박수갈채 pay off 성과를 내다, 보람이 있다 deliver 전달하다 confidently 자신 있게

고득점 전략 & 핵심 표현

성공 경험을 물어보면 큰 일이든 작은 일이든 상황과 과정을 자세히 설명하면 됩니다. 학교나 직장에서의 발표 준비 경험은 무난한 소재죠. 이유와 생각으로 디테일이 강화될수록 최고 등급 AL로 다가갈 수 있습니다.

1

[1] **Let me tell you about a time when I used** 도구 **to** 행동(동사원형 ~) **.**
(도구)를 이용해서 (행동)한 때에 대해 말해 드릴게요.

Let me tell you about a time when I used the Internet **to** do research for my thesis.
인터넷을 이용해서 논문을 위해 연구한 때에 대해 말해 드릴게요.

Let me tell you about a time when I used a project management app **to** meet a deadline.
프로젝트 관리 앱을 사용해서 마감일을 맞추었던 때에 대해 말해 드릴게요.

Let me tell you about a time when I used online surveys **to** gather data for my research.
온라인 설문조사를 통해 연구를 위한 데이터를 수집한 때에 대해 말해 드릴게요.

나만의 답변 만들기

Let me tell you about a time when I used ______________ to ______________________.

2

[5] **I spent a lot of time** 행동(동사+ing ~) **.** 저는 (행동)하는 데 많은 시간을 할애했어요.

I spent a lot of time doing research online to gather data for a final project.
저는 최종 프로젝트를 위한 자료 수집을 위해 인터넷을 검색하는 데 많은 시간을 할애했어요.

I spent a lot of time watching tutorial videos to learn new skills for my graphic design project. 그래픽 디자인 프로젝트를 위한 새로운 기술을 배우기 위해 튜토리얼 영상을 시청하는 데 많은 시간을 할애했어요.

I spent a lot of time engaging in online forums to get feedback on my writing.
온라인 포럼에 참여해 제 글에 대한 피드백을 받는 데 많은 시간을 할애했어요.

나만의 답변 만들기

I spent a lot of time ____.

3

[11] **It not only** 과거 동사1 **~ but also** 과거 동사2 **~.**
그것은 (과거 동사1)했을 뿐 아니라 (과거 동사2)도 했어요.

It not only made the work easier **but also** saved us time.
그것은 일을 더 쉽게 해 주었을 뿐 아니라 시간도 절약해 주었어요.

It not only improved our efficiency **but also** reduced our costs.
그것은 효율성을 높였을 뿐 아니라 비용도 줄여 주었어요.

It not only helped me learn new software skills **but also** boosted my confidence in using technology. 그것은 새로운 소프트웨어 기술을 배우는 데 도움을 주었을 뿐 아니라 기술 사용에 대한 자신감도 높여 주었어요.

나만의 답변 만들기

It not only ______________________ but also ______________________.

UNIT
06

헤어스타일

✔ 이렇게 준비하세요

헤어스타일은 출제 빈도가 아주 높지는 않지만, 나오면 응시자들이 **당황하는 주제**입니다. 친근한 주제인만큼 답변이 꼬이지 않도록 **질문을 읽고 미리 답변을 떠올려** 봅시다.

자주 출제되는 문제

문제	유형	시제
자주 가는 미용실/이발소 Tell me about the beauty salon or barber shop you frequently visit. Where is it located, and what does it look like? Describe it in as much detail as possible. 자주 가시는 미용실이나 이발소에 대해 말해 주세요. 어디에 위치해 있고, 어떤 모습인가요? 가능한 한 자세히 설명해 주세요.	설명/묘사	현재
자신의 헤어스타일과 그 스타일을 하게 된 계기 Tell me about your hairstyle. If you are currently maintaining a certain hairstyle, how did you first become interested in it? 당신의 헤어스타일에 대해 말해 주세요. 현재 특정한 헤어스타일을 유지하고 있다면, 그 스타일에 처음 관심을 가지게 된 계기는 무엇인가요?	설명/묘사 + 계기	현재 + 과거

문제	유형	시제
헤어스타일 관련 기억에 남는 경험 Tell me about a memorable experience with a hairstyle. When was it? Where did it happen? Why was it so special? 헤어스타일과 관련된 기억에 남는 경험에 대해 말해 주세요. 언제 있었던 일인가요? 어디서 일어났나요? 왜 그 경험이 그렇게 특별했나요?	경험	과거
최근 미용실/이발소에 간 경험 Tell me about the last time you went to a hair salon or barber shop. When and where did you go? What services did you receive? Please describe your experience in detail. 마지막으로 미용실이나 이발소에 가셨을 때에 대해 말해 주세요. 언제, 어디로 가셨나요? 어떤 서비스를 받으셨나요? 경험을 자세히 설명해 주세요.	경험	과거
헤어스타일이 인상적이었던 사람 Tell me about a person whose hairstyle was impressive. Who was it? When did you meet him or her? Explain why that hairstyle was so impressive. 헤어스타일이 인상적이었던 사람에 대해 말해 주세요. 그 사람은 누구였나요? 그 사람을 언제 만났나요? 그 헤어스타일이 왜 그렇게 인상적이었는지 설명해 주세요.	경험	과거
과거와 현재의 헤어스타일 비교 Hairstyle trends have changed over the years. Are current hairstyles different from the styles when you were young? How are they different? Please provide as many details as possible. 헤어스타일 트렌드는 시간이 지나면서 변화해 왔습니다. 현재의 헤어스타일이 당신이 어렸을 때의 스타일과 다른가요? 어떻게 다르죠? 가능한 한 많은 세부 사항을 말해 주세요.	비교	과거 + 현재

빈출 세트 구성

세트 예시 1	❶ 자신의 헤어스타일과 그 스타일을 하게 된 계기 ❷ 과거와 현재의 헤어스타일 비교 ❸ 헤어스타일 관련 기억에 남는 경험
세트 예시 2	❶ 자주 가는 미용실/이발소 ❷ 자신의 헤어스타일과 그 스타일을 하게 된 계기 ❸ 헤어스타일이 인상적이었던 사람

설명/묘사 • 현재 시제

🎧 047

자주 가는 미용실/이발소

Tell me about the beauty salon or barber shop you frequently visit. Where is it located, and what does it look like? Describe it in as much detail as possible.

자주 가시는 미용실이나 이발소에 대해 말해 주세요. 어디에 위치해 있고, 어떤 모습인가요? 가능한 한 자세히 설명해 주세요.

| 답변 가이드 |

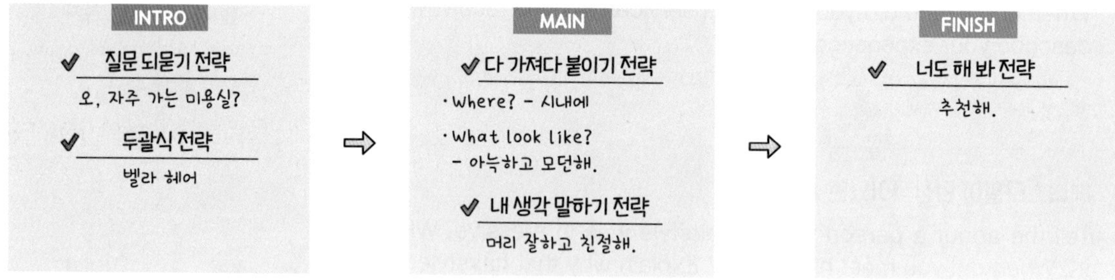

INTRO
질문 되묻기 전략
오, 자주 가는 미용실?
두괄식 전략
벨라 헤어
MAIN
다 가져다 붙이기 전략
· Where? - 시내에
· What look like?
- 아늑하고 모던해.
내 생각 말하기 전략
머리 잘하고 친절해.
FINISH
너도 해 봐 전략
추천해.

예시 답변

INTRO [1] Oh, my go-to hair salon? [2] Actually, yeah, it's called Bella Hair.

MAIN [3] It's located right in the center of the city, which is super convenient. [4] When you walk in, it has this cozy, modern vibe. [5] The decor is nice. [6] There are comfy chairs, some cool artwork, and soft lighting that makes it relaxing. [7] Plus, it has a few magazines lying around, so you can flip through them while you wait, which is a nice touch. [8] It's a nice place to hang out while you're getting your hair done.

[9] The stylists are really friendly and know what they're doing. [10] They really get my style. [11] Most times, I go for a layered cut or a perm, and the stylist always does a great job, so I leave feeling good about my hair. [12] It's just the perfect spot for me!

FINISH [13] If you're looking for a salon, I definitely recommend checking it out! [14] You might find that it's your new favorite, too.

INTRO [1] 오, 자주 가는 미용실이요? [2] 사실, 있어요. 벨라 헤어라는 곳이에요. MAIN [3] 그곳은 도심에 있어서 정말 편리해요. [4] 안에 들어가면 아늑하면서도 현대적인 분위기예요. [5] 인테리어가 멋져요. [6] 편안한 의자와 멋진 예술 작품이 있고, 조명이 은은해서 편안한 느낌을 줘요. [7] 그리고 기다리는 동안 넘겨 볼 수 있도록 잡지가 몇 권 비치되어 있어서 참 좋아요. [8] 머리를 손질하는 동안 여유롭게 있기에 좋은 장소예요. [9] 스타일리스트분들이 정말 친절하시고 일을 잘하세요. [10] 제 스타일을 정말 잘 이해해 주세요. [11] 저는 주로 레이어드 컷이나 펌을 하러 가는데 스타일리스트분이 항상 아주 잘해 주셔서 머리에 만족한 상태로 그곳을 나와요. [12] 저에게는 정말 완벽한 곳이에요! FINISH [13] 미용실을 찾고 계시면 꼭 한번 가보시라고 추천해 드리고 싶어요! [14] 어쩌면 당신에게도 그곳이 제일 좋아하는 미용실이 될지도 모르죠.

---

go-to 자주 가는, 믿고 찾는 **hair salon** 미용실 **be located** 위치해 있다 **convenient** 편리한 **cozy** 아늑한 **modern** 현대적인 **vibe** 분위기 **decor** 실내 장식, 인테리어 **comfy** 편안한 **artwork** 예술 작품 **lighting** 조명 **relaxing** 편안한 **flip** 넘기다, 젖히다 **stylist** 스타일리스트 **layered** 층이 있는 **perm** 펌, 파마 **spot** 장소 **definitely** 꼭 **recommend** 추천하다 **check out** 한번 시도해 보다

고득점 전략 & 핵심 표현

설명/묘사 질문은 중요도가 상대적으로 낮으니 적당히 답하고 넘어가되, 일관된 현재 시제 사용에 주의하세요. 내용을 떠올리기 힘들 경우에는 여기저기서 본 것으로 다 가져다 붙이기 전략을 써서 유연하게 대응하세요.

1 [3] **It's located** 위치 **, which** 장점 **.** 그곳은 (위치)에 있어서 (장점)해요.

It's located in a charming neighborhood, **which** is perfect for a relaxed vibe.
그곳은 매력적인 동네에 있어서 편안한 분위기를 즐기기에 완벽해요.

It's located close to the subway station, **which** is really helpful for busy commuters.
그곳은 지하철역 가까이에 위치해 있어서 바쁜 통근자에게 정말 도움돼요.

It's located on the top floor of a tall building, **which** offers a nice view of the city.
그곳은 높은 건물의 꼭대기 층에 있어서 도시의 멋진 전망을 감상할 수 있어요.

나만의 답변 만들기

It's located ______________________, which ______________________________.

2 [6] **There is/are** 무엇 **that** 효과 **.** (무엇)이 있어서 (효과)해요.

There is always soothing music **that** creates a calming environment.
잔잔한 음악이 항상 흐르고 있어서 차분한 분위기를 조성해요.

There are a variety of hair products and tools **that** ensure high-quality results.
다양한 헤어 제품과 도구가 준비되어 있어서 최상의 결과를 보장해요.

There are magazines and refreshments **that** make the waiting area more pleasant.
잡지와 다과가 준비되어 있어서 대기 공간을 더욱 기분 좋게 만들어 줘요.

나만의 답변 만들기

There is/are ______________________ that ______________________________.

3 [11] **Most times, I go for** 목적1 **or** 목적2 **.** 저는 대부분 (목적1)이나 (목적2)하러 가요.

Most times, I go for a simple trim **or** a touch of color.
저는 대부분 머리를 간단히 다듬거나 염색하러 가요.

Most times, I go for a bold color change **or** highlights.
저는 대부분 과감하게 색상을 바꾸거나 하이라이트를 주러 가요.

Most times, I go for deep conditioning treatment **or** a scalp massage.
저는 대부분 딥 컨디셔닝 트리트먼트나 두피 마사지를 받으러 가요.

나만의 답변 만들기

Most times, I go for ______________________ or ______________________.

과거와 현재의 헤어스타일 비교

Hairstyle trends have changed over the years. Are current hairstyles different from the styles when you were young? How are they different? Please provide as many details as possible.

헤어스타일 트렌드는 시간이 지나면서 변화해 왔습니다. 현재의 헤어스타일이 당신이 어렸을 때의 스타일과 다른가요? 어떻게 다르죠? 가능한 한 많은 세부 사항을 말해 주세요.

| 답변 가이드 |

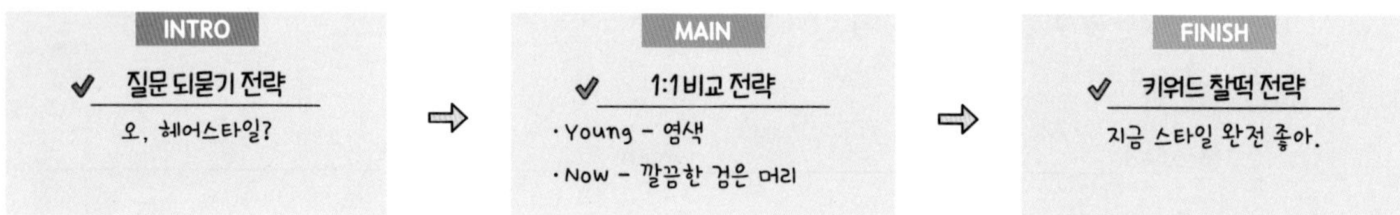

INTRO
질문 되묻기 전략
오, 헤어스타일?
MAIN
1:1 비교 전략
·Young - 염색
·Now - 깔끔한 검은 머리
FINISH
키워드 찰떡 전략
지금 스타일 완전 좋아.

예시 답변

INTRO [1] Oh, about hairstyles?

MAIN [2] Well, you know, when I was younger, dyeing hair was all the rage. [3] Blond hair was trendy in my country, so many people dyed their hair yellow. [4] So you'd see, um, a lot of people with yellow hair on the street. [5] It was hard to find someone with black hair, especially among young people. [6] You know, hairstyle trends usually follow popular celebrities, and back then, all the handsome guys in dramas had yellow hair. [7] Those iconic looks really influenced what everyone wanted to try.

[8] But nowadays, it seems like it's more about just having clean black hair. [9] I mean, natural styles are definitely more popular these days, and it feels like a return to a basic style. [10] There's something refreshing about that simplicity, right? [11] It seems people are embracing their natural beauty instead of following every trend.

FINISH [12] Anyway, I'm all for this natural trend. [13] It's simple, chic, and easy to maintain. [14] I really love this trend!

INTRO [1] 아, 헤어스타일에 대해서요? MAIN [2] 음, 있죠, 제가 어렸을 때는 염색이 대세였어요. [3] 우리나라에서 금발이 유행이어서, 많은 사람들이 머리를 노란색으로 염색했어요. [4] 그래서 길에서, 음, 노란 머리의 사람들을 많이 봤죠. [5] 검은 머리를 한 사람을 찾는 게 어려웠어요. 특히 젊은 사람들 사이에서요. [6] 아시는 것처럼 헤어스타일 트렌드는 보통 인기 있는 연예인을 따라 가잖아요. 그때는 드라마에 나오는 잘생긴 남자들이 모두 노란 머리였어요. [7] 이런 상징적인 모습이 모두가 시도해 보고 싶어 하는 스타일에 큰 영향을 미쳤죠. [8] 하지만 요즘은 깔끔한 검은 머리가 더 유행인 것 같아요. [9] 제 말은, 요즘은 자연스러운 스타일이 확실히 더 인기가 있고, 기본 스타일로 돌아가는 느낌이에요. [10] 단순함에는 뭔가 신선한 느낌이 있지 않아요? [11] 사람들이 트렌드를 일일이 따르기보다는 자연스러운 아름다움을 받아들이는 것 같아요. FINISH [12] 어쨌거나 저는 이 자연스러운 트렌드를 완전 지지해요. [13] 단순하고 세련되고 관리하기도 쉬워요. [14] 저는 정말 이 트렌드가 좋아요!

---

dye 염색하다 rage 대세 trendy 유행하는 among ~ 사이에서 trend 트렌드, 경향, 유행 celebrity 연예인, 유명인 iconic 상징적인, 대표적인 influence 영향을 미치다 nowadays 요즘 definitely 확실히 return 회귀 simplicity 단순함 refreshing 신선한, 상쾌한 embrace 받아들이다, 포용하다 chic 세련된 maintain 유지하다, 관리하다

고득점 전략 & 핵심 표현

과거와 현재를 확실히 비교하고, 시제를 잘 챙기세요! 발화량을 채우고 싶다면 예시 답변처럼 특정한 헤어스타일이 유행하는 이유를 덧붙이면 자연스럽습니다.

1 [2] **When I was younger,** 헤어스타일 **was** 유행 **.** 제가 어렸을 때는 (헤어스타일)이 (유행)이었어요.

When I was younger, long, straight hair **was** the trend.
제가 어렸을 때는, 긴 생머리가 유행이었어요.

When I was younger, having highlights **was** in fashion.
제가 어렸을 때는, 하이라이트 염색이 유행이었어요.

When I was younger, getting a bob cut **was** very popular among my friends.
제가 어렸을 때는, 친구들 사이에서 단발머리가 매우 인기 있었어요.

나만의 답변 만들기

When I was younger, ________________ was ________________.

2 [8] **But nowadays, it seems like it's more about** 헤어스타일 **.**
하지만 요즘은 (헤어스타일)이 더 유행/대세인 것 같아요.

But nowadays, it seems like it's more about minimalistic styles.
하지만 요즘은 미니멀한 스타일이 대세인 것 같아요.

But nowadays, it seems like it's more about showcasing one's natural hair color.
하지만 요즘은 자신의 자연스러운 머리 색을 드러내는 것이 더 유행인 것 같아요.

But nowadays, it seems like it's more about subtle highlights rather than bold colors.
하지만 요즘은 대담한 컬러보다는 은은한 하이라이트가 더 유행하는 것 같아요.

나만의 답변 만들기

But nowadays, it seems like it's more about ________________.

3 [9] **It feels like a return to** 헤어스타일 **.** (헤어스타일)로 돌아가는 느낌이에요.

It feels like a return to simple, straight hair.
심플한 생머리로 돌아가는 느낌이에요.

It feels like a return to the classic short haircut that always looks neat.
항상 단정해 보이는 클래식한 짧은 머리로 돌아가는 느낌이에요.

It feels like a return to the classic bob cut that never goes out of style.
유행을 타지 않는 클래식한 단발머리로 돌아가는 느낌이에요.

나만의 답변 만들기

It feels like a return to ________________.

헤어스타일 관련 기억에 남는 경험

Tell me about a memorable experience with a hairstyle. When was it? Where did it happen? Why was it so special?

헤어스타일과 관련된 기억에 남는 경험에 대해 말해 주세요. 언제 있었던 일인가요? 어디서 일어났나요? 왜 그 경험이 그렇게 특별했나요?

| 답변 가이드 |

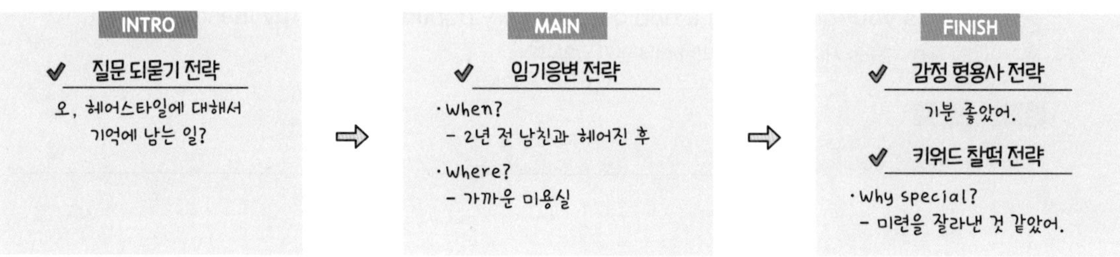

INTRO
질문 되묻기 전략
오, 헤어스타일에 대해서 기억에 남는 일?
MAIN
임기응변 전략
·When?
- 2년 전 남친과 헤어진 후
·Where?
- 가까운 미용실
FINISH
감정 형용사 전략
기분 좋았어.
키워드 찰떡 전략
·Why special?
- 미련을 잘라낸 것 같았어.

예시 답변

INTRO [1] Oh, something memorable about a hairstyle?

MAIN [2] Well, um, yeah, I remember one from about two years ago. [3] That's actually when I broke up with my boyfriend. Haha. [4] You know, we had been together for like five years, but in the end, we parted ways. [5] It was a tough time for me.
[6] To lift my spirits, I decided to do something drastic. [7] I thought a fresh look would help. [8] So I went to a nearby salon to change my hairstyle. [9] Do you know what happened? [10] I ended up cutting off all my long hair. [*sigh*] [11] You know, it was a really big change, and I could hardly recognize myself in the mirror at first.

FINISH [12] But honestly, it felt nice. Haha. [13] It felt like I was getting rid of all my lingering emotions. [14] It was like shedding an old skin. [15] The new hairstyle gave me a sense of freedom and a fresh start. [16] Yeah, that's my impressive memory. [17] It really marked a turning point for me!

INTRO [1] 오, 헤어스타일에 대한 기억에 남는 일이요? MAIN [2] 음, 네, 2년쯤 전의 일이 기억나요. [3] 사실은 그때가 남자친구와 헤어졌던 때였어요. 하하. [4] 있죠, 우리는 5년 정도 사귀었는데, 결국엔 서로 각자의 길을 가게 되었어요. [5] 저에겐 힘든 시기였죠. [6] 기분 전환을 하려고 뭔가 과감한 것을 하기로 결심했어요. [7] 외모를 바꾸면 도움이 될 것 같았죠. [8] 그래서 헤어스타일을 바꾸러 근처 미용실에 갔어요. [9] 어떻게 됐는지 아세요? [10] 결국 긴 머리를 다 잘라버렸어요. [한숨] [11] 있죠, 그건 정말 큰 변화였어요. 처음엔 거울에 비친 제 모습을 거의 알아볼 수 없을 정도로요. FINISH [12] 하지만 솔직히, 기분이 좋았어요. 하하. [13] 모든 미련을 잘라낸 것 같았어요. [14] 마치 오래된 껍질을 벗듯이요. [15] 새로운 헤어스타일은 저에게 자유와 새로운 시작을 느끼게 해 줬어요. [16] 네, 그게 제 인상 깊은 기억이에요. [17] 저에게 정말 터닝 포인트가 되었거든요!

---

memorable 기억에 남는 break up 헤어지다 part ways 각자의 길을 가다, 헤어지다 lift one's spirits 기분 전환하다 drastic 과감한 nearby 근처의 end up 동사+ing 결국 ~하게 되다 cut off ~을 잘라내다 hardly 거의 ~ 않다 recognize 알아보다 get rid of ~을 없애다 linger 남아 있다 emotion 감정 shed (껍질을) 벗다 impressive 인상 깊은 memory 기억 turning point 전환점

고득점 전략 & 핵심 표현

연인과 싸우거나 헤어진 후에 헤어스타일에 변화를 준 이야기는 만만하게 써먹을 수 있는 소재입니다. 임기응변 전략에서 연인 썰이죠. 남자분들도 이별하고 머리 잘랐다고 가져다 붙여도 되고, 입대 전에 머리 자른 경험도 사용하기 좋겠죠!

1 [3] **That's actually when I** 과거 동사 **~.** 사실은 그때가 (과거 동사)했을 때였어요.

That's actually when I started a new chapter in my life after a tough year.
사실은 그때가 힘든 한 해를 보내고 제 인생의 새로운 챕터를 시작했을 때였어요.

That's actually when I graduated from college and wanted a fresh start.
사실은 그때가 대학을 졸업하고 새로운 시작을 원하던 때였어요.

That's actually when I turned 30 and felt like trying something new.
사실은 그때가 서른살이 되어서 뭔가 새로운 것을 시도하고 싶을 때였어요.

나만의 답변 만들기

That's actually when I ______________________.

2 [6] **To lift my spirits, I decided to** 행동(동사원형 ~) **.** 기분 전환을 위해 (행동)하기로 결심했어요.

To lift my spirits, I decided to get a haircut.
기분 전환을 위해 머리를 자르기로 결심했어요.

To lift my spirits, I decided to change my hairstyle.
기분 전환을 위해 헤어스타일을 바꾸기로 결심했어요.

To lift my spirits, I decided to dye my hair.
기분 전환을 위해 머리를 염색하기로 결심했어요.

나만의 답변 만들기

To lift my spirits, I decided to ______________________.

3 [15] **The new hairstyle gave me** 무엇 **.** 새로운 헤어스타일은 저에게 (무엇)을 주었어요.

The new hairstyle gave me a boost in confidence I hadn't felt in a while.
새로운 헤어스타일은 저에게 한동안 느끼지 못했던 자신감을 높여 주었어요.

The new hairstyle gave me the courage to embrace change and to take risks.
새로운 헤어스타일은 저에게 변화를 받아들이고 위험을 감수할 수 있는 용기를 주었어요.

The new hairstyle gave me a feeling of renewal and excitement for the future.
새로운 헤어스타일은 저에게 새로운 활력과 미래에 대한 설렘을 주었어요.

나만의 답변 만들기

The new hairstyle gave me ______________________.

UNIT 07

산업

✔ 이렇게 준비하세요

산업은 출제 빈도가 아주 높은 편은 아니지만 **준비하지 않으면 매우 당황하는 고난도 돌발 주제**입니다. '이런 질문도 나올 수 있구나' 하면서 **빈출 질문**을 차근차근 읽어 보고 **주제 친밀감**을 올려 보세요. 주제가 어려울수록 **초딩 조카 전략**으로 답변을 유치하게 만들어야 말하기 편합니다!

자주 출제되는 문제

문제	유형	시제
우리나라의 주요 산업 Tell me about the main industries or companies in your country. What kinds of industries are there? Why are people interested in these industries? Please describe them in as much detail as possible. 당신 나라의 주요 산업이나 기업에 대해 말해 주세요. 어떤 종류의 산업이 있나요? 사람들이 이러한 산업에 관심을 갖는 이유는 무엇인가요? 가능한 한 자세히 설명해 주세요.	설명/묘사	현재
우리나라의 유명한 기업 Can you tell me about a famous company in a promising industry in your country? What products does the company offer? And how did it become successful? 당신 나라의 유망한 산업군에 속한 유명 기업에 대해 말해 주실 수 있나요? 그 회사는 어떤 제품을 제공하나요? 그리고 어떻게 성공하게 되었나요?	설명/묘사	현재

문제	유형	시제
앞서 언급한 기업의 어려움 극복 과정 Tell me about the success journey of the company you just mentioned. When this company introduced its most important products, were they successful right away? What challenges did the company face, and how did it overcome them? Please explain the process in detail. 앞서 언급한 회사의 성공 여정에 대해 설명해 주세요. 이 회사가 가장 중요한 제품을 출시했을 때, 즉시 성공했나요? 회사가 직면한 도전은 무엇이었고, 어떻게 극복했나요? 과정을 자세히 설명해 주세요.	경험	과거
과거와 현재의 산업/기업 비교 Tell me how an industry or company has changed in your country. What was it like when you were younger, and how has it changed over time? Please explain the developments in detail. 당신 나라에서 어떤 산업이나 기업이 어떻게 변했는지 말해 주세요. 당신이 어렸을 때는 어땠고, 시간이 지나면서 어떻게 변했나요? 발전 과정을 자세히 설명해 주세요.	비교	현재 + 과거
요즘 젊은 사람들이 선호하는 기업 What are some companies that young people want to work for these days? Why do young people want to work for these companies? 요즘 젊은 사람들이 일하고 싶어 하는 회사는 어떤 곳들인가요? 젊은 사람들이 이 회사들에서 일하고 싶어 하는 이유는 무엇인가요?	사회적 이슈	현재
요즘 우리나라 사람들이 관심을 갖는 산업/기업 What is an industry or company that people in your country are talking about these days? Why are people interested in this industry or company, and what are they saying about it? Please provide as much information as possible. 요즘 당신 나라에서 사람들 사이에 회자되는 산업이나 기업은 무엇인가요? 사람들이 이 산업이나 기업에 왜 관심을 가지며, 그에 대해 어떤 이야기를 하고 있나요? 가능한 한 많은 정보를 제공해 주세요.	사회적 이슈	현재

✪ 빈출 세트 구성

세트 예시 1	❶ 우리나라의 주요 산업 ❷ 우리나라의 유명한 기업 ❸ 앞서 언급한 기업의 어려움 극복 과정
세트 예시 2 (고난도)	❶ 우리나라의 유명한 기업 (14번) ❷ 요즘 젊은 사람들이 선호하는 기업 (15번)

우리나라의 주요 산업

Tell me about the main industries or companies in your country. What kinds of industries are there? Why are people interested in these industries? Please describe them in as much detail as possible.

당신 나라의 주요 산업이나 기업에 대해 말해 주세요. 어떤 종류의 산업이 있나요? 사람들이 이러한 산업에 관심을 갖는 이유는 무엇인가요? 가능한 한 자세히 설명해 주세요.

| 답변 가이드 |

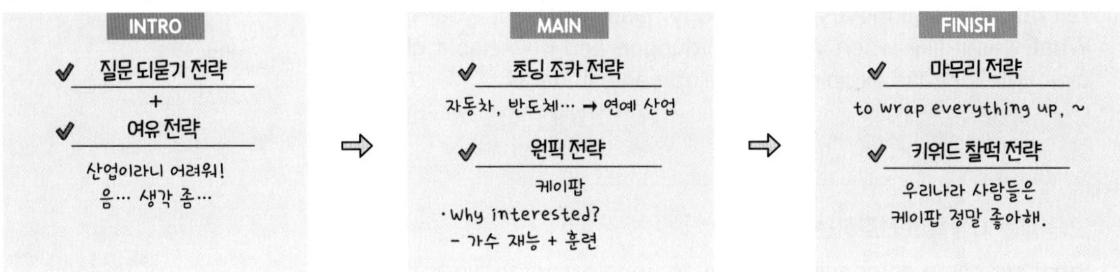

예시 답변

INTRO [1]Oh, talking about industries is tough! [2]Well... Let me think...

MAIN [3]You know, the traditional main industries in my country are cars, semiconductors, and stuff like that. [4]But people are getting more and more into entertainment. [5]Honestly, I think K-pop is what everyone's really into. [6]K-pop artists are super talented and just have this charisma. [7]You know BTS and Blackpink, right? [8]They sing and dance so well, and watching them is just so much fun.

[9]But K-pop isn't just about the artists. [10]There's a whole industry behind it, like all the training and the flashy music videos. [11]The companies really put in a lot of effort and money. [12]It's crazy how K-pop has become a big deal around the world!

FINISH [13]So to wrap everything up, people in my country are really into K-pop. [14]It's not just music; it's a whole vibe with super talented artists who are stealing hearts everywhere.

INTRO [1]아, 산업에 대해 이야기하는 건 어렵네요! [2]어… 생각 좀 해 볼게요… MAIN [3]아시는 것처럼, 우리나라의 전통적인 주요 산업은 자동차, 반도체, 그런 것들이죠. [4]하지만 사람들이 연예에 점점 더 많은 관심을 갖고 있어요. [5]솔직히, 모두가 관심을 갖고 있는 건 케이팝 같아요. [6]케이팝 아티스트들은 재능이 엄청나고 카리스마가 있어요. [7]BTS랑 블랙핑크 아시죠? [8]그들은 노래도 잘 부르고 춤도 잘 춰서 보고 있으면 정말 즐거워요. [9]하지만 케이팝은 아티스트만 있는 것이 아니에요. [10]그 이면에는 그 모든 훈련과 화려한 뮤직비디오와 같은 산업 전체가 있어요. [11]회사들은 정말 많은 노력과 돈을 투자해요. [12]케이팝이 전 세계적으로 큰 이슈가 된 것은 정말 대단해요! FINISH [13]결론을 짓자면, 우리나라 사람들은 케이팝에 정말 열광해요. [14]그건 단지 음악이 아니라, 엄청난 재능을 가진 아티스트들이 전 세계적으로 사람들의 마음을 사로잡는 분위기 자체예요.

industry 산업 traditional 전통적인 main 주된, 주요한 semiconductor 반도체 entertainment 연예 talented 재능 있는 charisma 카리스마 whole 전체의 behind ~의 뒤에 flashy 화려한 effort 노력 a big deal 커다란 이슈 wrap up 요약하다, 결론 짓다 vibe 분위기 everywhere 모든 곳에서, 전 세계에서

고득점 전략 & 핵심 표현

한국의 전통적인 주요 산업은 제조업이나 과학 기술 분야 등이지만, 이런 어려운 분야를 골라 스스로 난이도를 높이지 마세요. 답변하기 쉬운 분야를 고르고 초딩 조카 전략으로 유치하게 답변해도 괜찮습니다. 시험에서는 말하고 싶은 주제가 아니라 명확하게 전달할 수 있는 주제를 골라야 합니다!

1 [3] **The traditional main industries in my country are** 산업1 **,** 산업2 **, and stuff like that.** 우리나라의 전통적인 주요 산업은 (산업1), (산업2), 그런 것들이에요.

The traditional main industries in my country are cars, electronics, **and stuff like that.**
우리나라의 전통적인 주요 산업은 자동차, 전자, 그런 것들이에요.

The traditional main industries in my country are agriculture, textiles, **and stuff like that.**
우리나라의 전통적인 주요 산업은 농업, 섬유, 그런 것들이에요.

The traditional main industries in my country are construction, manufacturing, **and stuff like that.** 우리나라의 전통적인 주요 산업은 건설, 제조, 그런 것들이에요.

나만의 답변 만들기

The traditional main industries in my country are ____________, ____________, and stuff like that.

2 [5] **I think** 무엇 **is/are what everyone's really into.** 모두가 관심을 갖고 있는 건 (무엇) 같아요.

I think AI technology **is what everyone's really into.** 모두가 관심을 갖고 있는 건 AI 기술 같아요.

I think online education **is what everyone's really into.** 모두가 관심을 갖고 있는 건 온라인 교육 같아요.

I think the wellness and fitness industries **are what everyone's really into.**
모두가 관심을 갖고 있는 건 건강과 피트니스 산업 같아요.

나만의 답변 만들기

I think ________________________ is/are what everyone's really into.

3 [10] **There's a whole industry behind it, like** 무엇 **.** 그 이면에는 (무엇)과 같은 산업 전체가 있어요.

There's a whole industry behind it, like the chefs and food scientists developing new products. 그 이면에는 새로운 제품을 개발하는 셰프와 식품 과학자와 같은 산업 전체가 있어요.

There's a whole industry behind it, like the marketing teams creating eye-catching ads.
그 이면에는 눈길을 사로잡는 광고를 만드는 마케팅 팀과 같은 산업 전체가 있어요.

There's a whole industry behind it, like the designers and manufacturers crafting the latest fashion trends. 그 이면에는 최신 패션 트렌드를 만드는 디자이너와 제조업체와 같은 산업 전체가 있어요.

나만의 답변 만들기

There's a whole industry behind it, like ____________________________.

우리나라의 유명한 기업

Can you tell me about a famous company in a promising industry in your country? What products does the company offer? And how did it become successful?

당신 나라의 유망한 산업군에 속한 유명 기업에 대해 말해 주실 수 있나요? 그 회사는 어떤 제품을 제공하나요? 그리고 어떻게 성공하게 되었나요?

| 답변 가이드 |

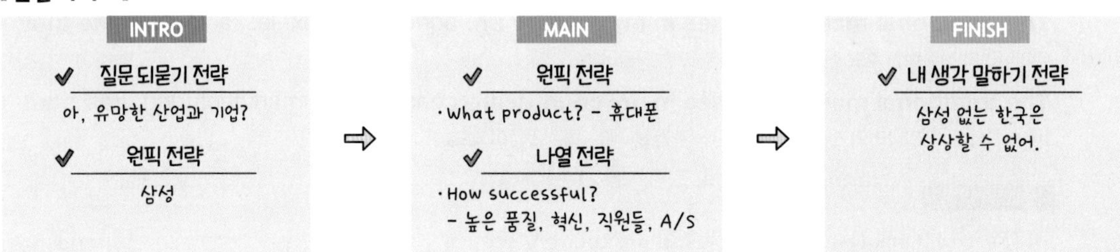
INTRO
질문 되묻기 전략
아, 유망한 산업과 기업?
원픽 전략
삼성
MAIN
원픽 전략
· What product? - 휴대폰
나열 전략
· How successful?
- 높은 품질, 혁신, 직원들, A/S
FINISH
내 생각 말하기 전략
삼성 없는 한국은
상상할 수 없어.

예시 답변

INTRO [1]Well, talking about promising industries and companies? [2]Hmm... There are quite a few, but one that totally stands out in Korea is Samsung.

MAIN [3]Samsung is this massive global player that's into just about everything. [4]It makes TVs and home appliances, offers insurance, and even dives into heavy industries. [5]But honestly, what most of us use every day are its mobile phones. [6]Samsung phones are super well-known worldwide and are praised for their quality and tech. [7]I'd bet around half of Koreans probably use Samsung phones.

[8]I think what makes Samsung so successful is its top-notch product quality, its constant innovation, and the hardworking people behind it all. [9]Plus, its customer service is pretty great, too.

FINISH [10]So, yeah, Korea without Samsung is pretty much unimaginable. [11]People really love Samsung, and I'm definitely one of them. Haha.

INTRO [1]음, 유망한 산업과 기업에 대해 이야기하라고요? [2]흠… 꽤 많지만 한국에서 가장 눈에 띄는 기업은 삼성이죠. MAIN [3]삼성은 거의 모든 분야에 진출한 거대 글로벌 기업이에요. [4]TV와 가전제품을 만들고, 보험을 제공하고, 심지어 중공업에도 뛰어들었어요. [5]하지만 솔직히 우리들 대부분이 매일 사용하는 것은 휴대폰이에요. [6]삼성 휴대폰은 전 세계적으로 매우 잘 알려져 있고, 품질과 기술력으로 찬사를 받고 있어요. [7]아마 한국인의 절반 정도가 삼성 휴대폰을 사용하고 있을 거예요. [8]삼성의 성공 비결은 최고의 제품 품질, 지속적인 혁신, 그리고 이 모든 것을 뒷받침하는 성실한 직원들이라고 생각해요. [9]또한 고객 서비스도 매우 훌륭해요. FINISH [10]그래서, 네, 삼성이 없는 한국은 상상할 수 없을 정도죠. [11]사람들은 삼성을 정말 좋아하고 저도 확실히 그중 한 명이에요. 하하.

---

promising 유망한 **quite a few** 꽤 많은 **stand out** 눈에 띄다, 탁월하다 **massive** 거대한 **global** 글로벌한, 세계적인 **home appliance** 가전제품 **offer** 제공하다 **insurance** 보험 **dive into** ~에 뛰어들다 **heavy industry** 중공업 **mobile phone** 휴대폰 **worldwide** 전 세계적으로 **praise** 칭찬하다 **quality** 품질 **tech** (= technology) 기술 **successful** 성공적인, 성공한 **top-notch** 일류의, 최신의 **constant** 끊임없는 **innovation** 혁신 **hardworking** 근면한, 성실한 **customer service** 고객 서비스 **unimaginable** 상상할 수 없는 **definitely** 확실히, 분명히

고득점 전략 & 핵심 표현

원픽 전략으로 제일 말하기 쉬운 삼성과 휴대폰을 골랐습니다. 성공 과정은 기업의 역사를 설명해도 되고, 개인적인 생각을 말해도 됩니다. 오픽은 논술이 아니니 편하게 답변하면 됩니다.

1 [2] **There are quite a few, but one that totally stands out in Korea is** 회사 **.**

꽤 많지만 한국에서 가장 눈에 띄는 기업은 (회사)이죠.

There are quite a few, but one that totally stands out in Korea is Hyundai.

꽤 많지만 한국에서 가장 눈에 띄는 기업은 현대죠.

There are quite a few, but one that totally stands out in Korea is SK Hynix.

꽤 많지만 한국에서 가장 눈에 띄는 기업은 SK하이닉스죠.

There are quite a few, but one that totally stands out in Korea is Kakao.

꽤 많지만 한국에서 가장 눈에 띄는 기업은 카카오죠.

나만의 답변 만들기

There are quite a few, but one that totally stands out in Korea is ____________________.

2 [5] **What most of us** 동사 **every day is/are its** 제품/서비스 **.**

우리들 대부분이 매일 (동사)하는 것은 그 회사의 (제품/서비스)예요.

What most of us rely on **every day are its** smartphones.

우리들 대부분이 매일 의존하는 것은 그 회사의 스마트폰이에요.

What most of us enjoy **every day are its** streaming platforms.

우리들 대부분이 매일 즐기는 것은 그 회사의 스트리밍 플랫폼이에요.

What most of us access **every day is its** food delivery app.

우리들 대부분이 매일 접속하는 것은 그 회사의 음식 배달 앱이에요.

나만의 답변 만들기

What most of us ______________ every day is/are its ______________________________.

3 [8] **I think what makes** 회사 **so successful is its** 장점 **.**

(회사)의 성공 비결은 (장점)이라고 생각해요.

I think what makes LG **so successful is its** innovative technology and design.

LG의 성공 비결은 혁신적인 기술과 디자인이라고 생각해요.

I think what makes Naver **so successful is its** powerful search engine and online content.

네이버의 성공 비결은 강력한 검색 엔진과 온라인 콘텐츠라고 생각해요.

나만의 답변 만들기

I think what makes ________________ so successful is its ________________________.

요즘 젊은 사람들이 선호하는 기업

What are some companies that young people want to work for these days? Why do young people want to work for these companies?

요즘 젊은 사람들이 일하고 싶어 하는 회사는 어떤 곳들인가요? 젊은 사람들이 이 회사들에서 일하고 싶어 하는 이유는 무엇인가요?

| 답변 가이드 |

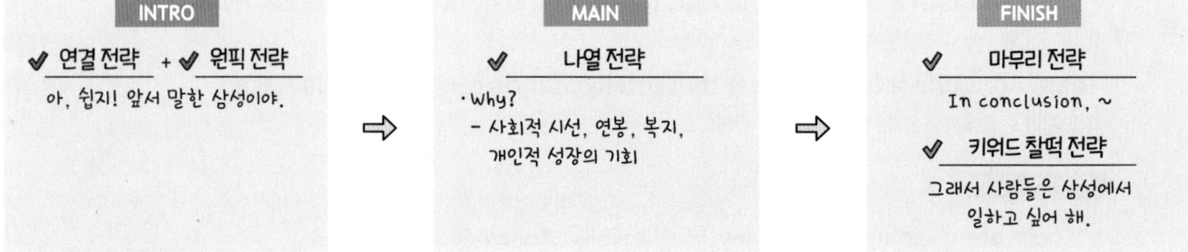

예시 답변

INTRO [1]Oh, this is easy! [2]Like I mentioned earlier, Samsung is one of those companies that a lot of people want to work for these days.

MAIN [3]It's considered the top company in Korea, so if you're at Samsung, people automatically think you're really smart. [4]Plus, the salary is super high, and since it's a big company, it offers awesome benefits. [5]On top of that, there are so many opportunities for personal growth and learning, which is a big draw for young people. [6]Honestly, it's the kind of place that pretty much everyone dreams of working at—at least once. [7]I mean, who wouldn't want that kind of experience? [8]In fact, I applied there before. Haha.

FINISH [9]In conclusion, Samsung is a competitive global player with tons of advantages—both material and personal. [10]And that's why many young people are eager to join the company.

INTRO [1]아, 이거 쉽네요! [2]앞서 말씀드린 것처럼 삼성은 요즘 많은 사람들이 일하고 싶어 하는 기업 중 하나예요. MAIN [3]삼성은 대한민국 최고의 기업으로 꼽히기 때문에 당신이 삼성에 다니면 사람들은 자연히 당신을 똑똑하다고 생각하죠. [4]게다가 연봉도 굉장히 높고, 대기업이다 보니 복지도 굉장히 좋아요. [5]거기에다가 개인적으로 성장하고 배울 수 있는 기회가 많다는 점이 젊은 사람들에게 큰 매력으로 다가오죠. [6]솔직히 말해서, 거의 모든 사람들이 한 번쯤은 일하고 싶어 하는 곳이에요. [7]그런 경험을 원하지 않는 사람이 어디 있겠어요? [8]사실 저도 예전에 지원한 적이 있어요. 하하. FINISH [9]결론적으로 삼성은 물질적인 면에서나 개인적인 면에서나 엄청나게 많은 장점을 가진 경쟁력 있는 글로벌 기업이에요. [10]그리고 그것이 바로 많은 젊은 사람들이 삼성에 입사하기를 열망하는 이유예요.

---

mention 언급하다, 말하다 **consider** 생각하다, 간주하다 **automatically** 자동적으로, 자연히 **salary** 급여 **benefit** 복지, 복리후생 **on top of that** 게다가 **opportunity** 기회 **personal** 개인적인 **growth** 성장 **draw** 매력 **at least** 적어도 **experience** 경험 **apply** 지원하다 **in conclusion** 결론적으로 **competitive** 경쟁력 있는 **advantage** 장점 **material** 물질적인 **eager to** ~하기를 열망하는

고득점 전략 & 핵심 표현

난이도 5~6단계에서 15번 고난도 질문으로 출제되는 문제입니다. 의견과 근거를 명확히 밝히세요. 이유는 누구나 쉽게 납득할 수 있는 연봉(salary)이나 복지(benefit)를 강조하면 쉽습니다.

1 [4] **Since it's a(n) 형용사 company, it offers 무엇 .**

그곳은 (형용사)한 회사이다 보니 (무엇)을 제공해요.

Since it's a tech-savvy **company, it offers** cutting-edge technology resources.

그곳은 기술에 강한 회사이다 보니 최신 기술 자원을 제공해요.

Since it's a top-tier **company, it offers** competitive salaries and bonuses.

그곳은 최고 수준의 회사이다 보니 높은 수준의 연봉과 보너스를 제공해요.

Since it's an innovative **company, it offers** exciting projects and challenges.

그곳은 혁신적인 회사이다 보니 흥미로운 프로젝트와 도전을 제공해요.

나만의 답변 만들기

Since it's a(n) ____________ company, it offers ______________________________.

2 [5] **장점 , which is a big draw for young people.**

(장점)인데, 그것이 젊은 사람들에게 큰 매력으로 다가오죠.

The company has flexible work hours, **which is a big draw for young people.**

그 회사는 유연 근무제를 시행하는데, 그것이 젊은 사람들에게 큰 매력으로 다가오죠.

It has a strong emphasis on work-life balance, **which is a big draw for young people.**

그곳은 일과 삶의 균형을 매우 중시하는데, 그것이 젊은 사람들에게 큰 매력으로 다가오죠.

There are many opportunities to work on innovative projects, **which is a big draw for young people.** 혁신적인 프로젝트에 참여할 수 있는 기회가 많은데, 그것이 젊은 사람들에게 큰 매력으로 다가오죠.

나만의 답변 만들기

______________________________, which is a big draw for young people.

3 [6] **It's the kind of place that everyone 동사 ~ .** 그곳은 모든 사람들이 (동사)하는 곳이에요.

It's the kind of place that everyone wants to be a part of.

그곳은 모든 사람들이 일원이 되고 싶어 하는 곳이에요.

It's the kind of place that everyone feels inspired to work at.

그곳은 모든 사람들이 일하고 싶다고 느끼는 곳이에요.

It's the kind of place that everyone sees as a career goal.

그곳은 모든 사람들이 커리어 목표로 삼는 곳이에요.

나만의 답변 만들기

It's the kind of place that everyone ______________________________.

UNIT 08

가구

✔ 이렇게 준비하세요

가구는 쉽지만 은근히 금방 단어가 떠오르지 않으므로 **단어** 잘 챙기시고, **묘사하는 형용사**도 외우세요. 예전과 지금의 가구 **비교** 질문도 꼭 준비해 보세요.

자주 출제되는 문제

문제	유형	시제
좋아하는 가구 What is your favorite piece of furniture in your house? What does it look like, and how do you use it? What makes it special to you? Please provide as many details as possible. 집에서 가장 좋아하시는 가구는 무엇인가요? 그 가구는 어떻게 생겼고, 어떻게 사용하시나요? 그 가구가 당신에게 특별한 이유는 무엇인가요? 가능한 한 자세히 설명해 주세요.	설명/묘사	현재
평소 가구 사용 경향 Tell me about how you use your furniture on a typical day. What kinds of things do you do with your furniture? 평소에 가구를 어떻게 사용하시는지 말해 주세요. 가구로 어떤 종류의 일을 하시나요?	경향/습관	현재
최근 구입한 가구 Tell me about a piece of furniture you recently purchased. What was it, where did you buy it, and why did you decide to purchase it? 최근 구매한 가구에 대해 말해 주세요. 무슨 가구였고, 어디서 샀으며, 구매하기로 한 이유는 무엇인가요?	경험	과거

문제	유형	시제
빌린 가구/가전제품에 문제가 생긴 경험 Have you ever had a problem with a piece of furniture or an electronic appliance you borrowed? What was the problem, how did it happen, and how did you solve it? Please provide as many details as possible. 빌린 가구나 가전제품에 문제가 생겼던 적이 있나요? 어떤 문제였고, 어떻게 문제가 발생했고, 어떻게 해결하셨나요? 가능한 한 자세히 설명해 주세요.	경험	과거
예전과 지금의 가구 비교 The furniture in people's homes has changed over the years. Is the furniture in your current house different from the furniture you had when you were young? Provide as many details as possible. 사람들의 집에 있는 가구는 세월이 지나면서 변화해 왔습니다. 현재 당신 집에 있는 가구는 당신이 어렸을 때 집에 있던 가구와 다른가요? 가능한 한 자세히 설명해 주세요.	비교	과거 + 현재
요즘의 가전제품이 집안일에 미친 영향 Today, there are a lot of home appliances and electronic devices that make everyday life more convenient. What are some of these appliances or devices? And how have they changed the way we do household chores? 오늘날, 일상생활을 더 편리하게 만들어 주는 가전제품이나 전자 기기들이 많이 있습니다. 이러한 가전제품이나 기기들에 어떤 것들이 있나요? 그리고 그것들은 우리가 집안일을 하는 방식에 어떤 변화를 가져왔나요?	사회적 이슈	현재

빈출 세트 구성

세트 예시 1	❶ 좋아하는 가구 ❷ 예전과 지금의 가구 비교 ❸ 빌린 가구/가전제품에 문제가 생긴 경험
세트 예시 2	❶ 좋아하는 가구 ❷ 평소 가구 사용 경향 ❸ 예전과 지금의 가구 비교
세트 예시 3 (고난도)	❶ 예전과 지금의 가구 비교 (14번) ❷ 요즘의 가전제품이 집안일에 미친 영향 (15번)

좋아하는 가구

053

What is your favorite piece of furniture in your house? What does it look like, and how do you use it? What makes it special to you? Please provide as many details as possible.

집에서 가장 좋아하시는 가구는 무엇인가요? 그 가구는 어떻게 생겼고, 어떻게 사용하시나요? 그 가구가 당신에게 특별한 이유는 무엇인가요? 가능한 한 자세히 설명해 주세요.

| 답변 가이드 |

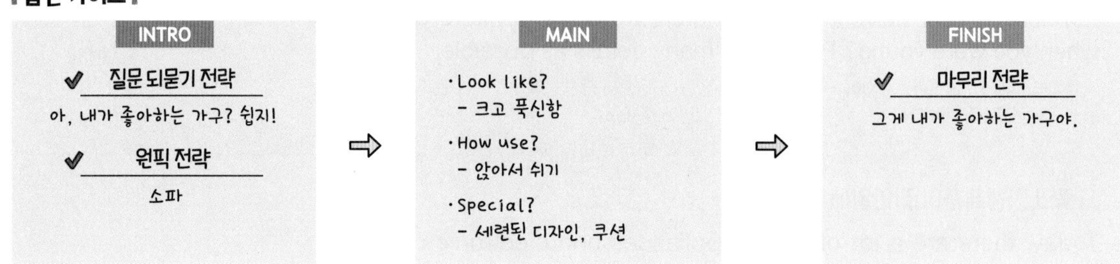

예시 답변

INTRO [1] Ah, my favorite piece of furniture? [2] Easy! [3] It's my sofa! [4] And let me tell you why it's awesome.

MAIN [5] First off, when I sit on it, it's like sitting on a big, fluffy cloud. [6] It's so comfy! [7] You know, it's my go-to spot for unwinding. [8] I could just stay there for hours and not worry about a thing. [9] Picture this: me, with a good book or a movie, totally in relaxation mode, you know? [10] It's super cool and a great escape from the daily hustle. [11] And, oh, let's talk about style. [12] It's stylish, it looks great, and it goes perfectly with my room's vibe. [13] And do you know what makes it even better? [14] Pillows! [15] Lots of them. Haha. [16] It's like a cozy nest when I pile them on.

FINISH [17] So, yeah, that's my favorite piece of furniture.

INTRO [1] 아, 제일 좋아하는 가구요? [2] 쉽네요! [3] 바로 내 소파예요! [4] 왜 좋은지 말해 드릴게요. MAIN [5] 우선, 소파에 앉으면 커다랗고 푹신한 구름에 앉아 있는 것 같아요. [6] 너무 편해요! [7] 그러니까, 제 소파는 휴식을 취할 때 제가 향하는 장소예요. [8] 몇 시간이고 근심 걱정을 잊고 거기에 있을 수 있어요. [9] 상상해 보세요. 나, 좋은 책이나 영화를 보면서, 완전히 휴식 모드에 있는 모습을요, 아시겠죠? [10] 정말 멋지고 일상의 바쁜 생활에서 벗어나는 느낌이에요. [11] 그리고 아, 스타일에 대해 얘기해 보죠. [12] 스타일리시하고 멋져 보이고, 제 방 분위기와 완벽하게 잘 어울려요. [13] 그리고 이 소파의 더 좋은 점이 뭔지 아세요? [14] 쿠션이요! [15] 많은 쿠션이요. 하하. [16] 쿠션을 쌓아 놓으면 마치 아늑한 둥지 같아요. FINISH [17] 그래서, 그게 제가 제일 좋아하는 가구예요.

---

awesome 아주 좋은, 멋진 **first off** 우선 **fluffy** 부드러운, 솜털 같은 **comfy** 편안한, 편리한 **go-to spot** 자주 찾는 곳 **unwind** 푹 쉬다, 긴장을 풀다 **picture** 상상하다, 떠올리다 **totally** 완전히 **relaxation** 휴식, 긴장의 이완 **mode** 상태, 방식 **escape** 탈출 **hustle** 법석, 혼잡 **sleek** 매끄러운, 세련된 **chic** 세련된, 멋진 **match** ~와 어울리다 **vibe** 분위기 **pillow** 쿠션, 베개 **nest** 보금자리, 둥지 **pile** 쌓다

고득점 전략 & 핵심 표현

떠오르는 가구 중 말하기 쉬운 것을 하나 정해서 차근차근 풀어 가세요. 설명/묘사 유형은 발화량이 좀 적어도 괜찮습니다. 키워드 위주로 답변하고 가볍게 마무리하세요.

1 [5] **It's like** 비유(동사+ing ~). 마치 (비유)하는 것 같아요.

This sofa is incredibly soft. **It's like** lounging on a giant marshmallow.
이 소파는 믿을 수 없을 만큼 부드러워요. 마치 거대한 마시멜로에 느긋하게 앉아 있는 것 같아요.

It's like being wrapped in a big hug every time I sit on it.
앉을 때마다 커다란 포옹에 감싸이는 것 같아요.

It's like having my own little paradise at home.
마치 집안에 저만의 작은 천국을 가지고 있는 것 같아요.

나만의 답변 만들기

It's like ______________________________.

2 [7] **It's my go-to spot for** 목적(동사+ing ~). (목적)하러 가는 곳이에요.

It's my go-to spot for unwinding after a long day.
긴 하루를 보낸 후에 휴식을 취하러 가는 곳이에요.

It's my go-to spot for catching up on my favorite shows.
좋아하는 프로그램을 챙겨 보러 가는 곳이에요.

It's my go-to spot for sharing laughs with friends.
친구들과 웃으면서 이야기를 나누러 가는 곳이에요.

나만의 답변 만들기

It's my go-to spot for ______________________________.

3 [12] 명사1 **go(es) perfectly with** 명사2. (명사1)은 (명사2)와 완벽하게 잘 어울려요.

The lighting **goes perfectly with** the mood of the room.
그 조명은 방의 분위기와 완벽하게 잘 어울려요.

This chair **goes perfectly with** the style of the house.
이 의자는 집 스타일과 완벽하게 잘 어울려요.

The curtains **go perfectly with** the sofa.
그 커튼은 소파와 완벽하게 잘 어울려요.

나만의 답변 만들기

______________ go(es) perfectly with ______________.

054

예전과 지금의 가구 비교

The furniture in people's homes has changed over the years. Is the furniture in your current house different from the furniture you had when you were young? Provide as many details as possible.

사람들의 집에 있는 가구는 세월이 지나면서 변화해 왔습니다. 현재 당신 집에 있는 가구는 당신이 어렸을 때 집에 있던 가구와 다른가요? 가능한 한 자세히 설명해 주세요.

| 답변 가이드 |

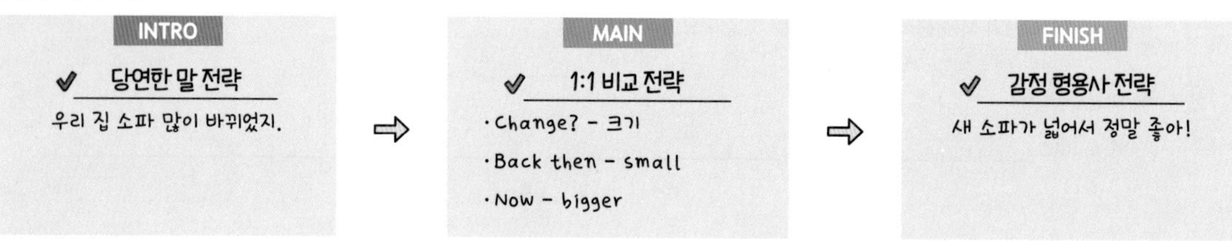

INTRO
당연한 말 전략
우리 집 소파 많이 바뀌었지.
MAIN
1:1 비교 전략
· Change? - 크기
· Back then - small
· Now - bigger
FINISH
감정 형용사 전략
새 소파가 넓어서 정말 좋아!

예시 답변

INTRO [1] Well, okay, our sofa at home has changed a lot compared to before.

MAIN [2] The biggest change seems to be the size. [3] Back then, our sofa was small—very small, like one you'd find in a studio apartment. [4] It was cozy but definitely cramped. [5] I couldn't even lie down on it. [6] It felt more like a bench than a sofa. [7] The reason it had to be so small was that our house was tiny. [8] We had no choice but to get a small one. [9] It was a practical decision, but it definitely limited our comfort.

[10] But now, whoa, things have changed! [11] We moved to a bigger house about three years ago, and let me tell you, the sofa we have now is way bigger and comfier. [12] It's like a whole new world of relaxation! [13] Now, my mother and I can both stretch out on the sofa and enjoy watching movies. [14] I love the freedom it gives me to lounge however I want.

FINISH [15] In short, I love our new sofa because it's so spacious!

INTRO [1] 음, 알겠어요, 우리 집 소파가 예전에 비해 많이 달라졌어요. MAIN [2] 가장 큰 변화는 크기인 것 같아요. [3] 예전에는 우리 소파가 작았어요. 아주 작아서 원룸 아파트에서 볼 수 있는 소파 같았죠. [4] 편안하긴 했지만 확실히 좁았어요. [5] 심지어 그 위에 누울 수도 없었어요. [6] 소파라기보다는 벤치 같았죠. [7] 소파가 그렇게 작아야 했던 이유는 우리 집이 아주 작았기 때문이에요. [8] 우리는 작은 소파를 놓는 수밖에 없었어요. [9] 실용적인 결정이었지만 분명히 안락함에 제약을 줬죠. [10] 하지만 지금은, 와, 상황이 변했어요! [11] 3년 전쯤 더 큰 집으로 이사를 했거든요. 그래서, 들어 보세요, 우리가 지금 가지고 있는 소파는 훨씬 더 크고 편안해요. [12] 휴식을 취할 때 완전히 신세계예요! [13] 이제는 엄마와 저 둘 다 소파에 편히 누워서 영화를 즐길 수 있죠. [14] 그 소파에서 제가 원하는 만큼 느긋하게 쉴 수 있는 여유가 정말 좋아요. FINISH [15] 요약하자면, 저는 새 소파가 넓어서 너무 좋아요!

---

compared to ~와 비교해서 studio apartment 원룸 아파트 cozy 편안한 definitely 확실히 cramped 비좁은 lie down 눕다 tiny 아주 작은 have no choice but to ~하는 수밖에 없다 practical 실용적인 decision 결정 limit 제한하다 comfort 안락함, 편안함 comfier 더 편안한(comfy의 비교급) relaxation 휴식 stretch out 팔다리를 뻗다 freedom 자유 lounge 느긋하게 쉬다 in short 요약하자면 spacious 넓은

고득점 전략 & 핵심 표현

비교 유형은 과거(Back then, ~)와 현재(But now, ~)를 나타내는 표현을 꼭 사용하세요. 과거 시제와 현재 시제를 혼동하는 실수가 줄어들수록 AL에 가까워집니다. 또한, 대조가 확실히 드러나도록 내용을 지어내세요.

1 [1] 주어 **has changed a lot compared to before.** (주어)는 예전에 비해 많이 달라졌어요.

My living room furniture **has changed a lot compared to before.**
거실 가구가 예전과 비교해서 많이 달라졌어요.

The style of my bedroom furniture **has changed a lot compared to before.**
제 침실 가구의 스타일이 예전에 비해 많이 달라졌어요.

The amount of furniture in my house **has changed a lot compared to before.**
집에 있는 가구의 양이 예전과 비교해서 많이 달라졌어요.

나만의 답변 만들기

______________________ has changed a lot compared to before.

2 [7] **The reason** 결과 **was that** 이유. (결과)했던 이유는 (이유) 때문이었어요.

The reason my desk used to be small **was that** I shared the room with my brother.
내 책상이 작았던 이유는 형과 방을 같이 썼기 때문이었어요.

The reason my sofa used to be old **was that** I didn't have much money back then.
내 소파가 낡았던 이유는 그때 돈이 별로 없었기 때문이었어요.

The reason my bed was small **was that** I was using it in a tiny apartment.
내 침대가 작았던 이유는 작은 아파트에서 사용했기 때문이었어요.

나만의 답변 만들기

The reason ______________________ was that ______________________.

3 [8] 주어 **had no choice but to** 선택(동사원형 ~). (주어)는 (선택)할 수밖에 없었어요.

I **had no choice but to** buy a smaller dining table.
저는 더 작은 식탁을 구입할 수밖에 없었어요.

We **had no choice but to** move to a smaller apartment.
우리는 더 작은 아파트로 이사할 수밖에 없었어요.

We **had no choice but to** downsize the furniture.
우리는 가구를 줄일 수밖에 없었어요.

나만의 답변 만들기

_______ had no choice but to ______________________.

경험 • 과거 시제

055

빌린 가구/가전제품에 문제가 생긴 경험

Have you ever had a problem with a piece of furniture or an electronic appliance you borrowed? What was the problem, how did it happen, and how did you solve it? Please provide as many details as possible.

빌린 가구나 가전제품에 문제가 생겼던 적이 있나요? 어떤 문제였고, 어떻게 문제가 발생했고, 어떻게 해결하셨나요? 가능한 한 자세히 설명해 주세요.

답변 가이드

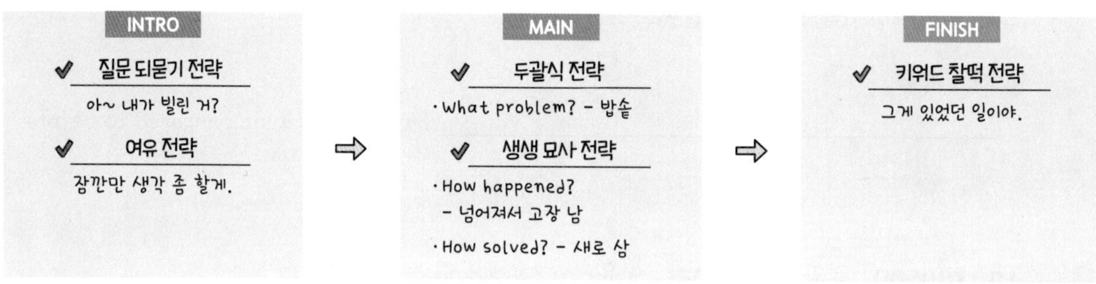

예시 답변

INTRO [1]Oh, something I borrowed? [2]Hmm… Let me think for a moment.

MAIN [3]Well, one thing that comes to mind is when I borrowed a rice cooker from a friend and accidentally broke it. [4]It was about five years ago. [5]I was just walking down the street while holding the rice cooker in my hand, and I saw the green light blinking at the crosswalk. [6]So I ran and then tripped. [*sigh*] [7]As a result, the lid broke… [8]Wow, for a moment, I just froze. [9]At the time, I was a student and didn't have any money. [10]So I called my mom and told her what happened. [11]She took me to a nearby electronics store and bought a new one. [12]Fortunately, the store had the same model. [13]It was such a relief! [14]I apologized to my friend and gave him the new one. [15]He was understanding about it, but I felt bad about breaking his rice cooker.

FINISH [16][*sigh*] Yeah, that's what happened.

INTRO [1]아, 빌린 물건이요? [2]음… 잠시만 생각해 볼게요. MAIN [3]음, 생각나는 것 하나는 친구한테 밥솥을 빌리고 실수로 망가뜨렸던 때예요. [4]5년쯤 전이었어요. [5]저는 밥솥을 손에 들고 길을 걷고 있었는데, 횡단보도에서 초록불이 깜빡이는 걸 봤어요. [6]그래서 뛰었고, 넘어졌죠. [한숨] [7]그 결과, 뚜껑이 깨졌어요… [8]와, 순간 멍하니 있었죠. [9]그때 저는 학생이었고 돈이 하나도 없었어요. [10]그래서 엄마한테 전화해서 일어난 일을 말씀드렸어요. [11]엄마는 가까운 전자제품 가게에 저를 데려가서 새것을 사 주셨어요. [12]다행히 가게에 같은 모델이 있었어요. [13]어찌나 다행이던지요! [14]저는 친구에게 사과하고 새것을 줬어요. [15]친구는 이해해 줬지만 저는 친구의 밥솥을 망가뜨린 것 때문에 마음이 안 좋았어요. FINISH [16][한숨] 네, 그게 있었던 일이에요.

borrow 빌리다 rice cooker 밥솥 accidentally 실수로 break 망가뜨리다, 고장 내다 blink 깜빡이다 crosswalk 횡단보도 trip 걸려 넘어지다 as a result 그 결과 lid 뚜껑 freeze 멍하니 있다 nearby 근처의 electronics 전자 제품 fortunately 다행히 relief 안도, 안심 apologize 사과하다 understanding 이해하는 happen 일어나다

고득점 전략 & 핵심 표현

경험+문제 해결 유형은 IH/AL 달성에 있어서 정말 중요합니다. 상황이 듣는 사람의 머릿속에 생생하게 그려지도록 설명하세요. 문제가 발생한 상황과 과정, 결과를 디테일하게 전달할 수 있어야 IH 등급 이상을 받을 수 있습니다.

1 [3] One thing that comes to mind is when I borrowed [무엇] from [누구].

생각나는 것 하나는 (무엇)을 (누구)에게서 빌렸던 때예요.

One thing that comes to mind is when I borrowed a folding chair **from** my neighbor.
생각나는 것 하나는 이웃에게서 접이식 의자를 빌렸던 때예요.

One thing that comes to mind is when I borrowed a side table **from** my friend.
생각나는 것 하나는 친구에게서 사이드 테이블을 빌렸던 때예요.

One thing that comes to mind is when I borrowed a coffee maker **from** my sister.
생각나는 것 하나는 누나에게서 커피 메이커를 빌렸던 때예요.

나만의 답변 만들기

One thing that comes to mind is when I borrowed ________________ from ______________.

2 [14] I apologized to [누구] and [문제 해결을 위한 조치].

저는 (누구)에게 사과하고 (문제 해결을 위한 조치)했어요.

I apologized to my neighbor **and** offered to pay for the repairs.
저는 이웃에게 사과하고 수리비를 지불하겠다고 제안했어요.

I apologized to my roommate **and** cleaned the coffee maker thoroughly.
저는 룸메이트에게 사과하고 커피 메이커를 깨끗이 청소했어요.

I apologized to my friend **and** bought a replacement part for the vacuum cleaner.
저는 친구에게 사과하고 진공청소기 교체 부품을 구입했어요.

나만의 답변 만들기

I apologized to ____________________ and ____.

3 [15] I felt [감정 형용사] about [행동(동사+ing ~)]. (행동)한 것 때문에 (감정 형용사)했어요.

I felt guilty **about** breaking my friend's toaster. 친구의 토스터를 망가뜨린 것 때문에 죄책감이 들었어요.

I felt bad **about** losing the remote control that came with the borrowed TV.
빌린 텔레비전에 딸려 온 리모컨을 잃어버려서 마음이 안 좋았어요.

I felt anxious **about** causing damage to my friend's desk. 친구의 책상에 흠집을 내서 마음이 불안했어요.

나만의 답변 만들기

I felt _____________ about ____.

UNIT

09

교통

✔ 이렇게 준비하세요

교통은 돌발 주제이지만 일상에서 매일 접하는 친숙한 분야이기 때문에 **단어만 충분히 암기**하면 수월하게 답할 수 있습니다. to, in, on, off, near, close to 등 **자주 혼동하는 전치사**도 꼼꼼히 챙겨서 문장 완성도를 높이세요.

자주 출제되는 문제

문제	유형	시제
주로 이용하는 교통수단 Tell me about the transportation options where you live. What types of transportation do you typically use during the week, and how about on weekends? 살고 있는 지역에서 이용 가능한 교통수단에 대해 말해 주세요. 주중에는 주로 어떤 종류의 교통수단을 이용하시나요? 주말에는 어떤가요?	경향/습관	현재
거주 지역의 교통수단 Tell me about the transportation where you live. Which type do you use the most, and why? Please describe it in detail. 살고 있는 지역의 대중교통에 대해 말해 주세요. 어떤 교통수단을 가장 많이 이용하고 그 이유는 무엇인가요? 자세히 설명해 주세요.	설명/묘사	현재

문제	유형	시제
일하러 갈 때와 놀러 갈 때 이용하는 교통수단 What kind of transportation do you use to go to work and to have fun? How are they different? Please explain in detail. 일하러 갈 때와 놀러 갈 때 어떤 교통수단을 이용하시나요? 이 두 가지는 어떻게 다른가요? 자세히 설명해 주세요.	경향/습관	현재
대중교통 이용 중에 문제가 있었던 경험 Sometimes riding on the subway or bus can be uncomfortable. Have you ever had a problem with public transportation? What happened, and how did you deal with it? 지하철이나 버스를 타는 것이 불편할 때가 있죠. 대중교통을 이용하면서 문제가 있었던 적이 있나요? 어떤 일이 있었고, 어떻게 대처하셨나요?	경험	과거
과거와 현재의 대중교통 비교 I'd like to know how the public transportation system in your country has changed over time. What are the differences between the types of transportation you used as a child and the types you use today? Provide as many details as possible. 시간이 흐르면서 당신 나라의 대중교통 시스템이 어떻게 변화했는지 알고 싶어요. 당신이 어렸을 때 이용했던 교통수단과 현재 이용하는 교통수단의 차이점은 무엇인가요? 가능한 한 자세히 알려 주세요.	비교	과거 + 현재

빈출 세트 구성

세트 예시 1	❶ 주로 이용하는 교통수단 ❷ 과거와 현재의 대중교통 비교 ❸ 대중교통 이용 중에 문제가 있었던 경험
세트 예시 2	❶ 거주 지역의 교통수단 ❷ 일하러 갈 때와 놀러 갈 때 이용하는 교통수단 ❸ 대중교통 이용 중에 문제가 있었던 경험

주로 이용하는 교통수단

Tell me about the transportation options where you live. What types of transportation do you typically use during the week, and how about on weekends?

살고 있는 지역에서 이용 가능한 교통수단에 대해 말해 주세요. 주중에는 주로 어떤 종류의 교통수단을 이용하시나요? 주말에는 어떤가요?

| 답변 가이드 |

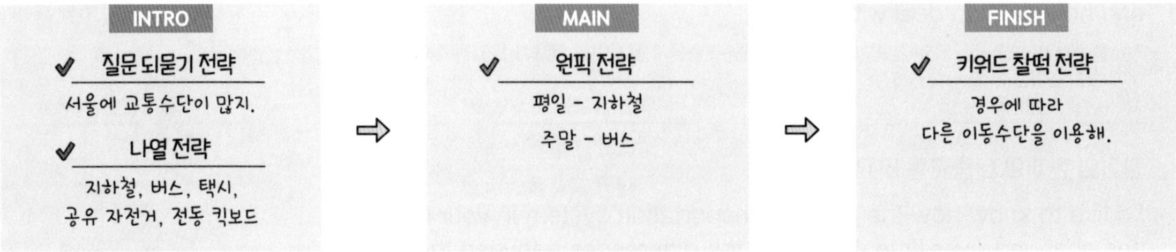

INTRO
질문 되묻기 전략
서울에 교통수단이 많지.
나열 전략
지하철, 버스, 택시,
공유 자전거, 전동 킥보드
MAIN
원픽 전략
평일 - 지하철
주말 - 버스
FINISH
키워드 찰떡 전략
경우에 따라
다른 이동수단을 이용해.

예시 답변

INTRO [1] Sure, there are plenty of transportation options in Seoul. [2] We've got subways, buses, taxis, and, oh, these days, a lot of people are hopping on shared bikes and electric scooters, too.

MAIN [3] Umm, well, during the week, I usually take the subway. [4] It's super fast and convenient, especially during rush hour when the streets are packed. [5] Seoul's subway system is really impressive. [6] You can cover long distances in no time at all.
[7] On weekends, though, I switch it up. [8] I like to take the bus to places like Gangnam and Hongdae. [9] There's actually a bus stop right in front of my house, which is very convenient. [10] I prefer the bus on weekends because it lets me enjoy the scenery and relax while I'm traveling. [11] Yeah, it's pretty nice, huh?

FINISH [12] So, yeah, I mix it up depending on the day and what I'm up to. [13] It's great to have so many options!

INTRO [1] 물론이죠, 서울에는 이용할 수 있는 다양한 교통수단이 있어요. [2] 지하철, 버스, 택시가 있고, 아, 요즘은 공유 자전거와 전동 킥보드에 올라 타는 사람들도 많아요. MAIN [3] 음, 저는 주중에는 주로 지하철을 이용해요. [4] 정말 빠르고 편리한데, 특히 길이 꽉 막히는 출퇴근 시간에 그렇죠. [5] 서울의 지하철 시스템은 정말 인상적이에요. [6] 먼 거리를 금세 이동할 수 있죠. [7] 하지만 주말에는 다른 교통수단을 이용해요. [8] 강남이나 홍대 같은 곳에 버스를 타고 가는 걸 좋아해요. [9] 사실 집 바로 앞에 버스 정류장이 있어서 매우 편리해요. [10] 주말에는 버스를 선호하는데, 이동 중에 경치를 즐기고 휴식을 취할 수 있기 때문이에요. [11] 네, 꽤 멋지지 않나요? FINISH [12] 그래서, 네, 요일과 일정에 따라 이것저것 섞어서 이용해요. [13] 선택의 폭이 넓어서 정말 좋아요!

---

plenty of 많은, 다양한 **transportation** 교통수단 **option** 선택지 **hop on** ~에 올라 타다 **share** 공유하다 **electric scooter** 전동 킥보드 **convenient** 편리한 **especially** 특히 **rush hour** 출퇴근 시간 **packed** 꽉 찬 **impressive** 인상적인 **distance** 거리 **in no time** 금세, 순식간에 **switch up** 바꾸다 **prefer** 선호하다 **scenery** 경치 **relax** 휴식을 취하다 **travel** 이동하다 **mix up** 섞다 **depending on** ~에 따라

고득점 전략 & 핵심 표현

평일과 주말에 자주 이용하는 교통수단을 떠올리고 묘사해 보세요. 장점과 단점, 특징에 해당하는 단어와 문장을 미리 준비하면 답변하기 수월합니다. take, use, ride 등 교통수단과 관련된 동사를 다양하게 활용하세요.

1 [4] [교통수단] is [형용사], especially during/in/on/at/for [때/경우].

(교통수단)은 (형용사)한데, 특히 (때/경우)에 그렇죠.

The subway **is** reliable, **especially during** rush hour. 지하철은 신뢰할 수 있는데, 특히 출퇴근 시간에 그렇죠.

The bus **is** quite affordable, **especially for** long trips. 버스는 꽤 저렴한데, 특히 장거리 여행에 그렇죠.

A train **is** really comfortable, **especially on** overnight journeys.
기차는 정말 편안한데, 특히 야간 여행할 때 그렇죠.

나만의 답변 만들기

__________ is __________, especially during/in/on/at/for __________.

2 [10] I prefer [교통수단] during/in/on/at/for [때/경우] because [이유].

(때/경우)에는 (이유)하기 때문에 (교통수단)을 선호해요.

I prefer the subway **in** the morning **because** it's faster and more convenient.
아침에는 더 빠르고 편리하기 때문에 지하철을 선호해요.

I prefer taxis **late at night because** they're safer and more direct.
늦은 밤에는 더 안전하고 곧바로 가기 때문에 택시를 선호해요.

I prefer shared bikes **for short trips** because they're fun and eco-friendly.
짧은 거리를 이동할 때는 재미있고 친환경적이기 때문에 공유 자전거를 선호해요.

나만의 답변 만들기

I prefer __________ during/in/on/at/for __________ because __________
__________.

3 [12] I mix it up depending on [기준]. (기준)에 따라 이것저것 섞어서 이용해요.

I mix it up depending on the weather and how far I need to go.
날씨와 이동 거리에 따라 이것저것 섞어서 이용해요.

I mix it up depending on the time of day and the traffic conditions.
하루 중 어느 때인지와 교통 상황에 따라 이것저것 섞어서 이용해요.

I mix it up depending on my mood and the type of trip I'm taking.
기분에 따라, 그리고 여행의 종류에 따라 이것저것 섞어서 이용해요.

나만의 답변 만들기

I mix it up depending on __________.

비교 • 과거 + 현재 시제

057

과거와 현재의 대중교통 비교

I'd like to know how the public transportation system in your country has changed over time. What are the differences between the types of transportation you used as a child and the types you use today? Provide as many details as possible.

시간이 흐르면서 당신 나라의 대중교통 시스템이 어떻게 변화했는지 알고 싶어요. 당신이 어렸을 때 이용했던 교통수단과 현재 이용하는 교통수단의 차이점은 무엇인가요? 가능한 한 자세히 알려 주세요.

| 답변 가이드 |

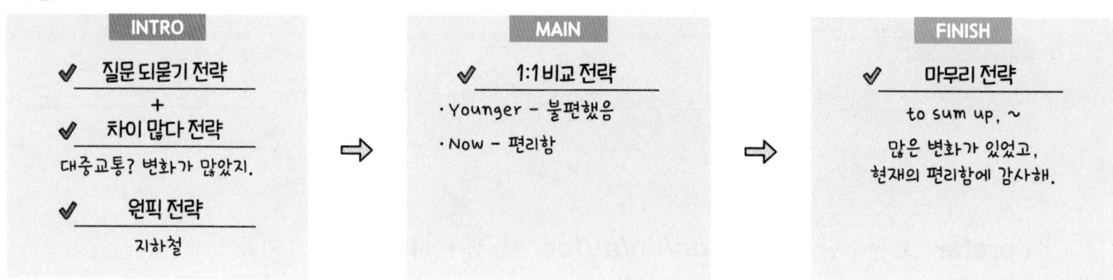

INTRO
질문 되묻기 전략
+
차이 많다 전략
대중교통? 변화가 많았지.
원픽 전략
지하철
MAIN
1:1 비교 전략
· Younger - 불편했음
· Now - 편리함
FINISH
마무리 전략
to sum up, ~
많은 변화가 있었고,
현재의 편리함에 감사해.

예시 답변

INTRO [1]Ohhh, the public transportation system in Korea has changed so much. [2]Well, I want to talk about the subway system specifically.

MAIN [3]When I was younger, we used paper tickets—those old yellow ones. [4]I still remember them! [5]We had to buy a ticket every time we wanted to get on the train, which was really time consuming, especially during the morning rush, you know. [6]Just imagine how inconvenient that was.

[7]But now, everything's so much easier. [8]We use credit cards for all forms of transportation, including the subway. [9]You just tap your card, and it's done in about a second.

FINISH [10]So to sum up, there have been a lot of changes in the public transportation system, and I'm really grateful for the convenience we have today.

INTRO [1]아, 한국의 대중교통 시스템 정말 많이 바뀌었죠. [2]음, 저는 지하철 시스템에 대해 구체적으로 이야기하고 싶어요. MAIN [3]제가 어렸을 때는 종이 승차권을 사용했어요. 그 옛날 노란색 승차권이요. [4]아직도 기억나요! [5]열차를 타려면 매번 표를 사야 했는데, 정말 시간이 많이 걸렸죠. 특히 아침에 바쁠 때 말이에요. [6]얼마나 불편했을지 상상해 보세요. [7]하지만 지금은 모든 게 훨씬 쉬워졌죠. [8]지하철을 포함한 모든 교통수단에서 신용 카드를 사용해요. [9]카드를 대기만 하면 1초 만에 결제가 완료되죠. FINISH [10]그러니까 요약하자면, 대중교통 시스템에 많은 변화가 있었고요, 저는 오늘날 누리는 편리함에 대해 정말 감사하게 생각해요.

---

public transportation 대중교통 system 체계 specifically 구체적으로 still 아직도 every time ~할 때마다 time consuming 시간이 많이 걸리는 rush 바쁨, 서두름 imagine 상상하다 inconvenient 불편한 credit card 신용 카드 form 형태 tap 갖다 대다 to sum up 요약하자면 grateful 감사하는 convenience 편리함

고득점 전략 & 핵심 표현

과거와 현재 비교 유형은 변화를 나타내는 표현을 반드시 사용하고 시제에 주의합니다. 실제 경험을 반영하면 감정과 생각을 드러내기 수월합니다. 비교는 깔끔하게 1:1 비교 전략을 사용해 내용도, 감정도 정반대로 대조를 이루어야 이해가 잘 됩니다.

1 [2] **I want to talk about** 주제 **specifically.** (주제)에 대해 구체적으로 이야기하고 싶어요.

I want to talk about public buses **specifically**.
공영 버스에 대해 구체적으로 이야기하고 싶어요.

I want to talk about train travel **specifically**.
기차 여행에 대해 구체적으로 이야기하고 싶어요.

I want to talk about the taxi system **specifically**.
택시 시스템에 대해 구체적으로 이야기하고 싶어요.

나만의 답변 만들기

I want to talk about ______________________________ specifically.

2 [5] **We had to** 행동(동사원형 ~) **every time we** 경우**.** (경우)할 때마다 (행동)해야 했어요.

We had to pay cash **every time we** took a taxi.
택시를 탈 때마다 현금을 내야 했어요.

We had to just wait **every time we** took the bus while not knowing when it would arrive.
버스를 탈 때마다 언제 도착하는지 모른 채 마냥 기다려야 했어요.

We had to go to the terminal and buy a ticket in person **every time we** took an express bus.
고속버스를 탈 때마다 터미널에 직접 가서 표를 사야만 했어요.

나만의 답변 만들기

We had to ______________ every time we ______________.

3 [10] **I'm really grateful for** 무엇 **today.** 오늘날 (무엇)에 대해 정말 감사하게 생각해요.

I'm really grateful for the convenience of the transfer system **today**.
오늘날 환승 시스템의 편리함에 대해 정말 감사하게 생각해요.

I'm really grateful for the bike lanes that make cycling safer **today**.
오늘날 자전거를 더 안전하게 탈 수 있게 해 주는 자전거 도로에 대해 정말 감사하게 생각해요.

I'm really grateful for the real-time updates on bus arrival times **today**.
오늘날 버스 도착 시간을 실시간으로 알려 주는 시스템에 대해 정말 감사하게 생각해요.

나만의 답변 만들기

I'm really grateful for ______________________________ today.

058

대중교통 이용 중에 문제가 있었던 경험

Sometimes riding on the subway or bus can be uncomfortable. Have you ever had a problem with public transportation? What happened, and how did you deal with it?

지하철이나 버스를 타는 것이 불편할 때가 있죠. 대중교통을 이용하면서 문제가 있었던 적이 있나요? 어떤 일이 있었고, 어떻게 대처하셨나요?

| 답변 가이드 |

INTRO		MAIN		FINISH
✔ 질문 되묻기 전략 오, 대중교통 타면서 생긴 문제? ✔ 당연한 말 전략 음, 그렇게 많지는 않지만 있긴 하지…	⇨	·What? - 집에 가는 길에 버스 탔는데 막혀서 3시간 걸림. ·How deal with? - 다음부터는 지하철 탐.	⇨	✔ 내 생각 말하기 전략 대중교통 편리하지만 출퇴근 시간은 피해야 해.

예시 답변

INTRO [1]Oh, problems with public transportation? [2]Well, I don't have too many, but there are a few…

MAIN [3]In Korea, riding on the bus during rush hour can be a real challenge. [4]I remember one time when I was coming home by bus, and it took about three hours! [5]Can you believe that? [6]It was only supposed to be an hour. [7]It was super uncomfortable, too. [8]There were no seats available, and the bus was packed. [9]I really regretted taking the bus that day. [10]I think walking might have been faster. [*sigh*]

[11]After that experience, I switched to the subway. [12]You know, the subway can be crowded, too, but at least it gets me home quicker. [13]And it's more predictable than the bus.

FINISH [14]Overall, I think the public transportation system in Korea is pretty good, but it's definitely best to avoid rush hour.

INTRO [1]아, 대중교통 타면서 생긴 문제요? [2]음, 그렇게 많지는 않지만, 몇 번은 있어요… MAIN [3]한국에서는 출퇴근 시간에 버스 타는 게 정말 힘든 일이 될 수 있어요. [4]한번은 버스를 타고 집에 가던 날이 기억나는데, 세 시간 정도 걸렸어요! [5]믿으시겠어요? [6]겨우 한 시간 걸릴 거리였는데 말이에요. [7]정말 불편하기도 했어요. [8]앉을 자리도 없었고, 버스가 꽉 차 있었어요. [9]그날 버스 탄 걸 정말 후회했어요. [10]걷는 게 더 빨랐을 것 같아요. [한숨] [11]그 일을 겪은 후에 지하철로 바꿨어요. [12]뭐, 지하철도 붐빌 수 있지만 적어도 더 빠르게 집에 데려다주잖아요. [13]버스보다 예측 가능하기도 하고요. FINISH [14]전반적으로 한국의 대중교통 시스템은 꽤 좋다고 생각하지만, 출퇴근 시간은 피하는 게 상책이에요.

---

public transportation 대중교통 rush hour 출퇴근 시간 challenge 힘든 일 be supposed to ~해야 하는 법이다, ~하기로 되어 있다 uncomfortable 불편한 available 이용할 수 있는 packed 꽉 찬 regret 후회하다 experience 경험 switch to ~로 바꾸다 crowded 붐비는 at least 적어도 predictable 예측 가능한 overall 전반적으로 definitely 확실히 avoid 피하다

고득점 전략 & 핵심 표현

IH와 AL의 꽃인 문제 해결 유형입니다. 항상 상황+과정+결과를 자세히 설명하세요. 당시의 감정까지 덧붙이면 금상첨화입니다!

1 [3] **In Korea,** 행동(동사+ing ~) **can be a real challenge.**
한국에서는 (행동)하는 것이 정말 힘든 일이 될 수 있어요.

In Korea, finding a taxi during peak hours **can be a real challenge.**
한국에서는 혼잡한 시간대에 택시를 잡는 것이 정말 힘든 일이 될 수 있어요.

In Korea, dealing with traffic congestion **can be a real challenge.**
한국에서는 교통 혼잡에 대처하는 것이 정말 힘든 일이 될 수 있어요.

In Korea, navigating the subway system for the first time **can be a real challenge.**
한국에서는 지하철 시스템을 처음 이용하는 것이 정말 힘든 일이 될 수 있어요.

나만의 답변 만들기

In Korea, ______________________________ can be a real challenge.

2 [11] **After that experience, I switched to** 대안 **.** 그 일을 겪은 후에 (대안)으로 바꿨어요.

After that experience, I switched to taking taxis more often.
그 일을 겪은 후에 택시를 더 자주 타는 것으로 바꿨어요.

After that experience, I switched to biking for shorter trips.
그 일을 겪은 후에 짧은 거리를 이동할 때는 자전거를 타는 것으로 바꿨어요.

After that experience, I switched to using my car instead of public transportation.
그 일을 겪은 후에 대중교통 대신 제 차를 이용하는 것으로 바꿨어요.

나만의 답변 만들기

After that experience, I switched to ______________________________.

3 [12] 교통수단 **can be** 단점 **, but at least it's** 장점 **.**
(교통수단)은 (단점)일 수 있지만 적어도 (장점)해요.

The bus **can be** slow, **but at least it's** cheaper than taking a taxi.
버스는 느릴 수 있지만, 적어도 택시 타는 것보다 저렴해요.

A taxi **can be** expensive, **but at least it's** convenient for late-night rides.
택시는 비쌀 수 있지만 적어도 늦은 밤에 타기에는 편리해요.

Riding a bike **can be** tiring, **but at least it's** great exercise.
자전거를 타는 것은 피곤할 수 있지만 적어도 좋은 운동이에요.

나만의 답변 만들기

__________ can be ____________, but at least it's ______________________.

UNIT 10

건강

✔ 이렇게 준비하세요

나와 주변인의 **건강 습관**을 문장으로 말해 보고, 가족이나 친구와 **자주 이야기하는 건강 주제**를 골라 막힘없이 표현할 수 있도록 준비하세요!

자주 출제되는 문제

문제	유형	시제
주변의 건강한 사람 Tell me about a healthy person you know. What does he or she look like? What kind of food does he or she eat? 당신이 아는 건강한 사람에 대해 말해 주세요. 그분은 어떤 모습인가요? 어떤 음식을 먹나요?	설명/묘사	현재
건강을 유지하기 위한 활동 What do you do to stay healthy? What kind of exercise do you usually do? Explain what you do in detail. 건강을 유지하기 위해 무엇을 하시나요? 보통 어떤 운동을 하시나요? 어떤 활동을 하는지 자세히 설명해 주세요.	경향/습관	현재

문제	유형	시제
과거와 현재의 건강 유지 방법 비교 Describe what people did to maintain their health when you were a child. What are the differences from now? 당신이 어렸을 때는 사람들이 건강을 유지하기 위해 무엇을 했는지 설명해 주세요. 지금과 다른 점은 무엇인가요?	비교	과거 + 현재
건강을 위해 어떤 것을 그만둔 경험 Have you ever had to stop doing something for health reasons? What did you have to give up? 건강상의 이유로 어떤 것을 그만둬야 했던 적이 있나요? 무엇을 포기해야 했나요?	경험	과거
가족·친구들과 이야기하는 건강 관련 이슈 What health issues do you usually talk about with your family and friends? Why are these topics important to you, and how do they affect your daily lives? 가족이나 친구들과 주로 어떤 건강 문제에 대해 이야기하시나요? 이 주제들이 당신에게 왜 중요하고 어떻게 당신의 일상에 영향을 미치나요?	사회적 이슈	현재
건강 관련 최근 뉴스 Tell me about a recent news story related to a health issue. What happened, how did it affect people's lives, and what actions did they take to address those concerns? 건강 문제와 관련된 최근 뉴스에 대해 말해 주세요. 어떤 일이 있었나요? 그 일이 사람들의 삶에 어떤 영향을 미쳤고, 그 문제를 해결하기 위해 어떤 조치가 취해졌나요?	사회적 이슈	과거

✪ 빈출 세트 구성

세트 예시 1	❶ 주변의 건강한 사람 ❷ 건강을 유지하기 위한 활동 ❸ 건강을 위해 어떤 것을 그만둔 경험
세트 예시 2 (고난도)	❶ 과거와 현재의 건강 유지 방법 비교 (14번) ❷ 가족·친구들과 이야기하는 건강 관련 이슈 (15번)

주변의 건강한 사람

Tell me about a healthy person you know. What does he or she look like? What kind of food does he or she eat?

당신이 아는 건강한 사람에 대해 말해 주세요. 그분은 어떤 모습인가요? 어떤 음식을 먹나요?

답변 가이드

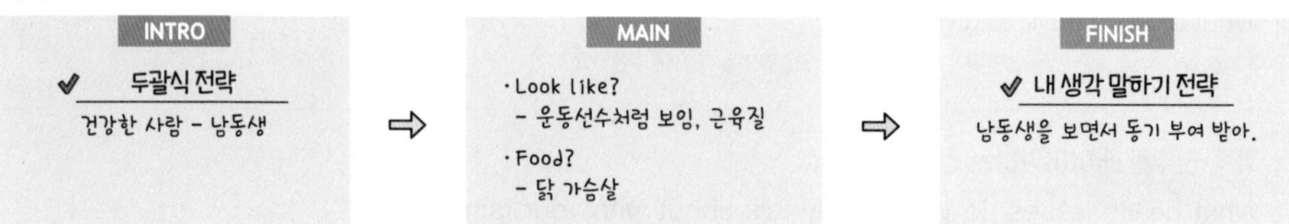

INTRO
두괄식 전략
건강한 사람 - 남동생
MAIN
·Look like?
- 운동선수처럼 보임, 근육질
·Food?
- 닭 가슴살
FINISH
내 생각 말하기 전략
남동생을 보면서 동기 부여 받아.

예시 답변

INTRO [1]Well, you've got to hear about my brother!

MAIN [2]He's really into fitness and works out all the time. [3]Seriously, he's like a true athlete! [4]Right now, he's all about badminton, but not too long ago, he was swimming like a pro. [5]It's impressive how he switches things up. [6]He definitely has that athletic look. [7]He's really muscular and fit, you know?

[8]And when it comes to food, he's super strict. [9]He sticks to chicken breasts and totally skips snacks. [10]Oh, and he doesn't eat anything after 9:00 PM. [11]I mean, that's some serious dedication! [12]I really look up to him for that.

FINISH [13]Whenever I see him putting in the work, it gives me a little nudge to get moving, too. [14]I mean, it feels like my lack of exercise is being pointed out. [15]So I try to exercise more often, especially when he motivates me. [16]Yep, that's it.

INTRO [1]음, 제 남동생에 대해 들어 보셔야 해요! MAIN [2]남동생은 건강에 정말 신경 쓰고 항상 운동을 해요. [3]정말로요, 진짜 운동선수 같아요! [4]지금은 배드민턴에 열중하고 있지만 얼마 전까지는 프로 선수처럼 수영을 했어요. [5]그가 종목을 바꾸는 방식이 인상적이에요. [6]그는 확실히 운동선수 같은 외모를 가졌어요. [7]완전 근육질에 멋진 몸매, 아시죠? [8]그리고 음식에 있어서, 그는 정말 엄격해요. [9]닭 가슴살만 고집하고 간식은 전혀 먹지 않아요. [10]아, 그리고 오후 9시 이후에는 아무것도 먹지 않아요. [11]정말 헌신적이지 뭐예요! [12]그 점에서 정말 존경스러워요. FINISH [13]그가 열심히 운동하는 모습을 볼 때마다 저도 좀 움직여야겠다는 자극을 받아요. [14]제 말은, 제 운동 부족이 꼬집혀지는 것 같달까요. [15]그래서 저도 더 자주 운동하려고 노력하고 있고, 특히 그에게서 동기 부여를 받을 때 그래요. [16]네, 그게 다예요.

---

fitness 건강 work out 운동하다 all the time 항상, 언제나 seriously 정말로, 진지하게 athlete 운동선수 impressive 인상적인 switch things up 바꾸어서 하다 definitely 확실히 athletic 운동선수의 look 외모 muscular 근육질의 fit 몸매가 좋은 when it comes to ~에 있어서, ~에 관한 한 strict 엄격한 stick to ~을 고집하다 chicken breast 닭가슴살 totally 완전히 skip 건너뛰다 snacks 간식 dedication 헌신 look up to ~을 존경하다 give a nudge 살짝 찌르다, 가볍게 격려하다 especially 특히 motivate 동기를 부여하다

고득점 전략 & 핵심 표현

나, 가족, 주변 사람들이 건강을 챙기기 위해 하는 일을 떠올리고 현재 시제로 설명해 봅시다.

1 [4] **Right now, he/she's all about** 명사 **, but not too long ago, he/she** 동사/상태 **.**
지금 그는/그녀는 (명사)에 열중하고 있지만, 얼마 전만 해도 (동사/상태)했어요.

Right now, he's all about weightlifting, **but not too long ago, he** used to run.
지금 그는 웨이트에 열중하고 있지만, 얼마 전만 해도 달리기를 했어요.

Right now, she's all about yoga, **but not too long ago, she** wasn't interested in it.
지금 그녀는 요가에 열중하고 있지만, 얼마 전만 해도 관심 없었어요.

Right now, he's all about cycling, **but not too long ago, he** didn't know how to ride a bike.
지금 그는 자전거 타기에 열중하고 있지만 얼마 전만 해도 자전거를 탈 줄 몰랐어요.

나만의 답변 만들기

Right now, he/she's all about ______________________., but not too long ago, he/she ______________________________________.

2 [8] **When it comes to** 무엇 **, he/she** 특징 **.** (무엇)에 있어서, 그는/그녀는 (특징)해요.

When it comes to nutrition, **he**'s very mindful of what he eats. 영양에 있어서, 그는 음식에 매우 신경 써요.

When it comes to exercise, **she** always looks for new challenges.
운동에 있어서, 그녀는 항상 새로운 도전을 추구해요.

When it comes to cooking, **she** always uses fresh vegetables.
요리에 있어서, 그녀는 항상 신선한 채소를 사용해요.

나만의 답변 만들기

When it comes to ____________________, he/she ______________________________________.

3 [15] **I try to exercise more often, especially when** 경우 **.**
저는 더 자주 운동하려고 노력하고 있고, 특히 (경우)할 때 그래요.

I try to exercise more often, especially when I have free time.
저는 더 자주 운동하려고 노력하고 있고, 특히 자유 시간이 있을 때 그래요.

I try to exercise more often, especially when I see my friends posting about their workouts. 저는 더 자주 운동하려고 노력하고 있고, 특히 친구들이 운동에 대해 포스팅한 걸 볼 때 그래요.

I try to exercise more often, especially when I eat late.
저는 더 자주 운동하려고 노력하고 있고, 특히 밤에 늦게 먹을 때 그래요.

나만의 답변 만들기

I try to exercise more often, especially when ______________________________________.

건강을 유지하기 위한 활동

What do you do to stay healthy? What kind of exercise do you usually do? Explain what you do in detail.

건강을 유지하기 위해 무엇을 하시나요? 보통 어떤 운동을 하시나요? 어떤 활동을 하는지 자세히 설명해 주세요.

답변 가이드

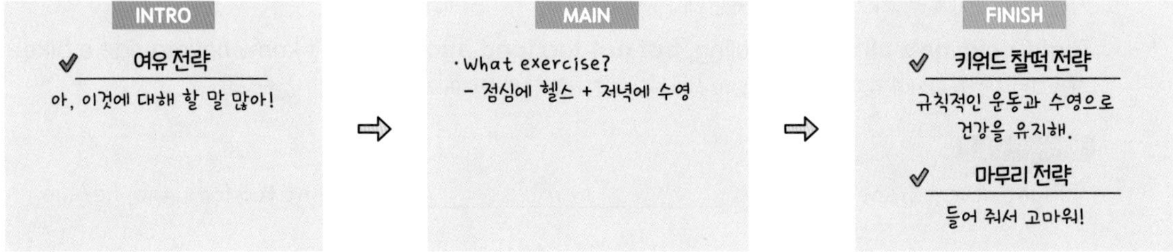

INTRO
여유 전략
아, 이것에 대해 할 말 많아!
MAIN
· What exercise?
- 점심에 헬스 + 저녁에 수영
FINISH
키워드 찰떡 전략
규칙적인 운동과 수영으로 건강을 유지해.
마무리 전략
들어 줘서 고마워!

예시 답변

INTRO [1] Well, okay, actually, I have so much to say about this! Hahaha.

MAIN [2] So these days, I'm really focused on staying healthy. [3] I have access to a gym at work, and I make it a point to exercise during my lunch breaks. [4] It's a great way to keep my energy up.

[5] I also enjoy swimming in the evenings. [6] It's such a fantastic workout! [7] I've learned a lot about swimming from how to breathe properly to doing different strokes. [8] Now, I can even practice the butterfly stroke. [9] I find that swimming helps me stay in shape and clear my mind after a long day.

FINISH [10] So, yeah, I maintain my fitness by committing to swimming and regular exercise. [11] It's now a big part of my routine. [12] Thanks for listening!

INTRO [1] 아, 좋아요, 사실 이것에 대해 할 말이 너무 많아요! 하하하. MAIN [2] 그러니까 요즘은 건강을 유지하는 데 정말 집중하고 있어요. [3] 직장에서 헬스장을 이용할 수 있어서 점심시간에 꼭 운동을 하려고 노력해요. [4] 에너지를 충전할 수 있는 정말 좋은 방법이에요. [5] 저녁에는 수영도 즐겨 해요. [6] 그건 정말 환상적인 운동이에요! [7] 제대로 호흡하는 방법부터 다양한 영법을 하는 것까지 수영에 대해 많은 것을 배웠어요. [8] 이제는 접영도 할 수 있어요. [9] 수영은 몸매를 유지하고 긴 하루를 보낸 후에 정신을 맑게 하는 데 도움이 되는 것 같아요. FINISH [10] 그래서, 네, 저는 수영과 규칙적인 운동을 성실히 해서 건강을 유지해요. [11] 이제 그것은 제 일상의 큰 부분을 차지하게 되었어요. [12] 들어 주셔서 감사합니다!

focused on ~에 집중하는 stay healthy 건강을 유지하다 have access to ~을 이용할 수 있다 gym 헬스장 at work 직장에서 make it a point to 꼭 ~하려고 노력하다 fantastic 환상적인 workout 운동 breathe 호흡하다 properly 제대로 stroke 영법 practice 하다 butterfly stroke 접영 stay in shape 몸매를 유지하다 maintain 유지하다 fitness 건강 committed to ~에 전념하는 regular 규칙적인 routine 일상, 일과

고득점 전략 & 핵심 표현

활동에 대해 이야기할 때, 단순히 '운동한다, 수영한다'라고 사실만 말하기보다, 그것을 해서 얻는 효과와 느끼는 감정에 대해 말하면 구체적이고 풍부한 답변이 만들어집니다.

1 [3] I make it a point to 활동(동사원형 ~). 꼭 (활동)하려고 노력해요.

I make it a point to stretch every morning before my workouts.
저는 꼭 매일 아침 운동 전에 스트레칭을 하려고 노력해요.

I make it a point to take the stairs instead of the elevator whenever I can.
저는 할 수 있을 때마다 꼭 엘리베이터 대신 계단을 이용하려고 노력해요.

I make it a point to drink plenty of water.
저는 꼭 물을 충분히 마시려고 노력해요.

나만의 답변 만들기

I make it a point to ______________________.

2 [9] I find that 활동 helps me 효과1(동사원형 ~) and 효과2(동사원형 ~).

(활동)은 (효과1)하고 (효과2)하는 데 도움이 되는 것 같아요.

I find that jogging **helps me** boost my mood **and** increase my energy levels.
조깅은 기분을 좋게 하고 에너지 수준을 높이는 데 도움이 되는 것 같아요.

I find that yoga **helps me** improve my flexibility **and** reduce stress.
요가는 유연성을 향상시키고 스트레스를 줄이는 데 도움이 되는 것 같아요.

I find that lifting weights **helps me** build strength **and** feel more confident.
무게를 드는 것은 근력을 키우고 자신감을 높이는 데 도움이 되는 것 같아요.

나만의 답변 만들기

I find that __________ helps me ______________ and ______________.

3 [10] I maintain my 건강 by 무엇(동사+ing ~). 저는 (무엇)을 해서 (건강)을 유지하고 있어요.

I maintain my fitness **by** staying active and **by** eating well.
저는 활동적으로 지내고 잘 먹으면서 체력을 유지하고 있어요.

I maintain my health **by** eating a balanced diet.
저는 균형 잡힌 식사를 해서 제 건강을 유지하고 있어요.

I maintain my health **by** getting enough sleep.
저는 충분한 수면을 취해서 건강을 유지하고 있어요.

나만의 답변 만들기

I maintain my ______________ by ______________________.

비교 • 과거 + 현재 시제

061

과거와 현재의 건강 유지 방법 비교

Describe what people did to maintain their health when you were a child. What are the differences from now?

당신이 어렸을 때는 사람들이 건강을 유지하기 위해 무엇을 했는지 설명해 주세요. 지금과 다른 점은 무엇인가요?

답변 가이드

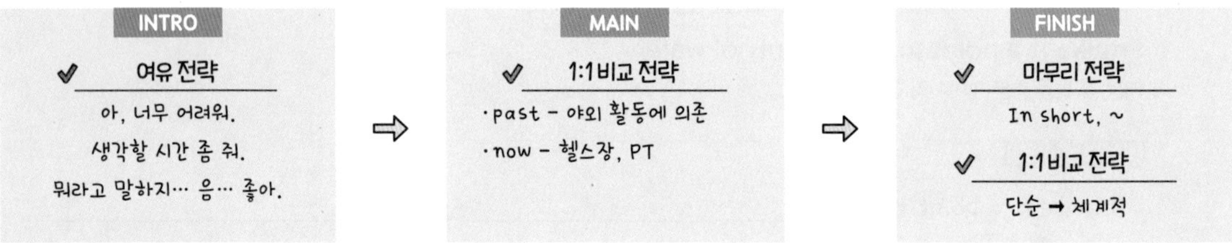

INTRO
여유 전략
아, 너무 어려워.
생각할 시간 좀 줘.
뭐라고 말하지… 음… 좋아.
MAIN
1:1 비교 전략
· past - 야외 활동에 의존
· now - 헬스장, PT
FINISH
마무리 전략
In short, ~
1:1 비교 전략
단순 → 체계적

예시 답변

INTRO [1]Umm, ohhh, that's sooo hard to answer. [2]Aww. Give me a second to think. [3]Well, how to put it... Hmm... Okay.

MAIN [4]So you know, there's a big difference between the past and now. [5]Back in the day, like with my parents, people really relied on basic outdoor activities. [6]They went hiking, biking, and just walked around. [7]Sure, some people went to the swimming pool and the aerobic center, but most didn't.

[8]These days, so many people are hitting the gym and getting personal trainers. [9]It really shows how our views on health have changed from simple, natural activities to more structured workouts. [10]Now there's this whole idea of a "body profile" and everything. [11]It's a huge shift, right?

FINISH [12]In short, while people in the past managed their health more simply, today's focus on health is more about getting professional guidance and working toward specific goals.

INTRO [1]음, 오, 그건 대답하기 너~~무 어렵네요. [2]아. 잠깐 생각 좀 해 볼게요. [3]음, 어떻게 말하지… 흠… 좋아요. MAIN [4]그러니까 말이죠, 과거와 지금은 큰 차이가 있어요. [5]예전에는, 저희 부모님처럼, 사람들이 기본적인 야외 활동에 많이 의존했어요. [6]등산을 하고, 자전거를 타고, 그냥 걸어 다녔죠. [7]물론 어떤 사람들은 수영장과 에어로빅 센터에 가기도 했지만 대부분은 그렇지 않았어요. [8]요즘에는 정말 많은 사람들이 헬스장에 가서 개인 트레이너를 구해요. [9]건강에 대한 사람들의 관점이 어떻게 변화했는지를 잘 보여 주는 거죠. 단순하고 자연스러운 활동에서 보다 체계적인 운동으로요. [10]이제는 '바디 프로필'이라는 개념과 모든 것이 있잖아요. [11]엄청난 변화죠, 그렇지 않나요? FINISH [12]요약하자면, 과거에는 사람들이 더 단순하게 건강을 관리했던 것과 달리, 오늘날 건강에 대한 초점은 전문가의 지도를 받고 구체적인 목표를 향해 나아가는 데 더 맞춰져 있어요.

put 표현하다 difference 차이 rely on ~에 의존하다 hike 등산하다 bike 자전거를 타다 aerobic 에어로빅 hit ~에 가다 personal 개인적인 trainer 트레이너, 코치 view 관점 structured 체계적인 workout 운동 huge 엄청난 shift 변화, 이동 in short 요컨대 manage 관리하다 focus 초점, 관심 professional 전문가의 guidance 지도 specific 구체적인 goal 목표

고득점 전략 & 핵심 표현

비교 유형은 비교가 확실히 드러나야 합니다. 과거와 현재 시제를 신경 쓰면서, 구체적인 예시를 들어 듣는 이의 이해를 도우세요. 마무리에서는 예전과 지금의 차이를 한 번 더 강조하며 질문에 대한 찰떡 답변을 만듭니다.

1 [7] **Some people** 행동 **, but most didn't.** 어떤 사람들은 (행동)했지만, 대부분은 그렇지 않았어요.

Some people followed strict diets, **but most didn't.**
어떤 사람들은 엄격한 식단을 따랐지만, 대부분은 그렇지 않았어요.

Some people took vitamins, **but most didn't.** 어떤 사람들은 비타민을 복용했지만, 대부분은 그렇지 않았어요.

Some people practiced yoga, **but most didn't.** 어떤 사람들은 요가를 했지만, 대부분은 그렇지 않았어요.

나만의 답변 만들기

Some people ____________________, but most didn't.

2 [8] **These days, so many people** 동사 **.** 요즘은 정말 많은 사람들이 (동사)해요.

These days, so many people work out at home. 요즘에는 정말 많은 사람들이 집에서 운동해요.

These days, so many people are using fitness apps to track their progress.
요즘에는 정말 많은 사람들이 건강 앱을 사용해서 운동 성과를 확인해요.

These days, so many people take dietary supplements for better health.
요즘에는 정말 많은 사람들이 더 건강해지기 위해 영양제를 섭취해요.

나만의 답변 만들기

These days, so many people ____.

3 [12] **While people in the past** 경향 **, today's focus on health is more about** 무엇 **.**
과거 사람들이 (경향)했던 반면에, 오늘날 건강에 대한 관심은 (무엇)에 더 맞추어져 있어요.

While people in the past enjoyed outdoor exercise, **today's focus on health is more about** gym workouts. 과거 사람들이 야외 운동을 즐겼던 반면에, 오늘날 건강에 대한 관심은 헬스장에서의 운동에 더 맞추어져 있어요.

While people in the past had a relaxed attitude toward fitness, **today's focus on health is more about** having a hot body.
과거 사람들이 건강에 대해 여유로운 태도를 가졌던 반면에, 오늘날 건강에 대한 관심은 멋진 몸매를 갖는 것에 더 맞추어져 있어요.

While people in the past didn't pay attention to stress, **today's focus on health is more about** managing it.
과거 사람들이 스트레스에 주의를 기울이지 않았던 반면에, 오늘날 건강에 대한 관심은 스트레스 관리에 더 맞추어져 있어요.

나만의 답변 만들기

While people in the past ____________________, today's focus on health is more about ____________________.

PART 소개
동영상 강의

PART 3

롤플레이

[한눈에 보는 롤플레이 유형]

롤플레이는 주어진 상황에 적절하게 대응할 수 있는지 확인하는 파트입니다. 동일한 주제에 대해 3가지 유형의 질문(정보 요청, 문제 해결, 관련 경험)이 11번부터 13번까지 차례대로 출제됩니다. 롤플레이는 실제 상황인 것처럼 몰입해 연기할수록 자연스러운 답변이 됩니다. 길게 말할 필요는 없고 가볍게 1분 전후로 말하면 충분합니다.

문제 번호	문제 유형	예시
11번	주어진 상황에 필요한 질문 하기	해외 여행을 계획하고 있는 상황, 여행에 대해 더 많은 정보를 얻기 위해 여행사에 전화해 3~4가지 질문하기
12번	문제 상황 설명 및 대안 제시하기	공항에 도착했는데 항공편이 취소되고 다른 모든 항공편도 예약이 가득 찬 상황, 여행사에 전화해 상황을 설명하고 문제 해결을 위한 2~3가지 대안 제시하기
13번	관련 문제 해결 경험 / 기억에 남는 경험	여행 계획을 세우는 중에 문제를 겪은 경험이나 여행 계획과 관련된 기억에 남는 경험

오리엔테이션의 난이도 설정에서 난이도 3이나 4를 고르면 15번 문제가 롤플레이(면접관에게 질문하기) 유형으로 출제되나, 난이도 5나 6을 고르면 출제되지 않습니다. 대신 14~15번이 고난도 설문/돌발 문제로 출제됩니다. IH/AL을 목표로 하는 분들은 난이도 5~6을 선택하는 것이 일반적이므로 이 책에서는 면접관에게 질문하기 유형은 다루지 않습니다.

주어진 상황에 필요한 질문 하기

문의, 주문, 예매, 약속에 필요한 정보를 대면으로, 혹은 전화로 질문하는 유형입니다. 기본적인 의문문을 활용해 질문을 만들 수 있어야 합니다.

세부 유형	예시
정보 문의	• 친구의 MP3 플레이어에 대해 질문하기 • 친구가 산 새 스마트폰에 대해 질문하기 • 카페의 새로운 메뉴에 대해 직원에게 질문하기 • 비행기 연착에 대해 공항 직원에게 질문하기 • 사고 싶은 가구에 대해 직원에게 질문하기
예약 및 약속	• 병원 진료 예약에 필요한 질문 하기 • 친구와 영화 보러 갈 약속을 잡기 위해 질문하기 • 친구와 주말 약속을 잡기 위해 질문하기 • 친구와 공원에 가는 약속을 잡기 위해 질문하기
전화로 질문	• 초대받은 파티에 대해 전화로 질문하기 • 여행 정보를 얻기 위해 여행사에 전화로 질문하기 • 호텔 예약을 위한 정보를 얻기 위해 호텔에 전화로 질문하기 • 스마트폰 구입을 위해 판매점에 전화로 질문하기 • 콘서트 예매처에 전화를 걸어 티켓 구매 문의하기 • 친구에게 전화를 걸어 만날 약속을 정하기 • 영화를 관람하기 위해 전화로 질문하고 예매하기 • 헬스장 서비스에 대해 전화로 질문하기 • 병원 진료 예약을 위해 전화로 질문하기

질문에 필요한 기초 표현을 익혀 두세요.

- **요청할 때**
  Can I get this delivered**?** 배달/배송받을 수 있나요?
- **가능 여부 확인할 때**
  Is it possible to get a discount**?** 할인받을 수 있을까요?
- **허락을 구할 때**
  Is it okay to change my order**?** 주문을 변경해도 괜찮을까요?
- **제공 여부 확인할 때**
  Is breakfast **available?** 조식 제공되나요?
- **기타 요청할 때**
  Could you give me a coupon**?** 쿠폰을 주실 수 있나요?

문제 상황 설명 및 대안 제시하기

12번에서는 특정한 문제 상황이 제시됩니다. 어떤 문제가 생겼는지 구체적으로 상황을 설명하고 문제 해결을 위한 대안을 제시할 수 있어야 합니다.

세부 유형	예시
제품 문제	• 판매점에 전화해 배송받은 가구에서 문제를 발견한 상황을 설명하고 대안 제시하기 • 판매점에 구매한 제품에 문제가 생긴 상황을 설명하고 대안 제시하기
고장/파손	• 친구에게 빌린 MP3 플레이어가 망가진 상황을 설명하고 대안 제시하기 • 이사 후 깨진 창문을 발견한 상황을 설명하고 왜 오늘 꼭 수리받아야 하는지 설명하기
취소	• 콘서트에 못 가게 된 상황을 설명하고 대안 제시하기 • 영화표를 잘못 예매한 상황을 설명하고 대안 제시하기 • 여행사에서 환불이 어렵다고 할 때 상황을 설명하고 대안 제시하기

문제 상황 설명과 대안 제시에 필요한 기초 표현을 익혀 두세요.

- **문제가 있을 때**
  There's a problem with the item I received. 받은 물건에 문제가 있어요.
- **잘못된 물건을 받았을 때**
  I got the wrong furniture. 잘못된 가구를 받았어요.
- **물건이 주문한 것과 다를 때**
  The item I received is not what I ordered. 받은 물건은 제가 주문한 게 아니에요.
- **기대와 다를 때**
  The item I received isn't what I expected. 받은 물건이 기대했던 것과 달라요.
- **실수로 고장 냈을 때**
  I'm sorry. I accidentally broke the MP3 player. 죄송해요, 실수로 MP3 플레이어를 고장 냈어요.
- **해결책 제시하기**
  How about I get you a new one? 새것으로 사 드리는 게 어떨까요?

13번 관련 문제 해결 경험 / 기억에 남는 경험

롤플레이 세트에 속해 있지만, 실질적으로는 경험 유형에 해당하는 질문입니다. 12번과 관련해 비슷한 문제를 겪은 경험이나 같은 주제의 기억에 남는 경험을 물어봅니다.

세부 유형	예시
관련 문제 해결 경험	• (쇼핑) 구매한 물건이 작동하지 않거나 손상되었던 경험 • (여행) 항공편이 취소된 경험 • (파티) 약속을 취소/변경해야 했던 경험 • (사는 곳) 집에 생겼던 문제를 해결한 경험 • (영화관) 영화표 예매를 잘못했던 경험 • (공연/콘서트) 티켓 구매 후 공연에 못 간 경험 • (카페) 카페에서 문제가 생겼던 경험 • (은행) ATM 기기나 카드가 작동하지 않았거나 신용 카드를 분실한 경험 • (이웃) 친구나 이웃의 문제를 도와준 경험 • (날씨) 예상하지 못한 날씨로 해외여행 중 문제를 겪은 경험 • (휴대폰) 휴대폰에 문제가 발생했던 경험
기억에 남는 경험	• (공원) 공원에서 기억에 남는 경험 • (여행) 여행 중 겪은 인상 깊은 경험 • (호텔) 호텔에서 겪은 인상 깊은 경험 • (인터넷) 인터넷을 활용해 프로젝트를 성공한 경험

경험과 관련한 기초 표현을 익혀 두세요.

- **문제를 언급할 때**

  Oh, you mean the issue I had last year**?** 아, 제가 작년에 겪은 문제요?

- **비슷한 경험을 했을 때**

  Oh, yeah, I had a similar situation **before.** 오, 맞아요, 저도 비슷한 상황이 있었어요.

- **기억에 남는 경험을 언급할 때**

  Oh, you mean a memorable concert I went to**?** 아, 제가 갔던 기억에 남는 콘서트요?

UNIT
01
카페

✔ 이렇게 준비하세요

카페는 쉬운 주제이지만 최근 **가장 높은 빈도로 출제되는 경향**입니다. 메뉴를 주문할 때 필요한 정보를 빠르게 떠올리고, 배달받은 커피가 주문한 것과 다른 문제 상황을 구체화하고, 대안을 빠르게 제시하는 연습을 꼭 하세요!

자주 출제되는 문제

문제	유형
새로 생긴 카페에 정보 질문 I'd like to give you a situation and ask you to act it out. You want to buy coffee from a new coffee shop that recently opened nearby. It has some new menu items, and you want to know more about them. Call the coffee shop and ask 3 or 4 questions. 상황을 드릴 테니 연기해 주세요. 당신은 근처에 새로 생긴 카페에서 커피를 사려고 합니다. 그 카페에는 새로운 메뉴가 몇 가지 있고, 당신은 그것들에 대해 더 알고 싶습니다. 카페에 전화해서 3~4가지 질문을 해 보세요.	주어진 상황에 필요한 질문 하기
음료가 잘못 배달된 상황 설명하고 대안 제시 I'm sorry, but there is a problem I need you to resolve. You ordered coffee for delivery, but you notice that the wrong item was delivered. Call the manager of the coffee shop, explain the situation, and give 2 or 3 alternatives to solve the problem. 죄송하지만 해결해 주셔야 하는 문제가 있습니다. 당신은 배달로 커피를 주문했는데, 잘못된 상품이 배달된 것을 알게 됩니다. 카페의 매니저에게 전화해서 상황을 설명하고 문제를 해결할 수 있는 2~3가지 대안을 제시하세요.	문제 상황 설명 + 대안 제시하기

문제	유형
카페에서 비슷한 문제를 겪은 경험 That's the end of the situation. Have you ever had a similar experience at a café? What happened? How did you deal with it? Please explain in detail. 상황은 끝났습니다. 카페에서 비슷한 경험을 한 적이 있나요? 무슨 일이 있었나요? 어떻게 해결했나요? 자세히 설명해 주세요.	관련 문제 해결 경험

빈출 세트 구성

세트 예시 1	❶ 새로 생긴 카페에 정보 질문 ❷ 음료가 잘못 배달된 상황 설명하고 대안 제시 ❸ 카페에서 비슷한 문제를 겪은 경험
세트 예시 2	❶ 가장 인기 있는 카페 메뉴에 대해 질문하고 주문 ❷ 음료가 잘못 배달된 상황 설명하고 대안 제시 ❸ 카페에서 겪었던 기억에 남는 경험

핵심 단어

atmosphere 분위기	calm 잔잔한	lively 활기찬	lighting 조명
interior 인테리어	tons of 엄청 많은	gathering 모임	communicate 소통하다
menu 메뉴	order 주문하다; 주문	irresistible 저항할 수 없는, 매력적인	size 사이즈
sweet 단	bitter 쓴	rich flavor 고소한 맛	decaf 디카페인
iced coffee 아이스 커피	herbal tea 허브 티	take out 포장하다	staff 직원

새로 생긴 카페에 정보 질문

I'd like to give you a situation and ask you to act it out. You want to buy coffee from a new coffee shop that recently opened nearby. It has some new menu items, and you want to know more about them. Call the coffee shop and ask 3 or 4 questions.

상황을 드릴 테니 연기해 주세요. 당신은 근처에 새로 생긴 카페에서 커피를 사려고 합니다. 그 카페에는 새로운 메뉴가 몇 가지 있고, 당신은 그것들에 대해 더 알고 싶습니다. 카페에 전화해서 3~4가지 질문을 해 보세요.

| 답변 가이드 |

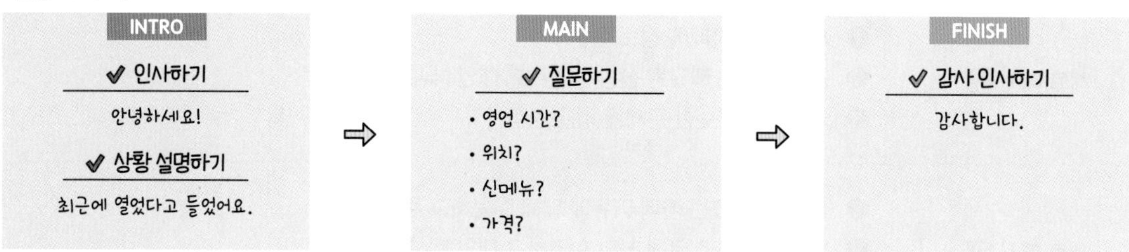

INTRO
✔ 인사하기
안녕하세요!
✔ 상황 설명하기
최근에 열었다고 들었어요.
MAIN
✔ 질문하기
• 영업 시간?
• 위치?
• 신메뉴?
• 가격?
FINISH
✔ 감사 인사하기
감사합니다.

예시 답변

INTRO [1]Hi there! [2]So, um, I just heard that you recently opened, and I have some questions.

MAIN [3]Firstly, when do you open and close? [4]And where are you located? [5]Can you tell me the exact address? [6]Oh, I got it. [7]I also heard that you have some new menu items. [8]So what are they? [9]Oh, I see you have strawberry yogurt! [10]I really wanna try that. [11]Um, uh, how much is it? [12]Oh, only five dollars? [13]Wow, that's awesome!

FINISH [14]Thanks for explaining everything! [15]I really appreciate it. [16]I hope you have a nice day! [17]Yeah, bye.

INTRO [1]안녕하세요! [2]아, 그, 최근에 새로 오픈하셨다고 들어서 몇 가지 좀 여쭤보려고요. MAIN [3]먼저, 언제 문을 열고 닫으세요? [4]그리고 어디에 위치해 있나요? [5]정확한 주소를 알려 주실 수 있나요? [6]아, 알겠어요. [7]그리고 또 새로 메뉴들이 추가되었다고 들었는데요. [8]어떤 것들인가요? [9]아, 딸기 요거트가 있군요! [10]정말 먹어보고 싶어요. [11]그럼, 그건 얼마인가요? [12]오, 겨우 5달러요? [13]와, 정말 좋네요! FINISH [14]이렇게 다 설명해 주셔서 감사해요! [15]정말 고마워요. [16]좋은 하루 보내시길 바랄게요! [17]네, 안녕히 계세요.

---

recently 최근에 located 위치한 exact 정확한 address 주소 try 먹어 보다, 시도해 보다 awesome 정말 좋은 explain 설명하다 appreciate 감사하게 생각하다

롤플레이는 '인사'로 시작해 '감사'로 끝내세요. 공식입니다!
INTRO에서 질문 되묻기 전략은 여기서도 당연히 활용 가능합니다.

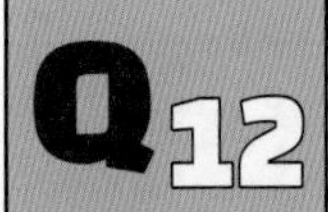

음료가 잘못 배달된 상황 설명하고 대안 제시

I'm sorry, but there is a problem I need you to resolve. You ordered coffee for delivery, but you notice that the wrong item was delivered. Call the manager of the coffee shop, explain the situation, and give 2 or 3 alternatives to solve the problem.

죄송하지만 해결해 주셔야 하는 문제가 있습니다. 당신은 배달로 커피를 주문했는데, 잘못된 상품이 배달된 것을 알게 됩니다. 카페의 매니저에게 전화해서 상황을 설명하고 문제를 해결할 수 있는 2~3가지 대안을 제시하세요.

답변 가이드

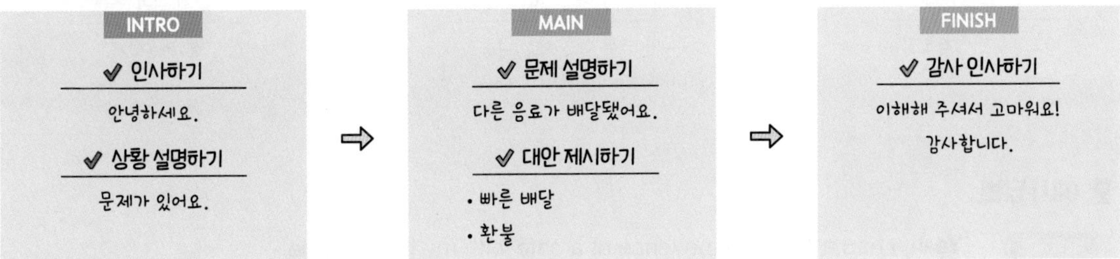
INTRO
✔ 인사하기
안녕하세요.
✔ 상황 설명하기
문제가 있어요.
MAIN
✔ 문제 설명하기
다른 음료가 배달됐어요.
✔ 대안 제시하기
• 빠른 배달
• 환불
FINISH
✔ 감사 인사하기
이해해 주셔서 고마워요!
감사합니다.

예시 답변

INTRO [1] Hi. Um, I just got my coffee order, but there's a bit of a problem.

MAIN [2] I ordered a caramel latte, but I received a black coffee instead. [3] Yeah, I know mistakes happen; I just wanna figure this out. [4] Can you help me? [5] So here are a couple of options. [6] Could I get the caramel latte delivered to me quickly? [7] Or if that's not possible, can I get a refund for the drink?

FINISH [8] Yeah, thanks for understanding! [9] I really appreciate it. [10] Bye!

INTRO [1] 안녕하세요, 어, 제가 주문한 커피를 받았는데, 약간 문제가 있어요. MAIN [2] 캐러멜 라떼를 주문했는데, 대신 블랙 커피가 왔어요. [3] 네, 실수는 발생할 수 있다는 걸 알고 있어요. 저는 그저 이 문제를 해결하고 싶어요. [4] 도와주실 수 있나요? [5] 여기 선택할 수 있는 몇 가지 방법이 있어요. [6] 캐러멜 라떼를 빨리 배달해 주실 수 있을까요? [7] 아니면, 만약 그게 불가능하다면, 그 음료에 대한 환불을 받을 수 있을까요? FINISH [8] 네, 이해해 주셔서 감사합니다! [9] 정말 고마워요. [10] 안녕히 계세요!

order 주문; 주문하다 a bit of 약간의 receive 받다 instead 그 대신에 mistake 실수 happen 발생하다 figure out 해결하다 a couple of 두어 가지의 option 옵션, 선택지 deliver 배달하다 quickly 빠르게 possible 가능한 get a refund 환불받다 appreciate 고맙게 생각하다

일단 문제가 있다고 뭉뚱그려서 던지세요.
그 문장을 말하며 문제를 어떻게 구체화할지 떠올리면 됩니다.

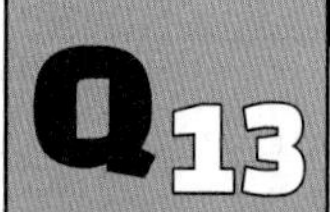

관련 문제 해결 경험

064

Q13 카페에서 문제를 겪은 경험

That's the end of the situation. Have you ever had a similar experience at a café? What happened? How did you deal with it? Please explain in detail.

상황은 끝났습니다. 카페에서 비슷한 경험을 한 적이 있나요? 무슨 일이 있었나요? 어떻게 해결했나요? 자세히 설명해 주세요.

| 답변 가이드 |

INTRO		MAIN		FINISH
✔ 여유 전략 나도 비슷한 경험 있었어.	⇨	✔ 키워드 찰떡 전략 • What? - 다른 메뉴 나옴 • How deal with? - 새로 요청	⇨	✔ 마무리 전략 잘 해결했어.

예시 답변

INTRO [1] Yeah, I had a similar experience at a café with my friend Suzie.

MAIN [2] We tried a new coffee shop, and I ordered a vanilla latte while she got a regular coffee. [3] When our drinks came out, I realized we got two cups of regular coffee. [4] I called over the barista and explained the mix-up. [5] She was super nice and apologized for the mistake. [6] I asked if I could get my vanilla latte, and she said she'd make me a new one right away.

FINISH [7] When my vanilla latte finally came out, it was delicious! [8] The staff handled the situation really well, and we ended up having a great time.

INTRO [1] 네, 저도 제 친구 수지랑 카페에 갔을 때 비슷한 경험을 한 적이 있어요. MAIN [2] 우리는 새로운 카페에 가 봤는데, 저는 바닐라 라떼를, 친구는 일반 커피를 시켰어요. [3] 음료가 나왔을 때, 우리가 두 잔의 일반 커피를 받은 것을 알게 되었어요. [4] 바리스타를 불러서 착오를 설명했어요. [5] 그녀는 정말 친절했고 실수에 대해 사과했어요. [6] 바닐라 라떼를 받을 수 있는지 물어보니, 바로 새로 만들어 주겠다고 했습니다. FINISH [7] 제 바닐라 라떼가 드디어 나왔을 때, 맛있었어요! [8] 직원들이 상황을 잘 처리해 주셔서 우리는 결국 좋은 시간을 보냈습니다.

similar 비슷한 experience 경험 order 주문하다 while ~한 한편 regular 일반적인 realize 알게 되다 barista 바리스타 explain 설명하다 mix-up 혼동, 착오 apologize 사과하다 mistake 실수 right away 바로, 즉시 delicious 맛있는 handle 처리하다 situation 상황 end up 동사+ing 결국 ~하다

롤플레이 세트에 속한 문제이지만 경험 유형이니 앞에서 많이 연습한 대로 하면 됩니다!
경험은 과거 시제, 잊지 않으셨죠?

롤플레이 상황별 표현

🎧 065

메뉴에 대해 질문하기

What's your most popular drink/food item**?** 가장 인기 있는 음료/음식이 뭔가요?

Do you have any decaf **options?** 디카페인 음료가 있나요?

Do you have any soy milk **options?** 두유 옵션이 있나요?

Do you have any seasonal specials right now? 지금 시즌 스페셜 메뉴가 있나요?

What sizes do you have for that drink? 그 음료의 사이즈는 어떤 게 있나요?

Do you have a small/tall/grande **size?** 스몰/톨/그란데 사이즈가 있나요?

Do you have any sugar-**free drinks**? 설탕이 들어가지 않은 음료가 있나요?

Can I customize my drink? 음료를 맞춤 주문할 수 있나요?

주문 방법 질문하기

How do I place an order? 주문은 어떻게 하나요?

Can I order through an app? 앱으로 주문할 수 있나요?

Can I order online and pick up my order in the store? 온라인으로 주문하고 매장에서 픽업할 수 있나요?

Do you offer delivery? 배달 가능한가요?

Do you take cash/cards**?** 현금/카드를 받으시나요?

문제 상황 설명하기

There seems to be an issue with my order. 제가 주문한 것에 대해 문제가 있는 것 같아요.

I think there's been a mistake with my order. 제가 주문한 것에 대해 착오가 있었던 것 같습니다.

I ordered green tea, **but I received** black tea **instead.** 저는 녹차를 주문했는데, 대신 홍차가 왔어요.

I noticed my drink **is different from what I asked for.** 제 음료가 제가 요청한 것과 다른 것 같아요.

I think there's a mistake with my bill. I was charged for something I didn't order.
계산서에 오류가 있는 것 같아요. 주문하지 않은 것에 대한 요금이 청구되었어요.

대안 제시하기

Could you please remake my drink**?** 제 음료를 다시 만들어 주실 수 있나요?

Can you make me a new one right away? 바로 새 음료를 만들어 주실 수 있나요?

Could I get the right drink **delivered?** 원래 주문한 음료를 배달해 주실 수 있을까요?

Is it possible to get a refund? 환불 가능한가요?

Or can I just return the latte**?** 아니면 라떼를 그냥 반품할 수 있나요?

Could I get the cold brew, **or would it be possible to** get a refund?
콜드브루를 받거나 환불을 받을 수 있을까요?

UNIT
02

MP3 플레이어

✔ 이렇게 준비하세요

MP3 플레이어는 old-fashioned한 아이템이긴 하지만 오픽에서는 **여전히 자주 출제되는 주제**입니다. MP3 플레이어를 사용하지 않더라도 내용을 충분히 지어낼 수 있죠? 자주 출제되는 질문들을 꼭 읽어 보세요. 별표 5개짜리 주제입니다!

✪ 자주 출제되는 문제

문제	유형
친구의 MP3 플레이어에 대한 정보 질문 I'd like to give you a situation and ask you to act it out. You want to buy an MP3 player. Call your friend and ask about the MP3 player he or she is using. Ask 3 or 4 questions that will help you decide whether you want to buy the product your friend is using. 상황을 드릴 테니 연기해 주세요. 당신은 MP3 플레이어를 사고 싶습니다. 친구에게 전화해서 친구가 사용하는 MP3 플레이어에 대해 물어보세요. 친구가 사용하고 있는 제품을 사기로 결정하는 데 도움이 될 3~4가지 질문을 해 보세요.	주어진 상황에 필요한 질문 하기
빌린 MP3 플레이어가 고장 난 상황 설명 및 대안 제시 I'm sorry, but there is a problem I need you to resolve. You borrowed an MP3 player from your friend but accidentally broke it. Call your friend and explain the situation. Give 2 or 3 suggestions to solve the problem. 죄송하지만 해결해 주셔야 하는 문제가 있습니다. 당신은 친구에게서 MP3 플레이어를 빌렸지만, 실수로 그것을 고장 냈습니다. 친구에게 전화해서 상황을 설명하고, 이 문제를 해결할 수 있는 2~3가지 제안을 해 주세요.	문제 상황 설명 + 대안 제시하기

문제	유형
고장 난 전자 기기 문제를 해결한 경험 That's the end of the situation. Have you ever had a problem with an electronic device? If so, what was the problem, and how did you solve the problem? 상황은 끝났습니다. 당신은 전자 기기와 관련해 문제를 겪은 적이 있나요? 그렇다면 어떤 문제가 있었고 그 문제를 어떻게 해결하셨나요?	관련 문제 해결 경험

빈출 세트 구성

세트 예시 1	❶ 친구의 MP3 플레이어에 대한 정보 질문 ❷ 빌린 MP3 플레이어가 고장 난 상황 설명 및 대안 제시 ❸ 고장 난 전자 기기 문제를 해결한 경험

핵심 단어

device 기기	brand 브랜드	model 모델	color 색
screen 화면	weight 무게	storage capacity 저장 용량	battery life 배터리 사용 시간
price 가격	cost 비용	discount 할인	change 변경하다
recommend 추천하다	choose 선택하다	compare 비교하다	advertise 광고하다
Bluetooth 블루투스	sound quality 음질	noise canceling 소음 차단	quality 품질
headphones 헤드폰	earphones 이어폰	waterproof 방수의	wireless 무선의

🎧 066

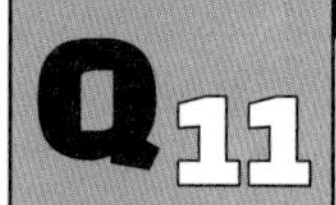

친구의 MP3 플레이어에 대한 정보 질문

I'd like to give you a situation and ask you to act it out. You want to buy an MP3 player. Call your friend and ask about the MP3 player he or she is using. Ask 3 or 4 questions that will help you decide whether you want to buy the product your friend is using.

상황을 드릴 테니 연기해 주세요. 당신은 MP3 플레이어를 사고 싶습니다. 친구에게 전화해서 친구가 사용하는 MP3 플레이어에 대해 물어보세요. 친구가 사용하고 있는 제품을 사기로 결정하는 데 도움이 될 3~4가지 질문을 해 보세요.

| 답변 가이드 |

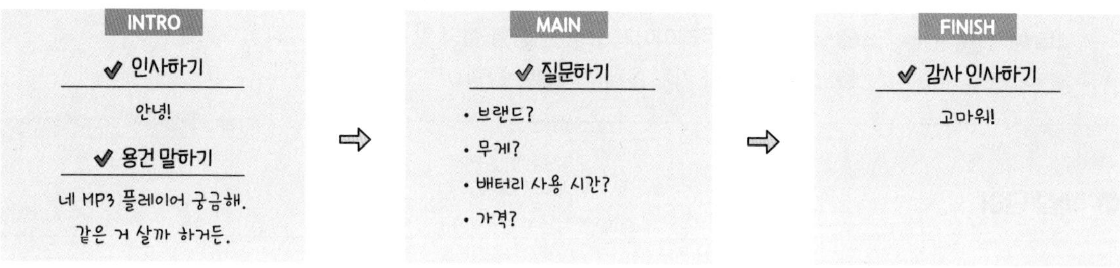

INTRO
✔ 인사하기
안녕!
✔ 용건 말하기
네 MP3 플레이어 궁금해.
같은 거 살까 하거든.
MAIN
✔ 질문하기
• 브랜드?
• 무게?
• 배터리 사용 시간?
• 가격?
FINISH
✔ 감사 인사하기
고마워!

예시 답변

INTRO [1] Hey! It's Bella. [2] I'm looking to buy an MP3 player, so I called to ask you about it. [3] I'm considering getting the one you're using!

MAIN [4] So... My questions are these. [5] Which brand do you have? Uh-huh, uh-huh. [6] And how's the weight? [7] Is It easy to carry? [8] In addition, what's the battery life like? [9] Lastly, how much is it?

FINISH [10] Oh, okay. That sounds lovely. [11] I'll get that, too. [12] Thanks!

INTRO [1] 안녕! 나 벨라야. [2] MP3 플레이어를 사고 싶어서 너한테 물어보려고 전화했어. [3] 네가 쓰는 거 살까 고민하고 있거든! MAIN [4] 그러니까… 내가 궁금한 건 이런 거야. [5] 어떤 브랜드 쓰고 있어? 아하, 알겠어. [6] 무게는 어때? [7] 휴대하기 쉬워? [8] 그리고, 배터리 수명은 어때? [9] 마지막으로 가격은 어떻게 돼? FINISH [10] 아, 알겠어. 그거 정말 좋다. [11] 나도 그거 살게. [12] 고마워!

---

look to ~하려고 생각하다 buy 사다 consider 동사+ing ~하는 것을 고려하다 brand 브랜드 weight 무게 carry 들고 다니다 in addition 그리고, 또 battery life 배터리 사용 시간 lastly 마지막으로

전화 상황이라는 티를 충분히 내고, 쉬운 질문들로 빠르게 할 말을 하고 다음 질문으로 넘어가세요. 친구와의 대화는 친근할수록 좋습니다.

067

빌린 MP3 플레이어가 고장 난 상황 설명 및 대안 제시

I'm sorry, but there is a problem I need you to resolve. You borrowed an MP3 player from your friend but accidentally broke it. Call your friend and explain the situation. Give 2 or 3 suggestions to solve the problem.

죄송하지만 해결해 주셔야 하는 문제가 있습니다. 당신은 친구에게서 MP3 플레이어를 빌렸지만, 실수로 그것을 고장 냈습니다. 친구에게 전화해서 상황을 설명하고, 이 문제를 해결할 수 있는 2~3가지 제안을 해 주세요.

답변 가이드

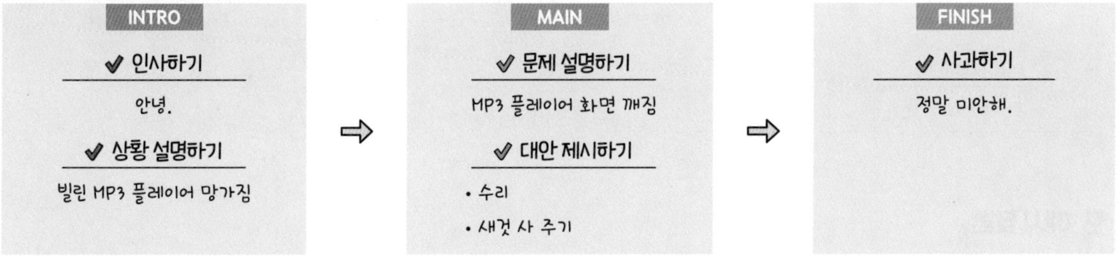

INTRO
인사하기
안녕.
상황 설명하기
빌린 MP3 플레이어 망가짐
MAIN
문제 설명하기
MP3 플레이어 화면 깨짐
대안 제시하기
• 수리
• 새것 사 주기
FINISH
사과하기
정말 미안해.

예시 답변

INTRO [1]Hey, ah... It's me, Bella. [2][*sigh*] I'm sorry, but the MP3 player I borrowed from you is broken.

MAIN [3]I accidentally dropped it, and the screen is cracked. [4]Ah... I'm terribly sorry. [5]So I've got a couple of ideas. [6]We could take it to a repair shop, or maybe I could get you a new one. [7]What do you think? [8]Ah, yeah, yeah. Just take your time and think about it.

FINISH [9]I'm really sorry about this. [10]Bye.

INTRO [1]안녕, 아… 나 벨라야. [2][한숨] 미안한데 내가 너한테서 빌린 MP3 플레이어가 망가졌어. MAIN [3]실수로 떨어뜨렸는데 화면이 깨졌어. [4]아… 진짜 미안해. [5]그래서 두어 가지 해결 방법을 생각해 봤어. [6]수리 센터에 맡길 수도 있고, 아니면 내가 새것으로 사 줄 수도 있을 것 같아. [7]네 생각은 어때? [8]아, 그래, 그래. 그냥 천천히 생각해 봐. FINISH [9]이번 일 정말 미안해. [10]안녕.

borrow 빌리다 broken 고장 난, 망가진 accidentally 실수로 drop 떨어뜨리다 crack 금이 가다 terribly 심하게, 정말로 repair shop 수리 센터 get 사 주다

미안한 상황이니까 미안한 감정을 듬뿍 담아 연기하세요.
자연스러운 연기가 킥입니다.

고장 난 전자 기기 문제를 해결한 경험

068

That's the end of the situation. Have you ever had a problem with an electronic device? If so, what was the problem, and how did you solve the problem?

상황은 끝났습니다. 당신은 전자 기기와 관련해 문제를 겪은 적이 있나요? 그렇다면, 어떤 문제가 있었고 그 문제를 어떻게 해결하셨나요?

| 답변 가이드 |

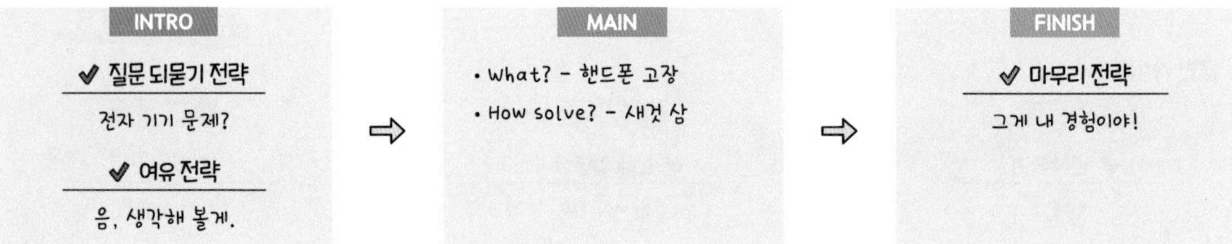
INTRO
질문 되묻기 전략
전자 기기 문제?
여유 전략
음, 생각해 볼게.
MAIN
• What? - 핸드폰 고장
• How solve? - 새것 삼
FINISH
마무리 전략
그게 내 경험이야!

예시 답변

INTRO [1] Oh, you want to know about a problem with an electronic device? [2] Yeah, let me think about it.

MAIN [3] So here's what happened. [4] My phone fell onto the road, and then a bus ran over it! [5] I was really bummed because I had important stuff on it. [6] I tried to save it, but it was in really bad shape. [7] After doing some research, I decided to buy a new one. [8] I ended up spending a lot of money on it. [9] It was totally an unexpected expense! [10] But hey, I managed to recover my data. Haha. [11] So that was a relief.

FINISH [12] Yeah, that's my experience!

INTRO [1] 오, 전자 기기 관련 문제에 대해 궁금하신가요? [2] 그래요, 생각 좀 해 볼게요. MAIN [3] 그래서, 이런 일이 있었어요. [4] 제 핸드폰이 도로에 떨어졌는데, 그때 버스가 그 위로 지나갔어요! [5] 중요한 파일들이 있어서 정말 속상했어요. [6] 어떻게든 살려 보려고 했지만 상태가 너무 안 좋았어요. [7] 그래서 조금 조사해 보고 새 핸드폰을 사기로 결정했어요. [8] 결국 꽤 많은 돈을 썼어요. [9] 완전 예상치 못한 지출이었죠! [10] 그래도 다행히 데이터를 복구할 수 있었어요. 하하. [11] 그래서 마음이 좀 놓였어요. FINISH [12] 네, 그게 제 경험이에요!

electronic device 전자 기기 **happen** 일어나다 **run over** ~을 밟고 지나가다 **bummed** 속상한, 실망한(작은 실망감이나 안타까움을 표현할 때 쓰는 구어체 표현) **shape** 모양, 상태 **research** 조사, 연구 **end up 동사+ing** 결국 ~하게 되다 **totally** 완전히 **unexpected** 예상하지 못한 **expense** 비용, 지출 **manage to** 간신히 ~해내다 **recover** 복원하다, 회복하다 **relief** 안심 **experience** 경험

문제 상황, 해결 과정, 결과가 뚜렷하게 전달될 수 있도록 내용을 구성하세요!

롤플레이 상황별 표현

MP3 플레이어 정보 질문하기

What is the brand of the MP3 player you are using? 네가 사용하는 MP3 플레이어의 브랜드가 뭐야?

What model is your MP3 player? 네 MP3 플레이어 모델명이 뭐야?

What's the storage capacity **of this player?** 이 플레이어의 저장 용량은 얼마나 돼?

What's the battery life **like on this player?** 이 플레이어의 배터리 사용 시간은 어느 정도야?

How long can it last on a single charge**?** 한 번 충전하면 얼마나 오래 사용할 수 있어?

Is your MP3 player waterproof? 네 MP3 플레이어 방수 돼?

Does it have Bluetooth**?** 블루투스 기능이 있어?

미안한 마음 표현하기

I am so sorry, but I accidentally broke your MP3 player. 정말 미안한데, 실수로 네 MP3 플레이어를 망가뜨렸어.

I am terribly sorry about what happened to your MP3 player. 네 MP3 플레이어에 생긴 일 진짜 정말 미안해.

I apologize for breaking your MP3 player. 네 MP3 플레이어 망가뜨린 것에 대해 사과할게.

I feel horrible for breaking it. **Please accept my apologies.** 그걸 망가뜨려서 정말로 미안해. 내 사과를 받아 줘.

I can't believe I broke your MP3 player. **I really messed up.**
네 MP3 플레이어를 망가뜨리다니 믿을 수가 없어. 내가 정말 일을 망쳤어.

Please forgive me. 날 용서해 줘.

대안 제시하기

We can take it to a repair shop to get it fixed. 수리점에 가져가서 고칠 수 있어.

How about I buy you a new one to replace it**?** 그걸 대신하도록 내가 새것을 사 주면 어떨까?

I can lend you mine until we figure this out. 이 문제를 해결할 때까지 내 걸 빌려 줄게.

I'll cover whatever the cost is. 비용이 얼마이든 내가 부담할게.

Would you like me to replace it with a similar model**?** 비슷한 모델로 교체해 줄까?

Just let me know if you want a new one **or** if you want me to fix it.
새것을 원하는지, 내가 고치길 원하는지 그냥 알려 줘.

문제 해결 의지 표현하기

I'll do whatever I can to fix the situation. 상황을 해결하기 위해 내가 할 수 있는 모든 걸 할게.

I'll take full responsibility and take care of it. 내가 모든 책임을 지고 처리할게.

You know, **I'll make it up to you.** 있잖아, 내가 보상할게.

UNIT

03

병원/치과

✔ 이렇게 준비하세요

너무 아파 **병원**에 가야 하는데 예약이 가득 차 있어서 진료를 받지 못하는 상황에는 어떻게 **대안**을 만들어야 할까요? 막막하지만 너무 이성적으로 접근할 필요는 없습니다. 상황의 심각성을 강조하고, 부탁하고, 근처 병원 알려 달라고 하고, 돈을 더 내겠다고 억지 부려도 됩니다. 마음껏 지어내세요.

자주 출제되는 문제

문제	유형
병원 진료 예약 I'd like to give you a situation and ask you to act it out. You need to call the doctor's office to make an appointment. Ask 3 or 4 questions about the information you need to know and make an appointment. 상황을 드릴 테니 연기해 주셨으면 해요. 병원에 전화해서 진료 예약을 하셔야 합니다. 알아야 할 정보에 대해 3~4가지 질문을 하고 예약을 잡으세요.	주어진 상황에 필요한 질문 하기
여행 중 아파서 급히 진료받아야 하는 상황 설명 및 대안 제시 I'm sorry, but there is a problem I need you to resolve. You're traveling to another city and start feeling very sick, but the doctor is busy and can't see you right away. Call the doctor's office, explain the situation, and suggest 2 or 3 options for getting medical help as soon as possible. 죄송하지만 해결해 주셔야 하는 문제가 있습니다. 당신은 다른 도시로 여행 중인데 몸이 많이 아파지기 시작했습니다. 하지만 의사가 바빠서 바로 당신을 진료할 수 없습니다. 병원에 전화해서 상황을 설명하고, 최대한 빨리 의료 지원을 받을 수 있는 대안 2~3가지를 제안하세요.	문제 상황 설명 + 대안 제시하기

문제	유형
문제가 생겨 예약을 변경해야 하는 상황 설명 및 대안 제시 I'm sorry, but there is a problem I need you to resolve. Something has come up that prevents you from going to see the doctor. Call the doctor's office and explain the situation. Give 2 or 3 options to reschedule the appointment. 미안하지만 해결해야 할 문제가 있습니다. 일이 생겨서 진료를 받으러 갈 수 없습니다. 병원에 전화해서 상황을 설명하세요. 진료 예약을 다시 잡기 위한 2~3가지 대안을 제시하세요.	문제 상황 설명 + 대안 제시하기
약속을 놓치거나 지각한 경험 That's the end of the situation. Have you ever missed an important appointment or been late? What happened, and how did you handle it? Please provide all the details about that experience. 상황은 끝났습니다. 중요한 약속을 놓치거나 늦었던 적이 있나요? 어떤 일이 있었고 어떻게 대처하셨나요? 그 경험에 대한 모든 자세한 내용을 알려 주세요.	관련 문제 해결 경험

빈출 세트 구성

세트 예시 1	❶ 병원 진료 예약 ❷ 여행 중 아파서 급히 진료받아야 하는 상황 설명 및 대안 제시 ❸ 약속을 놓치거나 지각한 경험
세트 예시 2	❶ 병원 진료 예약 ❷ 문제가 생겨 예약을 변경해야 하는 상황 설명 및 대안 제시 ❸ 치과에서의 기억에 남는 경험

핵심 단어

doctor's office 진료실, 의원	clinic 작은 규모 병원, 동네 병원	appointment 예약	checkup 검진
available 예약 가능한	schedule 예약을 잡다; 일정	reschedule 예약을 변경하다	cancel 취소하다
emergency 응급	pharmacy 약국	insurance 보험	vaccination 백신 접종
shot 주사	cold 감기	flu 독감	headache 두통
cough 기침	fever 열	allergy 알레르기	infection 감염
pain 통증	symptom 증상	diagnosis 진단	treatment 치료
dentist 치과 의사	tooth 치아 (*pl.* teeth)	cavity 충치	braces 교정기
(dental) cleaning 스케일링	nurse 간호사	virus infection 바이러스 감염	extraction 발치

병원 진료 예약

070

I'd like to give you a situation and ask you to act it out. You need to call the doctor's office to make an appointment. Ask 3 or 4 questions about the information you need to know and make an appointment.

상황을 드릴 테니 연기해 주셨으면 해요. 병원에 전화해서 진료 예약을 하셔야 합니다. 알아야 할 정보에 대해 3~4가지 질문을 하고 예약을 잡으세요.

답변 가이드

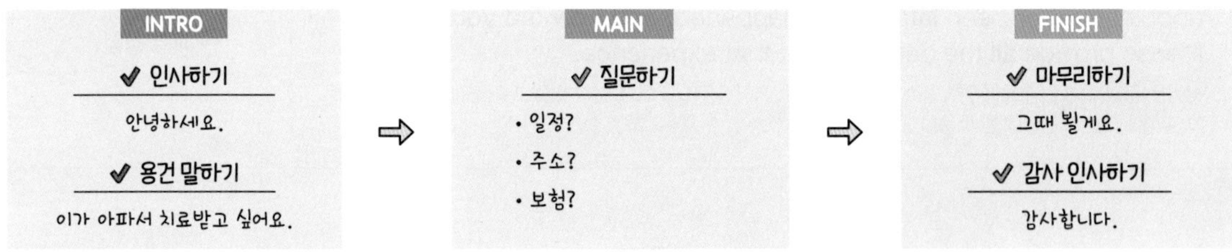
INTRO
✔ 인사하기
안녕하세요.
✔ 용건 말하기
이가 아파서 치료받고 싶어요.
MAIN
✔ 질문하기
• 일정?
• 주소?
• 보험?
FINISH
✔ 마무리하기
그때 뵐게요.
✔ 감사 인사하기
감사합니다.

예시 답변

INTRO [1] Hi. My teeth have been hurting lately, so I'm looking to get some treatment.

MAIN [2] Is there an appointment available this week? [3] Great. Then please make an appointment for me for Thursday at 3:00 PM. [4] And what's the exact address? [5] Are there any nearby subway stations? [6] Oh, all right. [7] And is it covered by insurance? [8] Oh, it works? [9] That's good to know. Thank you.

FINISH [10] See you on Thursday. [11] Thanks again. [12] Bye, bye.

INTRO [1] 안녕하세요, 요즘 이가 아파서 치료를 받고 싶습니다. MAIN [2] 이번 주에 예약이 가능한가요? [3] 좋습니다. 그러면 목요일 오후 3시로 예약해 주세요. [4] 그리고 주소가 정확히 어떻게 되나요? [5] 근처에 지하철역이 있나요? [6] 네, 알겠습니다. [7] 그리고 보험이 적용되나요? [8] 오, 된다고요? [9] 잘 알겠습니다. 감사합니다. FINISH [10] 목요일에 뵙겠습니다. [11] 다시 한번 감사합니다. [12] 안녕히 계세요.

hurt 아프다 lately 최근에 look to ~하기를 바라다 treatment 치료 appointment 예약 available 가능한 exact 정확한 address 주소 nearby 근처의 subway station 지하철역 cover 포함하다 insurance 보험

자주 가는 병원 예약에 필요한 키워드를 떠올려 보세요.
예약 상황에서는 병원의 주소나 위치를 물어보며 쉽게 키워드를 처리할 수 있습니다.

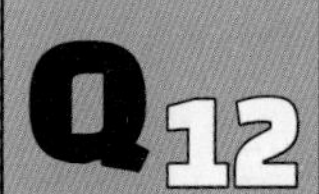

여행 중 아파서 급히 진료받아야 하는 상황 설명 및 대안 제시

I'm sorry, but there is a problem I need you to resolve. You're traveling to another city and start feeling very sick, but the doctor is busy and can't see you right away. Call the doctor's office, explain the situation, and suggest 2 or 3 options for getting medical help as soon as possible.

죄송하지만 해결해 주셔야 하는 문제가 있습니다. 당신은 다른 도시로 여행 중인데 몸이 많이 아파지기 시작했습니다. 하지만 의사가 바빠서 바로 당신을 진료할 수 없습니다. 병원에 전화해서 상황을 설명하고, 최대한 빨리 의료 지원을 받을 수 있는 대안 2~3가지를 제안하세요.

답변 가이드

INTRO
- ✔ 인사하기: 안녕하세요.
- ✔ 상황 설명하기: 여행 중인데 몸이 안 좋아요.

⇨

MAIN
- ✔ 문제 설명하기: 너무 아파요.
- ✔ 대안 제시하기:
  - 돈 더 지불
  - 주변 병원 추천

⇨

FINISH
- ✔ 마무리하기: 그렇게 할게요.
- ✔ 감사 인사하기: 정말 감사합니다.

예시 답변

INTRO [1] Hello. My name is Bella. [2] I'm traveling here from out of town. [3] And, right when I got here, I started to feel sick.

MAIN [4] I know your schedule is fully booked, but I'm feeling really sick and need help as soon as possible. [5] This is really an emergency. [6] Is there any way to get help? [7] I could pay more. [8] Or maybe you could suggest a nearby hospital? [9] The pain is getting worse, and I'm honestly pretty scared... [10] So, please, any help would be great.

FINISH [11] Oh, yeah, that would be perfect. [12] All right, thank you so much.

INTRO [1] 안녕하세요, 제 이름은 벨라예요. [2] 다른 도시에서 여행을 와 있어요. [3] 여기 오자마자 몸이 안 좋다고 느끼기 시작했어요. MAIN [4] 예약이 꽉 차 있다는 것은 알지만, 지금 몸이 너무 아파서 가능한 한 빨리 도움을 받아야 해요. [5] 정말 응급 상황이에요. [6] 제가 도움을 받을 방법이 혹시 있을까요? [7] 진료비를 더 지불할 수 있어요. [8] 아니면 근처에 있는 병원을 추천해 주실 수 있을까요? [9] 통증이 점점 더 심해지고 있어서 솔직히 많이 무서워요… [10] 그러니, 어떤 도움이라도 주시면 정말 감사하겠습니다. FINISH [11] 아, 네, 그러면 정말 좋겠네요. [12] 네, 정말 감사드립니다.

schedule 일정 fully booked 예약이 꽉 찬 as soon as possible 가능한 한 빨리 emergency 응급 상황 suggest 제안하다 nearby 근처의 pain 통증 get worse 더 나빠지다 honestly 솔직히 pretty 꽤, 많이 scared 무서운, 겁먹은 perfect 완벽한

병원 주제에서 최근 자주 출제된 질문이니 꼭 말하는 연습을 해 보세요.
감정을 담아 실감나게 연기할수록 좋습니다.

약속을 놓치거나 지각한 경험

That's the end of the situation. Have you ever missed an important appointment or been late? What happened, and how did you handle it? Please provide all the details about that experience.

상황은 끝났습니다. 중요한 약속을 놓치거나 늦었던 적이 있나요? 어떤 일이 있었고 어떻게 대처하셨나요? 그 경험에 대한 모든 자세한 내용을 알려 주세요.

| 답변 가이드 |

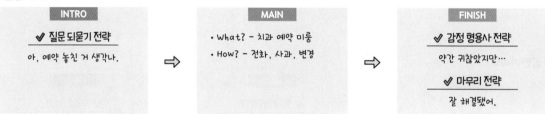

INTRO		MAIN		FINISH
✔ 질문 되묻기 전략 아, 예약 놓친 거 생각나.	⇨	• What? – 치과 예약 미룸 • How? – 전화, 사과, 변경	⇨	✔ 감정 형용사 전략 약간 귀찮았지만… ✔ 마무리 전략 잘 해결됐어.

예시 답변

INTRO [1]Oh, I remember this one time when I missed a dental checkup.

MAIN [2]You know, right when I was about to leave the house, I got a stomachache out of nowhere. [3]The pain was so intense that I ended up having to stay home. [4]So I called the dentist's office to explain what happened. [5]I apologized for missing the appointment. [6]Thankfully, the staff member was really understanding and helped me reschedule for the following week.

FINISH [7]So, yeah, it was a bit of a hassle, but everything worked out in the end.

INTRO [1]아, 제가 한번 치과 정기 검진을 놓쳤던 때가 기억나네요. MAIN [2]집을 나가려던 찰나에 갑자기 배가 아팠어요. [3]통증이 너무 심해서 결국 집에 있어야 했습니다. [4]그래서 치과에 전화를 걸어 상황을 설명했어요. [5]저는 예약을 놓친 것에 대해 사과했어요. [6]다행히 직원분이 정말 이해해 주셨고, 다음 주로 예약을 다시 잡아 주셨습니다. FINISH [7]그래서, 네, 조금 번거롭긴 했지만, 결국 모든 게 잘 해결됐습니다.

miss 놓치다, (약속 등을) 지키지 못하다 dental 치과의 checkup (정기) 검진 stomachache 복통, 배 아픔 out of nowhere 갑자기, 불시에 pain 통증 intense 심한, 강렬한 end up 동사+ing 결국 ~하게 되다 explain 설명하다 happen 일어나다 apologize 사과하다 appointment 약속, 예약 thankfully 다행히도 staff member 직원 understanding 이해하는, 이해심이 있는 reschedule 일정을 변경하다 the following week 다음 주 hassle 번거로움, 귀찮음 work out 잘 해결되다 in the end 결국

사실(fact)만 말하기보다 원인이나 이유를 추가해 디테일한 짜임새를 만들수록 IH/AL에 가까워집니다.
중요한 약속을 지키지 못했거나 늦었던 경험은 job interview를 떠올려도 좋아요~

롤플레이 상황별 표현

073

병원/치과 예약하기

I'd like to schedule an appointment with Dr. Harris, please. 해리스 박사님 진료를 예약하고 싶어요.

I'm calling to make an appointment for a checkup. 검진 예약을 하고 싶어서 전화드려요.

I'd like to schedule a dental checkup. 치과 검진을 예약하고 싶어요.

예약 관련 질문하기

Could you let me know what times are available**?** 예약 가능한 시간을 알려 주시겠어요?

When is the earliest available slot for a checkup**?** 가장 빠른 검진 가능한 시간은 언제인가요?

Can I make an appointment for a cleaning**?** 스케일링 예약할 수 있을까요?

How long will the procedure **take?** 이 치료는 얼마나 걸리나요?

Will this treatment **be painful?** 이 치료는 아플까요?

Do I need to come back for any follow-up visits**?** 추가 방문이 필요한가요?

Is it possible to reschedule my appointment for another day**?** 다른 날로 예약을 변경할 수 있나요?

Is there anything I should avoid doing **before my appointment?** 진료 전에 삼가야 할 것이 있나요?

문제 상황 설명하기

I've been having a toothache for a few days. **I think I might have** a cavity.
며칠 동안 치통이 있어요. 충치가 생긴 것 같아요.

My stomach **really hurts. I feel** nauseous. 배가 정말 아파요. 속이 메스꺼운 느낌이에요.

I have a really bad headache. **It feels like** my head is going to explode.
정말 심한 두통이 있어요. 머리가 터질 것 같은 느낌이에요.

My throat **is really sore**, and **it hurts** to swallow. 목이 매우 아프고, 삼키는 것도 아파요.

My back **feels** stiff, and **it's hard to** move around. 허리가 뻣뻣하게 느껴지고, 움직이기가 힘들어요.

I think I might have a fever, and **I have no** energy **at all**. 열이 있는 것 같고, 전혀 힘이 없어요.

대안 제시하기

Can you put me on the waiting list? If someone cancels, could you give me a call?
대기 명단에 올려 주실 수 있나요? 누군가 취소하면 저에게 전화 주실 수 있나요?

Do you know any other hospitals nearby? I need to go somewhere right now.
근처에 다른 병원 아시는 곳이 있나요? 어디든 바로 가야겠어요.

I'm really sick and can't wait. **Should I just go to the emergency room?**
정말 아프고 기다릴 수 없어요. 응급실(ER)에 가는 게 좋을까요?

Can I have a quick chat with the doctor on the phone? It's kind of urgent.
의사 선생님과 전화로 간단히 이야기할 수 있을까요? 조금 급해요.

Is there any way to see the doctor sooner? **I can pay more**.
제가 더 빨리 의사 선생님을 볼 수 있는 방법이 있을까요? 추가 비용을 낼 수 있어요.

UNIT

04

여행

✔ 이렇게 준비하세요

여행 계획을 세울 때 필요한 정보를 묻고, 여행을 못 가는 다양한 원인에 대처할 수 있어야 합니다. 요즘은 **비행기 결항**이 자주 나와요. 질문을 잘 듣고 **상황에 어울리는 답변을 빠르게 떠올리세요**.

자주 출제되는 문제

문제	유형
여행사에 여행 정보 문의 I'd like to give you a situation and ask you to act it out. You are planning to travel overseas. Call a travel agency and ask 3 or 4 questions to get more information about your trip. 상황을 드릴 테니 연기해 주세요. 당신은 해외 여행을 계획 중입니다. 여행사에 전화해서 여행에 대해 더 많은 정보를 얻기 위해 3~4가지 질문을 해 보세요.	주어진 상황에 필요한 질문 하기
비행기가 결항된 상황 설명 및 대안 제시 I'm sorry, but there is a problem I need you to resolve. When you arrived at the airport, you found out that your flight was canceled. However, all the other flights are fully booked. Call your travel agency and explain the situation. Give 2 or 3 options to deal with this problem. 죄송하지만 해결해 주셔야 하는 문제가 있습니다. 공항에 도착했을 때 항공편이 취소되었다는 사실을 알게 되었습니다. 그런데 다른 모든 항공편도 예약이 가득 찼습니다. 여행사에 전화해서 상황을 설명하세요. 이 문제를 해결하기 위한 2~3가지 대안을 제시해 주세요.	문제 상황 설명 + 대안 제시하기

문제	유형
친구에게 여행 못 가는 상황 설명 및 대안 제시 I'm sorry, but there's a problem I need you to resolve. Your travel agency informs you that the trip you booked is unavailable on the dates you wanted. Call your friend, leave a message to explain the situation, and give 2 or 3 alternatives. 죄송하지만 해결해 주셔야 하는 문제가 있습니다. 여행사에서 당신이 원하는 날짜에 여행이 불가능하다고 알려 왔습니다. 친구에게 전화해 상황을 설명하고 2~3가지 대안을 제시하는 메시지를 남기세요.	문제 상황 설명 + 대안 제시하기
여행 준비 중 문제를 겪은 경험 That's the end of the situation. Have you ever had a problem while planning for a trip? What was the problem, and how did you deal with it? Please tell me what happened from beginning to end. 상황은 끝났습니다. 여행을 계획하면서 문제를 겪었던 적이 있나요? 어떤 문제였고, 어떻게 해결했나요? 어떤 일이 있었는지 처음부터 끝까지 이야기해 주세요.	관련 문제 해결 경험

빈출 세트 구성

세트 예시 1	❶ 여행사에 여행 정보 문의 ❷ 비행기가 결항된 상황 설명 및 대안 제시 ❸ 여행 중 비행기가 결항된 경험
세트 예시 2	❶ 여행사에 여행 정보 문의 ❷ 친구에게 여행 못 가는 상황 설명 및 대안 제시 ❸ 여행 준비 중 문제를 겪은 경험
세트 예시 3	❶ 여행사에 여행 정보 문의 ❷ 여행사에서 환불이 어렵다고 할 때 상황 설명 및 대안 제시 ❸ 여행 가서 기억에 남는 경험

핵심 단어

travel 여행하다	tour 관광	group tour 단체 여행	backpacking 배낭 여행
guide 가이드	guided tour 가이드 여행	destination 여행지	schedule 일정
plan 계획	route 경로, 루트	reservation 예약	advice 조언, 팁
expense 비용	cruise 크루즈, 유람선	rental car 렌터카	suitcase 여행가방
flight 항공편, 비행	departure 출발	arrival 도착	transit 환승
business trip 출장	vacation/holiday 휴가	boarding pass 비행기표	passport 여권
hotel 호텔	check-in 체크인, 입실	checkout 체크아웃, 퇴실	room service 룸서비스
sightseeing 관광	attraction 명소	famous spot 유명한 장소	accommodations 숙소

Q11 여행사에 여행 정보 문의

I'd like to give you a situation and ask you to act it out. You are planning to travel overseas. Call a travel agency and ask 3 or 4 questions to get more information about your trip.

상황을 드릴 테니 연기해 주세요. 당신은 해외 여행을 계획 중입니다. 여행사에 전화해서 여행에 대해 더 많은 정보를 얻기 위해 3~4가지 질문을 해 보세요.

| 답변 가이드 |

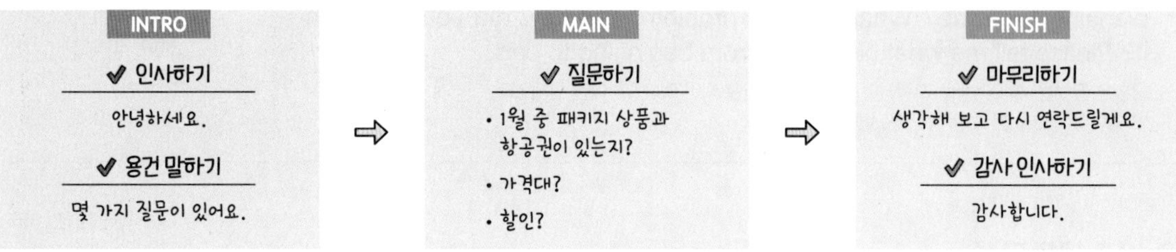

INTRO
✔ 인사하기
안녕하세요.
✔ 용건 말하기
몇 가지 질문이 있어요.
MAIN
✔ 질문하기
• 1월 중 패키지 상품과 항공권이 있는지?
• 가격대?
• 할인?
FINISH
✔ 마무리하기
생각해 보고 다시 연락드릴게요.
✔ 감사 인사하기
감사합니다.

예시 답변

INTRO [1] Hello. I'm thinking about taking a trip to Europe. [2] I have a few questions to ask, so I decided to give you a call.

MAIN [3] First, are there any travel packages for Europe, specifically Italy? [4] I'm planning to leave in January. [5] Are there tickets available for that? [6] And what's the price range like? [7] Is there any chance of getting a discount? Haha.

FINISH [8] Oh, all right, I understand. [9] I'll look into it and get back to you. [10] Thanks for your help. [11] Bye!

INTRO [1] 안녕하세요. 유럽 여행을 생각 중인데요. [2] 몇 가지 질문드릴 게 있어서 전화드릴 생각을 했어요. MAIN [3] 먼저, 유럽, 특히 이탈리아 여행 패키지가 있나요? [4] 저는 1월에 출발할 계획이에요. [5] 그때 사용할 수 있는 항공권이 있나요? [6] 가격대는 어떤가요? [7] 할인받을 수 있는 가능성이 있나요? 하하. FINISH [8] 아, 알겠습니다, 그렇겠죠. [9] 제가 좀 더 생각해 보고 다시 연락드릴게요. [10] 도움 주셔서 감사합니다. [11] 안녕히 계세요!

---

trip 여행 give ~ a call ~에게 전화하다 travel package 여행 패키지 specifically 구체적으로, 특정하게 plan to ~할 계획이다 leave 떠나다 available 이용 가능한 price range 가격대 chance 가능성, 기회 discount 할인 look into ~을 살펴보다 get back to ~에게 다시 연락하다

TIP 전화는 인사로 시작합니다!
보통 3~4가지 질문을 하길 원하므로 30초~1분 정도로 가볍게 질문하고 마무리하면 됩니다.

문제 상황 설명 + 대안 제시하기

075

비행기가 결항된 상황 설명 및 대안 제시

I'm sorry, but there is a problem I need you to resolve. When you arrived at the airport, you found out that your flight was canceled. However, all the other flights are fully booked. Call your travel agency and explain the situation. Give 2 or 3 options to deal with this problem.

죄송하지만 해결해 주셔야 하는 문제가 있습니다. 공항에 도착했을 때, 항공편이 취소되었다는 사실을 알게 되었습니다. 그런데 다른 모든 항공편도 예약이 가득 찼습니다. 여행사에 전화해서 상황을 설명하세요. 이 문제를 해결하기 위한 2~3가지 대안을 제시해 주세요.

| 답변 가이드 |

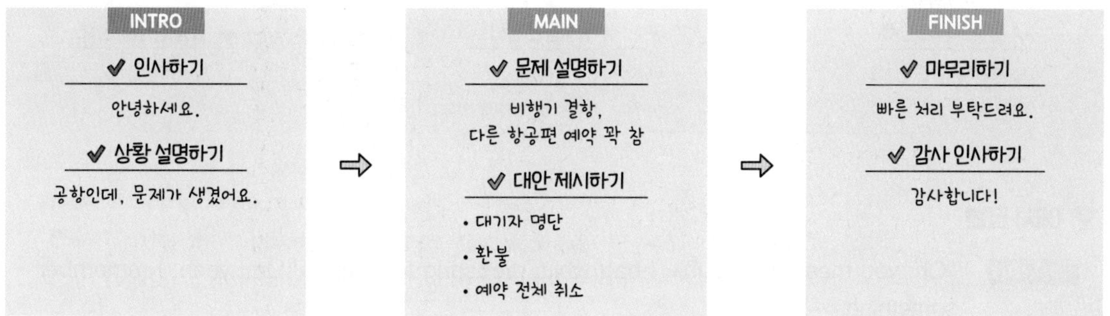

INTRO
✔ 인사하기
안녕하세요.
✔ 상황 설명하기
공항인데, 문제가 생겼어요.
MAIN
✔ 문제 설명하기
비행기 결항,
다른 항공편 예약 꽉 참
✔ 대안 제시하기
• 대기자 명단
• 환불
• 예약 전체 취소
FINISH
✔ 마무리하기
빠른 처리 부탁드려요.
✔ 감사 인사하기
감사합니다!

예시 답변

INTRO [1] Hello. This is Bella. [2] Um, I've got a bit of a problem at the airport.

MAIN [3] I just found out that my flight got canceled, and all the other flights are fully booked. [4] I really need your help with this! [5] Could you maybe put me on the waiting list? [6] Oh, okay. [7] That would be awesome. [8] And if that doesn't work, can I get a refund? [9] Or, I guess, is it possible to cancel my whole reservation? [10] You know, like the hotel, packages, and everything... [*sigh*]

FINISH [11] Ah, yeah, I'd really appreciate it if you could handle this quickly. [12] Yeah, please get back to me. [13] Thank you!

INTRO [1] 안녕하세요, 저는 벨라입니다. [2] 음, 공항에서 좀 문제가 생겼어요. MAIN [3] 제 항공편이 취소됐다는 걸 방금 알았고, 다른 모든 항공편도 예약이 가득 찼어요. [4] 이 문제에 대해 정말 도움이 필요해요! [5] 저를 대기자 명단에 올려 주실 수 있을까요? [6] 아, 알겠어요. [7] 그러면 정말 좋을 것 같아요. [8] 그리고 그게 안 된다면, 환불을 받을 수 있을까요? [9] 아니면, 제 예약 전체를 취소할 수 있을까요? [10] 호텔, 패키지, 그리고 모든 것들 말이에요… [한숨] FINISH [11] 아, 네, 이 문제를 빨리 처리해 주시면 정말 감사하겠어요. [12] 네, 다시 연락 주세요. [13] 감사합니다!

airport 공항 flight 항공편 cancel 취소하다 fully booked 예약이 가득 찬 waiting list 대기자 명단 awesome 정말 좋은 refund 환불 possible 가능한 whole 전체의 reservation 예약 appreciate 고맙게 생각하다 handle 다루다, 처리하다 quickly 빠르게 get back to ~에게 다시 연락하다

상황에 맞게 대안을 제시하는 게 가장 이상적이지만, 도저히 떠오르지 않으면 억지를 부려도 됩니다.
항상 모범적이고 이상적인 답변을 해야 한다는 생각에 집착하지는 마세요.

076

여행 준비 중 문제를 겪은 경험

That's the end of the situation. Have you ever had a problem while planning for a trip? What was the problem, and how did you deal with it? Please tell me what happened from beginning to end.

상황은 끝났습니다. 여행을 계획하면서 문제를 겪었던 적이 있나요? 어떤 문제였고, 어떻게 해결했나요? 어떤 일이 있었는지 처음부터 끝까지 이야기해 주세요.

| 답변 가이드 |

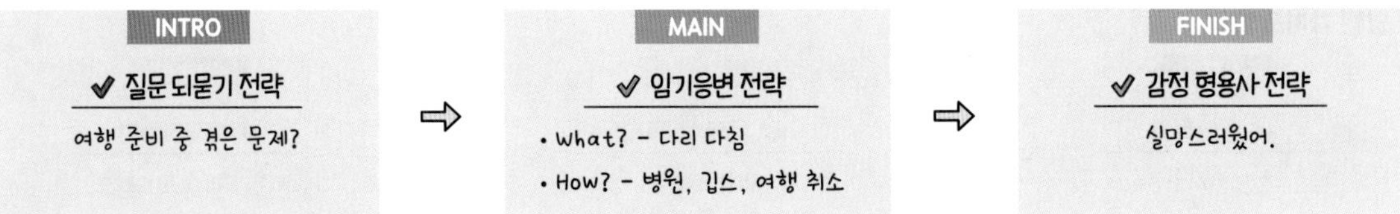

INTRO		MAIN		FINISH
✔ 질문 되묻기 전략	⇨	✔ 임기응변 전략	⇨	✔ 감정 형용사 전략
여행 준비 중 겪은 문제?		• What? - 다리 다침 • How? - 병원, 깁스, 여행 취소		실망스러웠어.

예시 답변

INTRO [1]Oh, you mean the trouble I had while preparing for a trip? [2]Um, yeah, I remember something.

MAIN [3]Ugh, it was tough. [4]It happened about three years ago. [5]I was gearing up for my trip to the States, and then bam! [6]I tripped and broke my leg the day before. [7]What are the odds? [8]It felt like such a cruel twist of fate. [9]Anyway, I had to go to the hospital and get a cast. [10]Since I couldn't walk, there was no way I could travel. [11]So I had to cancel everything—flights, accommodations the whole deal—and just stayed home.

FINISH [12]Yeah... It was such a bummer.

INTRO [1]아, 여행 준비 중에 문제가 생긴 적이 있냐는 말씀이시죠? [2]음, 네, 뭔가 기억나는 일이 있어요. MAIN [3]아우. 그때 너무 힘들었어요. [4]한 3년 전에 있었던 일이에요. [5]미국 여행을 준비하고 있었는데, 쾅! [6]딱 하루 전에 넘어져서 다리가 부러진 거예요. [7]그럴 확률이 얼마나 되겠어요? [8]잔인한 운명의 장난처럼 느껴졌어요. [9]어쨌거나 병원에 가서 깁스를 해야 했어요. [10]걷지 못하는 상태였으니 여행은 물 건너간 거죠. [11]비행기도 숙소도 모든 걸 다 취소하고 집에 있어야 했죠. FINISH [12]네··· 정말 실망스러웠어요.

---

tough 힘든 gear up for ~을 위해 준비하다 bam 쾅 trip 발이 걸려 넘어지다 odds 확률 cruel 잔인한 twist of fate 운명의 장난 anyway 어쨌거나 cast 깁스 cancel 취소하다 flight 항공편 accommodations 숙소 bummer 실망스러운 일

임기응변 전략으로 준비한 다치거나 아팠던 썰은 문제 경험에 즉석으로 가져다 붙이기 유용합니다.
문제를 겪은 썰은 최소 3개 이상 준비해 두세요.

롤플레이 상황별 표현

077

여행사에 전화해서 용건 말하기

Hello. **I'm calling to check out** your travel packages. 안녕하세요, 여행 패키지에 대해 알아보려고 전화했어요.

I'd love to get some info about your upcoming tours. 다가오는 투어에 대한 정보를 좀 알고 싶어요.

I'm interested in finding out about travel packages to Bali. 발리 여행 패키지에 대해 알아보고 싶어요.

I'm looking for a vacation to Europe **and would like to know** what options you have.
유럽으로 휴가를 떠나고 싶은데 어떤 옵션이 있는지 알고 싶습니다.

여행 관련 질문하기

Do you have any cool deals **going on right now?** 지금 진행 중인 좋은 할인이 있나요?

What are the travel dates and prices for your group tours**?** 그룹 투어의 여행 날짜와 가격이 어떻게 되나요?

Can you tell me a bit about the accommodations included in the tour packages**?**
여행 패키지에 포함된 숙소에 대해 좀 설명해 주실 수 있나요?

What's the weather like in that area **right now?** 지금 그 지역의 날씨는 어떤가요?

Is there anything I should be careful about in that country**?** 혹시 그 국가에서 조심해야 할 사항이 있나요?

문제 상황 설명하기

At the airport, I found out my flight had been canceled because of bad weather.
공항에서 제 항공편이 악천후로 결항된 것을 알게 되었어요.

I arrived at the airport late, so **I was worried I might miss my flight.**
공항에 늦게 도착해서 비행기를 놓칠까 봐 걱정됐어요.

I've entered my hotel room, but **there seems to be a problem.** 호텔 방에 들어왔는데, 문제가 있는 것 같아요.

I just received notice that the tour I booked has been canceled.
제가 예약한 투어가 취소되었다는 알림을 방금 전에 받았어요.

대안 제시하기

Can I get all my money back for the canceled ticket**?** 취소된 티켓에 대해 전액 환불받을 수 있나요?

Can you help me change my flight to a later date**?** 항공편을 나중으로 바꾸는 것을 도와주실 수 있나요?

Could you look into other flight options **or assist with** rebooking me on a different airline**?**
다른 항공편 옵션을 알아봐 주시거나 다른 항공사 재예약을 도와주실 수 있나요?

Are there any other transportation options **available?** 이용 가능한 다른 교통 수단이 있나요?

Can you suggest any other good options**?** Like, the bus, the train, or whatnot?
다른 좋은 선택지가 있을까요? 예를 들어, 버스나 기차 같은 거요.

Could you assist me in finding another hotel nearby with a similar price**?**
근처에 비슷한 가격대의 다른 호텔을 찾는 데 도움을 주실 수 있나요?

UNIT

05

티켓 예매

✓ 이렇게 준비하세요

영화나 콘서트/공연 **티켓 예매**할 때 필요한 키워드, 잘못 구매한 경우 필요한 **문제 해결** 키워드를 필수로 준비해 두세요.

자주 출제되는 문제

문제	유형
영화 티켓 예매 관련 문의 I'd like to give you a situation and ask you to act it out. You're planning to watch a movie with your friend. Call the theater and ask 3 or 4 questions you need to know to buy tickets. 상황을 드릴 테니 연기해 주세요. 당신은 친구와 함께 영화를 볼 계획입니다. 극장에 전화해서 티켓을 사기 위해 알아야 할 3~4가지 질문을 해 보세요.	주어진 상황에 필요한 질문 하기
영화 티켓을 잘못 받은 상황 설명 및 대안 제시 I'm sorry, but there is a problem I need you to resolve. You just found out you were sold the wrong tickets at the movie theater. Explain the situation and give 2 or 3 alternatives to solve the problem. 죄송하지만 해결해 주셔야 하는 문제가 있습니다. 영화관에서 티켓이 잘못 판매된 것을 알게 되었어요. 상황을 설명하고 이 문제를 해결할 수 있는 2~3가지 대안을 제시해 주세요.	문제 상황 설명 + 대안 제시하기

문제	유형
티켓에 문제가 생긴 경험 That's the end of the situation. Have you ever been in a situation where you had a problem buying tickets or making a reservation? What happened, and how did you solve the problem? 상황은 끝났습니다. 티켓을 구입하거나 예매하면서 문제가 생긴 적이 있나요? 어떤 일이 있었고, 그 문제를 어떻게 해결했나요?	관련 문제 해결 경험

빈출 세트 구성

세트 예시 1	❶ 영화 티켓 예매 관련 문의 ❷ 영화 티켓을 잘못 받은 상황 설명 및 대안 제시 ❸ 티켓에 문제가 생긴 경험

핵심 단어

movie 영화	concert 공연	play 연극	opera 오페라
festival 축제	sporting event 스포츠 행사	buy/purchase 구매하다	ticket price 티켓 가격
book a ticket 예매하다	online booking/ticketing 온라인 예매	box office 매표소	theater 영화관, 극장
schedule 일정	showtime 상영 시간	available 예약 가능한	sold out 매진인
front row seat 앞줄 좌석	cash 현금	(credit) card (신용) 카드	coupon 쿠폰
refund policy 환불 정책	apply (할인·쿠폰 등을) 적용하다	discount 할인	seat number 좌석 번호

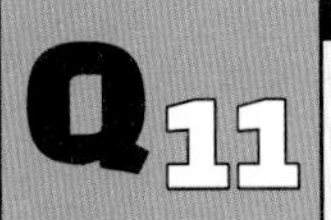

영화 티켓 예매 관련 문의

I'd like to give you a situation and ask you to act it out. You're planning to watch a movie with your friend. Call the theater and ask 3 or 4 questions you need to know to buy tickets.

상황을 드릴 테니 연기해 주세요. 당신은 친구와 함께 영화를 볼 계획입니다. 극장에 전화해서 티켓을 사기 위해 알아야 할 3~4가지 질문을 해 보세요.

답변 가이드

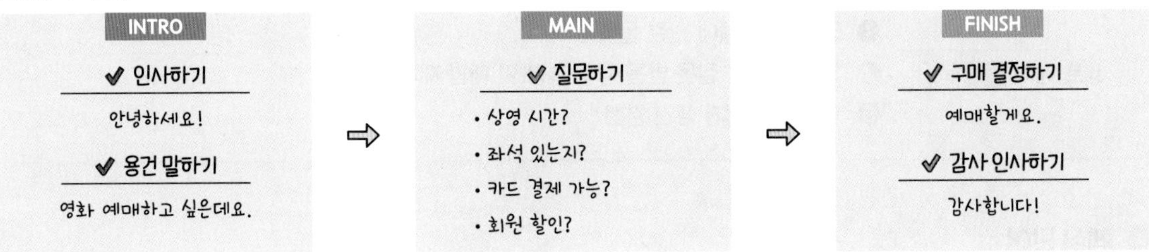

INTRO
인사하기
안녕하세요!
용건 말하기
영화 예매하고 싶은데요.
MAIN
질문하기
• 상영 시간?
• 좌석 있는지?
• 카드 결제 가능?
• 회원 할인?
FINISH
구매 결정하기
예매할게요.
감사 인사하기
감사합니다!

예시 답변

INTRO [1] Good morning! [2] I'd like to book some movie tickets, and I have a few questions to ask.

MAIN [3] What time is the Spider-Man movie playing this weekend? [4] Oh, 2:00 PM on Saturday? [5] Sounds great. [6] Are there still seats available for that time? [7] Okay, I got it. [8] Can I pay with a credit card? [9] And do you offer any discounts for members? [10] Ah, I see. That's nice.

FINISH [11] All right, please reserve two seats for that time. [12] And please apply the discount coupon as well. [13] Yeah, thanks a lot!

INTRO [1] 안녕하세요! [2] 영화 티켓을 예약하고 싶은데, 질문이 몇 가지 있어요. MAIN [3] 혹시 이번 주말 스파이더맨 영화 상영 시간이 어떻게 되나요? [4] 오, 토요일 2시요? [5] 좋네요. [6] 그 시간에 좌석이 아직 남아 있나요? [7] 네, 그렇군요. [8] 신용 카드로 결제되나요? [9] 그리고 회원 할인 혜택이 있을까요? [10] 아하, 네. 좋네요. FINISH [11] 그럼 그 시간으로 두 좌석 예약 부탁드릴게요. [12] 할인 쿠폰도 적용해 주시고요. [13] 네, 감사합니다!

book 예약하다 ticket 표, 티켓 play 상영하다 seat 좌석 available 이용 가능한, 남아 있는 credit card 신용 카드 offer 제공하다 discount 할인 member 회원 reserve 예약하다 apply 적용하다 coupon 쿠폰

영화 예매는 자주 하는 일이니, 고민할 필요 없이 쉬운 키워드를 골라서 빠르게 질문하면 됩니다.
상영 시간(showtimes), 가격(price), 결제 방법(payment options), 조기 예매 할인(early bird discount) 같은 표현을 알아 두세요.

문제 상황 설명 + 대안 제시하기

079

Q12 영화 티켓을 잘못 받은 상황 설명 및 대안 제시

I'm sorry, but there is a problem I need you to resolve. You just found out you were sold the wrong tickets at the movie theater. Explain the situation and give 2 or 3 alternatives to solve the problem.

죄송하지만, 해결해 주셨으면 하는 문제가 있습니다. 영화관에서 티켓이 잘못 판매된 것을 알게 되었어요. 상황을 설명하고 이 문제를 해결할 수 있는 2~3가지 대안을 제시해 주세요.

답변 가이드

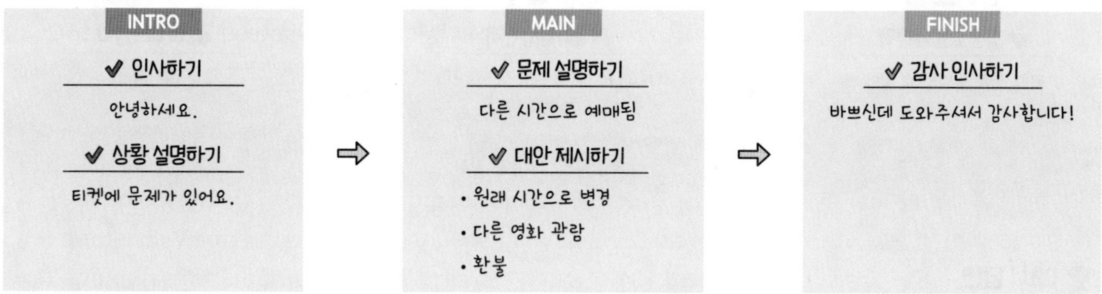

예시 답변

INTRO [1] Hi! I'm here to see a movie, but it looks like there's an issue with my tickets. [2] Could you help me with this?

MAIN [3] Yeah, I booked the 5:00 PM show, but my ticket says 7:00 PM. [4] Is there any way to change it to the original time? [5] Or would it be possible to exchange my ticket for a different movie playing then? [6] If neither is possible, I'd like a refund. [7] Oh, okay! [8] Yeah, switching to that time works for me.

FINISH [9] All right, thanks for helping me, especially when you're so busy!

INTRO [1] 안녕하세요! 영화를 보러 왔는데, 제 티켓에 문제가 있는 것 같아요. [2] 도와주실 수 있을까요? MAIN [3] 네, 저는 오후 5시 상영을 예약했는데, 제 티켓에는 오후 7시로 되어 있어요. [4] 원래 시간으로 바꿀 수 있는 방법이 있을까요? [5] 아니면 그때 상영하는 다른 영화 티켓으로 교환하는 것이 가능할까요? [6] 두 방법 다 안 된다면 환불을 받고 싶어요. [7] 아, 그렇군요! [8] 네, 그 시간대로 바꾸면 좋을 것 같아요. FINISH [9] 좋아요, 도와주셔서 감사합니다. 특히 많이 바쁘신데도요!

issue 문제 book 예약하다 show 상영 original 원래의 possible 가능하다 exchange A for B A를 B로 교환하다 play 상영하다 neither 둘 중 어느 것도 아닌 refund 환불 switch 바꾸다 especially 특히

상대가 했을 법한 대답을 지어내고 리액션을 하며 자연스러운 대화를 이어 나가세요.
직원이 바빠 보인다는 말은 역할극에 몰입한 IH/AL의 여유를 보여주는데, 필수는 아니에요~

관련 문제 해결 경험

🎧 080

티켓에 문제가 생긴 경험

That's the end of the situation. Have you ever been in a situation where you had a problem buying tickets or making a reservation? What happened, and how did you solve the problem?

상황은 끝났습니다. 티켓을 구입하거나 예매하면서 문제가 생긴 적이 있나요? 어떤 일이 있었고, 그 문제를 어떻게 해결했나요?

| 답변 가이드 |

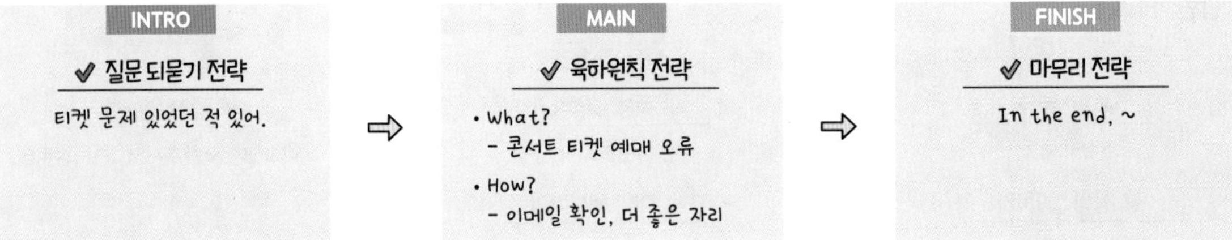

INTRO
✔ 질문 되묻기 전략
티켓 문제 있었던 적 있어.
MAIN
✔ 육하원칙 전략
• What?
- 콘서트 티켓 예매 오류
• How?
- 이메일 확인, 더 좋은 자리
FINISH
✔ 마무리 전략
In the end, ~

예시 답변

INTRO [1] Yeah, I once had an issue when I got tickets for a concert. [2] It was a bit stressful, but it worked out for the best.

MAIN [3] I bought my tickets online, but when I got to the venue, the person couldn't find my name on the reservation list. [4] I panicked for a moment, thinking, "What the heck is going on?" [5] But then I quickly remembered I had the confirmation email, and I showed it to a staff member. [6] After some checking, she said there was a system error. [7] She was super helpful and even upgraded my seat!

FINISH [8] In the end, I enjoyed the concert from a better spot, which made the experience even better!

INTRO [1] 네, 공연 티켓을 구매했을 때 문제가 생긴 적이 있어요. [2] 좀 스트레스를 받았지만 가장 좋게 해결됐어요. MAIN [3] 온라인으로 티켓을 구매했는데, 공연장에 도착했을 때 직원분이 제 이름을 예약 목록에서 찾을 수 없었어요. [4] 순간 '도대체 무슨 일이야?' 하고 잠깐 동안 당황했죠. [5] 하지만 곧 제가 확인 메일을 가지고 있다는 걸 기억했고 직원분에게 보여 드렸어요. [6] 그분이 확인해 보시더니 시스템 오류가 있었다고 하더라고요. [7] 그분이 정말 친절하게 도와주셨고, 심지어 제 좌석도 업그레이드해 주셨어요! FINISH [8] 결국, 더 좋은 자리에서 공연을 즐길 수 있었고, 그 덕분에 훨씬 더 좋은 경험이 되었어요!

issue 문제 stressful 스트레스를 주는 work out 잘 풀리다, 좋게 진행되다 venue 행사장, 공연장 reservation 예약 panic 당황하다 for a moment 잠깐 동안 confirmation 확인 staff member 직원 check 확인하다 system error 시스템 오류 upgrade 업그레이드하다, 등급을 높이다 in the end 결국 spot 자리, 좌석 experience 경험 even better 훨씬 더 좋은

문제 상황과 해결 과정을 구체적으로 설명하세요.
당시에 했던 생각을 직접 인용하면 더욱 실감나는 답변이 됩니다.

롤플레이 상황별 표현

081

질문하기

- 시간 확인

Hi! **What time is** *Iron Man* **playing** today**?** 안녕하세요! 〈아이언 맨〉이 오늘 몇 시에 상영하나요?

What time does the concert **start/end?** 공연이 몇 시에 시작하나요/끝나나요?

- 가격 / 할인

How much are the movie tickets**?** 영화표 가격은 얼마인가요?

I have a coupon; can I use it? 제가 쿠폰이 있는데, 쓸 수 있나요?

Are there any discounts available for tickets? 티켓에 할인 혜택이 있나요?

Is there a group discount for buying multiple tickets? 여러 장 살 경우 단체 할인이 있나요?

- 남은 좌석

Are there still seats available for two people to sit together**?** 두 명이 함께 앉을 자리가 아직 있나요?

Are tickets still available for tonight's concert**?** 오늘 저녁 공연 티켓을 아직 구매할 수 있나요?

Do you have any tickets left for the play this weekend**?** 이번 주말에 연극 티켓이 남아 있나요?

- 예매 방법

How can I buy tickets? Is there an online **option?** 티켓은 어떻게 구매하나요? 온라인 옵션이 있나요?

Can I book the tickets over the phone**? Or is it only possible** through the website**?**
전화로 티켓을 예매할 수 있나요? 아니면 웹사이트에서만 가능한가요?

문제 상황 설명하기

I purchased tickets for a movie, **but it looks like I accidentally booked the wrong** date.
영화 티켓을 구입했는데 실수로 날짜를 잘못 예매한 것 같아요.

I booked a ticket for the front row, **but when I got there, the usher gave me** a different seat.
저는 앞자리로 티켓을 예매했는데, 거기 도착했을 땐 다른 자리를 안내받았어요.

I was charged more than I had expected. 예상보다 더 많은 금액이 청구되었어요.

대안 제시하기

Is it possible to reschedule the movie for a later time**?** 나중으로 영화 예매 변경이 가능할까요?

If not, would it be possible to exchange the ticket for a different movie today**?**
아니면, 오늘 다른 영화로 교환이 가능할까요?

If that's not possible, can I get a refund**?** 그게 안 되면 환불을 받을 수 있나요?

If a refund or exchange **doesn't work, can I** get a coupon for next time**?**
환불이나 교환이 안 되면 다음에 쓸 쿠폰을 받을 수 있을까요?

UNIT 06 공원

✔ 이렇게 준비하세요

공원은 티켓 예매, 파티와 비슷합니다. 만나기 위해 필요한 **정보**를 묻고, 문제가 생기면 약속을 **변경**하고, 약속과 관련된 **문제 경험**이나 공원에서 **기억에 남는 경험**을 말하면 됩니다!

자주 출제되는 문제

문제	유형
친구와 공원에 가는 약속을 잡기 위한 질문 I'd like to give you a situation and ask you to act it out. Your friend wants to go to a park this weekend. Call your friend and ask 3 or 4 questions to find out the details about going to the park. 상황을 드릴 테니 연기해 주세요. 당신의 친구가 이번 주말에 공원에 가고 싶어 해요. 친구에게 전화해서 공원에 가는 것에 대한 자세한 내용을 알아내기 위해 3~4가지 질문을 해 보세요.	주어진 상황에 필요한 질문 하기
공원에 못 가게 된 상황 설명 및 대안 제시 I'm sorry, but there is a problem I need you to resolve. You found out that the park you wanted to go to will be closed this weekend. Call your friend, explain the situation, and give 2 or 3 alternatives. 죄송하지만 해결해 주셔야 하는 문제가 있어요. 가려고 했던 공원이 이번 주말에 문을 닫는다는 것을 알게 됐어요. 친구에게 전화해서 상황을 설명하고, 2~3개의 대안을 제시해 주세요.	문제 상황 설명 + 대안 제시하기

문제	유형
공원에서 있었던 기억에 남는 경험 That's the end of the situation. Have you ever had a memorable experience at a park? Where was it, what happened, and who were you with? Why was it special? Please explain in detail. 상황은 끝났습니다. 공원에서 기억에 남는 경험이 있나요? 어디였고, 무슨 일이 있었으며, 누구와 같이 있었나요? 그 경험은 왜 특별했나요? 자세히 설명해 주세요.	기억에 남는 경험

빈출 세트 구성

세트 예시 1	❶ 친구와 공원에 가는 약속을 잡기 위한 질문 ❷ 공원에 못 가게 된 상황 설명 및 대안 제시 ❸ 공원에서 있었던 기억에 남는 경험

핵심 단어

go for a walk 산책 가다	exercise 운동; 운동하다	work out 운동하다	picnic 소풍
rest 쉬다	relax 편히 쉬다	bike 자전거	cycle 자전거; 자전거를 타다
jog 조깅하다	run 달리다	gathering 모임	facility 시설
peaceful 평화로운	trail 산책로	path 경로, 도로	playground 놀이터
nature 자연	reserve 보존하다	environment 환경	wildlife 야생 동물
public park 공립 공원	national park 국립 공원	amusement park 놀이공원	picnic area 피크닉 구역
pet friendly 반려동물 친화적인	pond 연못	lake 호수	fountain 분수

082

친구와 공원에 가는 약속을 잡기 위한 질문

I'd like to give you a situation and ask you to act it out. Your friend wants to go to a park this weekend. Call your friend and ask 3 or 4 questions to find out the details about going to the park.

상황을 드릴 테니 연기해 주세요. 당신의 친구가 이번 주말에 공원에 가고 싶어 해요. 친구에게 전화해서 공원에 가는 것에 대한 자세한 내용을 알아내기 위해 3~4가지 질문을 해 보세요.

| 답변 가이드 |

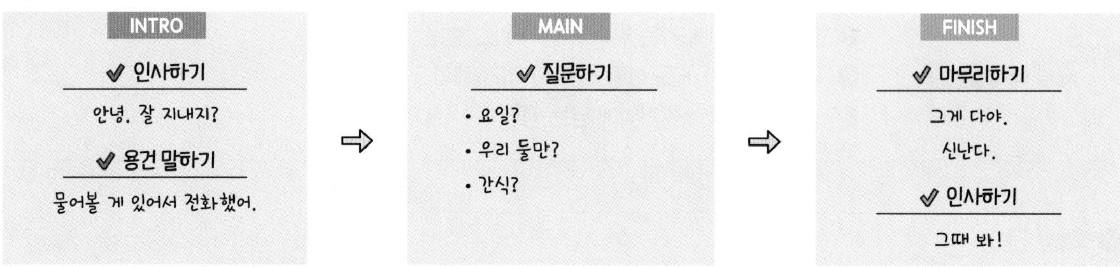

INTRO
인사하기
안녕. 잘 지내지?
용건 말하기
물어볼 게 있어서 전화했어.
MAIN
질문하기
• 요일?
• 우리 둘만?
• 간식?
FINISH
마무리하기
그게 다야.
신난다.
인사하기
그때 봐!

예시 답변

INTRO [1] Hey. It's Bella. [2] How's it going? [3] Oh, everything's good? [4] Yeah, same here. [5] I'm calling because I want to ask you something.

MAIN [6] So about the park—Are you planning to go on Saturday or Sunday? [7] Oh, Sunday? [8] Nice! Sunday works for me perfectly. [9] Is it just the two of us, or are other people going, too? [10] Oh, I see. Got it. [11] And one more thing: Do you want me to bring some snacks, like *kimbap* or sandwiches? [12] Oh, you're thinking of ordering food? [13] Cool, that works.

FINISH [14] All right, that's all I wanted to check! [15] I'm so excited. [16] See you then! Bye!

INTRO [1] 안녕, 벨라야. [2] 잘 지내지? [3] 아, 다 좋다고? [4] 응, 나도 잘 지내. [5] 전화한 이유는 물어보고 싶은 게 있어서야. MAIN [6] 공원에 대해서인데, 토요일이나 일요일 중 언제 갈 생각이야? [7] 아, 일요일? [8] 좋네! 난 일요일 완전 좋아. [9] 우리 둘만 가는 거야, 아니면 다른 사람들도 가? [10] 아, 그렇구나, 알겠어. [11] 그리고 한 가지 더, 내가 간단한 간식을 가져갈까? 김밥이나 샌드위치 같은 거? [12] 아, 음식을 배달시킬 생각이야? [13] 좋네, 그러면 되겠다. FINISH [14] 좋아, 내가 확인하고 싶었던 건 그게 다야! [15] 정말 기대돼. [16] 그럼 그때 보자! 안녕!

---

plan 계획하다 work 가능하다 perfectly 완전히 snack 간식 order 주문하다 excited 기대되는, 흥분되는

친하니까 안부를 묻는 여유를 보여 줘도 좋지요.
I'm calling 같은 표현으로 전화 상황인 것을 확실히 티 내서 점수 따세요.
시작/마지막 인사도 전화 상황임을 드러내 줍니다.

083

공원에 못 가게 된 상황 설명 및 대안 제시

I'm sorry, but there is a problem I need you to resolve. You found out that the park you wanted to go to will be closed this weekend. Call your friend, explain the situation, and give 2 or 3 alternatives.

죄송하지만 해결해 주셔야 하는 문제가 있어요. 가려고 했던 공원이 이번 주말에 문을 닫는다는 것을 알게 됐어요. 친구에게 전화해서 상황을 설명하고, 2~3개의 대안을 제시해 주세요.

| 답변 가이드 |

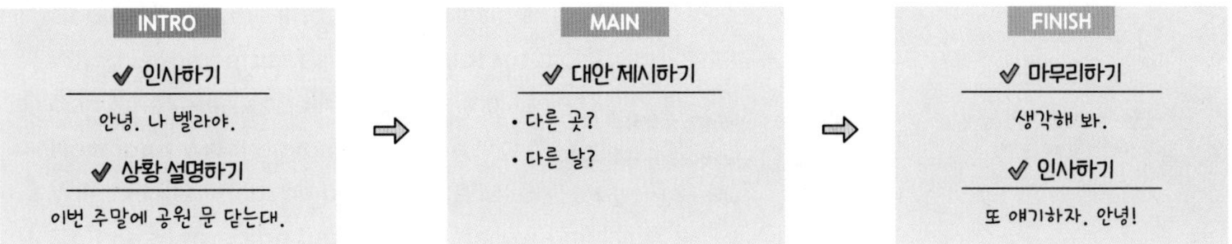

INTRO
✔ 인사하기
안녕. 나 벨라야.
✔ 상황 설명하기
이번 주말에 공원 문 닫는대.
MAIN
✔ 대안 제시하기
• 다른 곳?
• 다른 날?
FINISH
✔ 마무리하기
생각해 봐.
✔ 인사하기
또 얘기하자. 안녕!

예시 답변

INTRO [1] Oh, hey. It's Bella. [2] I just found out the park is closed this weekend. [3] Yeah, it's being renovated.

MAIN [4] So we'll have to change our plans. [5] How about going to a different park? [6] There's one near my place. [7] We could go there and order some chicken. Haha. [8] Or maybe we could just reschedule. [9] I'm fine with going a week later.

FINISH [10] Anyway, let's figure it out. [11] Just let me know what works for you. [12] I'm good with whatever! [13] All right, just think about it. [14] I'll talk to you later. Bye!

INTRO [1] 안녕, 나 벨라야. [2] 방금 알았는데 이번 주말에 공원이 문을 닫는다고 하네. [3] 그래, 보수 공사 때문에 그렇다고 하더라고. MAIN [4] 그래서 우리 계획을 바꿔야 할 것 같아. [5] 다른 공원에 가는 건 어떨까? [6] 우리 집 근처에 공원이 하나 있어. [7] 거기 가서 치킨 시켜 먹을 수도 있고, 하하. [8] 아니면 날짜를 바꿔도 괜찮아. [9] 나는 일주일 후에 가는 거 괜찮아. FINISH [10] 하여간 어떻게 할지 생각해 보자. [11] 어떻게 하는 게 너에게 좋은지만 알려 줘. [12] 나는 뭐든 좋아! [13] 그래, 생각해 봐. [14] 나중에 이야기해. 안녕!

---

find out 알아내다 renovate 보수하다 plan 계획 order 주문하다 reschedule 일정을 변경하다 a week later 일주일 후에 figure out 알아내다, 해결하다 work for ~에게 좋다, 문제 없다 whatever 어떤 것이든

7번 문장에 쓰인 could는 가능성을 나타내거나 제안할 때 자주 쓰이는 표현입니다.
can보다 좀 더 부드럽고 정중한 느낌이에요.

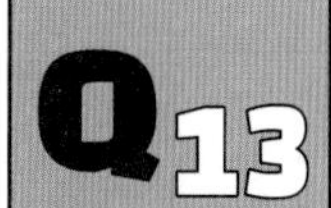

공원에서 있었던 기억에 남는 경험

That's the end of the situation. Have you ever had a memorable experience at a park? Where was it, what happened, and who were you with? Why was it special? Please explain in detail.

상황은 끝났습니다. 공원에서 기억에 남는 경험이 있나요? 어디였고, 무슨 일이 있었으며, 누구와 같이 있었나요? 그 경험은 왜 특별했나요? 자세히 설명해 주세요.

| 답변 가이드 |

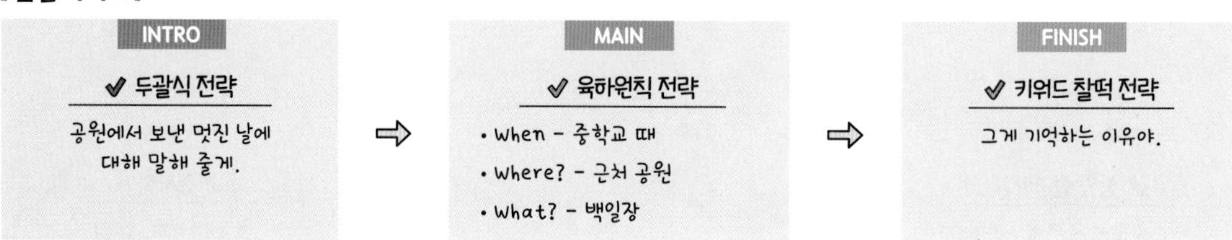

INTRO
두괄식 전략
공원에서 보낸 멋진 날에 대해 말해 줄게.
MAIN
육하원칙 전략
• When – 중학교 때
• Where? – 근처 공원
• What? – 백일장
FINISH
키워드 찰떡 전략
그게 기억하는 이유야.

예시 답변

INTRO [1]Oh, hey. Let me tell you about this amazing day I had at a park.

MAIN [2]It was back in middle school during a class picnic at a nearby park. [3]I can't quite remember the name of the park. [4]Anyway, it was a field trip, and the place was beautiful—full of trees and greenery. [5]We had a few activities planned, like painting and writing essays and poems. [6]We got to choose which one to do, so I decided to wander into the trees for some inspiration. [7]I ended up writing a poem about the scene around me, and guess what. [8]Mine was chosen as the best one, heh!

FINISH [9]That's why that day really stuck with me. [10]I discovered my hidden talent on that day! Haha.

INTRO [1]아, 공원에서 보낸 멋진 날에 대해 말해 드릴게요. MAIN [2]중학교 때 반에서 근처 공원으로 소풍을 갔을 때였어요. [3]공원 이름은 기억이 잘 안 나네요. [4]아무튼 현장 학습이었고, 그곳은 아름다웠어요. 나무와 녹음이 우거져 있었죠. [5]우리는 그림 그리기와 수필이나 시 쓰기 같은 미리 계획된 활동을 했어요. [6]무엇을 할지 선택해야 했고, 그래서 저는 영감을 얻으려고 나무 사이로 좀 돌아다니기로 했어요. [7]그러다가 결국 주변에 보이는 것들에 대해 시를 쓰게 되었는데, 어떻게 됐을까요. [8]제 시가 장원을 했어요, 히히! FINISH [9]그래서 그날이 지금까지도 기억에 남아 있어요. [10]그날 제 숨겨진 재능을 발견했으니까요! 하하.

---

amazing 멋진, 놀라운 nearby 근처의 quite 잘 anyway 아무튼 field trip 현장 학습 greenery 녹음 activity 활동 planned 미리 계획된 paint 그림을 그리다 essay 수필, 에세이 poem 시 decide 결심하다 wander 돌아다니다 inspiration 영감 end up 동사+ing 결국 ~하게 되다 scene 장면 stick with ~에게 남아 있다 discover 발견하다 hidden 숨겨진 talent 재능

공원 이름이 구체적으로 기억나지 않으면 그걸 떠올리느라 공백을 만들지 말고 I can't quite remember the name.(이름이 기억이 잘 안 나네요.) 또는 Oh, well, what was it?(오, 이런, 그게 뭐였더라?) 같은 표현을 쓰면서 자연스럽게 답변을 이어 나가세요.

롤플레이 상황별 표현

085

공원에서의 약속에 대해 질문하기

• 시간

Hey! **What time do you want to go to the park** this weekend**?** 안녕! 이번 주말에 몇 시에 공원에 갈까?

How long do you plan on staying at the park? 공원에 얼마나 오래 머무를 계획이야?

• 장소

Where shall we meet? 어디서 만나?

Are we meeting at the park, **or should we meet** somewhere beforehand**?**
공원에서 만날까, 아니면 미리 다른 곳에서 만날까?

• 일행

Are we going just the two of us, or are other people joining? 우리 둘만 가, 아니면 다른 사람들도 같이 가?

Can I bring a friend? 친구를 데려가도 돼?

Is it okay if I bring my dog along? 반려견을 데리고 가도 괜찮아?

• 가는 방법

How do I get there? 거기 어떻게 가?

How are you getting to the park? Should I pick you up? 너는 공원에 어떻게 가? 내가 데리러 갈까?

• 준비물

What should I bring to the picnic**?** 피크닉에 무엇을 가져가야 해?

Do you want me to bring any games to play with**?** 게임 거리를 가져갈까?

문제 상황 설명하기

I just found out that the park we wanted to visit is closed for maintenance this weekend.
우리가 가고 싶었던 공원이 이번 주말에 유지보수를 위해 문을 닫는다는 사실을 방금 알았어.

Unfortunately, the park will be closed this weekend, **so we can't go there.**
안타깝게도 이번 주말에 공원이 문을 닫아서 갈 수 없어.

대안 제시하기

How about going to a different park? 다른 공원으로 가는 건 어때?

I was thinking we could try Lake Park **instead.** 대신 호수 공원에 가 보는 건 어떨까 생각했어.

Or how about we just grab lunch at a café **nearby?** 아니면 근처 카페에서 점심 먹는 건 어때?

Or we could just hang out at my place **instead.** 아니면 그냥 우리 집에서 놀 수도 있고.

Instead of the park, how about taking a walk along the Han River?
공원 대신에 한강변을 따라 산책하는 건 어때?

Going for a bike ride **could be a great idea, too!** 자전거를 타러 가는 것도 좋을 것 같아!

UNIT

07

파티

✓ 이렇게 준비하세요

파티 관련 질문은 공원과 비슷해 쉽죠? 그런데 **파티에 갈 수 없는 이유**는 다양하게 출제돼서 질문을 잘 듣고 **상황에 맞게 구체적으로 대답**하는 게 중요해요. **문제 경험**은 병원이나 공원에서 준비한 썰을 활용해도 좋아요. 이미 사용한 썰은 반복하지 않도록 해요.

자주 출제되는 문제

문제	유형
초대받은 파티에 대해 질문 I'd like to give you a situation and ask you to act it out. You've been invited to a friend's birthday party. Call your friend and ask 3 or 4 questions to get some information about the party. 연기하실 상황을 제시하고 싶습니다. 친구의 생일 파티에 초대받았습니다. 친구에게 전화해서 파티에 대한 정보를 얻기 위해 3~4가지 질문을 해 보세요.	주어진 상황에 필요한 질문 하기
차 사고로 파티에 가지 못하는 상황 설명 및 대안 제시 I'm sorry, but there is a problem I need you to resolve. You just had a car accident, and you think you can't go to your friend's birthday party. Call your friend, explain the situation, and give 2 or 3 alternatives. 죄송하지만 해결해 주셔야 하는 문제가 있습니다. 당신은 방금 자동차 사고가 나서 친구의 생일 파티에 갈 수 없을 것 같아요. 친구에게 전화해서 상황을 설명하고 2~3가지 대안을 제시하세요.	문제 상황 설명 + 대안 제시하기

문제	유형
시험 때문에 파티에 가지 못하는 상황 설명 및 대안 제시 I'm sorry, but there is a problem I need you to resolve. You have a test coming up tomorrow and cannot make it to your friend's birthday party. Call your friend, explain the situation, and give 2 or 3 alternatives. 죄송하지만 해결해 주셔야 하는 문제가 있습니다. 당신은 내일 시험이 있어서 친구의 생일 파티에 참석할 수 없어요. 친구에게 전화해서 상황을 설명하고 2~3가지 대안을 제시하세요.	문제 상황 설명 + 대안 제시하기
친구 집에 가지 못하는 상황 설명 및 대안 제시 I'm sorry, but there is a problem I need you to resolve. Something has come up, so you can't make it to your friend's house. Call your friend, explain the situation, and give 2 or 3 alternatives to solve the problem. 죄송하지만 해결해 주셔야 하는 문제가 있습니다. 갑자기 일이 생겨서 친구 집에 못 가게 되었습니다. 친구에게 전화해서 상황을 설명하고 문제를 해결할 수 있는 2~3가지 대안을 제시하세요.	문제 상황 설명 + 대안 제시하기
계획을 취소한 경험 That's the end of the situation. Please tell me about an experience when you had to cancel or change your plans because something came up. What was the problem, and how did you deal with it? Give me as many details as possible. 상황은 끝났습니다. 갑자기 무슨 일이 생겨서 계획을 취소하거나 변경해야 했던 경험에 대해 말해 주세요. 어떤 문제가 있었고, 어떻게 해결했나요? 가능한 한 자세히 알려 주세요.	관련 문제 해결 경험

빈출 세트 구성

세트 예시 1	❶ 초대받은 파티에 대해 질문 ❷ 차 사고로 파티에 가지 못하는 상황 설명 및 대안 제시 ❸ 계획을 취소한 경험
세트 예시 2	❶ 초대받은 파티에 대해 질문 ❷ 시험 때문에 파티에 가지 못하는 상황 설명 및 대안 제시 ❸ 계획을 취소한 경험

핵심 단어

invitation 초대, 초대장	invite 초대하다	date 날짜	venue/location 장소
confirm 확인하다	cancel 취소하다	reschedule 일정을 변경하다	attend 참석하다
organize 조직하다, 준비하다	plan 계획하다	host 주최자	guest 손님
discuss 논의하다	arrive 도착하다	celebrate 축하하다	housewarming 집들이
barbecue party 바비큐 파티	costume party 복장 파티	dinner party 저녁 파티	decoration 장식

초대받은 파티에 대해 질문

I'd like to give you a situation and ask you to act it out. You've been invited to a friend's birthday party. Call your friend and ask 3 or 4 questions to get some information about the party.

연기하실 상황을 제시하고 싶습니다. 친구의 생일 파티에 초대받았습니다. 친구에게 전화해서 파티에 대한 정보를 얻기 위해 3~4가지 질문을 해 보세요.

| 답변 가이드 |

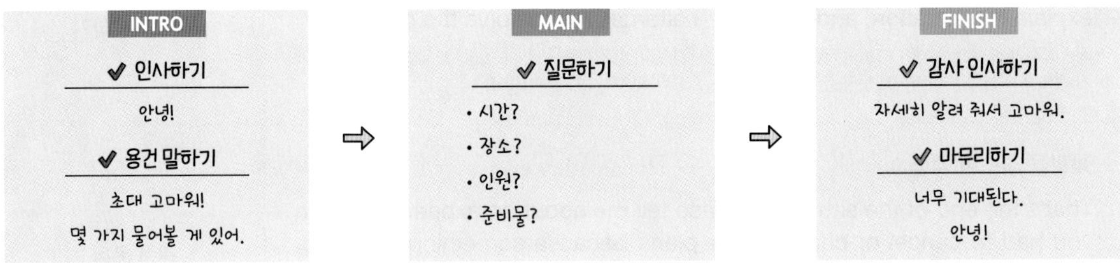

INTRO
✔ 인사하기
안녕!
✔ 용건 말하기
초대 고마워!
몇 가지 물어볼 게 있어.
MAIN
✔ 질문하기
• 시간?
• 장소?
• 인원?
• 준비물?
FINISH
✔ 감사 인사하기
자세히 알려 줘서 고마워.
✔ 마무리하기
너무 기대된다.
안녕!

예시 답변

INTRO [1] Hey! It's Bella! [2] Thanks for inviting me to your party! [3] I'm really excited, and I just have a few quick questions.

MAIN [4] First, where's the party happening? [5] Oh, yeah, I know that place. [6] What time should I be there? [7] 5:30? [8] Sure, that works for me. [9] And how many people are coming? [10] Uh-huh, uh-huh, and do you need me to bring anything like snacks or drinks? [11] I could even bring chicken and pizza—Your favorites, right? Haha. [12] Oh, will there be cake? [13] You know we can't forget that! [14] I actually know a place that makes the most delicious cakes, so if you want, I can grab one and bring it to the party. [15] Just let me know.

FINISH [16] Yeah, awesome. [17] Thanks for the details! [18] I can't wait to see you there. Bye!

INTRO [1] 안녕! 나야, 벨라! [2] 파티에 초대해 줘서 고마워! [3] 정말 기대된다. 몇 개 빠르게 물어볼 게 있어. MAIN [4] 먼저, 파티를 어디서 해? [5] 오, 응, 나 거기 알아. [6] 몇 시에 가면 될까? [7] 5시 반? [8] 그럼, 되고 말고. [9] 그리고 몇 명이 와? [10] 아하, 그래. 내가 간식이나 음료수 같은 걸 가져갈까? [11] 치킨이나 피자를 가져갈 수도 있어. 네가 제일 좋아하는 것들이잖아? 하하. [12] 아, 그리고 케이크는 준비할 거야? [13] 그건 빼먹을 수 없지! [14] 사실 내가 세상에서 제일 맛있는 케이크 만드는 집을 아는데, 네가 원하면 하나 사서 파티에 가져갈 수 있어. [15] 말만 해. FINISH [16] 그래, 너무 좋다. [17] 자세히 알려 줘서 고마워! [18] 거기서 보는 거 너무 기대된다. 안녕!

invite 초대하다 excited 기대되는, 신난 happen 일어나다 bring 가져가다 snack 간식 drink 음료 favorites 좋아하는 것들 actually 사실은 grab 손에 넣다 awesome 멋진, 아주 좋은 detail 세부 사항 can't wait 너무 기다려진다, 기대된다

"너 그거 제일 좋아하잖아?(Your favorites, right?)" 또는 "그건 빼먹을 수 없지!(You know we can't forget that!)" 같은 구체적인 TMI로 상황극에 빠져든 IH/AL의 여유를 보일 수 있습니다.

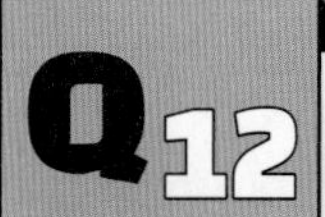

087

차 사고로 파티에 가지 못하는 상황 설명 및 대안 제시

I'm sorry, but there is a problem I need you to resolve. You just had a car accident, and you think you can't go to your friend's birthday party. Call your friend, explain the situation, and give 2 or 3 alternatives.

죄송하지만 해결해 주셔야 하는 문제가 있습니다. 당신은 방금 자동차 사고가 나서 친구의 생일 파티에 갈 수 없을 것 같아요. 친구에게 전화해서 상황을 설명하고 2~3개의 대안을 제시하세요.

답변 가이드

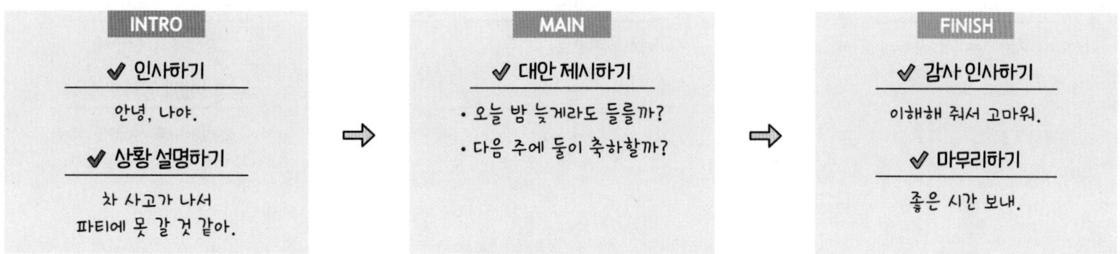

INTRO
✔ 인사하기
안녕, 나야.
✔ 상황 설명하기
차 사고가 나서
파티에 못 갈 것 같아.
MAIN
✔ 대안 제시하기
• 오늘 밤 늦게라도 들를까?
• 다음 주에 둘이 축하할까?
FINISH
✔ 감사 인사하기
이해해 줘서 고마워.
✔ 마무리하기
좋은 시간 보내.

예시 답변

INTRO [1] Hey, it's me. [2] Actually, I just got into a bit of a car accident. [3] I'm okay, but I need to deal with it for a bit. [4] So I don't think I'll be able to make it to your birthday party. [5] I feel really bad about missing your celebration. [6] I was looking forward to it, you know.

MAIN [7] Is it okay if I join the party later tonight once everything is sorted? [8] Or if not, we could celebrate together sometime next week. [9] I'd love to make it up to you.

FINISH [10] Thanks so much for understanding. [11] I really hope you have an amazing time there, and I'll definitely make it up to you soon!

INTRO [1] 안녕, 나야. [2] 실은 방금 가벼운 차 사고가 났어. [3] 난 괜찮은데 사고 처리를 좀 해야 돼. [4] 그래서 네 생일 파티에 못 갈 것 같아. [5] 네 축하 파티를 놓치게 돼서 정말 아쉬워. [6] 기대하고 있었는데, 알잖아. MAIN [7] 일이 정리되고 나서 이따가 늦게 파티에 가도 괜찮을까? [8] 그게 안 되면 다음 주 중에 언제 같이 축하할 수도 있고. [9] 너한테 꼭 보상해 주고 싶어. FINISH [10] 이해해 줘서 정말 고마워. [11] 거기서 좋은 시간 보내길 바라고, 오늘 일은 곧 꼭 만회할게!

actually 사실은　car accident 자동차 사고　deal with ~을 처리하다　miss 놓치다　celebration 축하　look forward to ~을 기대하다　join 합류하다　sort 정리하다　celebrate 축하하다　sometime 언젠가, 어느 때에　make it up to ~에게 보상하다, 만회하다　definitely 확실히

문제 상황을 구체화하고, 대안을 빠르게 제시하세요.
미안한 감정이 실릴수록 실감이 나서 점수가 잘 나옵니다!

계획을 취소한 경험

088

That's the end of the situation. Please tell me about an experience when you had to cancel or change your plans because something came up. What was the problem, and how did you deal with it? Give me as many details as possible.

상황은 끝났습니다. 갑자기 무슨 일이 생겨서 계획을 취소하거나 변경해야 했던 경험에 대해 말해 주세요. 어떤 문제가 있었고, 어떻게 해결했나요? 가능한 한 자세히 알려 주세요.

답변 가이드

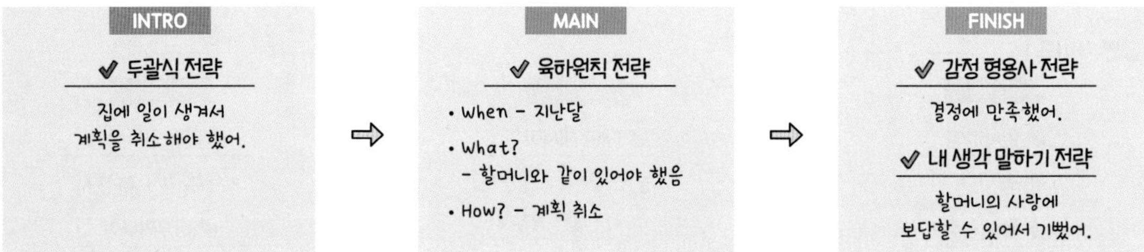

INTRO
두괄식 전략
집에 일이 생겨서 계획을 취소해야 했어.
MAIN
육하원칙 전략
• When – 지난달
• What?
– 할머니와 같이 있어야 했음
• How? – 계획 취소
FINISH
감정 형용사 전략
결정에 만족했어.
내 생각 말하기 전략
할머니의 사랑에 보답할 수 있어서 기뻤어.

예시 답변

INTRO [1]Well, I had to cancel my plans because of a family situation recently.

MAIN [2]It happened last month. [3]My mom called me because she had something urgent come up. [4]She had to go out but couldn't leave my grandma at home since she wasn't able to move around. [5]I was planning to study for my exams with my friends, but I decided to go home to help my grandma instead. [6]I explained the situation to my friends, and they were really understanding.

FINISH [7]It was a bit stressful with the exams coming up, but I felt good about my decision. [8]My grandma has always been there for me, so I wanted to be there for her. [9]Even though I wasn't able to study for my exams, I felt great about showing her some love in return.

INTRO [1]음, 최근에 집에 일이 생겨서 계획을 취소해야 했어요. MAIN [2]지난달에 있었던 일이에요. [3]엄마가 급한 일이 생겨서 저에게 전화하셨어요. [4]엄마가 외출하셔야 했는데, 할머니가 거동이 불편하셔서 집에 혼자 둘 수 없었거든요. [5]저는 친구들과 같이 시험 공부를 할 계획이었는데, 대신 집에 가서 할머니를 돌봐 드리기로 했어요. [6]친구들에게 상황을 설명했고, 다들 잘 이해해 줬어요. FINISH [7]시험이 다가오고 있어서 조금 스트레스는 받았지만, 제 결정에 만족했어요. [8]할머니는 항상 제 곁에 계셔 주셨기 때문에 저도 할머니를 위해 곁에 있어 드리고 싶었어요. [9]시험 공부는 못 했지만, 할머니께 사랑을 조금이나마 돌려드릴 수 있어서 정말 기뻤어요.

---

plan 계획, 약속; 계획하다 situation 상황 recently 최근에 urgent 긴급한 leave 남겨 두다 since ~하기 때문에 move around 움직이다, 거동하다 decide 결심하다 instead 그 대신에 explain 설명하다 understanding 이해하는 stressful 스트레스를 주는 come up 다가오다 decision 결정 in return 보답으로

계획을 취소해야 했던 원인을 설명하고 개인적인 감상을 덧붙여 보세요.
나만의 진솔한 답변이 만들어집니다.

롤플레이 상황별 표현

089

파티에 대해 질문하기

• 음식

What kind of food are you planning to have? 어떤 음식을 준비할 예정이야?

What food are we having? 음식은 어떤 걸 먹어?

Should I eat before, or will there be lots of food? 미리 먹어야 할까, 아니면 음식이 많이 나올까?

• 시간

How long is the party? 파티는 얼마나 오래 해?

Is this an all-nighter or just a few hours? 밤새 하는 거야, 아니면 몇 시간만 하는 거야?

Is it going to be a short party or a long one? 짧은 파티야, 아니면 긴 파티야?

• 활동

Are we doing any games or activities**?** 게임이나 활동을 할 예정이야?

Are we doing anything fun**?** 뭔가 재밌는 걸 할 예정이야?

• 드레스 코드

Is there a dress code for the party? 파티에 드레스 코드가 있어?

Can I wear anything, or do I need to dress up? 아무 옷이나 입어도 돼, 아니면 차려입어야 해?

문제 상황 설명하기

Something came up at work, **so I won't be able to make it to the party**.
직장에 일이 생겨서 파티에 참석할 수 없을 것 같아.

I've got an urgent situation at home, **so I can't go to the party**.
집에 급한 일이 생겨서 파티에 못 가겠어.

It just came to my mind that I have to babysit my younger brother tonight.
오늘 저녁에 동생을 돌봐야 한다는 게 방금 생각났어.

I've got a bad cold, and I don't want to spread it to others.
심한 감기에 걸렸는데 다른 사람에게 옮기고 싶지 않아.

대안 제시하기

How about we hang out another time next week **instead?** 대신 다음 주에 만나서 노는 거 어때?

Maybe we could catch up later for some coffee or a smaller get-together**?**
나중에 커피 한잔 마시거나 조촐한 모임을 가질 수 있을까?

I'd love to get together soon; maybe we can plan something this weekend **if you're free.**
빨리 만나고 싶어. 이번 주말에 시간 되면 일정을 잡을 수 있을 것 같아.

How about we set up a different time to meet up? 다른 시간을 정해서 만나는 건 어떨까?

UNIT

08

부동산

✓ 이렇게 준비하세요

현실에서는 **부동산**에 실거래가, 입지, 남향, 근저당 등 고차원적 질문을 하겠지만, 오픽에서는 최대한 **말하기 쉬운 키워드**(새집이에요? 방이 몇 개예요? 얼마예요? 엘리베이터/주차장 있어요?)로 쉽게 처리하세요.

자주 출제되는 문제

문제	유형
부동산에 전화해서 집 구하기 위해 질문 I'd like to give you a situation and ask you to act it out. You want to find a new house to live in. Call a real estate agency and ask 3 or 4 questions about getting a house. 상황을 드릴 테니 연기해 주셨으면 해요. 당신은 살 새로운 집을 찾고 싶어 합니다. 부동산 중개업체에 전화해서 집을 구하기 위해 3~4가지 질문을 하세요.	주어진 상황에 필요한 질문 하기
이사 후 깨진 창문에 대해 수리점에 설명하고 수리 요청 I'm sorry, but there is a problem I need you to resolve. You just moved in to a new home, but you found out that one of your windows is broken. Call a repair shop and explain the situation. In addition, tell the person why you need to get it fixed today. 죄송하지만 해결해 주셨으면 하는 문제가 있어요. 당신은 새집으로 막 이사를 왔는데 창문 하나가 깨진 것을 발견했어요. 수리점에 전화해서 상황을 설명하세요. 또한 그분에게 오늘 수리해야 하는 이유도 말하세요.	문제 상황 설명 + 요청하기

문제	유형
집에서 무언가를 부순 경험 That's the end of the situation. Have you ever broken something in your house? What was it, and how did it happen? What did you do to solve the problem? Please explain in detail. 상황은 끝났습니다. 집에서 무언가를 부순 적이 있나요? 무엇이었고 어떻게 그렇게 됐나요? 그 문제를 해결하기 위해 어떤 행동을 했나요? 자세히 설명해 주세요.	관련 문제 해결 경험

빈출 세트 구성

세트 예시 1	❶ 부동산에 전화해서 집 구하기 위해 질문 ❷ 이사 후 깨진 창문에 대해 수리점에 설명하고 수리 요청 ❸ 집에서 무언가를 부순 경험

핵심 단어

rent 임대; 임대하다	**deposit** 보증금	**lease** 임대 계약; 임대 계약을 맺다	**studio (apartment)** 원룸 (아파트)
neighborhood 동네	**convenience store** 편의점	**utilities** 공과금(수도, 전기, 가스 등)	**(real estate) agent** 부동산 중개인
move in 입주하다	**move out** 이사 나가다	**landlord** 집주인	**security** 보안
break 부수다	**crack** 금이 가다	**leak** 새다	**burst** 터지다
fall off 떨어지다	**fix** 고치다, 수리하다	**repair** 수리하다, 수선하다	**replace** 교체하다
modern 현대적인	**spacious** 넓은	**cozy** 아늑한	**furnished** 가구가 비치된

Q11 부동산에 전화해서 집 구하기 위해 질문

I'd like to give you a situation and ask you to act it out. You want to find a new house to live in. Call a real estate agency and ask 3 or 4 questions about getting a house.

상황을 드릴 테니 연기해 주셨으면 해요. 당신은 살 새로운 집을 찾고 싶어 합니다. 부동산 중개업체에 전화해서 집을 구하기 위해 3~4가지 질문을 하세요.

| 답변 가이드 |

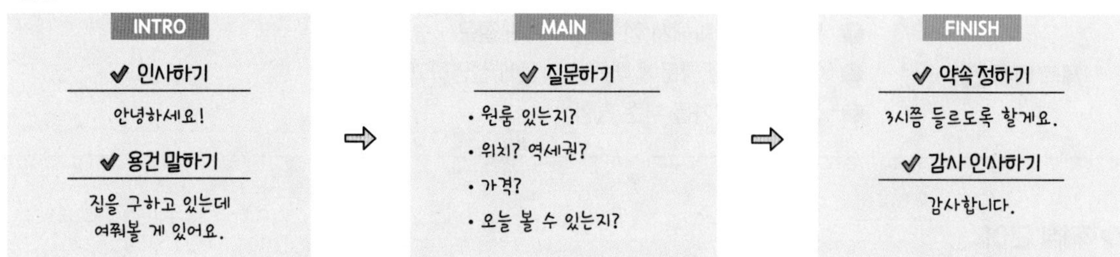

INTRO
✔ 인사하기
안녕하세요!
✔ 용건 말하기
집을 구하고 있는데 여쭤볼 게 있어요.
MAIN
✔ 질문하기
• 원룸 있는지?
• 위치? 역세권?
• 가격?
• 오늘 볼 수 있는지?
FINISH
✔ 약속 정하기
3시쯤 들르도록 할게요.
✔ 감사 인사하기
감사합니다.

예시 답변

INTRO [1] Hi there! [2] I'm looking for a place and have a few questions.

MAIN [3] Do you happen to have any studio apartments available right now? [4] Oh, you do? [5] That's great! [6] Can you tell me where it's located? [7] Is it near the subway station? [8] Oh, perfect! [9] What's the price of that apartment? [10] Oh, okay! [11] That sounds good. [12] Is it available for viewing today? [13] I'd love to come by and take a look.

FINISH [14] Perfect. [15] I'll plan to swing by around 3:00 PM. [16] Thanks so much for your help.

INTRO [1] 안녕하세요! [2] 집을 구하고 있는데 여쭤볼 게 좀 있어서요. MAIN [3] 혹시 지금 나와 있는 원룸 아파트가 있나요? [4] 오, 있어요? [5] 잘됐네요! [6] 위치가 어디인지 알려 주실 수 있나요? [7] 지하철역과 가까운가요? [8] 오, 완벽해요! [9] 그 아파트 가격은요? [10] 아, 좋네요! [11] 괜찮네요. [12] 오늘 보러 가도 될까요? [13] 가서 한번 보면 좋겠어요. FINISH [14] 좋아요. [15] 오후 3시쯤 들르도록 할게요. [16] 도움 주셔서 정말 감사합니다.

look for ~을 찾다, 구하다 happen to 마침 ~하다 studio apartment 원룸 아파트 available 매물로 나와 있는, 이용할 수 있는 be located 위치하다 subway station 지하철역 price 가격 view 보다 come by 방문하다 take a look 한번 보다 plan to ~하도록 계획하다 swing by 잠깐 들르다

질문 청취가 끝나면 숨 쉬듯이 편안하게 용건 말하기에 질문 되묻기 전략을 사용합니다.
초등학생도 알아들을 수 있는 쉬운 질문으로 부담을 줄이고 명확성을 챙깁니다. (초딩 조카 전략)

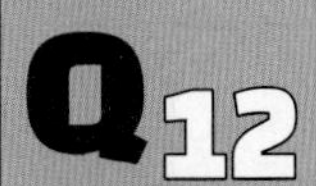

Q12 이사 후 깨진 창문에 대해 수리점에 설명하고 수리 요청

I'm sorry, but there is a problem I need you to resolve. You just moved in to a new home, but you found out that one of your windows is broken. Call a repair shop and explain the situation. In addition, tell the person why you need to get it fixed today.

죄송하지만 해결해 주셨으면 하는 문제가 있어요. 당신은 새집으로 막 이사를 왔는데 창문 하나가 깨진 것을 발견했어요. 수리점에 전화해서 상황을 설명하세요. 또한 그분에게 오늘 수리해야 하는 이유도 말하세요.

| 답변 가이드 |

INTRO		MAIN		FINISH
✔ 인사하기 안녕하세요. ✔ 상황 설명하기 이사 왔는데 깨진 창문이 있어요.	⇨	✔ 해결 요청하기 오늘 수리가 가능할까요? ✔ 이유 설명하기 바람 불고 추워요.	⇨	✔ 마무리하기 그때 뵐게요. ✔ 감사 인사하기 정말 감사합니다!

예시 답변

INTRO [1]Hello. I moved in yesterday and noticed that one of the windows is broken.

MAIN [2]Well... I'm not entirely sure how it happened—maybe it got hit during the move—but I've cleaned up the glass. [3]The weather's been really windy, and it's getting pretty cold in here, so it definitely needs to be fixed quickly. [4]Is it possible to have someone come by and replace it today? [5]Oh, great! [6]5:00 PM works for me.

FINISH [7]I'll see you then. [8]Thanks so much!

INTRO [1]안녕하세요, 어제 이사 왔는데 창문 중 하나가 깨진 걸 발견했어요. MAIN [2]음… 왜 그렇게 됐는지는 정확히 잘 모르겠어요. 어쩌면 이사할 때 어딘가에 부딪혔을지도요. 깨진 유리는 치웠어요. [3]요즘 바람이 꽤 많이 불고, 집이 상당히 추워지고 있어서 빨리 교체해야 할 것 같아요. [4]오늘 누군가 오셔서 수리해 주시는 것이 가능할까요? [5]오, 좋네요! [6]오후 5시 괜찮아요. FINISH [7]그때 뵐게요. [8]정말 감사합니다!

---

move 이사하다; 이사 notice 알아차리다 broken 깨진 entirely 완전히 sure 확신하는 happen 일어나다 hit 부딪히다 during ~ 동안 windy 바람 부는 pretty 꽤, 상당히 definitely 꼭, 분명히 fix 고치다 possible 가능한 come by 들르다 replace 교체하다 work for ~에게 문제없다

길게 말해야 한다는 부담을 갖지 말고 주어진 상황을 차근차근 풀어 가면 됩니다.
롤플레이는 중간중간에 "알겠어요." "이해했어요." "맞아요." 같은 호응 표현을 넣을수록 대화가 자연스럽습니다.

Q13 집에서 무언가를 부순 경험

092

That's the end of the situation. Have you ever broken something in your house? What was it, and how did it happen? What did you do to solve the problem? Please explain in detail.

상황은 끝났습니다. 집에서 무언가를 부순 적이 있나요? 무엇이었고 어떻게 그렇게 됐나요? 그 문제를 해결하기 위해 어떤 행동을 했나요? 자세히 설명해 주세요.

| 답변 가이드 |

INTRO		MAIN		FINISH
✔ 질문 되묻기 전략 집에서 부순 거?	⇨	• What? - 현관문 • How happen? - 세게 닫음 • Solve? - 관리인 연락, 교체	⇨	✔ 1:1 비교 전략 이제 잘 열리고 닫혀서 전보다 훨씬 쉬워!

예시 답변

INTRO [1]Oh, well, um... Something broken at home? [2]Let me think. [3]Okay, I've got it.

MAIN [4]One day, I was in a bit of a rush and accidentally slammed the front door really hard. [5]There was this loud bang, and I think the impact was pretty strong because after that, the door just wouldn't open and close properly. [6]It was such a hassle trying to get in and out of the house. [7]I let the apartment manager know, and thankfully, he called a professional right away to replace the door.

FINISH [8]Now it opens and closes perfectly, and it's so much easier to do those things than before! [9]Yeah, that's pretty much it.

INTRO [1]오, 음… 집에서 부서진 거요? [2]생각해 볼게요. [3]좋아요, 생각났어요. MAIN [4]하루는, 제가 급하게 나가느라 실수로 현관문을 정말 세게 닫았어요. [5]쾅 소리가 났고, 충격이 꽤 강했나 봐요. 그 이후로 문이 제대로 열리고 닫히지 않았거든요. [6]집에 드나드는 게 정말 불편했어요. [7]저는 아파트 관리인에게 말했고, 감사하게 그분이 즉시 전문가를 불러서 문을 교체해 주었어요. FINISH [8]이제 문이 완전히 잘 여닫히고 전보다 그렇게 하기가 훨씬 쉬워요! [9]네, 여기까지 말씀드릴게요.

---

broken 부서진 in a rush 서두르는 accidentally 실수로, 우연히 slam 세게 닫다 front door 현관문 hard 세게 bang 쾅 소리 impact 충격 properly 제대로 hassle 번거로움 manager 관리인 thankfully 감사하게도 professional 전문가 replace 교체하다 perfectly 완벽하게

문제 때문에 불편했던 때와 고친 후를 비교하면 결과가 극명하게 드러납니다.
누구나 말할 수 있는 당연한 내용 말고, 본인만의 특색 있는 경험으로 진실성을 높이고 감정도 구체적으로 드러내세요.

☆ ☆ ☆ 롤플레이 상황별 표현

093

부동산에 전화해서 용건 말하기

Hi there. **I'm looking for a place in** Mangwon-dong. 안녕하세요. 망원동에서 집을 찾고 있는데요.

I'm looking to rent/buy a place in that area. 그 지역에서 집을 임대하려고/사려고 해요.

I'm searching for a place in Jongno-gu. 종로구에서 집을 구하고 있어요.

구하는 집에 대해 질문하기

What's the price/rent for this place? 그 집의 가격/임대료는 얼마인가요?

How many bedrooms and bathrooms **does it have?** 침실과 욕실은 몇 개 있나요?

Is it furnished, or would I need to bring my own furniture?
가구가 비치되어 있나요, 아니면 가구를 직접 가져와야 하나요?

Are pets allowed here? 반려동물과 같이 거주하는 것이 가능한가요?

How far is it from public transportation? 대중교통과 거리는 얼마나 되나요?

Is it a new building? 신축 건물인가요?

Can you set up a time to tour the place? 집을 둘러볼 시간 약속을 정할 수 있나요?

Is the place available to move into right away? 바로 입주할 수 있나요?

문제 상황 설명하기

My heater **isn't working well**, and it's super cold in the house. 히터가 제대로 안 돼서 집안이 너무 추워요.

I saw some cracks in the walls, and **it seems like something's off**.
벽에 금이 간 걸 봤어요. 뭔가 잘못된 것 같아요.

There's a weird smell from the basement, and I can't tell what it is.
지하에서 이상한 냄새가 나는데 뭔지 모르겠어요.

My kitchen faucet **keeps dripping**, and it's super annoying. 주방 수도꼭지에서 계속 물이 떨어져서 정말 짜증나요.

The power **went out** in my house. 집 전기가 나갔어요.

대안 제시하기

Could you send someone to take a look? 누군가를 보내서 점검해 주실 수 있을까요?

Can we get a repairman to come **as soon as possible?** 가능한 한 빨리 수리 기사를 부를 수 있을까요?

Would it be possible to call someone to handle it quickly? 빨리 처리해 줄 누군가를 부를 수 있을까요?

I'd be grateful if you could speed up the repairs. 수리를 빨리 해 주시면 고마울 것 같아요.

I think you should cover the repair costs. 수리비를 내 주셔야 할 것 같아요.

I think you should lower the rent. 월세를 깎아 주셔야 할 것 같아요.

I think I need to find a new place. 이사를 가야 할 것 같아요.

UNIT

09

재활용

✔ 이렇게 준비하세요

재활용은 항상 가장 난감한 주제죠. 롤플레이보다 돌발 주제 질문으로 더 자주 나오지만, 그렇다고 롤플레이로 안 나오는 것도 아니고, 답변을 떠올리기 약간 까다로운 질문들이라 미리 읽어 보고 당황하지 않도록 마음의 준비를 해 두세요.

자주 출제되는 문제

문제	유형
새로 이사 온 아파트의 재활용 방법 질문 I'd like to give you a situation and ask you to act it out. You have just moved into a new apartment. Call the apartment manager and ask 3 or 4 questions about the recycling system in the complex. 상황을 드릴 테니 연기해 주셨으면 해요. 당신은 새 아파트로 막 이사 왔습니다. 아파트 관리인에게 전화해서 그 아파트 단지의 재활용 시스템에 대해 3~4가지 질문을 하세요.	주어진 상황에 필요한 질문 하기
재활용에 대한 이웃의 불만 해결 I'm sorry, but there is a problem I need you to resolve. You hosted a large party with your friends, but they didn't recycle properly afterward. Other residents in your building are upset about this, and one of them has come to complain to you. Explain the situation and offer 2 or 3 solutions to solve the problem. 죄송하지만 해결해 주셨으면 하는 문제가 있어요. 당신은 친구들과 큰 파티를 했는데, 그들이 파티 후에 재활용을 제대로 하지 않았어요. 건물의 다른 주민들이 이 일에 불만을 가졌고, 그 중 한 명이 당신에게 불만을 제기하러 왔습니다. 상황을 설명하고 문제를 해결하기 위한 2~3가지 해결책을 제시하세요.	문제 상황 설명 + 대안 제시하기

문제	유형
이웃의 잘못된 쓰레기 처리 해결 I'm sorry, but there is a problem I need you to resolve. A new neighbor from abroad has just moved in. This person has been putting trash in the recycling bin. Other residents are very upset about this. Talk to the new neighbor and explain how to recycle properly. 죄송하지만 해결해 주셨으면 하는 문제가 있습니다. 외국에서 온 새로운 이웃이 막 이사 왔습니다. 그리고 그들은 재활용 통에 쓰레기를 버리고 있습니다. 다른 주민들이 이에 대해 매우 큰 불만을 품고 있습니다. 새로운 이웃에게 이야기하고 재활용을 제대로 하는 방법을 설명하세요.	문제 상황 설명 + 대안 제시하기
재활용하다가 겪은 문제 That's the end of the situation. Have you ever had any problems with recycling? Maybe you didn't know the recycling rules, took the garbage to the wrong place, or had items that were too big for the containers. What happened, and how did you handle it? 상황은 끝났습니다. 재활용과 관련해 문제를 겪은 적이 있나요? 아마도 재활용 규칙을 잘 몰랐거나, 쓰레기를 잘못된 곳에 버렸거나, 통에 담기에 너무 큰 물건이 있었을지도 모르죠. 어떤 일이 있었고, 어떻게 처리했나요?	관련 문제 해결 경험

빈출 세트 구성

세트 예시 1	❶ 새로 이사 온 아파트의 재활용 방법 질문 ❷ 재활용에 대한 이웃의 불만 해결 ❸ 재활용하다가 겪은 문제
세트 예시 2	❶ 새로 이사 온 아파트의 재활용 방법 질문 ❷ 이웃의 잘못된 쓰레기 처리 해결 ❸ 재활용하다가 겪은 문제

핵심 단어

recycling 재활용	recycle 재활용하다	reuse 재사용하다	recyclable 재활용 가능한
material 재료	waste 쓰레기, 폐기물	trash/garbage 쓰레기	sort 분리하다
trash can 쓰레기통	garbage bin 쓰레기통	recycling bin 재활용 분리수거함	recycling container 재활용 분리수거함
plastic 플라스틱	plastic bag 비닐봉지	throw away 버리다	dispose of 처리하다
reduce 줄이다	environment 환경	sustainability 지속 가능성	consumption 소비

새로 이사 온 아파트의 재활용 방법 질문

I'd like to give you a situation and ask you to act it out. You have just moved into a new apartment. Call the apartment manager and ask 3 or 4 questions about the recycling system in the complex.

상황을 드릴 테니 연기해 주셨으면 해요. 당신은 새 아파트로 막 이사 왔습니다. 아파트 관리인에게 전화해서 그 아파트 단지의 재활용 시스템에 대해 3~4가지 질문을 하세요.

| 답변 가이드 |

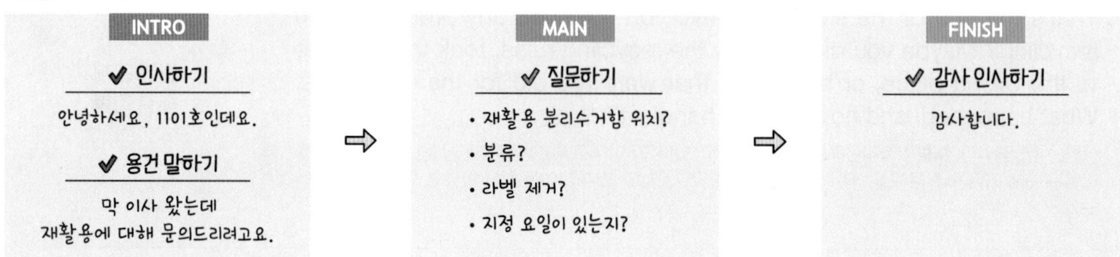

INTRO
✔ 인사하기
안녕하세요, 1101호인데요.
✔ 용건 말하기
막 이사 왔는데
재활용에 대해 문의드리려고요.
MAIN
✔ 질문하기
• 재활용 분리수거함 위치?
• 분류?
• 라벨 제거?
• 지정 요일이 있는지?
FINISH
✔ 감사 인사하기
감사합니다.

예시 답변

INTRO [1]Hi. This is Unit 1101. [2]I just moved in and have a few questions about recycling.

MAIN [3]First, where are the recycling bins? [4]I haven't been able to find them yet. [5]Oh, they're in the parking garage? [6]Got it! [7]Do I also need to separate paper, plastic, and glass, or can I just put them all together? [8]Okay, so I need to sort them separately. [9]Got it! [10]One more thing: Do I need to remove labels from bottles before recycling them? [11]Oh, I don't have to? [12]That makes it a lot easier! [13]And lastly, is there a specific day for recycling, or can I take it out anytime? [14]Great, anytime works!

FINISH [15]Thanks so much for the info. [16]Bye!

INTRO [1]안녕하세요, 1101호인데요. [2]막 이사를 왔는데 재활용에 대해 몇 가지 질문이 있어서요. MAIN [3]먼저, 재활용 분리수거함이 어디에 있나요? [4]아직 못 봤거든요. [5]아, 주차장에 있다고요? [6]알겠어요! [7]그리고, 종이, 플라스틱, 유리를 따로 분리해야 하나요, 아니면 같이 넣어도 되나요? [8]아, 따로 분리해야 하는군요. [9]알겠습니다! [10]하나만 더 여쭤볼게요. 병을 재활용할 때 라벨을 떼어야 하나요? [11]오, 안 그래도 된다고요? [12]그럼 훨씬 편하겠네요! [13]마지막으로, 재활용 지정 요일이 있나요, 아니면 아무 때나 내놔도 되나요? [14]좋네요, 언제든지 되면 좋죠! FINISH [15]정보 정말 감사합니다. [16]안녕히 계세요!

---

unit (건물의) 호　move in 이사 오다　recycling 재활용　recycling bin 재활용 분리수거함　yet 아직　parking garage 주차장　separate 분리하다　all together 모두 같이, 한꺼번에　sort 분류하다　remove 제거하다　label 라벨　bottle 병　lastly 마지막으로　specific 특정한　take out 내놓다　anytime 아무 때나　info (= information) 정보

쉬운 키워드를 떠올린 후, 문장으로 꼭 말해 보세요.
생각과는 다르게, 실제로 말할 때는 어울리는 동사나 명사를 못 찾아서 자신이 없어지고 많이 막혀요.

재활용에 대한 이웃의 불만 해결

I'm sorry, but there is a problem I need you to resolve. You hosted a large party with your friends, but they didn't recycle properly afterward. Other residents in your building are upset about this, and one of them has come to complain to you. Explain the situation and offer 2 or 3 solutions to solve the problem.

죄송하지만 해결해 주셨으면 하는 문제가 있어요. 당신은 친구들과 큰 파티를 했는데, 그들이 파티 후에 재활용을 제대로 하지 않았어요. 건물의 다른 주민들이 이 일에 불만을 가졌고, 그 중 한 명이 당신에게 불만을 제기하러 왔습니다. 상황을 설명하고 문제를 해결하기 위한 2~3가지 해결책을 제시하세요.

답변 가이드

INTRO

✔ 상황 설명하기

문제가 있는지 몰랐어요.

✔ 사과하기

죄송합니다.

민폐 끼치고 싶지 않아요.

⇨

MAIN

✔ 대안 제시하기

- 재활용을 제대로 하라고 친구들에게 주의시키겠다
- 그래도 해결 안 되면 파티를 안 열겠다

⇨

FINISH

✔ 사과하기

다시 한번 죄송합니다.

✔ 감사 인사하기

알려 주셔서 감사합니다!

예시 답변

INTRO [1] Oh, wow. I didn't realize there was an issue with recycling after my party. [2] I'm really sorry about that. [3] I definitely don't want to cause any trouble for my neighbors.

MAIN [4] So it sounds like the problem is that my friends didn't recycle properly after the party, and I can see how that would be frustrating for others. [5] To fix this, I'll make sure to remind everyone to recycle correctly next time. [6] And honestly, if that doesn't solve it, I'll stop hosting parties in the building altogether. [7] I really don't want to make things worse for anyone.

FINISH [8] Again, I'm really sorry about this. [9] I'll make sure to handle it so that it doesn't happen again. [10] Thanks for letting me know!

INTRO [1] 아, 이런. 파티 후에 재활용 문제가 있었던 걸 몰랐네요. [2] 정말 죄송합니다. [3] 당연히 이웃분들께 불편을 끼쳐드리고 싶지 않아요. MAIN [4] 그러니까, 제 친구들이 파티 후에 재활용을 제대로 하지 않은 것이 문제인 것 같고, 그게 다른 분들을 얼마나 불편하게 했을지 이해해요. [5] 이 문제를 해결하기 위해서, 다음 번엔 모든 친구들에게 재활용을 제대로 하도록 반드시 주의를 주겠습니다. [6] 그리고 솔직히 말씀드려서, 만약 그래도 해결되지 않는다면, 저는 건물 내에서 파티를 아예 열지 않겠습니다. [7] 정말 상황을 악화시키고 싶지 않거든요. FINISH [8] 다시 한 번 정말 죄송합니다. [9] 문제가 다시 일어나지 않도록 확실히 하겠습니다. [10] 알려 주셔서 감사합니다!

---

realize 깨닫다, 알다 issue 문제 recycling 재활용 definitely 당연히, 분명히 cause 초래하다 trouble 문제, 곤란 neighbor 이웃 recycle 재활용하다 properly 제대로 frustrating 짜증나게 하는 fix 고치다, 해결하다 make sure to 반드시 ~하다 remind 상기시키다 correctly 올바르게, 제대로 honestly 솔직히 solve 해결하다 host 주최하다 altogether 완전히, 아예 make things worse 상황을 악화시키다 handle 처리하다, 다루다 happen 일어나다

재활용하다가 겪은 문제

That's the end of the situation. Have you ever had any problems with recycling? Maybe you didn't know the recycling rules, took the garbage to the wrong place, or had items that were too big for the containers. What happened, and how did you handle it?

상황은 끝났습니다. 재활용과 관련해 문제를 겪은 적이 있나요? 아마도 재활용 규칙을 잘 몰랐거나, 쓰레기를 잘못된 곳에 버렸거나, 통에 담기에 너무 큰 물건이 있었을지도 모르죠. 어떤 일이 있었고, 어떻게 처리했나요?

답변 가이드

INTRO		MAIN		FINISH
솔직히 규칙을 잘 몰라서 재활용 문제 겪은 적 있어.	⇨	• What? - 투명 플라스틱 병 • How? - 아파트 관리인이 알려 주셔서 이후 신경 쓰게 됨	⇨	✔ 내 생각 말하기 전략 중요성 깨달음 ✔ 마무리 전략 그게 다야.

예시 답변

INTRO [1] I had an issue with recycling because, honestly, I didn't know the rules well, so I mixed up clear plastic bottles and colored ones when I threw them away.

MAIN [2] One day, I was just tossing all the plastic bottles into one container when the apartment manager stepped in and showed me how to recycle properly. [3] Since then, I've made sure to really understand the rules, and now I'm super careful to follow them.

FINISH [4] At the time, I didn't realize how important it was, but after learning more—especially after watching a documentary about the environment—I really understood the impact of recycling. [5] Yeah, that's about it!

INTRO [1] 솔직히, 규칙을 잘 몰라서 재활용 문제를 겪은 적이 있어요. 그래서 투명 플라스틱 병과 색이 있는 병을 버릴 때 섞어 버렸죠. MAIN [2] 어느 날, 저는 그냥 모든 플라스틱 병을 하나의 통에 던져 넣고 있었는데, 그때 아파트 관리인이 오셔서 어떻게 제대로 재활용하는지 알려 주셨어요. [3] 그 이후로, 저는 재활용 규칙을 더 잘 이해하려고 했고, 이제는 규칙을 따르려고 정말 조심하고 있어요. FINISH [4] 당시에는, 이게 그렇게 중요하다는 걸 깨닫지 못했는데, 더 알게 되고 나서, 특히 환경에 대한 다큐멘터리를 보고 나서 재활용의 중요성을 깨달았어요. [5] 네, 이 정도로 할게요!

---

issue 문제 honestly 솔직히 rule 규칙 mix up 섞다 clear 투명한 colored 색이 있는 throw away ~을 버리다 toss 던지다 container 용기, 함 apartment manager 아파트 관리인 step in 개입하다, 끼어들다 properly 올바르게, 제대로 make sure to 확실히 ~하려고 하다 careful 조심하는, 주의하는 follow 따르다, 지키다 at the time 당시에는 realize 깨닫다 important 중요한 especially 특히 documentary 다큐멘터리 environment 환경 impact 영향, 중요성

재활용을 평소 빈틈없이 하시더라도, 규칙을 몰랐고 문제가 있었다고 지어내세요.
경험은 과거 시제를 끝까지 잘 챙겨야 IH/AL을 받을 수 있습니다.

롤플레이 상황별 표현

097

재활용 규칙에 대해 질문하기

What items can I recycle here? 여기에서는 어떤 품목을 재활용할 수 있나요?

Do you know where the nearest recycling bin is? 가장 가까운 재활용 분리수거함이 어디 있는지 아세요?

Is there a separate bin for plastics and paper, **or do they all go in the same one?**
플라스틱과 종이를 위한 분리된 통이 있나요, 아니면 같은 통에 다 같이 버리나요?

Do I need to wash out containers before recycling them**?** 재활용하기 전에 용기를 헹궈야 하나요?

Are there any special rules for recycling electronics**?** 전자제품 재활용에 대한 특별한 규칙이 있나요?

How do I properly dispose of things like old clothes or furniture**?**
헌 옷이나 가구와 같은 물건은 어떻게 올바르게 폐기하나요?

Is there a set day for recycling, or can it be put out any day?
재활용 요일이 정해져 있나요, 아니면 아무 때나 내놓을 수 있나요?

문제 상황 설명하기

I accidentally put my glass bottle in the regular trash. 유리병을 실수로 일반 쓰레기에 버렸어요.

Last week, **I put** my pizza box **in the recycling bin without knowing it wasn't recyclable.**
지난주에 피자 박스를 재활용 통에 넣었는데, 그게 재활용이 안 된다는 걸 몰랐어요.

I mixed food waste **with** my recyclables. 음식 쓰레기를 재활용품과 섞어 버렸어요.

I was unsure about which items were recyclable, so I just threw everything in one bin.
어떤 게 재활용이 가능한지 잘 몰라서, 그냥 다 한 통에 버렸어요.

I wasn't sure how to recycle my old electronics, so I just threw them in the trash.
구형 전자제품을 어떻게 재활용해야 할지 몰라서 그냥 쓰레기통에 버렸어요.

Someone dumped a large amount of trash next to the recycling bins.
누군가 재활용통 옆에 많은 쓰레기를 버렸어요.

I tried to recycle a large bottle, but **it was too big for the container**.
저는 큰 병을 재활용하려고 했는데, 너무 커서 통에 들어가지 않았어요.

대안 제시하기

Maybe we could ask for an additional bin **or** pick-up service more frequently.
아마 추가적인 쓰레기통이나 더 자주 수거 서비스를 요청할 수 있을 거예요.

We could set a fixed day each week for recycling collection, **which could help** reduce confusion.
매주 고정 요일을 정해서 재활용 수거를 하면, 혼란을 줄이는 데 도움이 될 거예요.

We could distribute easy-to-read recycling guides to educate everyone.
모두에게 쉽게 읽을 수 있는 재활용 가이드를 배포해서 교육할 수 있을 거예요.

I apologize. This was my error, and I'll make sure it doesn't happen again.
사과드립니다. 이건 제 실수였어요, 다시는 이런 일이 발생하지 않도록 하겠습니다.

UNIT

10

가구

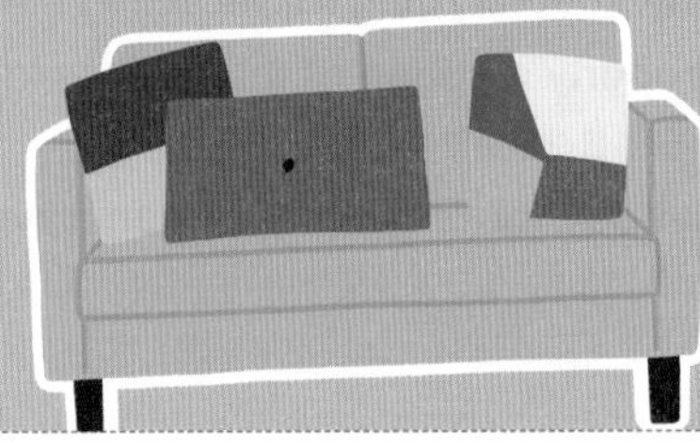

✔ 이렇게 준비하세요

가구는 가전(home appliance), 전자 기기(electronic device/gadget)와 질문이 유사해 함께 효율적으로 준비할 수 있습니다. 참고로 가구(furniture)는 **셀 수 없는 명사**라 단수 동사를 사용하고, 주로 a piece of furniture 단위로 말합니다.

자주 출제되는 문제

문제	유형
사고 싶은 가구에 대해 질문 I'd like to give you a situation and ask you to act it out. Imagine that you go to a store to buy some new furniture. Ask the salesperson 3 or 4 questions about the furniture you're looking for. 상황을 드릴 테니 연기해 주세요. 새 가구를 사러 가구점에 갔다고 상상해 보세요. 찾고 있는 가구에 대해 판매원에게 3~4가지 질문을 해 보세요.	주어진 상황에 필요한 질문 하기
배송받은 가구의 문제 설명 및 대안 제시 There is a problem I need you to resolve. You received the furniture you bought, but there's something wrong with it. Call the furniture store, explain the situation, and give 2 or 3 options to solve the problem. 해결해 주셨으면 하는 문제가 있습니다. 구매한 가구를 받았는데, 문제가 있어요. 가구점에 전화해서 상황을 설명하고 문제를 해결할 수 있는 2~3가지 방법을 제시하세요.	문제 상황 설명 + 대안 제시하기

문제	유형
구매한 가구에 문제가 있었던 경험 That's the end of the situation. Have you ever had a problem with the furniture you bought? What was the problem, and how did you solve it? Please provide as many details as possible. 상황은 끝났습니다. 구매한 가구에 문제가 있었던 적이 있나요? 어떤 문제였고, 어떻게 해결했나요? 가능한 한 자세히 설명해 주세요.	관련 문제 해결 경험

빈출 세트 구성

세트 예시 1	❶ 사고 싶은 가구에 대해 질문 ❷ 배송받은 가구의 문제 설명 및 대안 제시 ❸ 구매한 가구에 문제가 있었던 경험

핵심 단어

furniture 가구	**electronic** 전자의	**appliance** 가전제품	**serve** 수행하다, 제공하다
fridge 냉장고	**air conditioner** 에어컨(A/C)	**washing machine** 세탁기	**automated** 자동의
electric 전기의	**microwave** 전자레인지	**sofa/couch** 소파	**armchair** 안락의자
bookshelf 책장	**wardrobe** 옷장	**queen-size bed** 퀸 사이즈 침대	**dresser** 서랍장
household 집안일	**cleaning** 청소	**cooking** 요리	**task** 일, 과업
heating 난방	**cooling** 냉방	**function** 기능	**efficient** 효율적인

Q11 사고 싶은 가구에 대해 질문

I'd like to give you a situation and ask you to act it out. Imagine that you go to a store to buy some new furniture. Ask the salesperson 3 or 4 questions about the furniture you're looking for.

상황을 드릴 테니 연기해 주세요. 새 가구를 사러 가구점에 갔다고 상상해 보세요. 찾고 있는 가구에 대해 판매원에게 3~4가지 질문을 해 보세요.

답변 가이드

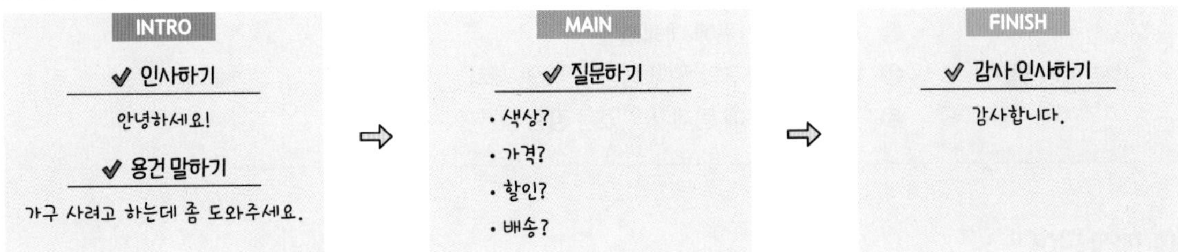
INTRO
인사하기
안녕하세요!
용건 말하기
가구 사려고 하는데 좀 도와주세요.
MAIN
질문하기
• 색상?
• 가격?
• 할인?
• 배송?
FINISH
감사 인사하기
감사합니다.

예시 답변

INTRO [1] Hello! [2] I'm looking to buy some furniture and could use some help.

MAIN [3] Could you show me the beds you have available? [4] Oh, I like this one. [5] What colors do you have? [6] White, green, pink... I think I'll go with white. [7] How much is it? [8] Oh, all right. [9] Is there a discount available by chance? [10] And do you offer delivery? [11] That's great! [12] Then I'll take the white one.

FINISH [13] Thanks a lot. [14] Have a great day!

INTRO [1] 안녕하세요! [2] 가구를 사려고 하는데 도움을 좀 주시면 좋겠어요. MAIN [3] 구입 가능한 침대들을 보여 주실 수 있을까요? [4] 오, 이거 좋네요. [5] 어떤 색상이 있나요? [6] 흰색, 초록색, 분홍색이요… 흰색으로 할까 봐요. [7] 가격이 어떻게 되나요? [8] 오, 알겠어요. [9] 혹시 할인을 받을 수 있는 게 있을까요? [10] 그리고 배송해 주시나요? [11] 아주 좋네요! [12] 그럼 흰색으로 구매할게요. FINISH [13] 정말 감사합니다. [14] 좋은 하루 되세요!

look to ~하는 것을 고려하다 furniture 가구 available 구입 가능한, 이용 가능한 go with ~으로 하다 discount 할인 by chance 우연히, 마침 offer 제공하다 deliver 배송하다 take 사다

상점에 가면 인사하고 왜 왔는지 목적을 알리고 상품을 고르겠죠? 떠날 때도 인사하고요.
질문 3개만 던지고 끝내기보다 실제 상황처럼 연기하세요. 자연스러운 몰입이 롤플레이 점수를 올립니다.

배송받은 가구의 문제 설명 및 대안 제시

There is a problem I need you to resolve. You received the furniture you bought, but there's something wrong with it. Call the furniture store, explain the situation, and give 2 or 3 options to solve the problem.

해결해 주셨으면 하는 문제가 있습니다. 구매한 가구를 받았는데, 문제가 있어요. 가구점에 전화해서 상황을 설명하고 문제를 해결할 수 있는 2~3가지 방법을 제시하세요.

답변 가이드

INTRO	MAIN	FINISH
✔ 인사하기 안녕하세요, 지난주에 가구 산 사람인데요. ✔ 상황 설명하기 배송받은 물건에 문제가 있어요.	✔ 문제 설명하기 다른 색상이 옴 ✔ 대안 제시하기 • 교환 • 이틀 안에 배송 • 직접 가서 찾아 오기	알아보시고 전화 주세요.

예시 답변

INTRO [1] Hello. I'm the person who bought some furniture from you last week. [2] I'm calling because there's an issue with the item I received.

MAIN [3] You know, I ordered a pink lamp, but I got a white one instead. [4] It's actually for my cousin's birthday, and she really likes pink, so I need a pink one. [5] I haven't used it yet, so I guess it's possible to exchange it, right? [6] Oh, great! [7] Could you deliver a pink one within the next two days? [8] Her birthday is this weekend, so it's kind of urgent. [9] If that's not possible, I'm happy to come pick it up myself.

FINISH [10] Okay. [11] Could you let me know once you've checked? [12] Yeah, call me back.

INTRO [1] 안녕하세요. 거기서 지난주에 가구를 구매한 사람인데요. [2] 배송받은 물건에 문제가 있어서 전화드렸어요. MAIN [3] 뭐냐 하면, 저는 분홍색 램프를 주문했는데 흰색이 왔어요. [4] 사실 그건 제 사촌 생일 선물인데 그 애가 분홍색을 정말 좋아하거든요. 그래서 분홍색이 꼭 필요해요. [5] 아직 사용 안 했으니 교환 가능하겠죠? [6] 오, 좋아요! [7] 이틀 안에 분홍색 제품을 보내 주실 수 있을까요? [8] 그 애의 생일이 이번 주말이라 좀 급해요. [9] 만약 그게 불가능하다면 제가 직접 가지러 갈게요. FINISH [10] 알겠습니다. [11] 알아보시고 저에게 연락 주시겠어요? [12] 네, 다시 전화 주세요.

---

issue 문제 item 물건 receive 받다 order 주문하다 lamp 램프, 등 instead 그 대신에 actually 사실은 cousin 사촌 yet 아직 guess 짐작하다 possible 가능한 exchange 교환하다 deliver 배송하다 within ~ 이내에 urgent 긴급한 pick up ~을 찾아 오다 check 알아보다

문제 해결은 IH/AL 등급을 받기 위한 매우 중요한 유형입니다.
질문을 듣자마자 대안에 쓰기 유용한 키워드가 바로 떠오르도록 외워 버리세요.

100

구매한 가구에 문제가 있었던 경험

That's the end of the situation. Have you ever had a problem with the furniture you bought? What was the problem, and how did you solve it? Please provide as many details as possible.

상황은 끝났습니다. 구매한 가구에 문제가 있었던 적이 있나요? 어떤 문제였고, 어떻게 해결했나요? 가능한 한 자세히 설명해 주세요.

답변 가이드

INTRO		MAIN		FINISH
✔ 질문 되묻기 전략 가구 문제라… ✔ 두괄식 전략 배송 지연 문제	⇨	✔ 육하원칙 전략 • When? - 이사하던 때 • What? - 침대 배송 지연 • Why? - 명절이 껴서 • How? - 고객 센터 연락	⇨	✔ 감정 형용사 전략 그때는 불편했지만 침대가 정말 좋아서 지금은 만족해.

예시 답변

INTRO [1]Oh, let me think... A memorable issue with furniture... [2]Hmm, one that comes to mind is a late delivery.

MAIN [3]I bought a new bed while I was moving, and the delivery took forever. [4]I think I waited for about two weeks. [5]It was during the holiday season, so the delivery was delayed longer than usual. [6]I had to sleep on the floor for two weeks, which was really tough. [7]I kept in touch with the customer service team, and they gave me regular updates. [8]That helped ease the frustration a bit.

FINISH [9]Anyway, it was uncomfortable at the time, but the bed I finally received turned out to be really nice. [10]I'm happy with it now.

INTRO [1]아, 생각해 볼게요… 기억에 남는 가구 관련 문제라… [2]흠, 지금 머릿속에 떠오르는 건 배송 지연 문제예요. MAIN [3]이사하는 과정에서 새 침대를 샀는데 배송이 엄청 오래 걸렸어요. [4]한 2주는 기다렸던 것 같아요. [5]그때 명절이 껴서 배송이 평소보다 오래 걸렸거든요. [6]2주 동안 바닥에서 자야 했어요. 너무 힘들었죠. [7]저는 고객 센터와 계속 연락을 주고받았고, 그쪽에서 배송 상황을 정기적으로 알려 주었어요. [8]그래서 짜증이 좀 덜 날 수 있었죠. FINISH [9]어쨌거나 당시에는 불편했지만 마침내 배송받은 침대가 정말 좋았어요. [10]지금은 만족해요.

memorable 기억에 남는 come to mind 머릿속에 떠오르다 delivery 배송 holiday 명절 delay 지연시키다 keep in touch with ~와 계속 연락하다 customer service 고객 서비스 regular 정기적인 update 상황 보고 ease 완화시키다 frustration 짜증, 좌절감 uncomfortable 불편한 receive 받다 turn out to ~한 것으로 밝혀지다

구매한 제품에 문제가 있었던 경험 유형은 가구 외에 가전/전자기기/핸드폰에도 비슷하게 출제됩니다.
각 항목에 대한 아이디어를 하나씩 적어 보고 답변을 응용해 보세요. (예: 소파/냉장고/노트북/카메라)

롤플레이 상황별 표현

가구에 대해 질문하기

What's the most popular sofa **right now?** 요즘 제일 인기 있는 소파가 어떤 거예요?
Do you have this **in any other colors?** 이 제품 혹시 다른 색상도 있어요?
How much is this chair? 이 의자 가격은 얼마예요?
Is there a discount available? 할인 가능한가요?
Can I get this delivered? 배송되나요?
How long does delivery usually take? 배송이 보통 얼마나 걸려요?
Is it possible to return it if needed**?** 혹시 반품도 가능해요?
What's the return policy if I change my mind**?** 마음이 바뀔 경우 반품 정책이 어떻게 되나요?

문제 상황 설명하기

I got my furniture delivered, but there are a few issues. 주문한 가구를 받았는데 문제가 좀 있어서요.
I got a different item than the one I ordered. 제가 주문한 것과 다른 제품을 받았어요.
The delivered item's color/size **was different.** 구매한 제품과 색상/사이즈가 다르게 배송되었어요.
Instead of a dining table, **I received** a coffee table **by mistake.** 식탁 세트 대신 커피 테이블이 잘못 왔어요.
There are a lot of scratches on the item. 제품에 상처가 많이 나 있어요.
The item was damaged during the delivery process. 배송 과정에서 물건이 파손됐어요.
One of the chair legs **is broken.** 의자 하나 다리가 부러져 있어요.
The desk **looks like it's been used before.** 책상에 누가 쓰던 흔적이 있어 보여요.

대안 제시하기

Could you send a replacement for this? 교환품을 보내 주실 수 있나요?
Is it possible to get a refund for this item? 이 제품에 대한 환불이 가능할까요?
Would it be possible to get a partial refund? 부분 환불이 가능할까요?
Could you offer a discount for the damage**?** 손상된 부분에 대해 할인을 받을 수 있을까요?
Is there any way to exchange it for the right item? 올바른 제품으로 교환할 방법이 있을까요?
Could you pick this up and send the correct item? 이걸 가져가시고, 맞는 제품으로 보내 주실 수 있나요?
Can someone come by to fix it? 누군가 와서 수리해 주실 수 있나요?

빠른 처리를 부탁하는 표현

Could you handle this as soon as possible? 가능한 한 빨리 처리해 주실 수 있을까요?
I'd really appreciate it if this could be resolved quickly. 빠르게 해결해 주시면 정말 감사하겠습니다.

MEMO